일본의 종교와 기독교 선교

이 책은 유성씨엔에프 황호진 대표(합신 이사)의 후원으로 연구, 출판되었습니다

일본의 종교와 기독교 선교

초판 1쇄　2024년 11월 25일

발 행 인　김학유
지 은 이　김학유
펴 낸 곳　합동신학대학원출판부
주　　 소　16517 수원시 영통구 광교중앙로 50 (원천동)
전　　 화　(031)217-0629
팩　　 스　(031)212-6204
홈페이지　www.hapdong.ac.kr
출판등록번호　제22-1-2호
인 쇄 처　예원프린팅 (031)902-6550
총　　 판　(주)기독교출판유통 (031)906-9191

ISBN 979-11-93395-06-6 03230
값은 뒷표지에 있습니다.

일본의 종교와
기독교 선교

김학유 지음

합신대학원출판부

머리말 010

# 1부 일본 종교 연구

I. 기독교 선교를 위한 신토(神道) 연구

1. 신토와 일본 역사 … 018
   신토 018 | 일본의 신화 020 | 일본의 초대 왕, 진무(神武) 027

2. 신토의 발전 과정 … 029
   원시 신토 029 | 중간기 신토 034 | 순수 신토의 부활 039 | 근대 신토 040

3. 신토의 신앙체계 … 044
   예배 의식 044 | 제사장직 048 | 신사 축제 049

4. 신토의 신학 … 052
   신토의 신관 : 가미(神) 052 | 신토의 우주관 056 | 신토의 인간관 058 |
   신토의 윤리관 059 | 신토의 구원관 060

5. 기독교적 커뮤니케이션 … 061
   일원론 vs 이원론 061 | 상대주의 vs 절대주의 063 |
   인간 중심 vs 하나님 중심 066 | 소속감 067

II. 일본 불교와 기독교 선교

1. 일본 불교의 역사적 변천 … 074
초기 불교 074 | 헤이안(平安) 시대의 불교 081 | 가마쿠라(鎌倉) 시대의 불교 083 | 도쿠가와(德川) 시대의 불교 086 | 메이지(明治) 시대 이후의 불교 088

2. 일본 불교의 교리적 변천 … 093
텐다이(天台) 불교 095 | 신곤(眞言) 불교 099 | 조도(浄土) 불교 103 | 젠(禪) 불교 109 | 니치렌(日蓮) 불교 115

3. 기독교 선교를 위한 제안 … 121
구속적 유비 121 | 도덕적 이상주의 123 | 아미타 붓다 vs 예수 그리스도 125 | 깨달음 vs 기독교적 구원 126 | 믿음으로만 얻는 구원 129 | 필요를 통한 접근 130 | 기독교 의식을 통한 선교 131

III. 창가학회(創價學會) 성장 연구 : 기독교 선교에 주는 도전

1. 창가학회의 역사적 발전 … 140
니치렌(日蓮, 1222-1282) 140 | 마키구치 쓰네사부로(牧口常三郎, 1871-1944) 142 | 도다 조세이(戶田 城聖, 1900-58)와 이케다 다이사쿠(池田 大作, 1928-) 144

2. 교리와 의식 … 146
가치창조론 146 | 신(神) 개념 149 | 인간론 151 | 현실적 구원론 154

3. 예배 의식 ⋯ **157**
  고혼존(御本尊) 157 | 다이모쿠(題目) 159 | 우시토라(丑寅勤行) 160 | 치유 162

4. 포교이론 ⋯ **164**
  샤쿠부쿠(折伏) 이론 164 | 자단카이(座談会) 166

5. 창가학회의 특징 ⋯ **167**
  평신도 운동 168 | 청년중심의 포교정책 170 | 성지순례 171

6. 창가학회의 세계관 ⋯ **173**
  물활론적 세계관 173 | 무속적인 요소들 177

7. 선교적 함의 ⋯ **178**
  정령론적 세계관에서 성경적 세계관으로 178 | 기독교 선교를 위한 접촉점 180
  전도 방법 181

2부 일본 기독교 선교 역사 연구

I. 일본의 초기 기독교 선교 역사

1. 일본과 기독교의 만남 ⋯ **198**
  선교사 도착 이전의 만남 198 | 프란시스 자비에르 202

2. 기독교 성장의 시대 ⋯ **214**
  영주들의 보호 215 | 교육사업 219 | 사회사업 223

3. 핍박과 성장의 시대 ⋯ 224
선린 정책 224 | 선교사 추방령(1587. 7. 24) 226 | 국지적인 핍박 230 |
핍박 중에 일어난 성장 232

4. 새로운 선교회들의 입국 ⋯ 235
스페인 선교사들의 입국 235 | 선교회들의 갈등 241

5. 핍박과 순교 ⋯ 246
핍박의 원인 246 | 핍박과 순교의 제물 253 |
도쿠가와 이에야스의 핍박(1598-1616) 261 | 나가사키의 위대한 순교 272 |
시마바라 폭동 사건(1637-1638) 279 | 사라진 기독교 284

6. 초기 일본 기독교 선교의 특징 ⋯ 289
초기 기독교 부흥의 원인 289 | 초기 선교의 문제점과 한계 296 |
초기 기독교 선교가 일본 문화에 끼친 영향 303

II. 일본의 초기 개신교 선교 역사

1. 개신교 선교의 기초 ⋯ 312
19세기 초의 선교적 시도 312

2. 개신교 선교의 시작(1859-1872) ⋯ 322
초기 선교사들의 입국 322 | 교육을 통한 선교 325 |
의료사역을 통한 선교 330 | 최초의 개신교 교회 설립 332 |
성경 번역 사역 337 | 주일학교의 탄생 339 | 연합과 삶의 모범 341

3. 개신교 선교의 진보적 발전(1873-1882) … **345**
　　새로운 선교사들의 입국 345

4. 급성장의 시대(1883-1889) … **347**
　　선교사들의 입국 347

III. 일본 개신교 형성에 끼친 "기독교 밴드들(Christian Bands)"의 영향

1. 기독교 영향력의 확장 … **353**
　　비우호적인 조건들 353 | 반기독교 칙령의 제거 355 |
　　사무라이의 자손들 357

2. 주요 기독교 밴드들 … **365**
　　"요코하마 밴드"와 장로교회 366 | "구마모토 밴드"와 회중교회 375 |
　　"삿포로 밴드"와 독립교회 387

참고문헌　398
부록1 : 일본 기독교 통계　403
부록2 : 무궁화와 사쿠라　424

> "일본은 늪입니다.
> 우리는 이러한 늪에 기독교를 심어 왔습니다."

머리말

일본에 파송된 한국 선교사들은 일본을 선교사의 무덤이라고 부릅니다. 일본은 오랜 가톨릭 전통과 개신교 전통을 가진 나라임에도 불구하고 기독교인구가 1% 남짓 밖에 되지 않는 매우 특이한 나라입니다. 많은 신학자들과 선교학자들이 일본 교회의 느린 성장에 관해 관심을 갖고 연구해 왔지만 뚜렷한 답을 찾아내지는 못하고 있습니다. 일부 신학자들은 일본 기독교의 더딘 성장이 일본에 전해진 자유주의 신학 때문이라고 지적합니다. 많은 선교학자들은 일본 사회가 지닌 고유한 종교와 문화 때문이라고 주장합니다. 다양한 가설과 주장이 난무하지만 아직도 일본 교회의 더딘 성장에 대한 명쾌한 분석과 해석은 등장하지 않고 있습니다. 일본 문화와 종교를 더 깊이 연구하고 살펴야 하는 이유가 여기에 있습니다. 한 민족의 세계관과 정신세계를 이해하기 위해서는 그들이 믿고 있는 종교를 이해하는 것이 중요합니다. 그들의 일상적인 삶을 지배하고 있는 정신과 가치들은 그들이 믿고 따르는 종교가 지향하고 있는 바를 투영하고 있기 때문입니다. 따라서 일본 선교를 효과적으로 수행하기 위해서는 일본인들의 정신세계를 지배하고 있는 일본의 종교들을 이해하는 것이 필요합니다.

이 책은 오랫동안 일본인들의 정신세계와 사회적 가치를 지배해 온 일본의 다양한 종교들이 지닌 신학과 특징을 정리한 책입니다. 현대 일본인들의 세계관과 가치관의 저변에 숨겨져 있는 다양한 종교적 특성들을 이해함으로서 보다 효과적인 선교방법과 전략들을 발전시켜 나갈 수 있을 것입니다. 각 종교가 지닌 다양하고 고유한 신학적 교의들(tenets)을 살펴봄으로서 각 종교가 일본인들의 정신과 가치관 형성에 어떤 영향을 끼쳤는가를 발견할 수 있습니다. 저자는 일본의 전통적인 종교들을 연구하면서 현대 일본인들이 지니고 있는 세계관과 정신세계를 좀 더 깊이 있게 읽을 수 있는 경험을 했습니다. 종교를 통해 일본인들의 세계관과 정신세계를 이해하는 과정이야말로 기독교 선교사역을 수행하는 과정에서 가장 기본적이고 필수적인 단계라고 할 수 있습니다.

현대 일본인들의 세계관과 정신세계의 근저를 이루고 있는 종교는 신토(神道)라고 할 수 있습니다. 신토는 비서구권에서 흔히 발견되는 무속종교(shamanism)의 일종으로서, 무당(사제)의 중재적 역할이 절대적입니다. 경전(經典)을 통해 교리가 전수 되는 것이 아니라 무당을 통해 영적 비밀이 전수됩니다. 매우 기복적인 종교인 신토가 경전도 없이 현대 일본인들에게까지 전수되고 살아남을 수 있던 배경에는 신토가 외국으로부터 전래된 불교나 유교와 혼합되면서 견고한 '종교적 형식'(religious forms)을 지닐 수 있었기 때문입니다. 신토가 불교와 유교의 종교적 형식 속에 은밀히 숨어서 천년이상을 살아남은 것입니다. 일본의 불교와 유교가 유독 기복적인 종교로 변질된 이유가 바로 신토의 기복사상에서 기인한 것입니다.

로마 가톨릭 문학가인 엔도 슈사쿠(遠藤 周作)는 일본이 지니고 있는 종교적, 문화적 특징을 '늪'이라고 표현했습니다. "이 나라는 늪입니다. ... 우리가 이 늪에 어린 묘목을 심을 때마다 어린 묘목의 뿌리는 썩어 들어가기 시작해서 곧 잎사귀들이 노랗게 변하여 시들고 맙니다. 우리는 이러한 늪에 기독교를 심어 왔습니다." 엔도는 아무리 노력해도 이방 종교들이 순수한 형태로 뿌리 내리고 살아남을 수 없었던 일본의 독특한 종교 문화적 토양을 늪이라고 불렀습니다. 불교, 유교 심지어 기독교조차도 일본이라는 독특한 문화적 토양 속에서 꽃을 피우고 열매를 맺는 것이 얼마나 어려운가를 직간접적으로 표현한 말입니다. 일본 선교가 어려운 이유가 바로 여기에 있는지도 모릅니다. 일본은 모든 이방 종교와 문화들을 "일본화"(Jananization) 합니다. 이는 일본이 수 천 년 동안 지녀왔던 신토와 그에 따른 가치들이 일본인들의 마음을 지배해 왔다는 의미이기도 합니다. 일본 선교를 효과적으로 수행하기 위해서는 일본 종교들이 지닌 혼합적인 특성과 외부에서 들어온 모든 것들을 일본식으로 재해석하려는 일본 문화의 독특성을 바르게 이해하는 것이 중요합니다.

이 책은 저자가 일본 선교에 관심을 갖고 2001년부터 연구해온 글들을 모아 펴낸 자료집입니다. 1부에서는 일본의 전통 종교인 신토와 불교 외에 일본의 신흥종교들 가운데서 가장 많은 신도들을 가지고 있는 '소카각카이'(創價學會)의 신학과 사상을 다루고 있고, 2부에서는 일본 기독교 선교 역사를 비교적 상세히 다루고 있습니다. 1549년부터 시작된 가톨릭 선교 역사와 19세기 말에 시작된 개신교 선교 역사를 다룹니다. 소논문 형식으로 쓰인 이 작은 책이 일본선교를 꿈꾸며 일본 종교를 좀 더 깊이 있게 들여다보고, 일본 종교를 통해 현대 일본인들의 세계관과 정신세계를 들여다보기를 원하는 독자들에게 작은 도움이라도 줄 수 있기를 바랍니다. 끝으로 이 책이 편찬되기까지 함께 수고해 준 최은호, 강호석에게 깊은 감사의 마음을 전합니다.

2024년 8월 1일
합동신학대학원대학교 총장실에서

1부
일본 토착 종교 연구

I. 기독교 선교를 위한 신토(神道) 연구

서론

일본에서 가장 탁월한 교회 역사가들 가운데 한 사람인 이시하라 켄(石原謙, 1882-1976)은 "일본인들이 기독교의 본질을 진정으로 깨달으려면 적어도 수 세기는 걸릴 것"이라고 말했다. 또한, "나는 일본인들이 참 기독교를 깨달을 수 있을지는 회의적이다."라고 말했다.[1] 그가 말하는 진정한 기독교란 일본의 다양한 종교들이나 사상들과 전혀 혼합되지 않은 순수한 기독교를 의미한다. 이것은 일본 기독교 안에 이미 다양한 종교적, 문화적 요소들이 섞여 있음을 의미하고 있다. 결국, 그의 말은 기독교가 일본이라는 문화적 토양에 혼합되지 않고 그 순수성을 유지하는 것이 얼마나 어려운지 단적으로 보여주는 것이다.

---

1 Ken Ishihara, *Nihon Kirisuto Kyōshi Ron* (Tokyo: Shinkyō Shuppansha, 1967), 46.

로마 가톨릭 문학가인 엔도 슈사쿠(遠藤 周作)는 그의 소설 "침묵"에서 일본이 가지고 있는 종교적, 문화적 특징을 다음과 같이 표현했다. "이 나라는 늪입니다. … 우리가 이 늪에 어린 묘목을 심을 때마다 어린 묘목의 뿌리는 썩어 들어가기 시작해서 곧 잎사귀들이 노랗게 변하여 시들고 맙니다. 우리는 이러한 늪에 기독교를 심어 왔습니다."[2] 엔도는 일본 문화를 한마디로 "늪"이라 불렀다. 이는 어떠한 이방 종교와 문화도 뿌리내릴 수 없는 척박한 일본의 정신문화를 가리킨 말이다. 불교, 유교 심지어 기독교도 일본이라는 독특한 토양에서 그 순수성을 유지하며 살아남는 것이 그만큼 어려운 일인 것이다.

16세기 이후 서구의 많은 선교 단체들이 일본에 기독교를 전파하기 위해 선교사들을 보내어 다양한 방법으로 선교 활동을 했지만, 아직도 일본의 기독교 인구는 전체 인구의 1% 남짓이다. 그것도 로마 가톨릭을 포함한 수치이다. 한 교회에 소속되어 있는 일본인 신자들의 평균 수는 35명 정도이고, 전 인구의 0.21%만이 매주일 예배에 출석하고 있다.[3]

이 글은 고대 및 현대 일본인들의 사고와 문화에 가장 큰 영향을 미쳤던 전통 민족 종교인 신토에 관한 연구이다. 일본인들을 일본인 되게 한 종교요, 윤리요, 이데올로기인 신토 연구를 통하여 왜 일본인들이 기독교를 기독교답게 받아들일 수 없었는지 살펴보고

2　Shūsaku Endō, *Silence*, (Tokyo: Shinchosha, 1982), 237.
3　JEMA, *Japan Harvest* (Tokyo: JEMA, 1997), 23.

일본인들에게 효과적으로 복음 전하는데 사용될 수 있는 실제적인 방법들을 제시하려고 한다. 이 글은 연관된 내용을 네 주제로 나누어 다루게 될 것이다. 첫째는 신토의 뿌리가 되는 일본의 신화를 살펴봄으로써 고대 일본인들이 지니고 살던 그들의 우주관, 신관, 인간관 등을 이해하려고 한다. 둘째, 신토의 기원과 변천 역사를 통하여 신토의 종교적, 사상적 변화를 살펴보게 될 것이다. 셋째, 신토를 조금 더 자세히 이해하기 위하여 신토의 신앙체계와 넷째, 그것들이 지닌 신학적인 의미를 살펴볼 것이다. 다섯째, 앞의 주제들이 보여준 신토의 특징들을 참고하여 일본인들에게 적용될 수 있는 효과적이고 실제적인 선교 방법들을 제시할 것이다.

1. 신토(神道)와 일본 역사

신토

일본의 토속 종교인 신토는 다른 종교들에 비하여 비교적 잘 알려지지 않은 종교이다. 하지만 신토는 일본의 역사만큼 유구한 역사를 지니고 있다. 일반적으로 말하자면 신토는 단순히 종교적인 면만 가지고 있는 것이 아니다. 신토는 지난 2천 년 이상의 세월 동안 일본인들의 삶 속에 깊이 스며들어 있는 삶의 자세, 가치, 아이디어, 정치, 윤리 등 모든 것을 포함하는 종교요, 동시에 이데올로기라고 할 수 있다. 가장 고도로 발달된 산업사회를 살아가는 일본인들의 삶 속에 2천 년이 지난 지금까지도 고스란히 남아있는 신비한 종교가 바로 신도이다. 지난 20세기 동안 수많은 도전과 변화를 거치면서도 신토 본래의 종교적인 요소들이 지금까지 살아남아 현대를 살아가는 일본인들의 실제적인 관습과 감정 속에 영향을 주고 있다.

신토에는 다양한 종류들이 있는데, 대표적인 것으로 황실 신토, 가정 신토, 분파적 신토 그리고 신사(神社) 신토 등이 있다. 이 글에서는 다양한 신토들 가운데 신사 신토와 연관된 내용을 주로 다루게 될 것이다. 왜냐하면, 신사 신토가 일본에서 가장 오래되고 보편적인 신앙의 요소들을 간직하고 있기 때문이다. 20세기 초에만 해도 약 20만 개의 신사가 있었지만, 현재는 약 8만 개의 신사가 존재한다.[4]

신토라는 말은 "신(神)의 도(道)"라고 번역될 수 있는데 이 말은 약 6세기경에 만들어졌다. 한자인 神(신비한 영적 능력, 초인적 힘을 가진 자연이나 존재를 의미)과 道(길, 방법, 가르침을 의미)를 합하여 만든 용어이다. 역사적으로 보면 처음에는 이 용어가 일본인들이 가지고 있었던 전통적인 토속종교와 대륙에서 건너온 외래종교인 불교를 구별하기 위하여 사용되었다고 한다.

이 신토의 출발은 일본의 역사만큼이나 모호하다. 다시 말하면 신토의 시작에 대한 정확한 역사적 기술이나 교리적 내용 같은 것들이 전혀 존재하지 않는다는 것이다. 단지 신토가 지니고 있던 종

---

4 Sokyo Ono, *Shinto: The kami way* (Tokyo: Charles E. Tuttle, 1995), 3.

교적인 특징들 - 다신론, 황제숭배, 자연숭배, 풍요를 기원하는 종교적 의식들 - 만 과거로부터 지금까지 전달되어 오고 있다. 신토는 설립자도 없고, 공식적인 정경을 가지고 있지 않다. 신토의 윤리와 교리는 어떠한 고정된 제도를 가지고 있지도 않다.[5] 한 가지 신비로운 것은 설립자도 정경도 없는 신토가 거대한 중국 문명, 특히 불교와 유교의 지대한 영향을 오랜 기간 받아 왔음에도 불구하고, 신토 나름의 정신을 잃지 않고 지금까지 존재하고 있다. 정경과 설립자가 없다는 사실은 신토가 타 종교와 같이 계시나 철학 또는 깊은 사색에서 비롯되었다기보다 평범하고 단순한 민간 수준의 삶에 비롯되었다고 보아야 할 것이다. 어쨌든 신토는 일본인들이 일본이라는 섬 지역 안에서 가질 수 있었던 독특한 역사적 경험들을 통해 형성된 종교라고 보아야 할 것이다.

일본의 신화

대부분 원시종교에서와 마찬가지로 신토 역시 일본인들이 간직했던 신화와 깊은 연관을 맺고 있다. 일본의 신화는 다른 신화들과 마찬가지로 오랫동안 구전으로 전해져 내려오던 것이 코지키(古事記)와 니혼쇼키(日本書紀)에 기록되어 오늘까지 이르고 있다. 이 두 책에 기록된 일본의 신화는 일본인들의 기원과 당시의 사회 구조를

---

[5] Joseph M Kitagawa, *On understanding Japanese Religion* (Princeton, New Jersey: Princeton University Press, 1987), 139.

잘 설명해주고 있다. 일본인들이 지니고 살던 그들의 세계관과 그들이 믿던 신들의 존재 양식을 일본의 신화에서 자세히 발견할 수 있다.6

1) 가미(神)

현대 일본인들의 신관(神觀)은 다신론적이라고 할 수 있는데, 그 어떤 신도 절대적이거나 초월적이지 않다. 이러한 신관은 고대 일본인들이 지니고 있던 신관과 연관이 있는데, 이것을 잘 표현하는 것이 바로 일본의 신화이다. 여기서는 일본의 신화에 등장하는 신들을 살펴봄으로써 현대 일본인들에게 절대적인 영향을 준 고대 일본인들의 신관에 대해 이해해 보고자 한다.

고대 일본의 신화는 서로 다른 세 가지 차원의 우주가 존재함을 전제로 시작된다. 그들은 우주를 '높은 하늘의 세계', '눈에 보이는 현상계', '지하 세계'로 나누어 인식하였다. 높은 하늘의 세계에는 많은 남녀 가미(神)들이 산다고 믿었고, 눈에 보이는 현실세계에는 인간을 비롯한 눈에 보이는 수많은 존재들이 사는 곳이고, 지하 세계에는 더러운 영들이 살고 있다고 믿었다. 하지만 이 세 영역을 구분 짓는 확실한 한계는 존재치 않았다.7

일본의 신화도 고대에 등장하는 많은 다른 신화들과 마찬가지

---

6   Kitagawa, *On understanding Japanese Religion*, 27-30.
7   Kitagawa, *On understanding Japanese Religion*, 142-43.

로 많은 신들의 이야기를 담고 있다. 일본의 신화를 보면 높은 하늘의 세계에 세 신들이 살고 있었는데 이 신들은 모두 스스로 태어난 신들이다. 이 세 신은 조상도 없고 후손도 없다. 이 세 신들의 우두머리는 아메노미나카누시(天之御中主神)이고, 나머지 두 신은 출생의 신인 타카미무수비(高御産巣日神)와 성장의 신인 카미쿠수비(神産巣日神)이다.

이 세 신 중에 아메노미나카누시는 천계의 창조자이며 지도자이지만, 그는 우주의 중심에 움직임 없이 조용히 서 있는 존재이다. 타카미무수비와 카미쿠수비는 각각 남성과 여성의 역할을 맡았다.[8]

이 세 신들 외에도 수많은 신들이 원초적인 혼돈으로부터 자발적이고 독립적으로 태어났지만 그들은 눈에 보이지 않았다. 일본의 신화의 본격적인 시작은 창조력을 가지고 있던 이자나기 노미코토(伊弉諾尊)와 이자나미 노미코토(伊弉冉尊)가 등장하면서부터라고 할 수 있을 것이다. 이 두 신은 높은 하늘의 세계에서 내려와 여덟 개의 큰 섬들과 일본, 그리고 그 외의 많은 신들과 세상 만물들을 만들었다. 그들은 무려 팔 만개의 신들을 만들었고, 바다, 산, 강, 돌, 나무 등을 만들었다.

일본의 신화와 관련한 독특한 점이 있는데, 신들이 다른 신들이나 만물을 만들 때 자기 외의 물질이나 재료를 가지고 만든 것이 아니라 자신들 신체의 일부를 사용하거나 신체들을 통하여 만들었다

---

[8] Floyd H. Ross, *Shinto: The way of Japan* (Westport, Connecticut: Greenwood Press, 1983), 17-18.

는 것이다. 예를 들면 이자나기와 이자나미가 일본의 섬들을 만들 때 그들이 가지고 있던 창에 붙어있던 물이 땅에 떨어져 섬으로 변하였다는 것이다. 다른 신들이 태어날 때도 이자나기가 자신의 눈과 코를 닦음으로 탄생되었다고 한다. 이러한 사례들을 미루어보아, 일본의 신화에 등장하는 '창조'는 성경에서 언급하고 있는 '무로부터의' 창조가 아니라 '유출에 의한' 창조라고 보아야 할 것이다. 어쨌든 이자나기와 이자나미가 만든 세 신들 가운데 가장 중요한 신이 바로 아마테라스(天照大神) 여신이다. 아마테라스는 높은 하늘 세계를 다스렸으며 그녀로부터 일본천황이 탄생된다. 아마테라스의 남동생인 수사누(須佐之男)는 바다와 땅을 다스렸고 츠키요미(月読)는 밤과 어둠을 다스렸다. 이 세 신들 가운데 츠키요미는 일본의 신화에 거의 언급되지 않고 있다.[9]

(1) 출산(Procreation)

앞에서 이미 언급한 것 같이 일본의 신화는 엄밀히 말하자면 성경에서 말하고 있는 것과 같은 창조 신화가 아니다. 왜냐하면, 일본의 신화에는 창조주와 피조물을 엄격하게 구분 짓는 선이 존재하지 않기 때문이다. 도리어 일본의 신화에 등장하는 신들과 피조 세계와의 관계는 그들을 구분 짓는 명확한 선 대신 친밀한 연결과 연장을 통하여 연결되어 있다고 보아야 한다. 피조물들은 신들의 신체나 접촉을 통한 유출에 의해 생성, 존재케 된 것이다. 따라서 일본의

---

9   Ono, 4-5.

신화의 창조 설화는 '창조'라기보다 '출산'의 개념으로 이해되어야 한다. 결국, 고대 일본인들의 사고 속에는 성경에서 언급하고 있는 창조 개념이 없었거나, 창조주와 피조물에 대한 명확한 구별의식도 존재하지 않았음을 알 수 있다. 일본의 신화에서 강조하고 있는 중요한 사상은 바로 "연속성"에 있다고 볼 수 있다. 다시 말해서 자신으로부터의 유출을 통한 '창조자'와 신들로부터의 유출에 의하여 만들어진 '피조물' 사이에 존재하는 연속성이 강조되고 있는 것이다. 이러한 유출적 창조 개념을 가진 일본인들에게 창조주와 피조물을 엄격하게 구별하는 기독교를 이해한다는 것은 결코 쉽지 않았을 것이다. 신과 인간과 피조물들이 가지고 있는 연속성이야말로 일본 문화에서 가장 중요한 요소 가운데 하나인 '와(和)'를 발전시킨 배경이 되었다고 보아도 무방하다. 신과 황제와 온 국민과 모든 피조물들이 하나라고 가르치는 일본 신화의 영향은 현대 일본 사회에 존재하는 연합, 화목(和) 그리고 집단주의의 사상적 뿌리라고 볼 수 있다. 즉, 일본의 모든 존재들은 신들로부터 피조계에 이르기까지 모두 하나로 연결되어 있는 것이다.

(2) **내재성**(Immanence)
일본 신화가 가지고 있는 또 다른 특징은 신의 내재성이다. 일본 신화에 언급된 신들은 인간과 피조물과의 관계에 있어서 초월적으로 존재하는 것이 아니라 그들 속에 들어와 존재한다. 즉 일본 신화는 신의 초월성을 배제하고 내재성을 강조하고 있다고 볼 수 있다. 기독교에서 언급하는 하나님의 초월성 같은 것은 일본 신화에서 찾아

볼 수 없다. 따라서 일본인들에게 신의 초월성을 인식시키는 것은 매우 힘들고 거의 불가능할 정도이다. 전통적으로 가미가 인간 속에 들어와 존재하고, 만물 속에 들어있다고 믿어왔던 일본인들의 이러한 의식이 기독교의 초월적인 신 개념을 이해하는데 큰 장애물이 된다는 것은 자연스러운 일이다.

(3) **다신론**(Polytheism)

이미 살펴본 바와 같이 일본 신화 속에는 수많은 신들이 등장한다. 그런데 이러한 신들은 그 특성상 절대적이지도 유일하지도 않다. 어느 특정한 신이 절대적이라든가 유일하다던가 하는 모습이 전혀 발견되지 않는다. 단지 서로 다른 역할들이 있을 뿐이다. 많은 신들 가운데 아메노미나카누시나 아마테라스 같은 뛰어난 신들이 존재하기는 하지만 그 신들 역시 절대적이거나 유일한 신은 아니다. 단지 그 신들의 역할이 다른 신들에 비하여 조금 우위에 있을 뿐이다. 이러한 서열적 개념이 어느 한 신만의 유일성이나 절대성을 의미한다고 볼 수는 없다. 그런 의미에서 일본 신화의 신관은 다신론적이면서 동시에 서열적이라고 할 수 있을 것이다. 그러므로 이러한 다신론에 익숙한 일본인들에게 유일신이신 하나님을 가르치는 일이나, 절대적인 신 개념이 없는 일본인들에게 기독교의 절대 신 하나님을 전한다는 것은 쉽지 않은 일이다. 일본인들이 가지고 있는 다신론적 신관은 기독교를 전파하는데 또 다른 장애물인 것이다. 신토에 나타난 다신론적 신개념은 현대를 살아가는 일본인들에게도 동일하게 남아있다.

2) 아마테라스(天照大神)와 일본

어느 날 아마테라스가 남동생의 실수로 인하여 몹시 화가 난 나머지 하늘에 있는 어두운 굴속으로 숨어버렸다. 세계는 즉시 어두움에 휩싸였고 팔백만의 신들은 아마테라스를 굴속에서 나오게 하기 위한 다양한 묘안들을 제시하게 된다. 팔백만 신의 지혜로 아마테라스가 굴 밖으로 나오자 온 세계에 광명이 회복되었다. 그리고 그의 동생 수사누는 실수의 대가로 천상으로부터 추방되어 지상에 오게 되었다. 그가 내려온 곳이 바로 이즈모(出雲国, 현재의 큐슈지방)였다. 그는 그 지역에 살고 있는 처녀와 결혼해서 자녀들을 얻게 된다. 그의 자녀들 중 여섯 번째 자손이 여덟 개의 큰 섬, 즉 일본을 다스리게 되었던 것이다.[10]

일본의 모든 섬들이 평정을 찾았다는 소식을 들은 아마테라스는 그에게 왕국을 상징하는 물건을 주었다. 그때 받은 물건들이 바로 거울과 칼 그리고 보석들이었다. 이 세 가지 물건들은 지금까지 일본 황실의 상징적 보물로 보존되어 내려오고 있다.

니니기노미코토(瓊瓊杵尊, 이하 니니기)는 일본을 다스리기 위해 이즈모의 신과 협상을 벌여, 니니기가 보이는 세계를 다스리기로 하고, 보이지 않는 세계는 이즈모 신이 계속 다스리기로 협정을 맺었다. 일본을 다스리던 니니기의 손자가 탄생했는데, 그 손자가 후대에 일본의 첫 번째 왕인 진무(神武) 천황인 것이다.[11]

---

10 Kitagawa, *On understanding Japanese Religion*, 144.
11 Ono, 5.

결국 일본 신화의 또 다른 목적은 일본의 초대 왕이 신의 자손임을 강조하는 것에 있다고 볼 수 있다. 신의 자손인 동시에 신의 권위를 부여받은 왕에게 백성들을 복종케 하여 당시 지배계급 또는 왕족이 국민들을 다스릴 강력한 명분을 만들기 위한 목적이 이 신화 속에 숨어 있다는 것이다.

일본의 초대 왕, 진무(神武)

위에서 언급한대로 아마테라스의 손자인 니니기가 큐슈 지역에 사는 신의 딸과 결혼하였고, 그들에게서 세 명의 자녀가 탄생하게 되었다. 이 세 자녀 중 하나가 바다 신의 딸과 결혼해서 네 명의 자녀를 얻게 되었다. 이 네 자녀 중 하나가 바로 후에 일본의 초대 왕이 된 진무(神武)였다. 초대 왕이 된 그는 일본을 다스리기 위하여 많은 지역 신들과 싸워야 했고, 전쟁에서 아우를 잃은 뒤 쿠마노[熊野, 현재의 와카야마(和歌山県)]로 옮겨왔다. 그곳에서 큰곰이 어슬렁거리는 것을 보았는데 그가 그 곰을 보는 순간 잠이 들어 버렸다. 타카쿠라지(高倉下)라는 사람이 진무를 깨우고 그에게 신비한 칼을 주었는데 그 칼을 잡는 순간 그 지역에 있던 적대적인 신들이 동시에 죽임을 당하게 된다. 마침내 진무가 우네비[畝傍, 현재의 나라(奈良県)] 지역에 정착하게 되고 그곳에서 왕국을 건설하여 일본을 다스리게 된다.[12]

12　Kitagawa, *On understanding Japanese Religion*, 146.

이 이야기는 일본의 왕족이 어떻게 신토의 신화와 연관을 가지게 되는가를 보여준다. 이러한 신화는 왜 왕족과 신토가 끊을 수 없는 관계를 가지게 됐는가를 잘 설명해 주고 있다. 신토 신화가 보여주는 신과 일본 왕들과의 관계는 당시뿐만 아니라 지금도 일본인들의 의식 속에 무의식적인 영향을 주고 있다. 단순한 인간으로서의 왕이 아닌 신의 자녀로서의 왕이라는 생각은 현대 일본인들에게 일본이 단순한 국가가 아닌 신국(神國)이라는 생각을 가지게 하였다고 볼 수 있다. 현대 일본인들이 가지고 있는 극도의 민족주의, 우월주의, 배타주의는 바로 이런 신국 개념에서 유래했다고 볼 수 있을 것이다.

이러한 신화는 왜 일본 왕실에서 신토 의식이 지금까지 지켜지고 있는지를 설명해 주고 있다. 일본의 왕족이 신의 자손이라고 믿는 한 이러한 신토 의식은 계속 지켜질 것이다. 비록 상징적이긴 하지만 현재도 왕위 즉위식에서 매우 중요한 의식이 아마테라스가 니니기에게 주었던 왕의 권위를 상징하는 세가지 물건들 - 거울, 칼, 구슬 - 이 있는 방에서 왕이 하룻밤을 지내며 신의 예식에 참여하며 신과 하나 되어 신의 감동이나 예언을 경험하게 되는 것이다. 이러한 의식을 통하여 아마테라스는 일본 왕의 조상이 되고 일본 왕궁은 자연스럽게 아마테라스를 섬기는 제단이 되는 것이다. 지금도 아마테라스에게 제사를 드리는 것이 일본 왕의 빼놓을 수 없는 의무로 남아있다. 이러한 전통은 일본의 열한 번째 왕인 스이닌(垂仁天皇)이 이세(伊勢) 지역에 아마테라스를 섬기는 신사를 세우면서 시작되었다고 한다.[13]

2. 신토의 발전 과정

원시 신토

현존하는 신토의 뿌리는 자연숭배라는 원시종교로부터 기인한다고 볼 수 있다. 초창기에는 자연숭배와 정령숭배에서 크게 벗어나지 못한 상태였기 때문에 신사(神社)라는 건물에 의존하지 않고 직접 산, 강, 섬, 숲, 바위 등과 같은 것들을 섬겼다. 하지만 시간이 흐름에 따라 자신들이 섬기는 신들을 위하여 건물을 짓게 되고 그러한 신사 안에 자신들이 숭배하는 신을 상징하는 물건이나 경배의 대상이 되는 물건들을 모시게 되었다.[14]

원시 신토는 정해진 예배 의식이나 조직 같은 것이 없었고, 대부분 종교 행사는 가정에서 행하는 종교의식을 제외하고는 "히모로기(神籬)"나 "이와사카(磐境)"를 중심으로 이루어졌다. 히모로기는 숲으로 둘러싸인 오염되지 않은 땅을 의미하며, 이와사카는 거룩한 바위나 돌들로 둘러싸인 오염되지 않은 땅을 의미한다. 대부분 신토 의식은 이러한 장소에서 진행되었고, 비교적 간단한 예배 의식은 논이나 바닷가에서도 이루어졌다. 이러한 간단한 의식들은 주로 농업이나 어업과 관련 있는 예배 형식을 가지고 있었다. 시간이 흐름에 따라 이러한 지역 신들이 차츰 씨족이나 부족을 위한 신들로

---

13   Kitagawa, *On understanding Japanese Religion*, 149.
14   William Bounce, *Religion in Japan* (Tokyo: Charles e. Tuttle, 1967), 115.

변해 갔다. 차츰 "추수 축제"나 "신년 축제" 같은 공동의 축제 행사들이 자리 잡게 되고, 이러한 큰 축제들은 지역주민을 위해서나 부족들을 위해서 매우 중요한 종교적 행사로 자리 잡게 되었다.[15] 각기 다른 종족들이 섬기는 신들이나 조상신들(신화에 등장하는 조상신들을 포함하여)이 공동체 생활의 중심적 위치를 차지하게 되면서, 자신들이 섬기는 신들을 위한 신사를 짓기 시작했다. 그리하여 신토가 차츰 원시적인 모습에서 벗어나 구체적인 의식이나 예배 장소를 가지게 되었다.[16]

1) 우주적 방향성

원시 신토의 특징 중 하나는 고대 일본인들이 인간보다 신들에게 더 큰 관심을 가지고 있었다는데 있다. 다시 말하면 신토가 인간 중심의 종교였다기보다는 신 중심의 종교였다는 것이다. 인간 스스로 내재적인 가치보다 신들의 자손 또는 분신으로서의 가치를 중요시했다고 볼 수 있다. 즉 인간 스스로 독립된 존재로서의 가치보다 신들에게 종속된 존재로서의 의미에 더 큰 비중을 두었다는 것이다. 현대 일본인들이 가지고 있는 "종속" 또는 "복종"의 정신적 뿌리를 원시 신토에서 찾아 볼 수 있다. 어느 단체나 모임에 소속되지 못했을 때 일본인들이 느끼는 불안감과 소외감 같은 감정의 원초적 뿌

---

15 Kitagawa, *On understanding Japanese Religion*, 149.
16 Bunce, 115.

리가 이미 원시 신토에 숨겨져 있었다고 보아도 무방할 것이다. 이미 일본의 신화(신토 신화라고도 부를 수 있다.)에서 보았듯이 인간과 인간의 활동은 단지 인간과 그들의 활동을 초월해서 존재하는 실체인 신들에게 복종하거나 순종하는 것에 불과하다. 초월적 존재로서의 신이야말로 원시 신토가 지니고 있던 중요한 요소라고 보아야 할 것이다. 고대 일본인들에게 있어서 가미(神や)는 인간을 초월해 존재하는 실체였으며, 우주의 존재와 생성을 이해하는 중요한 요소였다. 인간을 통한 인간 중심의 우주 이해가 아닌, 신들을 통한 신 중심의 우주 이해를 했다고 볼 수 있다. 인간 스스로 내재적 가치를 인정하지 않는 원시 신토는 인간 대신 신들에게 중심 자리를 내어준 것이다. 초월적 실체인 신들은 늘 원시 신토의 중심에 자리 잡고 있었다. 인간이 아닌 초월적이며 우주적인 존재인 신들에게 관심을 가졌다는 의미에서 원시 신토를 우주적인 종교라고 불러도 무방할 것이다.

2) 낙관주의

고대 일본인들은 자신들이 섬기는 신들에 대해 늘 감사하는 마음을 가지고 살았다. 그들이 비록 악한 신들과 사악한 영들에 대한 두려움을 갖고 살기는 했지만, 대부분 신들은 자신들에게 유익한 것으로 생각하며 살았었다. 그들은 삶 자체를 선한 것으로, 그리고 아름다운 것으로 이해하고 있었다. 따라서 그들에게 주어진 운명에 대해 늘 고맙게 여기고 살았다. 현재의 운명에 만족했던 그들에게 형이상학적 질문과 의문 같은 것은 존재하지 않았다. 형이상학적인 궁극적인 질문들보다는 현재의 삶에 더 큰 관심과 비중을 두었던 것이다. 인생의 궁극적인 목적이나 의미보다는 자신들에게 유익을 가져다주고, 즐거움을 가져다주는 것에 관심을 기울였던 것이다.

더욱이 그들의 인간관은 매우 긍정적이고 심지어 낙관적이기까지 했다. 원시 신토에는 성경에서 말하는 죄의 개념은 전혀 존재하지 않았고, 도리어 인간이 가진 순수성을 인정하며 인간의 모습 그대로를 긍정적으로 받아들이는 편이었다. 다시 말해 고대 일본인들이 지녔던 인간관은 염세적이라기보다는 낙관적이었던 것이다. 고대 일본인들에게 죄라는 개념 대신 "악"이라는 개념이 존재했는데, "악"이라는 개념은 단지 도덕적인 실수, 자연재해, 질병, 신체적 이상 등을 의미하였다. 그들에게 있어서 악이라는 개념은 오염 또는 더러움을 의미하는 것이었다.[17]

현대 일본인들이 가지고 있는 낙관적인 인간관이나 인생관은 바로 원시 신토에 그 뿌리를 두고 있다고 볼 수 있다. 죄의 개념을 가지고 있지 않은 일본인들에게 기독교의 죄, 특별히 원죄의 개념을 깨닫게 한다는 것이 거의 불가능한 이유도 바로 여기에 있는 것이다. 죄의 개념을 가지고 있지 않은 일본인들이 성경에 기록된 심판의 의미를 이해하지 못하는 것은 너무 자연스러운 일이다. 일본인들의 낙관적인 인생관은 그들로 하여금 미래 또는 사후 세계에 대한 관심보다 현실 세계에 더 큰 관심을 갖도록 하였다. 따라서 그

---

17 Hori Ichiro, *ed., Japanese Religion: A survey by the agency for cultural affairs* (Tokyo: Kodansha, 1972), 15.

들에게 중요한 것은 현재이지 미래가 아니며, 우주나 인생의 궁극적인 목적이나 의미보다 현재를 살아가는 자신들에게 유익한 것이 무엇인지가 더 중요한 것이다. 원시 신토에서 미래에 대한 언급을 거의 찾아 볼 수 없는 이유도 바로 이러한 이유 때문일 것이다.

3) 정결

원시 신토는 유난히 정결을 강조한다. 이미 언급한 대로 고대 일본인들이 관심을 갖고 있었던 것은 도덕적인 죄에 관한 것이 아니었다. 그들에게 중요한 관심의 대상이 있었다면 그것은 바로 육체적, 정신적 더럽힘으로부터의 회복인데 이러한 회복을 위하여 고대 일본인들이 사용하던 것들이 바로 "종교적 축사" 또는 "절제"였다. 그들은 이러한 축사나 금욕적 방법을 통하여 자신들을 정결케 유지하려고 했었던 것이다. 자신에게 질병과 고통을 가져다준 요인들을 종교적 의식을 통하여 제거함으로써 순수했던 본래의 모습으로 돌아가기를 소원했던 것이다.

고대 일본인들에게 있어서 악이라는 개념은 주로 외형적인 요인들에 의하여 발생되는 어떤 것이라고 여겨졌다. 그들에게서 내재하는 죄의 개념이 존재할 수 없었던 이유도 바로 여기 있다고 볼 수 있다. 그들은 죄 또는 악이라는 것이 실제로 존재하는 것이 아니라 조화를 깨뜨리거나, 아름다움을 손상시키는 것으로 인식했다. 이러한 손상과 파괴는 그것들을 제거하거나 깨끗하게 할 수 있는 능력을 가진 자들, 예를 들면 신토의 제사장들과 같은 사람들에 의하여

행해지는 정결 의식에 의하여 회복될 수 있다고 보았다.

　현대 일본문화를 대변하는 몇 가지 개념들 - 순수성, 정확성, 정결함 - 의 뿌리를 아마 원시 신토의 정결 의식에서 찾아볼 수 있을 것이다. 영적, 육체적 오염이나 더러워짐을 악한 것으로 인식했던 고대 일본인들에게 있어서 순수나 정결은 절대적인 가치를 가진 것이었다고 볼 수 있다. 그들은 심지어 정결함과 선을 동일시하기까지 했다. 고대 일본인들이 가졌던 순수함과 정결함에 대한 동경 또는 노력은 현대 일본 문화나 종교의 매우 중요한 요소로 남아 있다. 그래서 현대 일본인들이 보편적으로 간직하고 있는 순수함과 정결함에 대한 동경은 종교는 물론 예술이나 건축 등 일본인들의 삶의 전 영역에서 구체적으로 표현되고 있는 것이다.

중간기 신토

1) 료부(両部) 신토 : 불교의 영향을 받은 신토

원시 신토는 외부로부터 들어온 불교가 유입되면서부터 그 본래의 모습이 조금씩 바뀌기 시작했다. 학자들은 불교가 전래된 6세기부터 18세기 중반까지 신토의 중간기라고 부르고 있다. 이 기간 동안 신토는 불교의 영향을 크게 받게 되고 마침내 불교에 거의 흡수되다시피 했다. 6세기 말에 이미 정부의 깊숙한 곳까지 불교가 영향력을 행사하고 있었다. 그때쯤 이미 일본 왕과 정부의 고급 관리들

은 불교 신자가 되었다. 궁중에서는 불교 의식들이 시행되고 있었
나. 마침내 황실의 명령에 의하여 불교가 전국에 전파되게 되었고,
불교의 다양한 축제들이 전국에서 행해졌을 뿐 아니라 이것이 국가
의 중요한 업무가 되었다.[18]

 신토와 불교의 혼합은 주로 8세기부터 9세기경에 이루어졌다.
초기에 서서히 진행되는 두 종교의 통합이 본격적으로 진행된 것은
9세기 불교의 주요 종파에 속했던 텐다이(天台宗) 학교와 산곤(眞言
宗) 학교가 세워지면서부터이다. 9세기 초반에 이미 신토와 불교의
통합 작업이 완성되었는데, 불교의 다양한 의식들이 신사 안에서
진행되었고, 불교 승려들이 신사의 신들 앞에서 기도하는 모습은
매우 자연스럽게 받아들여졌다. 붓다가 "가미(神)"로 불렸고 가미의
본질적 특성은 붓다와 똑같은 것이라고 가르쳤다. 가미는 붓다가
일본에서는 다른 모습으로 등장했을 뿐이라고 했다. 수많은 신사들
이 불당 뜰에 세워졌고, 수많은 불당들이 신사 주위에 세워졌다. 불
교의 우상들과 다양한 문구들이 신사 안에서 흔히 발견되곤 하였
다. 이러한 신토와 불교의 혼합 양상은 19세기 중반까지 계속되었
다.[19]

---

18 Kitagawa, *On understanding Japanese Religion*, 155-56.

19 Kitagawa, *On understanding Japanese Religion*, 155-56.

2) 스이가(垂加) 신토 : 유교의 영향을 받은 신토

도쿠가와 정부(1603-1867)는 당시 일본 정부에 위협적인 세력이었던 로마 가톨릭의 영향을 일본 국민들로부터 끊어 버리기 위한 일종의 정신적 통제수단으로 불교를 선택하였다. 모든 일본 국민들은 하나도 빠짐없이 사찰에 자신의 이름을 등록해야만 했고, 사찰은 모든 국민을 통제하는 기관이 되었다. 도쿠가와 정부가 불교를 국민에 대한 사상 통제 수단으로 사용함과 동시에 "신 유학(儒學)"을 자신들의 통치 철학으로 받아들였다. 이는 유교의 인간관이나 윤리가 정부의 정치적인 입지를 세우는데 도움이 된다고 생각했기 때문이다. 신분간의 구별이 확실하고, 상하관계가 확실한 유교야말로 도쿠가와 정부의 통치 이념으로 가장 적합한 것이었다. 정부의 절대적인 권력을 정당화하기 위한 이데올로기로 유교를 가장 적합한 사상적 동반자로 삼은 것이다.[20]

정통한 유교 학자인 하야시 라잔(林 羅山)이 도쿠가와 정부의 중요한 조언자로 발탁되었는데 그는 신 유교 사상을 토착 종교인 신토에 적당하게 적응시키는데 전력을 기울였다. 그는 일본 사회를 응집시키기 위하여 유교에서 말하는 이(理, 이성 또는 원리)와 신토에서 말하는 가미의 도(道)는 같은 것이라고 했다. 그 외에도 유교와 신토의 통합을 강력히 추진했던 인물이 있는데 그가 바로 야마자키 안사이(山崎 闇齋)였다. 그는 본래 불교학자였으나 후에 유교 학자

---

20 Kitagawa, *On understanding Japanese Religion*, 160-61.

로 변신한 자이다. 그는 유교의 원리와 신토의 원리를 통합하여 또 다른 형태의 신토인 스이가(垂加) 신토를 창시한 자이다. 그는 왕에게 철저한 복종과 존경을 표현해야 한다고 가르쳤다. 특별히 니혼쇼키(日本書紀)를 최고의 경전으로 가르치면서 일본 신화가 중국의 우주론과 동일한 것이라고 주장했다. 중국의 황제는 천황 밑에서 왕 노릇하고 있지만, 일본의 황제는 아마테라스 여신의 직계 자손으로 진짜 천황이라고 주장했다. 그렇기 때문에 결국 일본의 모든 국민들이 일본 황제에게 최고의 경의를 나타내야 한다고 가르쳤다.[21]

실제로 도쿠가와 통치 시절에는 많은 유교 학자들이 정치, 경제, 사회 전반에 걸쳐 일본인들의 삶에 영향을 미쳤는데 이러한 영향은 신토와의 만남으로 더욱 강해질 수 있었다. 신토가 현실 참여적인 종교로 변신할 수 있었던 것도 바로 유교와의 만남을 통해서이다. 스이가 신토는 감정적인 국가주의와 일본 천황에 대한 철저한 복종과 충성을 가르치는데 앞장섰던 종교로 19세기에 등장했던 국가 신토의 발현과 무관하지 않다. 스이가 신토가 가지고 있었던 자민족중심의 사상적 영향이 메이지유신(明治維新)과 동시에 모든 일본 국민들의 사고 속에 다시 한번 등장하게 되는 것이다. 이처럼 스이가 신토는 한 마디로 극도의 '자민족중심적 신토(Ethnocentric Shinto)'라고 불러도 무방하다.

료부 신토나 스이가 신토는 이른바 중간기에 나타난 신토가 얼

---

21 Kitagawa, *On understanding Japanese Religion*, 162-63.

마나 혼합적인 성격을 가지고 있었는가를 잘 나타내주고 있다. 불교와 유교 모두 신토가 가지고 있는 교리적, 사상적 유연성에 함몰되어 자신들의 정체를 잃고 만 것이다. 교리적, 사상적 유연성 외에도 신토는 아주 강한 혼합주의적 성격을 가지고 있다고 보아야 한다. 일본 역사상 한 번도 불교나 유교가 온전한 형태로 남아 있거나, 일본인들을 완전히 지배해 본적이 없었던 이유도 바로 신토의 유연성과 혼합주의적 특성 때문이라고 할 수 있다. 이러한 신토의 혼합주의적이고 타협적인 특성이 일본인들의 성품과 종교적 삶에 깊이 뿌리내리면서 현대를 살아가는 일본인들의 삶의 한 방법이 되었던 것이다. 문제는 이러한 혼합주의적 습성이 일본인들에게 기독교를 기독교답게 이해하거나 바라보지 못하고 신토의 입장에서 또는 극도의 혼합주의적 입장에서 바라보도록 만들기 때문에 일본에서 순수하고 변질되지 않은 기독교 찾아본다는 것이 극히 힘들다는 사실이다. 역사적으로 보아도 일본의 기독교는 다른 나라에 비하여 훨씬 쉽게 타협하고 현지의 요구에 순응해 왔다. 대표적인 사건이 2차 대전 당시의 기독교들이 천황과 정부에게 보여준 모습이라고 할 수 있다. 그들은 천황과 유일신이신 하나님을 함께 경배했고, 이러한 종교적 행위를 강요하는 정부를 향하여 반기를 들지도 않았다. 극소수의 신실한 신자들을 제외한 대부분 신자들이 하나님과 천황을 함께 또는 천황을 우선으로 섬겼던 역사적인 사건들은 신토의 혼합주의적 특성이 일본 국민들의 삶 속에 얼마나 깊이 영향을 주었는가를 보여주고 있다. 그래서 이러한 신토의 역사적, 사상적 변천 과정이 일본에서 순수하고 변하지 않는 기독교의 참모습을 찾아보기 힘든 이유와 무관하지 않다는 것이다.

순수 신토의 부활

18세기경 순수 신토의 부활 운동이 태동하게 된다. 이러한 부활 운동의 배경에는 당시에 유행하던 국학 운동이 있었다. 이 운동은 이끈 학자는 바로 카모 마부치(賀茂 眞淵, 1697-1769)였다. 그는 불교와 유교가 신토에 영향을 주기 이전의 순수한 신토로 돌아가자고 부르짖었던 사람이다. 또 다른 국학운동을 주도하던 학자인 모토리 노리나가(本居 宣長, 1730-1801)도 순수 신토로 돌아갈 것을 주창하였는데, 그는 아마테라스를 통해 계시된 타카미무슈비의 계시를 순수 신토의 기초요 중심 사상으로 가르쳤다. 신토 정화 운동에 앞장섰던 또 다른 인물이 히라타 아츠타네(平田 篤胤, 1776-1843)인데 그는 푸르미치(古道)라는 용어를 사용하여 순수 신토로의 회귀를 주장하였다. 그 역시 료부 신토와 스이가 신토를 강력히 비난한 인물이다. 위의 세 학자들의 노력으로 불교와 유교의 영향을 입었던 신토가 어느 정도 순수한 모습으로 돌아갈 수 있었다. 그들은 옛 신토야 말로 일본인들의 진정한 종교라고 가르쳤고, 이러한 순수 신토로의 회귀운동을 "순수 신토부활 운동"이라고 부른다.[22]

이러한 순수 신토운동은 스이가 신토와 더불어 19세기에 등장

---

22 Schmidt, 16.

한 국가 신토 운동의 전주곡과 같았다. 고대 신토로의 회귀 운동이 메이지유신의 정신적 기조인 국가 신토의 강력한 정신적 기반을 제공했다고 볼 수 있다. 이러한 운동은 일본인들의 정체성 회복은 물론 극도의 "자민족중심주의"를 부추기는 역할을 했을 것이다. 그러한 의미에서 19세기에 등장하는 국가 신토 운동은 순수 신토 운동의 연장선에서 이해될 수 있을 것이다.

근대 신토

근대 신토의 출발은 메이지 천황의 등장으로부터 시작되었다고 볼 수 있다. 약 300년에 걸친 도쿠가와 통치 시대가 끝나면서 등장한 메이지 천황은 일인 통치 체제로의 회귀는 물론 오랫동안 일본의 통치 형태로 채택되었던 정치와 종교의 통합을 이루려 했다. 정치와 종교의 통합을 목적으로 메이지 정부는 1818년에 신토를 관할하는 정부부서를 탄생시켰다. 신토 부활을 위해 의도적으로 불교와 신토의 분리 정책을 펼쳤는데 이는 정부의 조직적이고 구체적인 개입으로 진행되었다. 불교와 신토를 분리시킨 후 신토를 메이지 정권의 통치 수단으로 이용하려 했던 것이다. 신토가 국민들의 사상적 통합을 위한 정치적 이데올로기로 사용된 것이다.

신사 안에 새워졌던 불교 사원들이 신토 사제들의 손으로 넘어가고 많은 불교 사원들이 문을 닫았다. 이러한 구체적인 지시와 진행은 이러한 종교적 사무를 관장하는 정부 기관에서 관장하고 있었다. 정부는 마침내 "대 교리 선언문"을 통하여 신토를 국가의 정신적, 정치적 지도 원리로 선언하였다.[23] "대 교리 선언문"에 따라 모든 일본인들은 자기가 거주하는 곳에 있는 신사에 의무적으로 등록해야만 했다. 이것은 마치 도쿠가와 정부가 모든 국민에게 지역의 불교사찰에 의무적으로 등록하게 했던 정책과 동일한 것이라고 할 수 있다. 의무 등록제로 발생할 수 있는 종교적 마찰을 피하기 위해 일본 정부는 또 다른 묘안을 제시하였다. 정부가 앞장서서 "국가 신토"를 종교가 아닌 국가의 도덕 또는 애국심 고취를 위한 정신적 지도 이념 정도로 여기도록 종교 지도자들과 국민들을 설득했다. 신토의 사제들과 불교의 지도자들이 초기의 강경했던 자세를 버리고 차츰 국가의 지시를 따르기 시작했다. 20세기에 들어와서는 심지어 기독교 지도자들조차도 "국가 신토"의 정당성을 인정하며 산사 참배에 동참하기까지 했다. 당시의 모든 신사들의 등급이 매겨져 있었고, 정부로부터 공식적인 후원을 받을 수 있었다. 대부분 신토사제들은 국가에 속한 공무원이었다.[24]

사실상 국가 신토는 국수주의적이고, 자기중심적인 또 다른 형태의 종교로서 폐쇄적이고 맹목적인 애국자들에 의하여 주관되고 조작되었다고 볼 수 있다. 국가 신토는 일본제국을 외부의 공격과 침략으로부터 지키기 위한 정신적 수단으로 사용되었을 뿐 아니라, 국가 발전을 위한 통합된 결집력을 얻기 위하여 사용된 일종의 집

---

23 Kitagawa, *On understanding Japanese Religion*, 166-67.
24 Kitagawa, *On understanding Japanese Religion*, 166-67.

단 국가 이데올로기였다고 보아야 한다. 다시 말하자면, 국가방어와 발전을 위한 정신적인 무기로 사용되었다. 일본 정부는 이러한 정신적 무기를 사용하여 국민들을 동원함으로써 자신들이 원하는 것들을 성취하려 했다.

2차 대전의 참패와 더불어 국가 신토가 사라지기는 했지만, 그 영향은 현대 일본 사회 속에 깊이 남아 다양한 모습으로 일본인들의 삶에 영향을 미치고 있다. 그러한 영향 가운데 한 가지가 바로 신사와 지역주민과의 밀접한 관계라고 할 수 있다. 국가 신토가 요구했던 전 국민의 신사 등록제도는 지금까지 일종의 불문율같이 일본 사회에 남아있다. 물론 일본의 산업화와 도시화 현상으로 신사 등록과 같은 풍습이 많이 약해지긴 했지만, 아직도 전통사회의 모습을 갖추고 있는 중소도시나 농촌에서는 이러한 풍습이 고스란히 지켜지고 있다. 일본 국민이라면 당연히 1년에 한 차례 이상 신사에 방문하여 기도하는 모습이라든가 1년에 한 차례씩 거대하게 행해지는 신토 축제에 빠짐없이 참석하는 모습 등은 일본의 전통 종교인 신토가 현대 일본인들에게 남겨 놓은 종교적, 정신적 유산이라고 볼 수 있다. 아직도 많은 일본인들이 스스로를 동네나 지역의 신사에 속한 신토로 여기고 있다는 사실은 국가 신토의 영향력이 아직도 사라지지 않고 있음을 간접적으로 보여주는 것이다.[25]

국가 신토의 또 다른 영향은 현대 일본인들이 가지고 있는 극도

---

25   Ono, 48.

의 "집단의식"과 "소속 의식" 속에서도 찾아볼 수 있다. 전 세계에서 가장 강력한 집단의식을 소유하고 있으며, 어느 단체나 기관에 소속되지 않고는 불안하여 견디지 못하고, 집단으로부터의 소외를 가장 두려워하는 등 일본인들이 보이는 집단적인 현상은 아마 전통적인 신토 특히, 국가 신토의 영향이라고 볼 수 있을 것이다. 국가 신토의 집단주의적 영향은 심지어 현대 일본 기독교인들에게서도 나타나는데, 적지 않은 기독교인들이 1년에 한 차례씩 치러지는 신토 축제에는 참여하고 있다는 점이다. 자신이 마을 공동체의 일원임을 보여줄 수 있는 유일한 방법이 바로 신토 축제에 참여하는 것이라고 생각하는 것이다. 축제 참여를 거부하는 것은 자신이 마을에 속한 사람임을 거부함과 동시에 일본 국민임을 거부하는 것과 마찬가지이다. 그렇기 때문에 많은 기독교인들조차 마을 공동체 소속감 또는 일본 국민으로서의 정체성으로부터의 소외에 대한 두려움 때문에 신토 축제에 참여하거나 축제 기금마련에 동참하고 있는 것이 사실이다. 일본 사회구조 속에 깊이 자리잡고 있는 신토와의 싸움은 현대 일본 기독교인들에게 순수한 기독교 신앙을 추구하는 데 가장 힘든 부분일 수 있다. 이러한 예는 극도의 집단주의와 소속 의식 속에 갇혀있는 일본 사회에서 유일하신 하나님을 섬기며 구별되어 살아가는 것이 얼마나 힘든 것인가를 단적으로 보여준다. 집단으로부터의 소외는 곧 한 개인의 사회적 무존재, 즉 사회적 죽음을 의미하는 이러한 일본 사회에서 그리스도인으로 살아간다는 것은 매우 고통스러울 뿐 아니라 극도의 인내를 요구하는 것이다.

3. 신토의 신앙체계

예배 의식

신토가 통일된 신학 체계를 가지고 있지 않았다는 점은 많은 사람들로 하여금 신토에 대한 매력을 잃게 만든 중요한 이유 중 하나가 된다. 전통적으로 신토는 정확하고 확고한 교리를 가지고 있지 않았기 때문에 분명한 신학적 체계를 가질 수가 없었다. 그럼에도 불구하고 신토는 존재할 때부터 다양하고 풍부한 종교적 표현들을 가지고 있었던 것이 사실이다. 이러한 종교적 표현 또는 의식들은 오늘날까지 일본인들의 삶 속에 깊이 스며들어 그들의 삶을 지배해 오고 있고, 삶의 많은 부분의 중심에 자리 잡고 있다. 그래서 신토 신앙으로부터 유래하는 전통적인 습관들이 일본 여기저기에 존재할 뿐 아니라 신토에 대한 감정적인 충성심이 일본인들에게 아직 많이 남아 있다.

1) 예배의 요소

신사 앞에서 개인이 행하는 간단한 신토 의식을 제외한 모든 신토 의식들은 다음과 같은 네 가지 요소들을 통하여 수행되는 것이 상례이다: (1) 정결 의식(祓), (2) 제물(神饌), (3) 기도(祝詞), (4) 상징적인 잔치(直会). 이는 신에 대한 예배가 예배자의 마음속 깊은 곳에서 드려지는 것일 뿐 아니라 분명한 종교적 의식들에 의해서 드린다는

것을 보여준다.[26]

(1) 정결 의식(祓, Purification)

정결 의식의 목직은 모든 오염과 불의와 악을 제거하는 것인데, 이러한 오염과 불의와 악은 신의 도를 따라 사는 것을 방해하고 나아가 예배의 효험을 감하게 하는 요인이 되는 것이다. 이러한 정결 의식은 예배드리는 자들이 직접 행할 수도 있고 사제들이 행할 수도 있다. 정결 의식은 예배자 자신이나 사제들이 상징적으로 입안을 헹구어 내고 깨끗한 물을 손가락 끝에 따르는 의식인데 이러한 정결 의식을 손을 물로 씻는다는 의미에서 "테미즈/초즈(手水舍/手水)"라고 부른다.[27]

의례적인 정결 의식은 사제들에 의해 수행되는데, 먼저 정결 기도를 낭송한 뒤, 의식에 사용하는 지팡이를 개인, 그룹, 또는 정결케 하려는 대상 앞에서 독특한 방법으로 흔드는 것이다. 이러한 정결 의식에 가끔 소금이나 소금물을 가볍게 뿌리는 행위가 동반되기도 한다. 목욕 또한 정결의 또 다른 상징으로 사용되기도 한다. 신사를 정결케 하는 상징적 의식으로는 대나무 조각들이나 "사카키(榊, 비쭈기) 나무"의 나뭇가지 또는 짚으로 만든 새끼줄을 정해진 장소에 걸어 놓는다.[28]

---

26 Ono, 51.
27 Ono, 52.
28 Ono, 52.

(2) 제물(神饌, Offerings)

신을 위한 최소한의 의식은 정기적으로 제물을 드리는 것이다. 만일 이러한 최소한의 제물들이 소홀히 드려진다면 신들, 특별히 조상신들이 화가 나서 불행이 닥친다고 믿는다. 제물을 드리는 신사가 크든 작든 제사를 드리는 방법이 신사 기록 안에 비교적 상세히 묘사하는 것이 상례이다.[29]

통상적으로 제물들은 아주 오래된 전통을 따르고 있으며, 가장 간단한 제물로는 쌀, 소금, 물, 사카키 나뭇가지 등이 드려졌다. 하지만 대부분 예배자들이 드리는 가장 흔한 제물은 돈, 음식과 음료, 상징적인 다양한 물건 등이다. 돈을 헌물로 내는 경우 성소나 작은 신전 앞에 놓여있는 헌납통에 돈을 던져 넣으면 된다. 음료 제물인 경우는 물 또는 정종을 제물로 드린다. 음식물을 제물로 드리는 경우에는 쌀, 생선, 미역, 야채, 과일, 떡 등을 드린다. 물질을 제물로 드리는 경우 종이, 비단, 무명 천, 보석, 심지어 무기 같은 것들을 드리기도 한다. 마지막으로 상징적인 제물을 드리는 경우 드려지는 제물의 형태는 "사카키"나무의 어린 가지 모양으로 드려진다.[30]

(3) 기도(祝詞, Prayer)

신토의 제사 의식에는 축사(祝詞) 형식의 제례적인 기도가 있는데 이러한 기도는 사제들이 신사 앞에서 암송하도록 되어있다. 신사에

---

29 Ono, 52-53.
30 Ono, 55-56.

서 사제들에 의해서 암송되는 기도문들은 신을 부르는 의식으로서 신비한 느낌을 줄 뿐 아니라, 독특한 리듬을 가지고 있다. 신토의 기도문은 각 신사의 사제들이 임의로 작성하여 사용하는 것이 통례이지만, 요즈음은 신토 연합회에서 만든 기도분을 주로 사용하고 있다. 물론 신사의 사제들이 개별적으로 작성한 기도문을 사용하는 것도 무방하다. 신사에서 드려지는 기도는 주로 신에 대한 찬양으로 시작해서, 신에 대한 감사를 드린 후 자신들의 간구를 드리는 것으로 구성되어 있다.[31]

(4) 잔치(直会, Feast)

늘 있는 것은 아니지만 어떤 신토 의식의 끝에는 신성한 잔치가 벌어지는 경우가 종종 있다. 그 잔치의 이름은 나오라이(直会)라고 불리는데 "신과 함께 먹는 것"이라는 의미를 지니고 있다. 이 의식은 사제나 사제를 수종드는 여인들 중 한 명이 나누어주는 정종을 한 모금 마시는 의식이다. 신토 축제의 경우에는 사제들, 마을의 유력한 인사들, 특별히 초대받은 손님들이 정종을 몇 모금 마신 뒤에 여흥을 돋우는 식사를 함께 나누기도 한다.[32]

---

[31] Ono, 55-56.
[32] Ono, 55-56.

제사장직

6세기부터 8세기에 이르는 동안 점차 특권을 누리는 제사장 계층이 등장하기 시작했다.33 원시 신토시대에는 제사장이라는 계급이 존재하지 않았다. 마을 공동의 제사와 의식을 치르는 것은 마을에 사는 모든 사람들에 의한 공동 책임이었던 것이다. 그러나 시간이 흐름에 따라 씨족이나 여러 가문의 우두머리들이 자기 씨족과 부족을 대신하여 중요한 제의들(ritual)을 집행하기 시작했다. 반면에 덜 중요하게 여겨졌던 의식들(ceremony)은 주로 직급이 낮은 관리들이나 정해진 개인들에 의하여 집행되었다. 시간이 흐름에 따라 이러한 기능들이 차츰 일정한 가문의 특권이 되었고, 지역의 사제직이 세습되기 시작하였다. 왕에 의해서 친히 집행되었던 몇몇 매우 중요한 제사 의식을 제외하고 대부분 중요한 제사 의식들은 이러한 제사장 계급에 속한 사람들에 의해 집행되었다. 이러한 제사장 계급에 속한 사제들은 왕궁에서 행해지는 특별한 제의들이나, 왕족과 연관된 신사에서 행해지는 중요한 제의들에 대한 책임을 지게 되었다.34

8세기에 이르러 진기칸(神祇官)이라는 일종의 종교사무국이 국가의 여러 의식들과 각 지방의 제사장직을 통제하기 시작했다. 11세기에서 19세기에 이르는 동안 카잔(花山) 천황의 가문이 종교사

33　Kitagawa, *On understanding Japanese Religion*, 30.
34　Ono, 40-41.

무국의 우두머리로 있었다. 그러나 메이지 유신 이후 사제직 세습이 사라지고, 대부분 사세들을 국가의 관리로 임명하였다. 2차 세계대전 직전까지 단지 몇몇 상류계층의 사람들만이 신사의 주지가 될 수 있었으나, 오늘날 사제들은 신토 신사 연합회에 의해 인정되거나, 그들이 섬기고 있는 신사가 개별적으로 인정해주는 사적 신분의 시민으로서 살아가고 있다.35

모든 사제들은 종교적인 의식을 수행하는 사람으로서 제의를 수행하고, 다양한 의식들과 축제들을 집행할 수 있는 능력을 갖추어야 한다. 이러한 훈련은 다른 사제들로부터 배우든지 혹은 '국가원 대학(國學院大學)'에서 제공하는 사제 과정에 등록하여 배울 수 있다.

신사 축제(Shrine Festivals)

1) 신사 축제의 유형

신사 축제의 많은 부분이 음식 조달과 연관이 있다. 매년 열리는 신사 축제들을 일본 헤이안 시대(794-1185) 율령 세칙 등의 집합인 엔기(延喜式)의 기록에 따라 다음과 같이 세 가지로 분류한다. : 큰 축제, 중간 축제, 작은 축제

---

35 Ono, 40-41.

큰 축제는 그들이 지켰던 가장 중요한 추수 축제였다. 그것은 황제가 다스리는 동안 단 한 번만 찾아오는 축제로 황제 즉위식에서 황제가 새로운 음식을 제물로 드리는 제사이다.

중간 축제는 매년 2월에 풍성한 추수를 기원하며 가지는 축제, 매달 갖는 축제, 쌀을 처음 거두어 드렸을 때 갖는 축제 등을 의미한다.

작은 축제는 풍성한 쌀 수확을 위해 히로세 신사에서 드리는 축제, 풍성한 수확을 달라고 바람 신을 달래는 축제, 전염병을 가져오는 신을 달래는 축제, 신에게 바쳐진 술통들을 야생 백합으로 꾸미는 축제 … 길의 신을 위한 축제, 특별한 신사들을 위한 축제들을 포함한다.36

신토 축제들은 신토의 생명을 유지하는 중요한 의식들 가운데 하나로 존재해 온 것이 사실이다. 그래서 신토의 사제들은 그러한 종교의식들을 가능하면 성실하게 지키려고 노력해온 것이다. 이러한 특징이 이즈모(出雲国)나 이세(伊勢)같은 고대 신사들에서 특별히 강하게 드러난다.37

2) 행렬(Processions)

신사 축제의 가장 의미 있는 부분이 바로 행렬이라고 할 수 있다.

36　Ross, 54.
37　Ross, 54.

행렬에 있어서 가장 중요한 요소는 그 지역을 돌보고 지켜주는 신이 자신의 구역을 돌아보도록 하는 것이다. 행렬은 대개 한 지역의 신이 자기가 머물던 성소를 벗어나 아름답고 잘 꾸며진 꽃가마를 타고 자기 구역을 한 바퀴 돌아본다는 의미를 지니고 있다. 행진하는 동안 잘 꾸며진 꽃가마가 신의 임시거처가 되는 것이다. 신을 상징하는 것으로 신의 이름을 쓴 종이 조각이나 나무 조각을 가마 안에 안치시킨다. 신을 임시로 모신 가마가 동네를 돌 때는 모든 주민들이 함께 나와 가마의 뒤를 따라 행진하게 된다. 가마가 본래 있던 신사로 가기 전에 마을의 일정한 곳에 옮겨서 잠시 혹은 온밤을 지새우게 하기도 한다.[38]

지역 신을 실은 가마 행렬은 다음과 같은 의미를 갖는다: (1) 먼 세상이나 신들의 세계에서 내려오는 신을 자신들의 신사에 맞아들이는 것, (2) 그 지역 신에게 특별한 영적, 역사적 중요성을 지닌 마을의 특정한 지역을 방문하는 것, (3) 그 지역 신이 자신을 성실하게 섬기는 가정들을 방문하여 그들을 축복하는 기회, (4) 역사적인 황실이나 영주의 몇몇 사자들의 행렬을 기념하는 의미 등이다.[39]

---

38 Ono, 68.
39 Ono, 69-70.

4. 신토의 신학

신토의 신관 : 가미(神)

일본 신토에서 가장 중요한 단어가 있다면 그것은 다름 아닌 가미(神)일 것이다. 외국인으로서 신토 신앙에서 의미하는 가미의 뜻을 이해한다는 것은 쉬운 일이 아니다. 엄밀히 말해서 가미라는 말을 한국말로 정확히 표현하는 것이 불가능한지도 모른다. 신토에서 의미하는 가미의 개념을 정확히 이해하려면 일본에서의 직접적인 경험을 통하지 않고는 거의 불가능하다고 할 수 있을 것이다. 가미의 개념은 서구에서 사용하는 보편적인 단어나 신학적인 의미로는 이해 불가능한 개념이다.[40]

일본의 신토 대학에서 신토를 가르치고 있는 소쿄 오노 교수는 가미라는 단어가 존귀하고 거룩한 영을 지칭하는 '경어(敬語)'라고 했다. 즉, 가미라는 말은 가미의 덕과 권위에 대한 존경의 뜻을 내포하고 있다는 것이다. 또한 모든 존재가 그러한 영을 가지고 있기 때문에 모든 존재가 가미라고 부를 수 있는 것이고, 잠재적 가미로 여겨질 수 있는 것이다.[41] 그러나 가미라는 말을 보통 사람들이나 평범한 존재들을 지칭하는 말로는 사용하지 않는 것이 통례이다. 개념상 가능하지만 가미라는 말이 담고 있는 깊은 경어로서의 존경

---

40 Ross, 32.
41 Ono, 6.

의 의미는 그보다 더 특별하기 때문이다.

1) 범신론(Pantheism)

신토의 가미의 개념은 우주에 존재하는 모든 것이 가미로 불릴 수 있다는 의미에서 범신론적이라고 할 수 있을 것이다. 사실 지금까지 신토에서는 모든 자연적인 현상들이나 물체들이 가미라고 불리어 온 것이 사실이다. 가미라고 지칭되어 왔던 다양한 현상들과 물체들은 성장, 생성, 생산과 같은 성질의 것들과 밀접한 관계가 있는 것들이었다. 신토에서 가미라고 불리는 현상들이나 물체들에는 다음과 같은 것들이 속해있다: (1) 자연 현상들 - 바람, 천둥 등 (2) 자연에 속한 물체들 - 태양, 산, 강, 나무, 바위 등 (3) 모든 종류의 동물들 (4) 조상신들 - 황제, 귀족, 모든 이들의 조상의 영 (5) 영들 - 땅을 지키는 신들, 문명화(발달된 문화), 나아가 인류의 삶에 크게 기여했던 국가적 영웅의 영들, 국가나 자기가 속했던 공동체를 위해 죽은 사람의 영들.[42]

    신토의 신개념에 있어서 한 가지 특이한 사실은 신토가 생성되었던 초기부터 유일신론의 경향을 한 번도 가졌던 적이 없었다는 점이다. 지금까지 살펴본 대로 신토에는 기독교가 가지고 있는 유일신이나 절대적 신 개념이 전혀 존재하지 않는다. 신토는 생성 초기부터 다신론적이고 범신론적인 신관을 견지해 왔다. 일본의 신토

---

[42] Ono, 6.

사상에서는 기독교가 주장하는 창조주로서 우주의 모든 것을 다스리는 절대적 신개념을 전혀 발견할 수 없다.

2) 가미의 역할

일본 신토가 지닌 가미의 개념을 조금 더 깊이 이해하기 위해서는 일본의 신화를 자세히 살펴보는 것이 필요하다. 왜냐하면 일본 신화에 등장하는 가미의 개념이 신토가 지닌 신개념의 뿌리라고 할 수 있기 때문이다. 일본 신화에서 한 가지 특이한 사실은 일본 신화에는 창조의 개념 대신에 유출적 창조(Procreation)의 개념이 등장한다는 사실이다. 그런 의미에서 일본 신화는 창조 신화가 아니다. 일본 신화에 등장하는 가미인 이자나기나 이자나미는 창조의 신이 아니라 출산과 생산의 신인 것이다. 이 두 신보다 앞서 존재하는 모든 신들은 실현화 또는 진화의 과정을 상징적으로 보여주는 것이라고 해석할 수 있을 것이다. 또한 이들 두 신보다 뒤에 등장한 모든 신들은 이들 두 신의 출산에 의한 것들이다. 신토의 신화를 자세히 연구해 보면 신들의 내재성이 강조되어 있는 것을 쉽게 알 수 있다. 신토의 신들은 인간과 자연계를 초월해 존재하는 것이 아니라 인간과 자연 만물 속에 내재하는 존재들인 것이다.

　신토 신화의 또 다른 강조점이 바로 신들과 인간, 신들과 자연계 사이에 존재하는 연속성이라고 지적할 수 있을 것이다. 출산한 자와 출산된 자 혹은 출산된 물질들 사이에 강한 연속성이 존재하는 것이다. 이러한 연속성을 강조하는 신토 신화는 우주 속에 존재하는 모든 것이 신적인 것 내지는 신성한 것일 뿐 아니라, 하늘에 있는 거룩한 신들로부터 유래한 것이라고 믿고 있는 것이다.[43]

3) 현대의 가미 개념

전통적인 신토에 있어서는 가미의 개념이 물활론(animism)에서 나타나는 신들이나 영들의 개념과 비슷한 것들이었다. 하지만 현대 신토에 있어서는 대부분 가미의 개념이 조금 더 세련된 의미로 사용되고 있는 것을 알 수 있다. 현대 신토에 있어서 가미의 개념은 존귀함과 권위를 가진 영들로 인식되는 경향이 있다. 따라서 오늘날 일본의 현대인들이 사용하는 가미의 개념은 정의, 질서, 신적 보호 등과 같은 의미와 밀접한 관계를 맺고 있다. 또한 현대 신토는 화합과 협력을 아주 강하게 강조하고 있는 경향을 띠고 있다.[44]

엄밀한 의미에서 현대 일본에서 통용되고 있는 가미의 개념은 분명히 규정하기도 힘들고, 충분히 이해하기도 힘든 개념이라고 할 수 있을 것이다. 현대 신토를 연구하는 많은 신토 신학자들이 가미의 개념을 정의하는 데 있어서 서로 다른 다양한 의견들을 제시하고 있기 때문에 정확히 통일된 가미의 개념이 아직도 정리되지 않고 있는 것이 사실이다. 신토 신학자들 사이에 존재하는 불일치는 물론이고 대부분 평범한 일본인들도 가미에 대한 분명한 개념을 가지고 있지

---

43   Ross, 19.
44   Ross, 7-8.

못한 것이 사실이다. 대부분 일본인들이 분명한 가미의 개념을 가지고 있는 것이 아니라 "직관적으로" 가미를 이해하고 있다고 보는 것이 옳을 것이다. 그렇기 때문에 아직도 많은 신토 신학자들과 지도자들이 통일된 신토 신학을 정립하기 위해 노력하고 있다.[45]

신토의 우주관

신토의 우주관은 일본 신화에 잘 드러나 있다. 일본 신화를 자세히 들여다보면 그들의 우주관 속에 이 세계와 다른 또 다른 세계가 등장하고 있다. 그들은 하늘에 두 개의 상반되는 세계가 존재한다고 믿고 있었던 것을 알 수 있다. 그중 한 세계는 하늘의 높은 곳에 가장 위엄 있는 신들이 살고 있는 "높은 하늘의 평원"인데 그 곳이 바로 풍요와 영생의 나라인 것이다. 또 다른 세계는 죽은 영들과 악한 영들이 존재하는 오염의 세계이다. 그들은 이곳을 '요미노쿠니(黃泉の国, 어둠의 세계)'라고 불렀다.[46]

일본인들의 고대 신화를 보면 하늘나라에 살고 있던 이자나기와 이자나미에 의하여 이 세상이 출산되었다고 기록되어 있다. 창조가 아닌 출산의 방법을 통하여 이 세상이 존재하게 되었다는 신화 속에서 우리가 발견할 수 있는 것은 바로 하늘나라와 이 세계의

---

45 Ross, 7-9.
46 Ono, 102.

관계성이다. 창조가 아닌 '출산' 신화 속에 담겨있는 그들의 우주관으로 볼 때 그들은 이 세상과 하늘나라가 아주 밀접한 관계를 맺고 있는 것으로 이해하고 있었음을 발견할 수 있는 것이다. 두 세계가 분리되어 있는 것이 아니라 아주 밀접한 관계를 유지하고 있는 것이다. 결론적으로 그들이 지니고 있던 우주관은 우주에 존재하는 모든 객체를 따로 분리시켜 이해한 것이 아니라 통합되고, 연관되어 있는, 즉 모든 것을 포함하는 것으로 이해했다고 보아야 할 것이다. 신토의 우주관은 우주 안에 존재하는 모든 것을 하나의 고리로 연결시키고 있는 것이다.

이상에서 살펴본 바와 같이 신토는 이 세상과 가미 사이에 강한 유대적 관계가 존재하고 있음을 보여주고 있다. 이 세상에 있는 모든 것들 즉 사람, 산, 강, 나무 등과 같은 것들이 가미에 의하여 존재하게 된 것으로 이해하고 있는 것이다. 나아가 가미의 축복이 세상 모든 것들의 안녕의 근거가 된다. 현대 신토 사상은 세상이 가미의 축복으로 가득 차 있을 뿐 아니라 조화와 협력을 통하여 발전되고 있는 것으로 믿고 있는 것으로 보인다.[47]

이와 같은 우주에 대한 신토의 이해는 신토가 염세적인 믿음의 종교라기보다는 낙관적 믿음의 종교라는 사실을 보여주고 있는 것이다. 그들은 이 세상이 근본적으로 선한 것이며, 점진적으로 혼돈(chaos)에서 질서(order)를 향하여 또는 혼란(confusion)에서 조화(harmony)와 연합(unity)의 상태로 발전해 가고 있는 것이라고 믿고 있

---

47 Ono, 103.

다. 궁극적으로 신토는 이 세상이 상호 협력과 도움의 결과로 더 나은 질서에 도달하게 될 것이라는 신념을 가지고 있는 것이다.

신토의 인간관

인간에 대한 신토의 이해는 아주 분명하고 단순하다. 그들은 인간의 본성이 근본적으로 선한 것이고, 인간의 본성 속에는 선천적인 악이 존재한다고 보지 않는 것이 사실이다. 가미와 마찬가지로 모든 인간은 선하고 성스러운 존재들이다. 인간은 지금은 비록 불완전할지라도 앞으로 계속해서 성장할 수 있는 무한한 잠재력을 지닌 존재인 것이다.

엄밀하게 말하자면 신토에서는 인간과 가미의 분명한 구별이 존재하지 않는다고 볼 수 있다. 인간이 곧 가미이고, 또 다른 의미에서 가미로 변화될 존재인 것이다. 신토 안에는 영적인 세계와 물질적인 세계 사이에 뚜렷한 구별이 존재하지 않는다. 이 두 세계가 서로 중복되어 있고, 보이는 세계와 보이지 않는 세계가 서로 침범 가능한 세계인 것으로 본다. 가미의 후손으로서 인간은 그들의 몸 속에 가미의 "몸"을 지닌것이다.[48] 이런 의미에서 인간과 가미 사이에는 분명한 연속성이 존재하는 것이다.

모든 인간들은 분명한 삶의 목적을 가지고 태어난다. 한편으로,

---

48   Ross, Floyd H., 113.

모든 인간은 그들의 조상들의 소망과 이상들을 실현시킬 책임이 있고, 다른 편으로 그들의 후손들을 사랑으로 돌볼 책임이 있다. 다시 말해 모든 인간은 자기의 후손들이 자기 조상들의 이상과 소망을 실현시킬 수 있도록 돌볼 책임이 있는 것이다.[49] 이러한 의미에서 조상들과 후손들이 직선적으로 하나이고 절대로 분리될 수 없는 관계에 있는 것이다.

신토의 윤리관

신토의 윤리관은 지난 수 세기 동안 끊임없이 변천되어 왔다고 볼 수 있다. 신토에서 의미하는 "선과 악"의 개념 역시 변해 온 것이 사실이다. 어느 것이 선한 것이고 어느 것이 악한 것인지에 대한 도덕적 기준들이 고정되어 있는 것이 아니라 특별한 상황에 따라 언제든지 변할 수 있는 것들이다. 따라서 신토의 도덕적 기준은 상황에 따라 끊임없이 변해왔다. 이러한 도덕적 이해는 어떤 현상을 보고 무조건적으로 악한 것이라고 단정 짓는 것을 용납하지 않았다.[50] 어떤 행위의 의미와 가치는 그 행위가 행해진 환경, 동기, 목적, 시간, 장소 등에 의하여 결정되는 것이기 때문에 일정하게 정해진 도덕적 기준이 존재할 수 없는 것이라고 주장한다.

---

[49] Ono, 103-04.
[50] Ono, 105.

그러나 현대 신토에 있어서는 사회 질서를 어지럽히고, 불행을 가져오게 하는 행위, 가미에 대한 예배를 방해하는 것, 이 세상의 평화로운 발전을 방해하는 것 등과 같은 것들을 악한 것이라고 여기고 있는 것이 사실이다. 신토의 윤리 가운데 특이한 점이 있다면 바로 단체에 대한 강조라고 할 수 있을 것이다. 신토 윤리가 매우 단체 중심적이기 때문에 단체가 항상 개인보다 우선적이라는 의식을 가지고 있다. 단체가 개인보다 항상 더 중요한 것이다. 그들이 스스로 존재를 인식할 때도 타인들과의 연계성 속에서만 가능한 것이다. 그들이 느끼는 죄의식도 타인과의 관계 또는 가미와의 관계 속에서만 가능하다. 결론적으로 말하자면, 신토에서 말하는 "인간관계의 윤리는 사회적인 인간 또는 진화하는 우주의 자녀로서의 인간의 본질에 뿌리를 두고 있는 것이다."[51]

신토의 구원관

신토에는 초월적인 구원관이 전혀 존재하지 않는다. 신토에서는 가미의 세계가 인간의 세계를 초월하여 존재하는 것이 아니기 때문에 인간들이 구원을 얻기 위하여 굳이 초월적인 세계로 들어가기를 추구할 필요가 없는 것이다. 신토에서 구원이라는 것은 가미를 그들의 삶 속으로 모셔오는 것이다. 그들에게 있어서 구원이라는 것은

---

51   Ross, 124.

세상의 조화로운 발전 안에서 얻어지는 것일 뿐이다.[52]

구원을 이루는데 있어서 유일한 방해물이 있다면 그것은 인간과 가미와의 관계를 방해하거나 인간과 조상과의 관계를 방해하는 악한 영들인 것이다. 그들은 악한 영들은 정결 의식을 통하여 제거할 수 있다고 믿는다. 특히 그들이 행하는 정결 의식의 의미는 인간의 본질을 회복시키는 데 있는 것이다. 정결 의식을 통하여 인간들이 선을 행할 수 있는 능력을 회복할 수 있다고 믿는 것이다. 결론적으로 말하자면 신토의 구원론은 원천적으로 선한 인간 본래의 모습을 회복하는 것이다. 신토가 가지고 있는 이러한 낙관론은 초월적 구원에 대한 여지를 남기지 않는 것이다.

5. 기독교적 커뮤니케이션

일원론 vs 이원론

신토의 세계관은 일원론적이라고 할 수 있다. 일반적으로 서구의 기독교는 세상의 실체를 이원론적으로 보는데, 그래서 서구의 정신세계는 끊임없이 분명하고 구별된 사고들을 추구해 온 것이 사실이다. 반면에 신토는 실체들을 이해하는 데 있어서 더 일원론적이었

---

52 Ono, 107-08.

다고 말할 수 있을 것이다.

이러한 관점에서 기독교와 신토의 차이점은 기독교가 '이것 또는 저것(this or that)'이라는 질문을 제기하는 반면, 신토는 '이것과 저것 모두(both this and that)'를 취하는 경향이 있다는 것이다. 신토는 결코 상반되는 이데올로기나 개념들과 마주치기를 원치 않으며, 둘 중 하나를 선택하는 대신 그 두 가지 모두를 선택하기를 원한다. 그래서 신토의 관점에서는 서구적인 이원론이나 그에 기반한 기독교에서 자주 언급하는 용어들 – 하나님/사람, 창조자/피조물, 거룩/세속, 삶/죽음, 초자연/자연, 영/물질, 혼/몸, 선/악, 죄/덕, 영원/순간 – 을 이해하기 힘든 것이 사실이다.

신토가 가지고 있는 일원론적인 사고 체계로는 피조물과 분명히 분리되어 존재하는 하나님을 이해하기 힘든 것이다. 또한 신토는 혼이나 영적인 가치들을 부인하려는 경향을 가지고 있다. 왜냐하면 그것들이 몸이나 물질적인 가치들로부터 구별되어 있기 때문이다.

모든 사람이 가미가 될 수 있다고 믿고, 어떤 진리도 잘못될 수 있다고 믿으며, 죄와 덕, 육과 영 사이에 절대적인 구별이 존재하지 않는다고 믿는 절대적인 일원론의 신토가 이원론적 접근 방법을 쉽게 받아들일 수 없을 것이 분명하다. 따라서 신토를 믿는 사람들에게 기독교 복음을 전파하려면 전통적인 서구신학의 이원론적인 접근 방법보다는 조금 더 일원론적인 접근방법이 효과적일 수 있을 것이다. 하나님과 사람, 영혼과 육체, 영적인 것과 물질적인 것, 이 세상과 저 세상 등과 같은 주제들을 이원론적으로 분리시켜 전할 것이 아니라 일원론적으로, 다시 말하자면 이들 사이에 존재하는 '밀접한 관계성'을 강조하여 복음을 제시하는 것이다.

예를 들자면 하나님과 인간의 관계를 설명할 때 이 둘 사이에 분명한 간격이 있음에도 불구하고, 그 간격을 강조하기보다 아버지와 아들의 관계를 통해 이 둘 사이에 존재하는 '친밀성'을 강조할 수 있을 것이다. 또 다른 방법으로는 우리의 영과 육이 죽음을 이기고 부활할 것을 강조함으로써 기독교가 영과 육을 동시에 구속하는 종교임을 가르치는 것도 좋은 예라고 할 수 있을 것이다. 지금의 세상이 영원한 세상과 연결되어 있다는 사실과 물질적인 실체들이 영적인 실체들보다 결코 저급한 것이 아니라는 사실들을 강조함으로써 기독교 복음을 더 이해하기 쉽게 전할 수 있을 것이다. 육체적이고 물질적인 세계가 모두 부정한 것이 아니라 하나님의 선물임을 가르쳐주는 것이다. 기독교가 현실 도피적이고 현실 부정적인 종교가 아님을 가르쳐줌으로써 신토 배경의 세계관 관점이 갖는 기독교에 대한 부정적인 이미지를 극복할 수 있을 것이다.

상대주의 vs 절대주의

신토는 절대적인 진리의 존재나 절대적인 신의 존재를 거부한다. 혼합종교로서의 신토는 절대진리에 대한 개념을 전혀 가지고 있지 않다. 인간사고의 산물인 신토는 모든 것을 상대적으로 간주한다. 인간들에 의하여 전수된 모든 종교와 가르침들 그리고 세상에 있는 모든 것들은 상대적인 것이다. 그들에게 중요한 것은 객관적인 것이 아니라 주관적인 것이다. 따라서 그들은 사물이나 물체의 실체를 체험을 통하여 느끼고 경험하기를 원하는 것이다. 결국 신토의 상대주의는 '종교적 주관주의(religious subjectivism)'를 만들어 낸 것이다.

신토를 따르는 자들은 "모든 지식적인 개념이나 논의들을 초월해서, 사물의 존재론적인 실체(ontological reality) 안에서 그 사물의 진정한 실체를 만지고 느끼려고" 노력한다.[53] 이러한 느낌의 경험을 통하여 그들은 "신토의 영을 이해하고, 그 안에서 인간의 가장 고귀한 가치를 지지하고 높여주는 부인할 수 없는 진리를 발견하게" 되는 것이다.[54] 그래서 그들이 느끼고 체험하는 경험이야말로 그들에게는 다른 모든 종류의 교리적 가르침보다 중요한 것으로 여겨지는 것이다.

반면에, 신토는 스스로 절대적인 진리를 거부하기 때문에, 역으로 다른 종교나 사상들을 용납하는 태도도 지녀왔다. 따라서 기독교를 신토와 동등한 한 종교로서 쉽게 받아들일 수 있었던 것이 사실이다. 모든 종교적인 신념들을 거부하는 서양의 무신론자들과는 달리 신토 신자들은 그들이 표현할 수 없고, 아무도 그들에게 설명해 줄 수 없는 어떤 것들이 존재하는 것을 부인하지 않는다. 그들은 자신들의 직관을 통하여 무엇인가를 끊임없이 찾고 있는 자들이다.

---

53 Fernando M. Basabe, *Religious attitude of the Japanese men: A sociological survey* (Tokyo: Sophia University, 1968), 116.
54 Ono, 112.

그러한 맥락에서 신토 신자들이 어느 특정한 종교를 절대적인 신앙으로는 쉽게 받아들이지 않지만, 타 종교에 대하여 항상 유연하게 열려있는 것이 사실이다.

그러므로 기독교의 절대주의가 그들로부터 외면당하지 않도록 조심스럽게 복음을 제시할 필요가 있다. 대부분 신토 신자들은 그들에게 단도직입적으로 무엇인가를 제시하거나, 미리 만들어진 어떤 것을 제시하면 거부하는 경향이 있다. 따라서 기독교를 신토 신자들에게 제시할 때 직면하는 가장 큰 어려움 가운데 하나가 바로 기독교적 개념의 명료성이라고 할 수 있다. 분명하고 명확히 정리된 교리들이 냉철하고 차갑게 그리고 객관적으로 제시될 때 그들은 도리어 복음으로부터 멀어지게 할 가능성이 있는 것이다.[55] 결국 기독교의 복음을 그들에게 제시할 때 냉철한 논리와 객관적 명제들을 가급적 피하고, 가능하면 기독교가 가지고 있는 체험 가능한 내용들을 통하여 접근하는 것이 복음 전파의 지혜가 될 수 있다. 그들이 만지고 느낄 수 있는 경험들을 제공함으로 복음과의 접촉점들을 만들어 갈 수 있을 것이다. 기독교의 교리들을 전할 때 가능하면 그들이 당면한 영적이고, 실제적인 문제들과 연관된 것들을 주관적 방법으로 제시한다면 그들이 훨씬 쉽고 부담 없이 기독교를 접할 수 있게 될 것이다.

---

[55] Basabe, 119.

인간 중심 vs 하나님 중심

기독교가 하나님 중심적인 반면 신토는 매우 인간 중심적인 종교이다. 기독교가 하나님을 섬기는 반면 신토는 사람을 섬긴다. 사람의 유익이 하나님의 영광보다 앞선다. 기독교를 교리적인 종교라고 부른다면, 신토는 실용적인 종교라고 불릴 수 있을 것이다. 또한, 신토는 현세에 관심이 많고, 이생에서 취할 수 있는 유익들에 관심이 많은 종교라고 말할 수 있을 것이다.

기독교는 주로 하나님의 영광에 초점을 맞추어야 하는 것이 사실이지만, 일본인을 대상으로 한 더 효과적인 복음 전파를 위해 기독교의 실용적이고 현실적인 가치들을 강조하여 전하는 것도 필요할 것이다. 마찬가지로 우리가 전하는 기독교가 어떻게 진리로 인정되는가 하는 것을 전해야 하지만 동시에 기독교가 얼마나 현실적인 문제해결에 효과적인 영향을 끼칠 수 있는가도 전해야 한다. 기독교가 그들이 가지고 있는 실제적인 문제들에 대한 실제적인 해결을 제공할 수 있는 종교임을 보여주어야 한다는 것이다.[56] 그렇게 한 다음 단계로 더 깊은 기독교의 진리를 이해할 수 있도록 도울 수 있을 것이다. 그리스도의 능력으로, 그리스도 안에서 그들의 현실적인 문제들이 해결될 수 있음을 보여주고, 하나님의 존재를 증명하는 것보다는 도리어 그들이 하나님을 그들의 삶을 통하여 경험할 수 있도록 도와야 할 것이다.

---

[56] J. Robertson McQuilkin, *Japanese values and Christian mission* (The Japan Christian quarterly Vol. 33, No. 4, 1967), 258-59.

그러나 우리가 복음을 전할 때 물질적인 것이 결코 인간의 마음과 욕망을 만족시킬 수 없다는 것을 동시에 설명해 줄 필요가 있다. 모든 선한 것들이 하나님으로부터만 올 수 있다는 확신을 가지고 우리의 가르침에 균형을 유지해야할 것이다. 그들이 물질과 소유에 대한 성경적 관점을 갖도록 도와야 할 것이다.

소속감

신토는 공동체에 대한 강한 의식을 기본적으로 지니고 있다. 따라서 신토의 가치체계는 공동체의식을 중심으로 이루어져 있다. 그래서 신토를 따르는 사람들에게는 공동체적 불일치가 가장 사악한 죄 가운데 하나로 여겨진다. 역사적으로 말하자면, 메이지 유신 이전에는 개인주의라는 말 자체가 존재하지 않았다고 한다.[57] 오늘날에도 공동체의식은 일본인들에게 가장 중요한 가치로 여겨지고 있음이 사실이다. 스패(Joseph Spae)는 이 문제에 대해 다음과 같이 언급하고 있다:

> 일본의 가치체계는 공동체 의식을 중심으로 형성되어 있다. 국가나 가족 차원의 공동체가 주로 대표적인 통치자나 가족의 우두머리를 통하여 유지된다. 이러한 대표자들은 자신의 공동체를 자기

---

57   McQuilkin, 260.

들의 조상들과 연계시키고 있다. 대표를 통하여 공동체에 소속된 개개인들에게 축복이 주어진다. 그러므로 전통적인 윤리는 바로 일치와 감사의 윤리인 것이다.[58]

복음을 전하는 자로서 신토의 이러한 사회적 제도를 고려하면서, 이러한 제도에 더욱 효과적인 전도 방법들을 찾도록 노력해야 할 것이다. 어떻게 가족 단위로 접근할 것인가를 연구해야 하고, 그들이 전통적으로 지녀왔던 강한 공동체 정신을 깨뜨리지 않고 도리어 이를 효과적으로 사용하면서 복음 전파 사역을 감당해야 할 것이다. 일본에서 빠르게 성장한 교회들 가운데 한 사례는 "고구마 줄기 전도 방법"을 사용하고 있는데 이 전도 방법은 다름 아닌 '가족을 통한 접근방법'이었다. 전도 캠페인을 사용하는 대신에 가족 계보를 중심으로 전도하는 방식이다.[59] 신토 신자들에게는 이러한 가족 중심의 전도 방법이 개인에게 호소하고 개인적인 결정을 내리도록 유도하는 서구식 전도 방법보다 훨씬 효과적인 것임에 틀림없다. 결론적으로 일본에서의 전도는 인정과 소속감을 필요로 하는 일본인들의 요구에 관심을 가지고 개발되어야 할 것이다.

---

[58] Joseph Spae, *Christian corridors to Japan* (Tokyo: Orien Institute for Religious Research, 1967), 139-40.

[59] McQuilkin, 255.

결론

기독교 선교의 목적은 유일하신 하나님에 대한 믿음을 갖도록 하는 것이다. 복음을 전파할 때는 복음이 현지인들에게 이해되고 호감을 가지도록 제시되어야 한다. 특별히 일본에서 복음을 전할 때는 그들이 그들의 일상적인 삶 속에서 하나님의 임재를 느낄 수 있도록 도와야 한다. 이러한 방식이 기독교에 대하여 우호적이고 적극적으로 반응할 수 있도록 복음을 제시하는 효과적인 방식일 수 있다.

일본에서 조금 더 효과적인 복음 전파를 위해 다음과 같이 적합하고 효과적인 선교 방법들을 고려해 볼 수 있을 것이다:

1) 우리의 이성적이고 합리적인 접근 방법에 직관적이고, 실제적이고, 감성적이고, 실용적인 방식을 덧붙여야 한다.
2) 이원론적인 접근보다 통전적 접근이 더욱 효과적일 수 있다. 이원론적인 접근 방법은 일본인들을 혼란스럽게 만들 수도 있기 때문에, 복음 전파자들은 복음을 더욱 통전적으로 제시할 수 있는 방법을 연구할 필요가 있다.
3) 가족과 공동체를 중심으로 접근하는 전도 방법이야말로 가장 추천할 만한 전도 방법일 것이다. 다만, 개인적이고 개별적인 전도 방법도 함께 고려되어야 한다는 사실도 잊지 말아야 한다.
4) 기독교가 현실도피, 현실 부정의 율법주의적 종교로만 보여서는 안 된다. 기독교의 현실적이고 실용적인 면에 대해서도

강조할 필요가 있다.

5) 복음 전파자는 기독교가 사람의 육체적 필요와 감정적 안정을 제공할 수 있다는 사실도 보여주어야 한다.

6) 하나님을 경배하는 행위로서의 예배와 경건의 시간을 통하여 기독교의 체험적 측면을 강조할 필요가 있다. 세례, 성찬식, 교회의 다양한 축제들, 장례식 등과 같은 기독교적인 의식들을 통하여 복음의 경험적이고 체험적인 측면들을 보여줄 필요가 있다.

7) 우리가 복음을 전하는 데 있어서 가장 근본적이고 필수적으로 다루어야 할 요소는 바로 온 우주를 창조하신 절대적인 신으로서의 하나님 존재일 것이다. 일본인들에게 복음을 전하는 사람들이 전심으로 힘써야 할 부분이 바로 이 부분이다. 이 일에 성공하지 못한다면, 아무리 일본인에 적합한 전도 방식을 잘 활용했다 하더라도 우리의 전도는 그 자체가 무의미한 것이 될 것이다.

우리는 복음의 본질을 바꿀 수 없고 바꾸어서도 안 된다. 복음의 본질은 타협의 대상이 아니다. 그러나 복음이 잘 전파되도록 돕기 위하여 다양한 전도 방법을 동원할 수도 있어야 한다. 복음 전파의 방법은 상황에 따라 적합하게 적용할 수 있는 것이다. 복음의 근본적인 가르침들을 타협하지 않으면서도, 일본인들과 그 문화에 적합한 다양하고 효과적인 전도 방법들을 개발할 필요가 있다.

II. 일본 불교와 기독교 선교

서론

일본 문화청에 따르면 2018년 기준 일본 인구 약 1억 2천만 명 중 약 67%인 약 8천 4백만 명이 자신을 불교 신자라고 응답했다고 한다.60 불교는 신도와 함께 일본의 종교라고 할만하다. 일본 불교는 매우 다양하고 많은 불교 분파들이 있음이 특징적으로 나타난다. 일본 문화청에 따르면, 1970년 기준 일본에 존재하는 불교 분파가 162개라고 한다. 대륙에서 발견되는 거의 대부분 불교 종파들이 다 일본에 전해진 것을 알 수 있는데, 대표적으로 텐다이(天台), 신곤(眞言), 조도(淨土), 젠(禪), 니치렌(日蓮) 등의 불교 종파들이다. 여기서 언급된 종파들은 각각 작게는 몇 개에서 많게는 수십 개의 분파들로 나뉘어져 있다.

60　Agency for Cultural Affairs(Government of Japan),『宗教年鑑 令和元年版(Religious Yearbook) 2019』(Tokyo: Agency for Cultural Affairs, 2019), 35.

이러한 일본 불교는 일본이 하나의 국가로 통합된 후, 일본인들의 삶과 의식에 가장 중요한 영향을 미친 종교들 가운데 하나이다. 일본인들의 삶에 미친 불교의 영향이 매우 넓고 깊기 때문에 그 영향이 단순히 종교적인 영역에서만이 아니라 일본 문화의 전 영역에 나타나고 있다. 일본 문화나 일본인들의 삶을 연구한 사람들은 공통적으로 '불교를 떠나서 일본인들의 삶을 논한다는 것은 거의 불가능하다.'라는 점을 언급하고 있다.[61] 이는 불교가 일본인들과 일본 사회 속에 얼마나 깊이 뿌리내리고 있는가를 단적으로 보여주는 것이다.

이러한 관점에서 일본 불교를 들여다보면 다양한 질문을 갖게 된다. 왜 일본인들은 죽은 뒤에 그토록 사찰에 묻히기를 소원하는가? 왜 일본인들은 불상을 모신 불단(佛檀)과 다양한 신을 모시는 가미다나(神檀)[62]를 함께 집안에 두고 사는가? 일본 불교는 왜 그토록 정치적이고 민족주의적인 성향을 지니고 있는가? 왜 니치렌(일연) 불교와 조도(정토) 불교가 다양한 불교 종파들 가운데 가장 많은 신도를 보유하고 있는가? 일본인들이 불교를 통하여 얻고자 하는 것이 무엇인가? 등이다.

필자는 본 논문에서 이와 같은 질문들을 토대로 일본인들에게 가장 깊은 종교적, 문화적 영향을 주어왔던 일본 불교의 역사적인

---

[61] Joseph M. Kitagawa(1987). Kenneth Dale(1975). The Agency of Cultural Affairs(1984). Masaharu Anesaki(1966) etc.

[62] 일본인들의 가정에 있는 작은 사당(shrine)을 의미하는데 이곳에는 여러 종류의 신을 상징하는 부적들이 있다. 매일 과자, 물, 과일과 같은 음식을 차려놓고 아침저녁으로 기도를 드린다.

변천 과정과 각 종파의 교리적 특성을 살펴봄으로써 일본인들에게 어떠한 방법으로 복음을 전하는 것이 효과적이고 기독교적인지 살펴보려고 한다. 불교적 관습과 영향 하에 살아가는 일본인들이 불교를 버리지 못하는 이유를 찾아 기독교적 대안을 제시할 필요가 있다. 그들의 영적, 물질적, 육체적 필요가 무엇인지를 살펴보고 그러한 필요들을 통한 다양한 접촉점들을 찾고, 그들의 진정한 필요들을 채워줄 수 있는 기독교를 전하기 위한 효과적인 선교 방법을 제시할 것이다.

1. 일본 불교의 역사적 변천

초기 불교

1) 불교의 전래

불교의 어떤 종파가 일본에 가장 먼저 들어왔는지는 분명치 않다. 대부분 학자들은 522년에 불교가 일본에 전해진 것으로 보고 있다. 일본에 최초로 불교를 전해준 사람은 중국의 동부지역에 살고 있었던 중국인 피난민인 '시바노 다쓰토(司馬達等)'였다. 학자들은 그가 한국을 통하여 들어왔을 것으로 추측하고 있다. 그는 중국의 발달한 신문명을 일본에 소개했을 뿐만 아니라 신문명의 지도자가 되었다. 후대에 그의 자손들은 탁월한 불교 지도자로서 지대한 영향을 미쳤을 뿐 아니라 최초의 비구니를 배출하기도 하였고, 6세기에 위대한 예술가를 배출하기도 하였다.[63]

시바노 다쓰토 이후로 한국과 중국의 이민자들을 통하여 불교가 더 폭넓게 전래되기 시작했다. 538년(혹자는 552년)에 백제의 왕이 파견한 사절단이 일본의 고대 국가였던 야마토[64] 궁정에 불교를 전해 주게 된다. 당시의 사절단은 많은 승려들을 동반했는데 그들은 다양한 불상들과 불경들을 일본에 전해 주었다. 새로운 종교가 일본에 소개되면서 당시 일본에서 정치적, 군사적 영향력을 행사하던 그룹들 사이에서 긴장이 형성되기 시작했다. 군사적 힘을 지니고 있던 '모노노베(物部氏)' 가문이 신도 제사장 가문이었던 '나카토미(中臣氏)' 가문과 불교 유입을 반대하기 위해 손을 잡고, 행정과 외교를 담당하며 불교 유입을 지지하던 소가(蘇我) 가문에 반기를 들었다. 하지만 이렇게 불교 유입에 대한 유력 가문들 간의 갈등과 반 불교적인 분위기가 오래가지는 못했다. 그것은 새로운 문명을 수용하려는 분위기가 이미 대다수 일본인들의 마음속에 자리 잡고 있었기 때문이다. 결국 모노노베 가문이 굴복하면서 불교 유입은 본격화된다.

---

63   Masaharu Anesaki, *History of Japanese religion* (Tokyo: Charles E. Tuttle, 1969), 52.

64   Yamato는 일본의 중앙에 자리하고 지역을 지칭하는 말로서 1869년까지 왕궁과 중앙정부가 자리 잡고 있었던 곳이다.

2) 쇼토쿠(聖德) 태자

불교의 유입이 본격화 되었지만, 초기에는 불교를 단순히 수입하는 수준이었다. 당연히 일본 민중에게 불교는 여전히 이방종교요, 교리가 제대로 정리되지 않은 상태였다. 그러나 이러한 초기 불교의 양상은 쇼토쿠 태자의 등장과 함께 달라진다. 그는 불교 지도자 중 한 사람이었던 아버지 밑에서 태어나 593년에 일본의 태자로 책봉되었다. 그가 태자로 책봉된 때가 일본에 불교가 전해진 지 55년이 흐른 후였다. 쇼토쿠의 등장으로 비로소 일본 불교가 교리적 체계를 갖추고 일본 토양에 뿌리를 내리게 된다. 역사가들은 이구동성으로 그가 일본 불교의 중흥과 일본의 문명화에 지대한 영향을 끼쳤다는 사실을 지적하고 있다. 그는 불교와 함께 유입된 발달한 신문명을 토대로 일본 문명화에 초석을 놓았을 뿐 아니라 나뉘어져 있던 전국시대의 막을 내리는 역할을 하기도 했다. 이러한 일들을 수행하는데 그에게 깊은 통찰력을 제공하고, 영감을 불어넣었던 것이 바로 불교의 교리와 이상이었다. 그는 불교를 적극적으로 활용하여 일본인들의 정신적 통일과 도덕적 교훈을 위한 도구로 사용하였다.

쇼토쿠는 태자의 자리에 오르자마자 불교를 국가종교로 선포했다. 그는 많은 사찰과 불교 기관들을 세우며 적극적인 불교 중흥 정책을 펼쳐 나갔다. 대부분 사찰에는 노인, 고아, 약한 자들을 위한 수용소, 병원, 약국 등이 함께 있었다. 사찰은 법회와 학문연구, 수도승 훈련을 위한 장소로 사용되었고, 그 외의 부속 건물은 자선사업을 위한 장소로 사용되었다. 쇼토쿠는 자신의 이상을 실천하기 위해 이러한 다양한 사역을 시행할 수 있는 특별한 사찰을 세웠는데, 그것이 바로 텐노지(天王寺)이다. 이는 그의 불교적 이상을 모델로 한 최초의 사찰이었다고 할 수 있다. 후일 이 사찰은 일본에서 지어지는 모든 사찰의 모델이 된다. 오사카 근교에 세워진 텐노지는 종교 활동, 교육 사업, 자선 사업을 실행하는 전통적 일본 불교의 본산 역할을 수행하였다.[65]

쇼토쿠는 604년에 불교적인 이상을 담은 통치 윤리 강령을 발표하게 된다. 이른바 '일곱 개의 법률'이라고 부르는 일종의 '헌법' 개념의 법률집이었다. 그런데 본래 의도는 국가의 법률을 만드는데 있었지만, 그의 통치 철학인 불교적 이상이 깊이 담기면서 다분히 통치자들의 통치 윤리 강령 같은 내용을 담게 되었다. 군신과 주종 관계에 관해 다루면서 특별히 도덕적이고 정신적인 화합이 중요하다는 사실을 강조하고, 백성들 간의 대립과 분열을 경계하고 철저한 화합을 강조하는 동시에 모든 백성이 왕 앞에 평등하다는 통치 이념이 상세하게 드러나 있었다. 이러한 통치 이념은 불교의 세 가지 보물 - 불(佛, Buddha), 법(法, Dharma), 승(僧, Sangha) - 의 관계가 조화롭게 하나를 이루고 있다는 이상에서 빌려온 것이다. 그는 세 보물의 조화로운 관계를 국가와 국민들의 삶 속에 적용하려고 했던 것이라고 할 수 있다. 모든 존재가 하나라는 불교의 이상을 현실의

---

[65] Anesaki, *History of Japanese religion*, 56-59.

삶 속에 적용하려는 그의 이상이 잘 드러나 있다.66

쇼토쿠는 법률 선포에 만족하지 않고 왕궁에서나 사찰에서 불교의 다양한 경전들을 직접 가르치면서 불교와 자신의 이상을 펼쳐 나갔다. 그가 자신의 통치 이념을 가르치기 위해 사용했던 불교의 경전들 가운데 가장 중요한 세 권의 책은 다음과 같은 것들이다:

(1) 호케교(法華経) - 불교에서 언급하고 있는 구원에 관한 모든 내용들을 담고 있는 경전으로 불교의 구원론을 가르치는데 사용되었다.
(2) 유이마쿄(維摩経) - 인도 바이살리(Vaisali)에 살고 있었던 평신도 성자인 유이마(Yuima) 장로에 관한 이야기를 담은 책으로 불자들의 삶의 이상적인 모델을 제시하고 있다.
(3) 쇼만교(勝鬘経) - 붓다와 쇼만(Shoman) 여왕의 대화를 담은 책으로 불교를 믿는 여성들의 이상적인 삶의 방식을 가르치기 위하여 사용되었다.

종교적인 이상과 통치 이념을 일치시키기 위한 그의 부단한 노력은 마침내 국가의 통합과 국민의 통합을 이끌어낼 수 있었다. 쇼토쿠는 자기 자신이 붓다의 현현(Bodhisattva)이라고 스스로 생각했

66　Anesaki, *History of Japanese religion*, 60-62

고,[67] 자기를 가리켜 스스로 자비의 신인 관음의 성육화(incarnation)라고 생각하며 자신의 경긴과 지혜와 재능을 최대한 동원하여 불교의 이상을 일본 통치에 가장 효과적으로 적용했던 인물이었음에는 틀림이 없다. 이러한 근거를 들어 다수 학자들은 쇼토쿠 시대의 불교를 '국가불교' 시대라고 부르고 있다.

3) 나라(奈良) 분파 : 남도육종(南都六宗)

일본에 불교가 전래되고 오십여 년이 지나면서 불교의 다양한 종파들이 일본에 들어오게 되고 각 종파들로부터 다양한 분파들이 탄생하기 시작한다. 625년부터 754년 사이에 무려 여섯 개나 되는 분파들의 중국으로부터 유입되었다. 여섯 개의 분파가 가장 왕성하게 활동했던 시대가 나라 시대(710-794)였기 때문에 학자들은 이 여섯 개의 분파를 가리켜 '나라 분파' 또는 남도육종(南都六宗)이라고 부른다.[68] 여섯 개의 분파는 다음과 같다: (1) 산론(三論宗, 625), (2) 조지추(成実宗, 625), (3) 호소(法相宗, 654), (4) 쿠샤(倶舎宗, 658), (5) 케곤(華厳宗, 736), (6) 리추(律宗, 754).

이 여섯 분파는 중국식 건축양식과 중국식 의복을 따랐고, 종교의식이나 법회 의식에서 중국어를 사용하였다. 그들은 일본 문화에 적응하려고도 하지 않고 일반 서민들의 필요에도 무관심하였다. 이

---

67 Anesaki, *History of Japanese religion*, 62-65.
68 William K. Bunce, *Religions in Japan* (Yokyo: Charles E. Tuttle, 1967), 59.

러한 이유로 그들이 소속되어 있던 궁중 외의 일반 서민들에게 큰 영향을 주지는 못했다. 그에 비해 당시의 많은 사찰들은 왕궁의 비호와 보호 아래 부유해지고 정치적으로도 상당한 영향력을 행사할 수 있게 되었다. 결국 승려들이 타락하게 되고 복잡한 정치적 소용돌이에도 휘말리게 되었다.

후지와라(藤原氏) 가문이 정권을 잡고 수도를 교토(京都)로 옮기면서 이 종파들의 운명은 새로운 전기를 맞게 된다. 새로운 통치자인 간무(桓武) 천황의 통치 아래 정치개혁 뿐만 아니라 종교적인 개혁이 강력히 단행되었다. 강력한 종교개혁으로 인해 새로운 종파인 텐다이(天台) 불교와 신곤(眞言) 불교가 등장해 영향력이 증대되면서 상대적으로 앞선 여섯 개 분파들의 영향력이 점차 약해지기 시작했다.[69] 그리고 12세기 경에 일어난 영적 각성 운동의 영향으로 인해 마침내 거의 생명력을 잃고 말았다. 그때 이후로 산론, 조지추, 쿠샤는 거의 사라지고 호소, 케곤, 리추만 지금까지 간신히 명맥을 유지하고 있다.[70]

4) 민속 불교

일본 불교 역사의 변천을 연구하는 가운데 특이한 현상이 하나 발견되는데 그것이 바로 "민속 불교"의 등장이다. 민속 불교는 무속

69　Bunce, *Religions in Japan*, 59-60.
70　Bunce, *Religions in Japan*, 59-60.

적인 민속 종교와 불교가 만나 독특한 형태의 혼합 종교를 탄생시킨 것이다. 민속 불교는 불교를 단순한 구원의 복음으로만 여긴다. 또한 불교를 억눌린 자와 착취당한 자를 품고 돌봐 주는 자비의 종교 이상으로 여기지 않는다. 이러한 현상은 다른 나라에서는 찾아보기 힘든 매우 독특한 현상이라고 볼 수 있다. 이러한 민속 불교 운동은 8세기경의 교기(行基, 668-749)라는 인물에 의해서 시작되었다. 그는 탁월한 무속불교도로서 나라 지역에 거대한 불상이 세워질 때 주지승으로 임명되기도 하였다.[71]

헤이안(平安) 시대의 불교(794-1160)

나라에서 교토로 수도를 옮긴 후, 정치적인 변화와 더불어 불교에도 중요한 변화가 일어나기 시작했다. 간무 천황은 나라 시대의 불교를 대체할 수 있는 새롭고 순수한 불교를 갈망하며 두 명의 승려들을 중국에 보내게 된다. 이 두 명의 승려가 중국 유학을 마치고 돌아와 새로운 불교를 소개하게 되면서 일본 불교의 역사는 새로운 전기를 맞이하게 된다. 덴교(伝教) 대사(大師)라고도 부르는 사이초(最澄, 767-822)는 유학을 마친 후 텐다이 불교를 소개하고, 코보(弘法) 대사라고도 부르는 구카이(空海, 744-835)는 신곤 불교를 가지고 들어온다. 이 두 불교는 이후로 일본에서 가장 영향력 있는 불교 종파로 자리

---

71 Joseph M. Kitagawa, *On Understanding Japanese Religion* (Princeton: Princeton University, 1987), 209.

잡게 된다.

사이초는 열 세 살의 어린 나이에 승려가 되고, 5년 뒤 교토 근교의 히에이(比叡) 산에 작은 암자를 짓고 그곳에서 수도 생활을 했다. 후일 이 암자의 이름이 엔랴쿠지(延曆寺)로 바뀌게 되고, 약 8세기 동안 일본 불교의 중심 역할을 하게 된다. 엔랴쿠지는 단순한 사찰만이 아니라 대학, 수도원, 명상을 위한 집 등을 포함하여 상당한 규모의 기관들이 함께 있는 거대한 종교기관이라 할 수 있었다.[72] 사이초가 전파했던 텐다이 불교는 가마쿠라 시대의 삼대 불교인 조도(浄土), 젠(禅), 니치렌(日蓮) 종파에 지대한 영향을 주었다. 세 종파의 시조들이 모두 엔랴쿠지 출신인 점을 감안해 보면 사이초의 영향이 일본 불교에 얼마나 컸었는지를 짐작할 수 있다.

구카이 역시 탁월한 승려로 일본 불교에 지대한 영향을 미치게 된다. 그가 중국 유학시절에 접했던 탄트릭 불교(Tantric 불교)[73]가 그가 주창한 신곤 불교의 교리적 방향을 결정 짓게 된다. 그가 전해준 신곤은 다분히 신비적이고 주술적인 면을 가지고 있었는데 이러한 면이 도리어 당시의 서민들에게 상당한 관심거리가 되었을 뿐 아니라 그들의 종교생활에 많은 영향을 주게 되었다. 그 역시 중국 유학을 마친 후 교토 남방 약 80km 정도에 위치하는 고야(高野)라는 산에 수도원을 세우고 15년 동안 그곳에서 활동하게 된다. 사이포가

---

[72] William K. Bunce, *Religions in Japan* (Tokyo: Charles E. Tuttle, 1967), 62.
[73] 불교의 다양한 정경들(Vedas)의 가르침을 따르지 않고, 정경과 무관하게 자신들의 구복을 위한 수행되는 불교 형식을 의미한다. 즉, 신도들의 특별한 육체적, 물질적 필요들을 채우기 위해 이용되는 불교를 뜻한다. 종교적인 유익과 이 세상에서의 유익을 얻기 위해 불교의 신들을 경배하는 민속적 불교를 지칭한다.

죽은 후 왕은 구카이를 교토에 있는 국가 사찰의 총책임자로 세웠다. 그 후로 그는 황실의 승려가 되어 상당한 정치적 영향력도 행사하게 된다. 전설에 의하면 835년 그가 세상을 떠날 때 명상 자세 그대로 산 채로 묻혔다고 한다.

가마쿠라(鎌倉) 시대의 불교(1185-1333)

1185년, 가마쿠라에 본부를 둔 쇼군 통치가 시작됨에 따라 일본의 정치는 새로운 변화를 맞이하게 된다. 미나모토(源)에 의해 교토의 왕궁에 머물던 귀족들의 통치가 막을 내리고 새롭게 부상한 무사 계층의 군부 통치가 시작된 것이다. 이때부터 일본은 봉건 시대에 진입하게 되고 일본의 중세 시대가 열리게 된다. 이것은 단순히 정치적 변화를 의미하는 것이 아니라 사회적, 도덕적, 종교적 변화를 수반한 사회 전반적인 변화를 추동하는 것이다.

특히 종교적으로 불교가 이전과 달리 왕궁의 보호와 도움의 특권을 잃게 되었다. 다양한 불교 의식들과 불교가 지니고 있던 신비로움이 더 이상 지지를 얻지 못하게 된 것이다. 외래 종교인 불교 대신 일본 토종 정신과 토속 종교인 신토(神道)가 지지를 얻기 시작했다. 불교나 유교를 완전히 제거할 수는 없었지만, 불교 의식이나 유교적 가치가 상당 부분 제거되거나 축소되었다. 그럼에도 불구하고 많은 무사들은 자신을 통제하고, 정신적 수련과 강화를 위해 불교를 훈련의 도구로 사용했다. 다만 불교의 의식과 가르침에는 관심이 없었고 단순히 경건과 정신훈련을 위해 불교를 활용했을 뿐이다. 불교 교리를 배제한 개인적 경험과 의식 차원에서만 불교가 존재한 것이라고 할 수 있다. 이러한 변화는 단순히 무사 계급에서만 일어난 것이 아니라 사회적 신분을 뛰어넘어 모든 민중들 가운데서도 일어났다.[74]

이러한 와중에 불교의 개혁을 부르짖는 세 명의 선각자가 일어났다. 그들이 바로 호넨(法然), 에이사이(栄西), 니치렌(日蓮)이었다. 그들은 모두 헤이안 시대에 궁중의 비호 속에 종교적 권력은 물론 정치적 권력까지 행사하던 종교 귀족 계급이 아닌, 그와는 전혀 다른 부류의 참신한 개혁가들이었다. 특히 호넨은 조도(浄土) 불교를, 에이사이는 젠(禅) 불교를, 니치렌은 니치렌(日蓮) 불교를 각각 일본에 소개한 장본인들이다. 이 세 종파는 가끔 갈등하기도 했지만, 각자의 교리를 지키며 지금까지 일본에 존재하고 있다.

이 세 종파는 예외 없이 텐다이 종파와 연관 갖는데, 세 명의 설립자 모두가 초기에는 텐다이 종파에 속한 승려들이었기 때문이다. 그들이 가르쳤던 내용들은 일본에 전해진 다양한 불교의 교리에 이미 포함되어 있던 것들인데 그 가운데 각자가 중요하게 여기는 특별한 교리나 가르침을 강조한 것뿐이다. 조도 종파는 서방 극락정토의 주인인 '아미타 불'을 믿음으로 얻을 수 있는 구원을 강조했고, 젠 종파는 심오한 명상을, 니치렌 종파는 법화경(法花俓, 또는 蓮花俓)에 담긴 진리 추구를 강조했다. 이 세 종파는 불교의 다양한 교

---

[74] Masaharu Anesaki, *History of Japanese religion* (Charles E. Tuttle: Yokyo, 1996), 167-69.

리와 가르침을 통합하고 조화시키려고 노력했던 텐다이 종파나 신곤 종파와 달리 비타협적, 선택적, 분파적인 면을 공통적으로 가지고 있었다.75

이러한 새로운 불교 운동은 전통적인 권위보다 개인적인 경험을 강조했고, 의식들이나 경전들보다 경건과 직관을 중요시했다. 나아가 자기 절제나 배움보다 구원과 해탈에 더 많은 관심을 가지고 있었던 것이 사실이다. 그리고 이를 통해 전통적인 일본 불교에 새로운 에너지와 정신을 불어넣을 수 있었다. 불교의 개혁을 부르짖던 새로운 불교운동이 이전의 전통적인 불교가 그랬던 것과 마찬가지로 그들 나름대로의 다양한 전통들을 만들었다는 점은 매우 흥미로운 일이다. 그들은 나름대로의 다양한 종교적 의식, 직제, 사찰 조직 등을 만들었고, 심지어 신비적인 주술까지 만들었다. 니치렌 종파의 경우는 고인의 유품을 숭배하는 유물 숭배(relic worship)까지 만들었는데, 그래서 니치렌의 치아를 후지산 옆에 있는 다이세키지(大石寺)에 지금까지 모시고 숭배하고 있다. 또 어떤 종파는 재정 충당을 위해 장례 의식을 만들기도 했다.76

---

75   Hori Ichiro, Ikado Fujio, Wakimoto Tsuneya, Yanagawa Keiichi, *Japanese Religion: A survey by the Agency for Cultural Affairs* (Tokyo: Kodansha International, 1972), 58-59.

76   Joseph M. Kitagawa, *On Understanding Japanese Religion* (Princeton: Princeton University, 1987), 211.

도쿠가와(德川) 시대의 불교(1600-1867)

도쿠가와 막부(幕府)의 등장과 함께 일본 불교 역사의 또 다른 큰 변화가 시작된다. 도쿠가와는 불교를 철저하게 정치적으로 이용하였다. 모든 불교 사원은 단카(檀家) 제도를 시행하고 정부는 사찰을 철저하게 보호해 주는 정책을 실시했다. 단카 제도란 일정한 지역에 사는 모든 주민이 자기 구역에 위치한 사찰에 의무적으로 등록하는 제도로 가족의 출생, 결혼, 죽음 등을 사찰에 반드시 알려야 하는 제도이다. 서구 기독교에서 흔히 볼 수 있었던 교구 제도와 흡사한 제도였다. 이로써 도쿠가와 시대에는 모든 주민들이 명목적으로 불교 신자로 간주되었던 것이다. 가족 구성원이 죽었을 때도 그 가족이 소속된 사찰에서 나와 모든 장례 절차를 책임지고 시행했고, 추도 예식은 물론 마을의 공동 축제나 축하연 등을 지역 사찰에서 주재했다. 당시 대부분 종파들은 정부의 재정적인 지원과 정치적인 보호 아래 엄청난 규모의 전국적인 사찰 조직을 만들 수 있었다. 이러한 변화를 맞이하면서 당시 불교에서는 불교 본연의 종교적 교리나 가르침들이 점점 사라지게 되고, 각 교단과 종파는 전국을 연결하는 거대한 정치적인 조직체로의 변화를 가속화하게 되었다.

대부분 국민들은 불교 교리를 깊이 이해하지도 못한 채 불교 신자가 된 것이다. 불교 교리 이해에 있어서는 상당히 제한적인 지식만을 가지고 있었지만, 불교의 다양한 관습이나 기본교리에서 비롯된 용어들이 일상에 보편적으로 통용되고 있었다. 일례로 당시 사람들의 관심은 내세가 아니라 자신이 속한 사회나 현세였지만, 부처를 의미하는 호토케(仏)라는 말이 모든 죽은 사람을 지칭하는 데 보편적으로 사용되었고, 조도(淨土)가 존재한다는 것과 지옥이 존재한다는 사실 정도는 믿고 있었으며, 인과응보에 관한 사상도 당시 사람들에게 널리 퍼져있었다.[77]

또한 단카 제도의 일환으로 사찰의 주지들은 매년 사찰에 속한 모든 사람들에게 일종의 증명서인 데라우케(寺請)를 발행해 주었는데, 이 증명서는 이를 소지한 사람이 기독교인이 아님을 보여주는 증명서 역할을 했다. 이 제도는 기독교인들을 탄압하기 위해 도쿠가와 정부가 만들어 낸 것으로 전국의 모든 사찰이 이러한 정치적 목적에 동원된 것이다. 외세의 침략을 저지하고 외국 종교, 즉 기독교의 영향력을 두려워 한 나머지 철저한 감시 제도를 만든 것이다. 본의든 본의가 아니든 결국 당시 모든 사찰과 주지들은 도쿠가와 정부가 전 국민을 통제하는데 앞잡이 노릇을 하였다.[78]

이와 같이 도쿠가와 시대의 불교는 당시 봉건 정부와의 공생관계를 통해 극적인 성장과 변화를 가져온 것이다. 사회를 통제하고 통합하는 기능을 사찰이 책임지고 있었기 때문에 사찰의 위상이 급격히 높아지고 철저히 계층화되었다. 지역 사찰들은 그 지역을 책임지는 주요 사찰의 통제를 받고, 마찬가지로 이들 주요 사찰들은 중앙 사찰의 통제에 따랐던 것이다. 다양한 종파들 가운데 가장 효과적이고 두드러지게 계층화를 이룬 종파가 바로 조도신주(淨土眞

---

77 Kitagawa, *On Understanding Japanese Religion*, .213.

78 Mark R. Mullins, *Christianity Made in Japan: A study of Indigenous Movements* (Honolulu: University of Hawaii, 1998), 7.

係)이었다. 그들은 자신의 종파 내에 철저한 계층을 두고 서열화를 심화시켰다. 주지와 일반 승려, 승려와 일반신도 사이에 상세하고 철저한 규율과 제도를 두고 서열화를 성공적으로 이루어 갔다. 이러한 조도신주는 16세기를 지나면서 지방의 토호 세력인 다이묘(大名)들보다 강한 정치, 군사적 영향력을 발휘하기도 하였다.79

메이지(明治) 시대 이후의 불교(1868-)

일본의 근대화는 메이지(明治) 천황의 등장과 함께 시작된다. 근대화를 이루기 위해 메이지 정부는 다양한 일들을 시도한다. 그중에서도 특히, 메이지 정부는 흩어져 있던 지방 토호 세력들을 결집하여 하나의 국가를 건설하고자 했는데, 이와 관련해 1868년 이전까지 느슨하게 연결되어 있던 중앙 정부와 지방 자치 정부들 간의 관계를 공고히 해야 하는 중요한 정치적 과제에 직면하게 되었다. 이러한 과제를 해결하기 위해 전통적인 불교나 유교, 신토를 통해서는 이러한 정치적 목적을 이룰 수 없다고 판단한 메이지 정부는 전혀 새로운 종교적 시도를 하게 된다. 그것은 비종교적이고, 초종교적인 국가 신토를 만들어 국민을 통제하고 관리하려는 계획이었다. 국가 신토는 전통적인 신토와는 전혀 달랐다. 전통적인 신토가 지니고 있던 신비적이고 종교적인 요소들을 모두 제거해 버렸고, 심

79　Kitagawa, *On Understanding Japanese Religion*, 212.

지어 불교와 신토의 혼합으로 탄생되었던 료부 신토(両部神道; 문자적으로 양면을 가진 신토라는 뜻)조차 철저히 배격했다. 이는 신토를 불교로부터 철저히 분리시키려는 정치적 의도에서 비롯된 것이었고, 정부의 이러한 신토와 불교의 분리 정책은 앞으로 예견된 '반 불교 운동'의 전주곡이었다.[80]

수많은 불상들과 불교 경전들은 물론, 사찰에 있던 장식품들까지 모두 불태우거나 물속에 던져졌다. 승려들에게 주어졌던 모든 특권이 박탈되고, 사찰에 속했던 많은 토지들은 몰수되었으며, 불교와 혼합되어 있던 신사(神社)에서 사역하던 승려들조차 신사에서 더 이상 종교적인 사역을 할 수 없게 되었다. 거의 천 년 동안 일본인들의 종교적 삶에 영향을 주어왔던 료부 신토마저 종말을 고하고 말았다. 신토의 순수성 유지보다는 신사 정화의 명분을 내세워 자신들이 의도하는 정치적 목적, 즉 신사를 중앙정부의 통치기관으로 삼아 전국을 정치적으로 장악하려는 의도가 깔려 있었던 것이다. 이러한 신사 정화 작업은 초기에는 어느 정도 성공하는 듯했지만 결국은 전통적인 불교 지도자들의 반대와 불교 신자들의 무언의 저항에 밀려 실패하고 만다. 불교를 지나치게 탄압하는 것이 불가능할 뿐 아니라 바람직하지도 않다는 사실을 깨달은 몇몇 정부의 관리들이 마침내 중재안을 내놓게 된다. 중앙정부는 본래의 정책을 수정하여 신토도 아니고 불교도 아닌 다이쿄(大教)라는 종교지침을 발표하게 된다.

---

[80]　Kitagawa, *On Understanding Japanese Religion*, 214.

다이쿄의 원리는 일본 내의 모든 종교 활동의 기본적인 지침을 세 가지로 요약한 것이었다. 첫째, 국가의 신들을 존경하고 애국심을 가져야 한다. 둘째, 하늘의 이법(理法)과 인간의 도리를 널리 펴야 한다. 셋째, 왕위가 존경을 받아야하며 모든 권위에 순종해야 한다.[81] 이는 일본 정부는 일본 내의 모든 종교 지도자들이 설교하거나 종교적인 교리를 가르칠 때 반드시 이 원리를 준수해야 한다는 원칙을 천명한 것이다. 뿐만 아니라 공식적으로는 정부에 의해서 지정된 설교자만 설교를 할 수 있도록 되어 있었다.

그러나 시간이 흐르면서 정부에서 만든 국가 신토의 영향력이 점차 약해지고 불교가 다시 신토보다 더 큰 영향력을 행사하게 된다. 그로 인해 1877년, 마침내 일본 정부는 불교를 비롯한 모든 종교가 종교적 자율권을 가질 수 있음을 천명하는 법령을 발표하기에 이른다.[82]

도쿠가와 정권하에서 권력과 특권을 누리며 적극적인 후원을 받아 오던 많은 불교 지도자들에게 메이지 정부의 새로운 종교정책은 상당한 충격을 주었다. 앞에서 언급한 것처럼 시간이 흐른 뒤에는 어느 정도 영향력을 회복하기는 했지만, 새로운 정부의 반 불교 정책은 불교 지도자들의 기존의 모든 특권과 지도력을 빼앗는 결과를 가져왔다. 시골을 제외하고는 대부분 불교 지도자들이 영향력을 상실했다. 후쿠다 교카이(福田行誡, 1806-1888) 같은 불교 지도자가 정

---

81 Anesaki, *History of Japanese religion*, 335.
82 Anesaki, *History of Japanese religion*, 336.

부의 이러한 정책에 대해 반기를 들고 기도 운동을 펼치기도 했지만 그 영향력이 그다지 크지는 못했다.

대다수 불교 지도자들이 난감해하고 있을 때 현대화와 서구 문명에 대해 더 적극적인 자세를 가졌던 몇몇 불교 지도자들은 불교의 교리나 전통의 폭을 넓히고 더욱 풍성하게 하기 위하여 적극적으로 일본의 많은 불교 학자들을 해외로 보내 산스크리트(Sanskrit)어나, 팔리(Pali)어, 티베트(Tibet)어 등을 익히게 했다. 예를 들면 1876년에 불교학자였던 난조 후미오(南条文雄, 1849-1927)를 영국 옥스퍼드(Oxford) 대학에 보내어 맥스 밀러(Max Muller) 아래에서 연구하도록 배려하기도 했다. 이와 같은 더 철학적인 연구를 통해 당시의 많은 불교학자들이 테라바다(Therevada; 小乘佛敎)와 마하야나(Mahayana; 大乘佛敎)를 더 깊이 이해하게 되고, 전통적인 일본 불교의 문제점과 한계를 지적하기도 했다. 기요자와 만시(清沢満之, 1863-1903)라는 불교 학자는 헤겔 철학과 아미타불을 연결하여 통합하려는 시도를 하기도 했다. 후대의 많은 불교 학자들이 그의 이러한 시도를 적극 지지하며 비슷한 통합적 노력을 시도하기도 했다. 현대 불교 철학자들 가운데 가장 영향력 있는 학자 가운데 한 사람인 니시다 키타로(西田 幾多郎, 1870-1945)는 독일의 이상주의, 선불교, 앙리 베르그송(Henri Bergson), 윌리엄 제임스(William James) 같은 학자들의 사상과 교류하며 많은 영향을 받았다. 이러한 다양한 학문적 활동을 통해 전통적인 불교를 재조명해 보려는 시도는 보수적이고 전통적인 불교학자들이나 신도들에게 커다란 반감을 불러일으키기도 했다.[83]

제2차 세계대전 이후로 일본 불교는 또 다른 전환기를 맞이하게 된다. 그 기간 동안 수많은 사원들이 파괴되고, 많은 불교 지도자들이 죽음을 맞이하게 되면서 불교의 영향력이 급속히 약화된다. 다양한 종파들의 질서와 통치 체계가 무너지고, 오랜 전통을 간직했던 역사적인 사찰들의 권리와 특권이 사라지게 된 것이다. 더욱이 연합 정부의 토지 개혁 정책으로 많은 사찰들이 재산권을 상실케 되면서 재정적인 수입이 급격히 줄어들게 된다. 뒤이은 급격한 산업화와 도시화로 인해 불교가 오랫동안 유지해 오던 교구 제도를 상실하게 되고, 많은 젊은이들이 불교를 떠나 사회주의, 공산주의, 여러 신흥 종교들에 더 많은 관심을 갖게 된다.

또한 전후 불교의 특징 가운데 하나는 활발하고 적극적인 평신도 운동이라고 할 수 있다. 일본 불교의 역사 가운데 한 번도 평신도가 불교의 중심에 서 본 적이 없었다. 하지만 전쟁이 끝난 뒤부터 수많은 평신도들이 불교 연구를 위해 다양한 연구 모임을 만들었을 뿐 아니라 서로 깊은 영적 교제를 나누고 있다. 평신도와 승려들 사이의 협력도 매우 잘 이루어지고 있으며 서로 다양한 활동을 통하여 교제의 폭을 넓혀가고 있다. 진보적인 불교학자들과 전통적인 불교 지도자들 사이에 존재했던 갈등도 상당 부분 해소가 되었고, 많은 불교 학자들이 불교의 현대화를 추구하며 불교와 현대사회와의 상관성에 많은 관심을 갖고 정치, 경제, 사회, 문화 전반에 걸친 연구를 진행하고 있다. 몇몇 불교 학자들은 서구의 방법론과 일본

---

83 Kitagawa, *On Understanding Japanese Religion*, 215-16

의 방법론의 조화와 비교를 통해 불교가 지닌 영적 활력을 증진시키는데 심혈을 기울이고 있다.

현대 일본 불교의 또 다른 특징은 불교의 분파주의(sectarianism) 경향이라고 할 수 있다. 제2차 세계대전 전후로 불교에서 파생된 수많은 신흥종교들이 탄생하게 된다. 특별히 전통적인 니치렌 종파에서 파생된 소카 각카이(創價學會; 창가학회), 레이유카이(靈友會; 영우회), 리쇼 코세이(立正佼成) 등이 막강한 조직력과 포교전략을 통하여 일본의 서민들에게 다가가고 있다. 소카 각카이 같은 신흥종교는 그들의 교주인 니치렌을 신격화하고, 그가 해석한 법화경의 내용만을 절대시하고 있다. 신흥종교의 특징은 강력한 카리스마를 가진 교주와 철저한 조직관리라고 할 수 있다.

2. 일본 불교의 교리적 변천

주후 552년 불교가 한국으로부터 일본에 전달된 지 1500년 가까운 시간이 지났다. 오랜 시간의 흐름 속에 일본 불교가 다양한 정치, 종교적 상황 속에서 변천해 오면서 종파 간 서로 다른 다양한 교리적 특징들을 발전시켜 왔다. 이미 살펴본 대로 일본 불교는 불교계의 주요 종파라고 할 수 있는 텐다이(天台) 종파와 신곤(眞言) 종파의 절대적인 영향을 받으며 변천을 거듭해 왔다. 일본 불교의 역사를 자세히 살펴보면 일본에 전해진 불교가 본격적으로 일본 문화에 적응하고 토착화되기 시작한 때는 가마쿠라 시대부터라고 볼 수 있다. 가마쿠라 시대 이후에 등장한 탁월한 종교적인 지도자들을 통한 서로 다른 다양한 교리적 발전과 강조점들로 인하여 일본은 매우 독특한 불교 교리들을 발전시켜 왔다. 호넨(1133-1212), 도겐(1200-1253), 니치렌(1222-1282) 외의 많은 불교 지도자들의 종교적 영향력으로 인하여 일본 불교의 교리가 순수한 형태의 불교 교리를 벗어나 변형되거나 변질된 불교 교리로 발전된 것이다. 불교의 경전들이 가르치는 순수한 형태의 교리를 벗어나 나름대로의 교리를 완성한 것이다. 이러한 변천 과정을 통하여 일본 불교는 수많은 다양한 계파들을 양산하게 되었다.

일본의 역사가들이 흔히 하는 말로 "도쿠가와 시대의 통치자들이 불교를 죽였고, 메이지 시대의 통치자들이 신토를 죽인 것"이라는 말이 있다. 이 말은 도쿠가와 시대의 통치자들이 자신들이 세워 놓은 정치적 목적을 이루기 위하여 불교 조직과 제도를 통치의 수단으로 이용함으로써 불교의 순수한 교리나 가르침이 침해당하고 사라졌음을 지칭하는 말이다. 도쿠가와 시대의 통치자들이 불교의 진리나 교리들을 외면한 채 불교를 정치적인 목적에 이용한 반면, 메이지 시대는 더욱 철저하고 조직적으로 불교를 탄압하고 억압했다. 조직적이고 강압적인 핍박의 결과 불교의 다양한 교리나 종교적 의미가 퇴색되거나 거의 사라지게 되었다. 국가 신토의 영향력 아래서 많은 불교의 정신적 지도자들이 순교함으로 인해 순수한 불교의 정신과 교리는 거의 그 자취를 감추게 된 것이다.

일본 불교의 전통 속에는 다양한 불교의 교리들이 존재하지만,

현재까지 남아 영향을 주고 있는 교리들은 그다지 많은 편은 아니다. 수많은 세월 속에서 정통 불교 교리가 많이 사라졌음에도 불구하고 다양한 분파 내지는 교파들의 교리나 가르침 속에 정통 교리의 파편들이 숨어 있는 것을 발견할 수 있다. 이미 언급한 대로 일본 불교의 뿌리라고 할 수 있는 텐다이 불교와 신곤 불교 교리의 일부 내지 변형시킨 교리를 자신들의 신앙 핵심으로 삼고 나름대로의 교리들을 발전시켜 왔다.

다양한 불교의 가르침 가운데 일본인들의 종교적 행위와 삶에 가장 깊은 영향을 주어왔던 텐다이, 신곤, 조도, 젠, 니치렌의 교리와 가르침을 중심으로 살펴나가도록 하겠다.

텐다이(天台) 불교

사이초(757-822)에 의하여 중국으로부터 일본에 전래된 텐다이의 교리는 상당한 유연성을 가지고 있다. 텐다이는 중국 불교의 다양한 교리와 가르침들을 모두 수용하는 혼합적 교리를 발전시켰다.[84] 사이초가 가르친 텐다이의 구원의 방법은 주로 개인에게 달려 있었다. 그의 가르침은 밀의종교(密儀宗敎)와 같은 신비적 요소들, 추상적인 명상, 아미타 붓다의 구원 능력 등을 포함하고 있는데, 그의 이러한 가르침은 대승불교(大乘佛敎)의 기초적인 교리들인 것이다.

---

[84] William K. Bunce, *Religion in Japan: Buddhism, Shinto, Christianity* (Tokyo: Charle E. Tuttle, 1967), 62.

사이초는 불교의 다양한 교리들을 조화롭게 가르치려고 노력했을 뿐 아니라 모든 사람들이 구원에 이르기를 원했다.

1) 존재론과 실체

그가 가르친 다양한 교리들 가운데 가장 중요한 위치를 차지한 교리는 역시 법화경의 가르침에서 기인했다. 전통적으로 텐다이의 가르침은 법화경에서부터 시작되는데, 그들은 불교의 모든 경전 가운데서 법화경을 가장 중요한 경전으로 여겨왔다. 법화경은 붓다를 형이상학적 실체의 현현으로 보고, 그 존재의 두 가지 면을 강조한다. 하나는 붓다의 성육신(incarnation)의 측면이고, 다른 하나는 붓다의 진정한 존재론적 정체(ontological identity)의 측면을 가르치는 것이다. 텐다이는 붓다의 이러한 속성을 확대해서 개인의 존재와 우주의 존재의 관계를 설명한다. 텐다이는 전체와 그 전체를 이루는 부분들을 하나로 이해한다. 우주를 이해하는 데 있어서, 우주는 그것을 구성하고 있는 작은 파편들 안에 존재한다고 믿는 것이다.[85]

텐다이에서 이해하고 있는 붓다는 구체적이고, 특별하고, 일시적인 것들과 형이상학적이고, 우주적이고 영원한 것들 사이의 관계를 통합하는 존재로서 모든 존재의 근원이요 궁극적인 실체이다. 만물과 인간들은 이 땅에서 존재할 뿐 아니라 영원히 변하는 존재

---

85 Bunce, *Religion in Japan*, 63.

이다. 삼라만상은 나타났다 사라지고 사라졌다 나타나는 것이다. 이러한 존재 양식을 조절하고 결정하는 하나의 법칙이 있는데, 이것을 다르마(Dharma; 법)이라고 부른다. 다르마는 존재와 변화의 법칙을 조정하고 결정하는 법으로 세상을 유지하고 변화시켜 나간다. 도덕적인 인과 관계와 물질적인 인과 관계를 조정하고 결정짓는 법이 바로 다르마인 것이다.[86]

텐다이의 존재론은 서로 다른 세 가지 존재 형식을 다루고 있는데 첫 번째 존재 양식은 공(空)이고, 두 번째 존재 양식은 일시적인 것 혹은 덧없음(無常)이고, 세 번째 존재 양식은 중도(中道)라고 한다. 존재와 비존재는 절대적 존재인 중도와의 관계에 달려 있는 것이다. 텐다이는 이러한 세 가지 존재 양식을 "세 진리"라고 부른다. 그들은 이러한 세 가지 진리가 완전한 조화를 이룰 때 붓다가 경험한 깨달음의 경지에 이를 수 있다고 가르친다. 이러한 깨달음의 경험은 오랜 철학적 수행과 훈련 그리고 깊은 명상을 통해서만 얻을 수 있는 것임을 강조하여 가르친다. 텐다이는 궁극적 진리가 명상을 통해서만 가능하다는 사실을 강조한다.[87]

2) 명상과 도덕적 삶

텐다이 윤리의 기본적인 개념은 우주적 자아의 삶을 사는 것이다.

---

86 Masaharu Anesaki, *History of Japanese Religion* (Tokyo: Charles E. Tuttle, 1966), 114.
87 Bunce, *Religion in Japan*, 63.

이러한 윤리적인 삶의 실현은 신비로의 입문을 통해서만 달성될 수 있는데, 이 신비는 붓다에게 일정한 서약들을 하는 것으로 구성되어 있다. 다른 종파의 가르침과 달리 붓다에게 직접 서약과 고백을 해야만 한다고 가르친다. 타 종파에서는 주로 유명한 승려들이나 해탈한 사람들에게 서약을 하는 것으로 충분하다고 가르치는 반면, 텐다이는 반드시 붓다에게만 해야 된다고 가르친다. 신비한 서약들로 이루어진 텐다이의 도덕적 삶의 교리는 신도들이 완전을 향해 나아갈 수 있도록 도와주는 중요한 요소인 것이다. 모든 인간들은 해탈의 잠재력을 가진 고상한 존재인 동시에 깊은 죄악의 구덩이에 빠질 수 있는 가능성을 가진 존재인 것이다. 모든 인간들은 붓다와 얼마나 일치를 이루느냐에 따라 일어설 수도 있고 넘어질 수도 있는 존재라고 할 수 있다. 붓다와의 일치를 통하여 해탈할 수 있다는 신념은 모든 수행자들이 망상들을 얼마나 제거하고 극복하느냐에 달려있는 것이다.[88]

텐다이는 명상과 도덕적 삶의 관계를 다음과 같이 설명한다. 명상과 도덕적 삶은 서로 뗄 수 없는 관계로서 명상에는 반드시 도덕적인 삶이 뒤따라야만 한다. 도덕적 삶으로 뒷받침 되지 않는 명상은 무의미하며, 명상 없는 도덕적 삶도 온전치 못한 것이다. 따라서 텐다이는 다음과 같은 격언을 가르친다.: (1) 붓다의 삶을 따라 불자의 완전에 이르도록 노력하라 (2) 도덕적인 삶을 살아라 (3) 타인을 구함으로 자신을 구하고, 자신을 구함으로 타인을 구하라 (4) 인간

---

88 Bunce, *Religion in Japan*, 63.

의 내면에는 격분할 수 있는 가능성과 동물처럼 될 수 있는 가능성이 늘 도사리고 있기 때문에 악이 자신을 지배하지 못하도록 경계하라.[89]

텐다이는 이와 같이 깨달음을 목적으로 하는 명상을 강조할 뿐만 아니라 철저한 도덕적 삶을 동시에 요구하고 있다. 텐다이에서는 도덕적 삶과 명상이 모두 중요한 종교적 행위로 간주되고 있는 것이다. 영적인 성취와 도덕적 이상주의를 강조하는 텐다이의 전통이 후대의 다양한 불교의 종파들과 현대의 일본 불교의 종파들에게도 고스란히 전수되어 왔다. 텐다이의 도덕적 이상주의가 일본의 현대 불교사상에 지대한 영향을 준 것이다.

신곤(眞言) 불교

구카이(空海, 774-835)에 의하여 발전된 신곤 불교는 범신론적 신비주의 성향을 띄고 있다. 신곤 불교는 현실주의와 이상주의의 독특한 혼합체라고 부를 수 있다.

1) 범신론적 신비주의(Pantheistic Mysticism)

구카이는 모든 우주 만물이 붓다 다이니치(大日)의 몸이라고 가르쳤

---

89 Anesaki, *History of Japanese Religion*, 116.

다. 붓다 다이니치의 몸은 우주에 존재하는 모든 물질적인 존재의 근원이요 그 자체라고 한다. 지극히 작은 먼지 하나도 그의 영적인 생명에서 비롯되고, 그로 인하여 존재하는 것이다. 그의 교리를 범신론적이라 함은, 그가 수없이 많고 다양한 신적 존재들을 인정하고 가르쳤기 때문이다. 구카이는 많은 붓다의 존재를 인정했을 뿐 아니라 붓다의 현현인 다양한 보살(Bodhisattva)들을 인정했다. 그 외에도 다양한 신들, 악령들, 천사들의 존재를 인정한다.[90]

구카이는 이 세상의 모든 현상들이 붓다의 몸과 음성과 마음의 활동으로부터 비롯된 것이라고 믿는다. 그는 이러한 세 가지 요소를 가리켜 "세 가지 비밀"이라고 불렀다. 그가 이 세 가지 요소를 "세 가지 비밀"이라고 부른 이유는 대부분 일반인들은 그들이 해탈을 경험하기 전까지 이 세 가지 비밀의 진정한 의미를 이해할 수 없기 때문인 것이다. 그럼에도 불구하고 인간들이 이 세 가지 비밀의 다양한 기능들을 실천함으로서 이 세상에서 붓다와 하나가 될 수 있음을 가르쳤다. 구카이는 이 세 가지 비밀을 다음과 같이 가르치고 있다: (1) 손가락들을 이용하여 신비한 표시들을 행함으로 (2) 마술적인 양식들을 계속하여 반복함으로 (3) 명상을 통하여 붓다와 하나 될 수 있음을 언급했다.[91]

구카이는 또한 신비한 종교적 비법을 다룰 줄 아는 능력을 갖춘 사람은 누구든지 다양한 신들의 능력을 사용할 수 있으며, 이러한

---

90 Bunce, *Religion in Japan*, 69.
91 Bunce, *Religion in Japan*, 69.

신들의 능력에 의지하여 부(富)를 가져올 수도 있고 다양한 질병들을 지유할 수 있다고 믿었다. 그 외에도 신비한 비법에 통달한 사람은 비를 오게 하거나, 수확을 많게 하거나, 다양한 물질적 유익을 줄 수 있는 능력을 소유한 자들이라고 믿었다.

2) 영적 발전의 단계

구카이는 대륙의 불교와 다른 나름대로의 종교적인 교리들을 많이 만들었는데 그 가운데서도 그가 만든 깨달음에 이를 수 있는 영적 발전의 단계는 매우 독특하고 흥미로운 교리라고 할 수 있다. 그는 모든 인간들이 열 단계에 이르는 영적인 계단을 차례로 오름으로 깨달음의 경지에 이를 수 있다고 가르쳤다. 그가 언급한 열 단계는 다음과 같다: (1) 음식과 성(sex)에 사로잡힌 마음 (2) 도덕적 규칙들과 사회의 법률들을 인정하는 것 (3) 천국의 삶에 대해 순진하고 어린 아이들 같은 믿음을 갖는 것 (4) 존재의 실체를 이해하고 자신이 존재하지 않는다는 사실을 인식하는 것 (5) 자의식을 벗어 버리고 부분적인 깨달음을 경험하는 것 (6) 존재와 외적 존재의 망상적 속성이 하나임을 인식하는 것 (7) 모든 상대적인 것들을 초월하는 실체에 대한 깨달음 (8) 모든 것을 포함하는 "실체의 길"을 터득하는 것 (9) 무질서한 덩어리도 아니고 머물러있는 실재도 아닌 살아있는 힘의 세계 안에서 "자유로운 움직임"을 인식하는 것 (10) 우주적 신비의 영광을 이해함으로 인해 진정한 깨달음에 이르는 것.92 이상의 열 단계의 영적인 사다리를 통하여 모든 인간들이 진정한 깨달음의 경지에 이를 수 있다고 가르친 것이다. 구카이는 자신의 종교적 경험과 교리적 이해를 스스로 재해석하여 나름대로의 교리를 발전시켰다고 볼 수 있다.

3) 만다라(曼茶羅)와 신비주의

대륙의 불교에서는 불교에서 언급된 모든 신들과 우주의 관계에 대한 이해를 돕기 위하여 '만다라'라는 독특한 도형을 사용해 왔는데, 이러한 도형이 일본에 도래된 때는 나라 시대였다. 대륙에서 도입된 만다라를 처음으로 일본 전역에 널리 보급한 인물이 바로 구카이였다. 일본에 소개된 만다라는 구카이가 창의적으로 만든 신곤 불교의 독특한 종교적 특색을 드러내는 그들만의 신비한 종교적 비법과 동작에 응용되었다. 신곤 불교가 지니고 있던 신비하고 독특한 손과 손가락의 동작들이 일본의 현대 불교에도 고스란히 남아 지속적으로 전수되고 있다. 신곤 불교의 신비주의적 특징들은 현존하는 일본 불교의 다양한 종파들 가운데 조금씩 변형되거나 각색된 모습으로 존재하고 있을 뿐 아니라, 일본인들의 종교적 삶에 지대한 영향을 미치고 있다.

오늘날에도 일본인들의 종교적 삶 속에서 신곤 불교의 영향을 찾아볼 수 있는데, 일본인들의 장례 의식이나 추도 의식에서 신곤 불교의 잔재들을 쉽게 발견할 수 있다. 부와 건강과 형통을 바라는

---

92 Bunce, *Religion in Japan*, 70.

민중의 욕구를 채워주기 위해, 신비한 종교적 의식과 주문들이 신곤 불교의 다양한 분파들 가운데서 오늘날도 지속적으로 시행되고 있다. 신곤 불교가 만든 다양한 부적들은 현대 일본인들에게 인기리에 팔리고 있으며 신곤 불교의 커다란 수입원이 된다고 한다. 대부분 일본 불교가 단순한 교리나 명상을 강조하는 것과는 대조적으로 우주의 신비를 가시화하고 만질 수 있도록 해줌으로 신곤 불교가 대중들 속에 쉽게 정착할 수 있었던 것이라고 할 수 있다.

불교의 다른 종파들과 달리 신곤 불교가 불교의 심오하고 신비한 교리를 신비한 종교적 의식과 비법들을 통하여 가시화함으로 인간들의 영적인 욕구를 쉽게 채워줄 수 있었다. 신곤 불교가 지닌 신비한 의식주의(mystic ritualism)가 종교적 체험과 가시적 현상을 통하여 영적 세계를 직접 느끼고 나아가 종교적 신비를 몸소 체험하기를 원하는 일본인들의 심성에 효과적으로 영향을 줄 수 있었을 것이다. 불교의 심오하고 신비한 가르침을 가시화함으로서 일반 대중이 불교에 쉽게 다가갈 수 있는 길을 열어놓은 것이다. 교리의 간편화 내지 가시화가 신곤 불교를 민중의 종교로 만들 수 있었던 요인이라고 할 수 있을 것이다.

조도(浄土) 불교

이미 언급한 바와 같이 조도 불교가 9세기 경, 사이초에 의하여 일찍이 소개가 되었지만 일본에 널리 퍼지게 된 배경에는 12세기에 활약했던 호넨(法然, 1132-1212)의 가르침과 영향이 있었기 때문이다. 조도 불교의 가르침은 매우 단순하고 간편하기 때문에 일본의 대중 속으로 쉽게 파고들 수 있었다. 조도 불교를 아미타 불교라고도 부르는데 그 이유는 그들이 아미타에 대한 단순하고 철저한 신앙을 기초로 그들의 교리를 발전시켰기 때문이다.

1) 아미타ism

타 불교종파의 교리나 가르침과 비교하면 호넨의 교리는 비교적 단순한 편이었다. 호넨은 우주를 사랑하여 온 우주를 구원하기 위하여 온 아미타를 믿음으로 구원을 성취할 수 있다고 가르쳤다. 정토(淨土)의 서쪽 주인인 아미타가 지닌 구원의 능력을 단순히 의지하고 믿기만 하면 모든 사람이 구원에 이를 수 있다고 한다. 아미타는 보살(Bodhisattva; 부처의 현현)로서 정토에서 오랫동안 쌓은 공적과 훈련을 통하여 중생들을 구원할 수 있는 충분한 능력을 소유한 존재라고 가르친다. 아미타는 중생들이 구원의 도를 깨달아 구원에 이르기 전에는 자신이 부처가 되는 것을 거부하고, 세상에서 지속적인 구속 사역을 수행하는 보살이라고 말한다.[93]

그들이 주장하는 구원의 교리는 매우 단순하고 간편하여 아미타의 이름을 부르기만 하면 아미타의 신비한 구원의 능력을 경험할 수 있다는 것이다. "나무 아미타불"(아미타불에게로 돌아가 의지함)를 반

---

93 Anesaki, *History of Japanese Religion*, 173-74.

복하여 부름으로 얻을 수 있는 구원을 가르쳤던 것이다. 그들이 아미타의 이름을 부를 때는 붓다의 부성애와 자비를 어린아이 같은 마음으로 신뢰하며 단순한 믿음을 갖고 불러야 함을 강조한다. 아미타의 구원 능력은 무조건적으로 전 인류에게 적용되기 때문에 인간들이 저지른 죄나 나약함 등과 같은 것들은 아미타에게 나아가는 데 아무런 장애가 되지 않는다. 아미타의 구원의 자비는 모든 믿는 자들에게 무조건적으로 주어지는 은혜이기 때문이다.[94]

2) 믿음으로 말미암는 구원

조도 불교가 가르치는 아미타ism의 신학적 특징은 호넨이 주장한 세 가지 원리에서 비롯된 것이다. 호넨이 가르친 세 가지 원리는 다음과 같다: (1) 모든 종류의 사람들이 남녀노소, 신분고하, 빈부를 막론하고 그들이 행함과 상관없이 극락에 이를 수 있다. (2) 종교적 명상이나 불교 교리에 대한 지적인 이해가 없어도 염불에 참여할 수 있다. 구원에 필요한 것은 오직 믿음뿐이다. (3) 염불의 효과는 절대적이기 때문에 염불을 외우기만 하면 누구나 구원을 얻을 수 있다.[95]

호넨이 죽기 바로 직전에 남긴 한 장의 문서를 보면 그의 구원론이 짧고 명쾌하게 기록되어 있다. 호넨은 그의 가르침을 다음과

---

[94] Anesaki, *History of Japanese Religion*, 173-74
[95] Bunce, *Religion in Japan*, 82.

같이 요약하고 있다.

> 내가 지금까지 가르쳐 온 마지막 구원의 교리는 과거에 중국이나 일본에서 많은 불교 학자들이 가르쳐 온 내용, 즉 명상과는 전혀 다른 것이다. 붓다를 깊이 연구하여 그 의미를 이해한 사람들만 붓다의 성호를 반복하여 부를 수 있는 자격이 주어지는 것도 아니다. 나의 구원의 교리는 붓다의 은총을 의심하지 아니하고 단순히 붓다의 이름을 부르는 것만으로 충분하다는 것이다. 단순히 붓다의 이름을 부르는 것만으로 사람들이 붓다의 극락에서 다시 태어날 수 있다는 것이다.[96]

호넨의 이러한 가르침이 후일 조도 불교의 구원 교리의 핵심을 이루게 된다. 붓다에 관한 깊은 철학적 이해나 불교에서 가르치는 교리들에 대한 종교적 이해 없이도 구원이 가능하다는 사실을 가르치고 있다. 그의 이러한 구원 교리는 실로 혁명적인 것이라고 할 수 있다. 그때까지 아무도 이러한 구원 교리를 가르치거나 언급한 적이 없었다. 일본 불교에서 전혀 등장하지 않았던 새로운 교리적 요소를 삽입한 것이다.

호넨은 이러한 구원의 교리를 다음과 같이 발전시켜 나갔다. 다음에 인용한 글에서는 그의 구원론 가운데서 특별히 구원의 대상에 관하여 더 상세히 언급하고 있다.

---

[96] Bunce, *Religion in Japan*, 80.

남녀, 선한 사람과 악한 사람, 존귀한 자와 비천한 자 모두에게 아무런 차별이 없을 것이다. 온전한 마음으로 아미다의 이름을 부른 자는 누구든지 아미타의 정토에 들어가지 못할 자가 없을 것이다. 육중한 돌이 배 위에 실려 있기만 하면 바다에 가라앉지 않고 수많은 항해를 성공적으로 할 수 있음과 같이, 우리의 죄가 돌처럼 무거울지라도 아미타의 서약[97]의 배에 타기만 하면 반복되는 죽음과 삶의 바다에 빠지지 않고 다른 편 항구에 다다를 수 있는 것이다.[98]

이와 같은 호넨의 보편적 구원론은 순식간에 일본 대중의 마음을 사로잡을 수 있었다. 그의 단순하고도 간결한 구원론은 일본의 대중들에게 쉽게 이해될 수 있었을 뿐 아니라 불교에 더 쉽게 다가갈 수 있는 길을 열어 놓은 것이다. 아미타의 이름을 의지하여 구원을 얻는다는 그의 교훈은 인간들에게 큰 매력으로 다가왔을 뿐 아니라 구원을 얻기 위한 실천에 있어서도 사람들에게 커다란 부담을 주지 않는 매우 쉬운 방법이었다. 호넨의 구원론을 요약하자면 붓다의 은총에 대한 무조건적인 믿음과 경건과 감사의 삶이라고 할 수 있다. 호넨의 가르침을 따르는 조도 불교는 아미타-불교의 단순화된 형태라고 할 수 있다.

호넨이 실제적이고 효과적인 구원의 실천 방법을 다음과 같이 가르치고 있는데 이러한 가르침은 그가 스스로 불경을 연구하는 가

---

97 아미타의 서약이란 아미타가 인간들에게 한 서약으로 누구든지 그의 이름을 믿고 부르는 자는 구원을 얻을 것이란 약속을 의미한다.
98 Anesaki, *History of Japanese Religion*, 174.

운데 빌건한 것이라고 한다.

> 걸을 때든지 서 있을 때든지, 앉아 있을 때든지 서 있을 때든지, 전심으로 아미타의 이름을 반복하라. 한순간도 이것을 실천하는 것을 멈추지 마라. 바로 이것이 구원을 베푸는 틀림없는 방법이니 이러한 방법이야말로 붓다의 서약과 정확히 일치하기 때문이니라.[99]

호넨이 불교의 교리를 학습하는 동안 구원의 교리를 터득하는 것이 몹시 힘들었다고 한다. 구원의 교리를 이해하려 해도 불교의 구원 교리가 쉽게 이해되지 않아 고민하고 있던 차에 위에 인용한 내용이 경전에 기록된 것을 발견한 후 호넨은 이 구절을 자신의 교리의 중추로 삼게 되었다고 한다. 그가 제시하는 구원에 이르는 방법의 특이한 점은 성호의 단순한 암송이라고 할 수 있다. 그는 아미타의 성호를 가능하면 자주 반복해야함을 가르쳤을 뿐 아니라 아미타의 성호를 부르는 것을 일상생활에서 가장 중요한 일로 간주하라고 가르쳤다.

이러한 아미타ism의 단순한 구원 교리는 당시 일본인들에게 강력한 호소력을 가질 수 있었고, 그 결과 조도 불교는 일본의 모든 종파들 가운데서 가장 많은 추종자들을 만들 수 있었다. 조도 불교는 텐다이 불교나 젠 불교가 가지고 있는 철학적이고 심오한 구원의 교리를 이해하기 힘든 일본의 서민들에게 호소력 있게 다가갈

---

[99] Bunce, *Religion in Japan*, 75.

수 있었을 뿐 아니라 서민들의 일상생활에 큰 위로와 격려를 제공할 수 있었을 것이다.

후일 조도 불교가 가르치는 극락과 지옥의 교리가 일본의 많은 경건한 사람들의 마음속에 깊이 뿌리내리게 되었을 뿐 아니라 일본 어린이들에 관한 이야기의 중요한 주제가 되기도 했다. 영생과 극락의 소망은 일상생활 속에서 시달리는 서민들에게 큰 위로를 제공해 주었을 것이다. 일본인들의 일상적인 삶에서 흔히 발견되는 염세주의, 극락에 대한 소망, 저 세상에서의 행복한 결혼을 꿈꾸며 자살을 감행하는 젊은 연인들, 덕을 칭찬하며 악을 비난하는 모습 속에서 조도 불교의 정신적 영향을 발견할 수 있다.[100]

젠(禪) 불교

6세기 경 일본에 전래된 젠 불교는 에이사이(栄西, 1141-1215)의 중국 유학의 산물이라고 할 수 있다. 텐다이 불교의 사제로서 그가 오랫동안 대승불교의 교리를 연구했지만 심오하고 철학적인 대승불교의 교리를 이해하는 것이 쉽지 않았다. 그가 중국으로 건너간 뒤 젠 불교를 접하게 되고 젠 불교의 교리에 심취하게 된다. 그가 돌아와 젠 불교를 일본에 소개한 후로 그의 가르침을 따르는 많은 제자들이 나타나게 되었다. 후일 그의 가르침을 따르는 제자들 가운데 도

---

100   Bunce, *Religion in Japan*, 77.

겐(道元, 1200-1253) 선사라는 승려가 나타나 에이사이의 교리를 약간 수정하여 수정된 젠 불교를 가르치게 된다.

1) 명상

젠 불교는 일본에 소개되었던 어떤 종류의 불교와도 다른 독특한 교리를 가지고 있었다. 젠 불교의 궁극적인 목적은 한마디로 '붓다의 마음'을 신자들의 마음속에 옮기는 것이라고 할 수 있을 것이다. 따라서 불교학자들이 젠 불교를 "붓다의 마음의 종교"라고 부르기도 한다. 젠 불교는 붓다의 마음을 옮기는 방법으로 조용한 명상과 정관(靜觀)을 제시한다. 그들은 직관적 생각을 중요하게 가르치는데, 그 이유는 진정한 깨달음이 직관적인 생각을 통해서 오기 때문이라고 믿기 때문이다. 거룩한 종교적 의식들, 구세주에 대한 믿음, 우주의 진정한 의미를 깨닫는 것 등은 그들에게 의미가 없고 오지 명상을 통하여 실체를 인식하는 것에만 궁극적 관심을 둔다. 젠 불교에서 요구되는 것은 오로지 영적인 수련을 통한 직관적 이해이다. 따라서 궁극적인 실체가 종교적 명제들로 표현되거나 보편적인 이성적 추론을 통해 표현될 수 있는 것이 아니라고 가르친다.[101]

젠 불교는 다른 종파들에서 흔히 찾아볼 수 있는 경전, 지도자들의 가르침, 설법 등과 같은 것을 전혀 의지하지 않는다. 젠 불교가 말하는 진리는 오로지 영적인 교감에 의해서만 도달할 수 있는

---

101 Bunce, *Religion in Japan*, 88-89.

것이라고 한다. 젠 불교의 수련생들조차 수년에 걸친 정신적 훈련을 통해서만 깨달음에 도달할 수 있는 것이라고 가르친다. 사람들이 궁극적인 실체를 깨달으려면 깊은 명상을 통하여 그의 마음이 거룩한 공허의 상태에 도달해야만 한다는 것이다. 이러한 경지에 이를 때에 비로소 우주를 자기 안으로 끌어들여 우주의 진정한 의미를 깨달을 수 있을 뿐 아니라 궁극적 실체와 하나가 될 수 있는 것이다. 젠 불교는 우주의 진정한 본질이 이와 같은 명상에 의해서 이해되고 터득된다고 믿고 있다.

젠 불교는 인간이 이렇게 우주와 하나를 이룰 때 비로소 인간이 지닌 모든 염려와 걱정들로부터 자유로워질 수 있을 뿐 아니라 삶과 연관된 모든 일들로부터 자유로워질 수 있는 것이라고 가르친다. 인간들이 이러한 경지에 이르게 되면 개인적인 욕심이나 세상의 쾌락을 극복할 수 있을 뿐 아니라 어떠한 역경과 절망적인 상황도 그를 요동시키거나 실망시킬 수 없게 되는 것이다. 그들은 이러한 수행 방법이 붓다로부터 직접 전수된 것이라고 자부한다. 붓다가 그의 제자 중 하나인 마하 카시아파(Maha-Kasyapa)에게 직접 전수해 준 수행의 방법이라고 믿고 있다.[102]

젠 불교는 수행 방법도 독특한 특징을 가지고 있다. 젠 불교는 명상을 위한 적절한 자세에 관한 가르침을 가지고 있을 뿐 아니라 마음의 훈련을 위한 정교한 규칙들을 가지고 있다. 자세와 명상에 관한 이러한 젠 불교의 가르침들은 일종의 신비한 자아도취를 돕고

---

102 Anesaki, *History of Japanese Religion*, 208.

증진시키기 위한 방법들이라고 할 수 있다. 이러한 신비한 자아도취를 통하여 자아와 모든 존재들에 대한 의식에서 벗어나서 궁극적 실체와 하나를 이루는 느낌 속으로 들어가게 되는 것이다.

2) 존재의 통일성

앞에서 이미 언급한 바와 같이 젠 불교의 궁극적인 목적은 궁극적 실체에 대한 이해라고 할 수 있다. 이 궁극적인 실체는 모든 존재의 개별적인 차이를 초월하여 존재하는 것으로 존재 양식에 있어서는 외형적 차이를 가지고 있지만 내면적으로는 하나의 실체라고 주장한다. 모든 경험과 현상들 밑에 자리 잡고 있는 존재의 통일성을 말하고 있다. 그들은 이런 실체를 마음, 영혼, 기본적 본질, 보이는 세계와 보이지 않는 영혼의 원초적인 모습이라고 부르기도 한다. 젠 불교에서 말하고 있는 실체는 모든 개별적인 존재나 독특한 변화들을 초월하여 존재하는 궁극적 존재일 뿐 아니라 동시에 모든 존재와 현상들 아래 자리 잡고 있는 기초적인 존재라고 할 수 있을 것이다.

다양한 이름으로 불리는 궁극적인 실체의 현현들이 비록 다른 모습과 현상들로 드러나기는 하지만 그들 속에는 동일한 성질이 내재되어 있는 것이다. 다시 말해서 다양한 현상들과 존재들은 궁극적 실체가 겉으로 다르게 드러난 모습들에 불과한 것이라고 할 수 있을 것이다.

3) 삶과 자연

젠 불교가 지닌또 다른 특징은 진정한 영적인 성취를 이룬 사람은 추상적이고 관념적인 상태에서 자아를 상실한 채 머물러 있는 것이 아니라 구체적인 삶의 영역에서 자신의 성취를 드러내야 한다는 것을 가르치고 있다는 점이라고 할 수 있다. 젠 불교의 이상은 행복과 고뇌를 극복하는 것이고, 젠 불교의 윤리는 사람들이 단순히 순수한 영혼의 내적인 소리를 들으면서 자유롭게 행동하며 살 수 있도록 하는 것을 궁극적인 목적으로 삼는다. 때로는 자신의 삶을 통하여 때로는 예술과 시를 통하여 종교적 성취를 표현할 것을 적극적으로 권장하기도 한다. 젠 불교가 추구하는 도덕적 이상은 선과 악을 뛰어넘는 것으로 종교적 성취를 이룬 사람은 탁월한 도덕적 삶을 통하여 자신의 성취를 겉으로 드러내야만 한다. 그러한 자들의 삶은 정직하고 직선적인 행동을 할 뿐 아니라 자신에게 이익이 되든지, 손해가 되든지 개의치 아니하고 행동하는 모습을 보이게 된다. 깊은 영적인 체험을 경험한 사람들은 주위에서 일어나는 특별한 사건들이나 변화에 쉽게 흔들리지 아니하고 눈앞의 이익이나 쾌락에 넘어가지 않는다. 나아가 그러한 종교적 경지에 이른 사람들은 역경과 고난을 마주대하는 것을 전혀 두려워하지 않는다.[103] 후

---

103 Anesaki, *History of Japanese Religion*, 209.

일 젠 불교의 이러한 정신은 일본의 무사도에 커다란 영향을 준다.

영적인 성취를 이룬 사람은 특별한 감각을 갖고 자연과의 합일을 이룰 수 있다고 한다. 이러한 자들은 자연 속에 담겨있는 순수와 고요함을 자신의 가슴 속으로 깊이 느낄 수 있을 뿐 아니라 자아 속으로 받아들일 수 있는 것이다. 이러한 종교적 상태는 초월적인 고요함의 상태를 의미하는데, 이런 초월적인 고요함은 주로 시나 그림으로 표현된다. 그들이 그리는 그림은 단순한 그림이 아니라 그들이 느낀 시적 영감을 그림 형태로 표현한 것이다. 명상을 통하여 확대되고, 각성되고, 자유로워진 마음이 심오한 통찰력으로 세상과 인간을 관조하는 것이다. 자연의 본질을 속 깊이 들여다보는 것이다. 젠 불교도들이 자연을 사랑하는 이유는 자신의 영혼과 동일한 자연의 아름다움을 찾으려고 노력하는 것이라고 할 수 있다. 마찬가지로 그들의 도덕적인 행동도 자신이 터득한 영적인 깨달음을 세상 속에 드러내는 것이라고 할 수 있다. 이러한 아름다움에 대한 감각과 도덕적인 삶의 조화가 후일 부시도(武士道)의 기초가 된 것이다. 젠 불교의 평정, 단순함, 고요한 자각, 대담한 이상주의 등이 일본 대중의 삶 속에 알게 모르게 스며들어 지금까지 전해 내려오고 있는 것이다.[104]

---

[104] Anesaki, *History of Japanese Religion*, 213-14.

니치렌(日蓮) 불교

일본 불교의 대표적인 종파라고 할 수 있는 니치렌 불교는 니치렌(日蓮, 1222-1282)에 의하여 창설되었는데, 그도 젠 불교나 아미타 불교의 창설자와 마찬가지로 텐다이 불교에서 처음으로 불교의 기본적인 교리들을 배웠다. 그는 텐다이의 승려로서 당시의 많은 종파들과 계파들을 보며 더 순수하고 원형에 가까운 불교를 갈망하게 되었다. 더 순수하고 정통한 불교 교리를 갈구하며 수행하던 중 불교의 경전 가운데 하나인 연화경에 심취하게 된다. 연화경은 석가모니가 죽은 뒤 수 세기 후에 쓴 경전인데 이 경전은 두 부분으로 구성되어 있다. 14장으로 이루어진 전반부는 "그늘 문"이라고 부르고, 14장으로 이루어진 후반부는 "진리의 문"이라고 부른다. 전반부는 석가모니와 법에 관하여 다루고, 후반부는 석가모니의 붓다성과 만물의 구원에 관하여 다루고 있다.[105]

1) 연화경(妙法蓮華經; 법화경)

한 가지 흥미로운 사실은 니치렌이 불교의 순수한 교리로 돌아가고 싶어 했음에도 불구하고 불행히도 그 자신이 순수한 불교가 무엇인지 알지 못했다는 사실이다. 니치렌의 이러한 무지로 인하여 그가 마침내 연화경을 자신의 신앙 기준으로 채택하게 된 것이다. 그가

---

105 Bunce, *Religion in Japan*, 92-93.

연화경을 유일한 정경으로 인정하고 따르기로 작정한 해가 바로 1253년이다. 본래의 의도는 순수한 형태의 불교로 돌아가는 것이었지만 이미 알려진 것처럼 그가 가르친 내용 가운데 많은 오류가 포함되어 있었다.106 니치렌은 연화경의 중요한 교리적 내용이 자기가 살던 시대의 필요에 따라 재조정되고 변형되어야 한다고 믿었다. 그는 자기가 살던 시대를 '후기 법' 시대로 인식하고 연화경의 교리가 시대에 맞게 조정되어야 함을 강조한 것이다. 순수한 석가모니의 가르침들로 회귀하려는 그의 시도는 마침내 타종파의 다양한 가르침들에 대한 비판과 공격을 야기하게 되었다. 당시에 유행하던 다양한 종파들 가운데서 가장 격렬하게 그의 신학적 공격을 받은 종파가 바로 아미타 불교였다. 그는 아미타 불교가 석가모니의 영광을 빼앗아 아미타에게 돌린 사실에 심히 분개했다. 특별히 아미타 불교가 주장하는 '정토에서의 환생'에 대해서는 매우 불쾌하게 생각했다고 한다. 신곤 불교를 비롯한 타 종파에 대한 적대적 행위로 말미암아 니치렌은 한때 심각한 핍박을 당하기도 했다.

니치렌은 붓다를 "최고의 존재"로 이해하고 있다. 그에게 있어서 붓다는 존재에 관한 모든 진리를 충분히 이해하고 있는 영적인 존재이다. 붓다의 속성은 우주의 모든 존재-인간, 천상의 존재들, 짐승, 악귀들-속에 내재되어 있고, 그것들이 붓다와 충분한 교제 속으로 들어가게 되면 붓다의 속성이 그들의 영혼 속에 실현될 수

106　예를 들자면 석가모니의 가르침 속에는 석가모니가 자신을 가리켜 "최초로 진리를 깨달은 붓다"라고 언급한 기록이 전혀 없다는 점을 지적할 수 있을 것이다. 석가모니는 자신을 어느 존재와도 일치시키고 있지 않다. cf. Bunce, *Religion in Japan*, 93-94.

있는 것이라고 한다. 이러한 진리가 역사적으로 이 땅에서 살았던 붓다의 인생 안에서 구체화된 것이다. 그리고 그의 영원한 생명이 연화경에 계시되어 있다. 실로 니치렌은 자기 자신이 역사의 후기 시대를 살아가고 있는 중생들을 구원하기 위하여 보냄을 받은 자라는 사실을 굳게 믿고 있었다. 자신에게 주어진 구원의 소명을 이루기 위해서 나름대로 독특한 구원 교리를 만들 권리를 가진 자라고 니치렌은 스스로 생각했던 것이다. 그는 스스로 자신이 붓다의 메신저임을 인정하고 중생들을 위한 독특한 믿음의 기준을 만들어 포교하게 된다.

그는 마침내 심오하고 철학적인 불교 교리가 아닌 자신만의 독특한 불교 교리를 만들게 되는데 그의 교리는 심오한 불교의 교리를 가시적으로 볼 수 있게 만든 것이었다. 눈에 보이는 그의 교리가 바로 만다라와 간단한 성호인 것이다. 그는 만다라를 통하여 중생들로 하여금 우주와 인간과 붓다의 존재에 관하여 더 쉽게 접근하고 이해할 수 있도록 도움을 주고 있는 것이다. 니치렌이 만다라를 통하여 나타내고자 했던 진리는 모든 개체와 세상이 그리고 영원한 붓다와 모든 존재가 완전한 연합을 이루고 있다는 사실을 보여주는 것이었다. 그가 만든 만다라는 연화경이 지시한 대로 배치되어 있는데, 그 그림은 모든 종류의 존재들을 포함하고 있는 축소판 우주를 표현한 것이다.[107]

107　Anesaki, *History of Japanese Religion*, 199-200.

2) 포교 지침

핍박을 당하는 와중에서도 그는 연화경을 꾸준히 읽었다. 연화경을 읽으면서 그의 포교의 열정은 더욱 불타오르게 되고 마침내 포교를 위한 다섯 가지 지침을 만들게 된다. 그의 포교 원칙은 다음과 같다: (1) 교리에 관하여-붓다의 가르침의 최고 정점이라고 할 수 있는 연화경을 유일무이한 종교적 원리로 삼을 뿐 아니라 연화경을 최고의 권위로 삼는다. (2) 가르침을 받는 자들의 능력에 관하여-비참한 말세를 살아가는 인간들은 불교의 복잡한 교리나 가르침이 아닌 가장 간결하게 표현된 붓다의 가르침으로 교육 받아야만 한다. (3) 시대에 관하여-니치렌이 살고 있던 시대가 '후기 법'의 시대이므로 이 시대에서는 인류의 구원을 위하여 오직 연화경만이 유일한 효과를 발휘할 수 있다. (4) 포교의 나라에 관하여-일본은 진정한 불교가 편만하게 퍼지도록 운명 지워진 나라이다. 따라서 진정한 불교가 일본에서부터 전 세계로 퍼져 나가야만 한다. (5) 제도의 지속적인 흥망성쇠에 관하여-지금까지 다른 형태의 다양한 종파들이 나름대로의 포교를 수행해 왔다. 결과적으로 각 종파 지도자들의 노력과 가르침이 '완전한 진리'를 수용할 수 있도록 길을 열어 놓은 것이다.[108]

니치렌이 제시한 포교의 원리에는 그의 신학적 원리와 확신이 담겨있다고 할 수 있다. 그의 신학의 원천이요 최종적 권위인 연화

---

108 Anesaki, *History of Japanese Religion*, 195.

경만을 전파할 것과 전파하되 복잡하고 심오한 철학적 방법이 아닌 단순하고 간결한 방법을 채택해야 함을 가르치고 있다. 그는 연화경에 대한 절대적인 확신을 가지고 포교에 임했음을 알 수 있다. 그의 이러한 확신은 자신이 포교 활동으로 인해 받았던 심한 핍박과 역경을 이겨낼 수 있는 커다란 힘이 되었을 것이다. 또한 그는 그의 포교 사역이 일본 열도뿐 만 아니라 전 세계를 포함해야할 것을 가르침으로 그의 포교적 비전이 광대했음을 볼 수 있다. 전 세계를 포교의 대상지로 보고 열정적으로 포교 활동을 했던 니치렌의 비전이 후일 니치렌 불교가 한국에까지 전해지게 되었다.

니치렌이 선택했던 포교 방법은 후일 니치렌 불교 확산에 크게 기여하게 된다. 니치렌의 선지자적 자세와 전투적인 포교 방법은 후대의 니치렌 불교의 중요한 포교 원리가 되었고 그 결과 수많은 신도들을 얻을 수 있게 되었다. 니치렌 불교가 아직도 일본에서 가장 영향력 있는 불교 가운데 하나로 남아 있을 수 있었던 배경에는 바로 이러한 열정적인 포교의 원리와 지침이 대를 이어 실천되어 왔기 때문일 것이다.

3) 세 가지 위대한 비법

니치렌 불교는 연화경 외에도 세 가지 위대한 비법에 관하여 가르치고 있다. 이 세 가지 비법이란 "위대한 만다라"와 "거룩한 형식", 그리고 "교훈 단상"이다. 그들이 주로 경배하는 대상이 바로 "위대한 만다라"인데 이 만다라에는 그들이 말하는 이상적 세계에 살고

있는 영원한 붓다와 그의 현현들이 조형적으로 잘 묘사되어 있다.[109]

"거룩한 형식"이란 니치렌이 가르친 종교적 주문의 형식을 일컫는 말이다. 니치렌 불교를 믿는 신도들은 자기들이 일정한 형식으로 이루어진 문구를 반복하여 외움으로 자신들의 소원과 기도가 성취된다고 믿는다. 앞에서 이미 언급한 것과 같이 '나무 묘 호렌게 쿄'(南無 妙 法蓮華 經)를 반복하여 외우고 있는 동안 그들의 영혼이 영원한 붓다의 우주적인 영혼과 하나가 된다고 믿는 것이다.[110] 이와 같은 방법을 통하여 구원에 이를 수 있다고 믿을 뿐 아니라 이 '거룩한 형식'만으로 충분하다고 믿고 있는 것이다. 니치렌은 복잡하고 심오한 불교의 교리를 거부하고 단순하고 간단한 방법으로 불교의 교리를 표현한 것이다.

"교훈 단상"이란 본래 성직 수임식을 거행하던 장소인데 니치렌 불교에서는 오늘날 일본과 전 세계에 흩어져 있는 니치렌 종파의 중심 사찰을 의미하는 용어로 사용되고 있다.

---

109   Bunce, *Religion in Japan*, 96.
110   Bunce, *Religion in Japan*, 96.

3. 기독교 선교를 위한 제안

구속적 유비(Redemptive Anology)

기독교 선교를 위하여 텐다이 불교에서 말하는 붓다 개념을 적극적으로 활용할 수 있을 것이다. 텐다이 불교가 가르쳐 온 붓다에 관한 교리가 돈 리차드슨(Don Richardson)이 언급한 구속적 유비(redemptive analogy)[111]의 하나로 사용될 수 있을 것이다. 텐다이 불교가 가르치는 붓다의 존재 양식과 유사한 기독교적 교리가 있다면 그것은 아마 예수 그리스도가 될 수 있을 것이다. 텐다이 불교와 기독교 사이를 연결시킬 수 있는 공통의 접촉점을 찾아 그들에게 다가간다면 그들이 더 쉽게 기독교를 접할 수 있을 것이다. 그들이 기독교를 더 쉽게 이해하고 접근할 수 있도록 돕기 위해 그들의 교리나 가르침 안에 이미 존재하고 있는 개념들을 적극적으로 활용한다면 기독교적 선교는 한층 효과적일 수 있을 것이다. 그들의 종교적, 신학적 개념을 통해 기독교의 기본 진리를 전달할 수 있는 연결의 고리를 찾는 것이 선교의 초창기에는 매우 중요한 사역이 될 수도 있다.

---

[111] Don Richardson 선교사가 쓴 "화해의 아이"(Peace Child)라는 책에서 처음 사용한 개념으로서 대부분 문화나 종교 안에서 발견되는 구원과 관계된 의미를 지닌 사건이나 용어 등을 일컫는 말이다. 여러 부족들 사이에서 발견할 수 있는 이러한 구원과 화해의 이야기들은 기독교 선교를 위한 다리(bridge) 역할을 할 수 있다. 부족 사회나 다양한 공동체 안에서 발견되는 이야기, 전설, 관습, 전통 가운데서 성경에서 가르치는 예수 그리스도를 통한 구속적 의미를 충분히 드러낼 수 있을 만한, 즉 예수님의 구속을 비유적으로 전달하기에 부족함이 없는 용어나 사례를 의미한다. cf. Don Richardson, *Peace Child* (Ventura, CA: Regal Books, 1974).

텐다이 불교와 기독교 사이에 존재하는 가능한 접촉점 중 하나가 바로 요한 복음서에 나오는 예수님에 관한 요한의 가르침이라고 할 수 있을 것이다. 요한은 예수님을 묘사하면서 인간이신 예수 그리스도와 하나님이신 로고스(Logos)를 통합시키고 있는 것을 볼 수 있다. 온 세상의 창조 주시요 구속자이시며, 지금도 만물을 주관하시는 예수 그리스도야말로 텐다이 불교가 언급하고 있는 붓다와 상당한 유사성을 지니고 있다고 볼 수 있다. 불교에서 가르치는 붓다의 존재가 성경에서 가르치는 예수님의 존재와 동일하지도 않고 일치할 수도 없지만, 일본인들이 이해하고 있는 붓다의 존재 양식을 통하여 예수님을 이해하고 접근할 수 있도록 도울 수 있을 것이다. 그들의 붓다에 대한 이해는 기독교의 예수 그리스도를 이해하고 접근하는 데 유용한 다리 역할을 할 수 있을 것이다. 붓다를 모든 존재의 근원이자 모든 만물을 통일하는 존재로 이해한 텐다이 불교의 존재론적 이해가 모든 만물의 존재 근원이시며 현재도 모든 만물을 붙들고 계신 하나님과 온전히 일치하지는 않을지라도 이러한 유사점들이 그들이 기독교를 이해하고 접근하는 데 유용한 연결점으로 사용될 수 있을 것이다. 텐다이 불교와 기독교 사이에는 어떠한 연속성도 존재하지 않지만, 이러한 유사점들을 적극적으로 활용한다면 그들이 기독교를 이해하는 데 의미있는 도움을 줄 수 있을 것이다. 텐다이 불교와 기독교 사이의 불연속성을 전제로 하면서 텐다이 불교가 지금까지 가르치고 지켜온 교리들과 기독교의 교리들 사이에 존재하는 접촉점을 찾는 작업이 기독교 선교를 목적으로 하는 사역자들에게 적극적으로 요구된다고 할 수 있다.

텐다이 불교 외에도 텐다이 불교의 신학적 영향을 직접 또는 간접적으로 받은 다른 종파를 이해하고 접근하는 것에도 이와 비슷한 구속적 유비를 찾을 수 있다면 선교적 접근을 더 효율적으로 할 수 있을 뿐 아니라 일본의 불교 신자들이 기독교를 이해하는 것에도 더 쉽고, 기독교의 교리를 이해하는 것에 있어서도 훨씬 수월할 것이다.

도덕적 이상주의(Moral Idealism)

텐다이 불교나 젠 불교에서 추구하는 도덕적 이상주의는 기독교 선교를 수행하는 데 있어서 또 다른 다리로 사용될 수 있을 것이다. 일본의 불교도들이 추구하는 높은 도덕률이 그 내용이나 질적인 측면에 있어서 기독교적인 윤리와 상당한 차이를 가지고 있고 또한 저급한 면이 있는 것이 사실이다. 그럼에도 불구하고 그들 나름대로 고상한 도덕률을 가르칠 뿐 아니라 그러한 가르침을 수행하려고 애쓰고 있다. 우리가 선교적 목적을 가지고 그들에게 나아갈 때 일본의 불교 신도들이 가지고 있는 이런 도덕적 관심이 기독교와의 연결 고리로 사용될 수 있을 것이다. 기독교가 일본의 불교도들이 추구하는 고상한 윤리적이고 도덕적인 삶을 대치할 수 있을 만큼 충분한 도덕성과 윤리성을 가르치는 종교라는 사실을 인식시킨다면 그들도 기독교에 대하여 더 열린 마음으로 다가올 수 있을 것이다. 아직도 기독교를 서구 이방인들의 종교 정도로 여기는 일본인들의 마음속에 한 걸음 더 다가가기 위하여 기독교의 탁월한 도덕성과 윤리적 가르침에 대하여 알리고 가르쳐 준다면 그들도 복음에 대하여 귀를 기울이게 될 뿐 아니라 기독교가 더 고상한 윤리적인 종교라는 사실을 인식할 수 있게 될 것이다.

텐다이의 도덕적 이상주의를 나타내는 격언들인 "다른 중생들을 구함으로 당신 자신을 구원하라." "도덕적인 삶을 살아라." "어떤 종류의 악에 대해서도 늘 긴장하여 대적하라." 등과 같은 가르침은 성경 속에서도 얼마든지 찾을 수 있으며, 그 이상의 고상한 도덕적 삶의 기준들이 기록되어 있다는 사실을 가르침으로써 그들이 기독교의 탁월한 도덕성에 매력을 갖도록 자극을 줄 수 있을 것이다. "네 이웃을 네 몸과 같이 사랑하라." "원수를 사랑하라." "너를 미워하는 자를 사랑하라." "원수를 갚지 마라." "고아와 나그네와 과부를 돌아보라." 등과 같은 기독교의 탁월한 도덕적 가르침이 일본 불교 신자들의 도덕적 이상을 충분히 채우고도 남을 수 있을 것이다. 그 외에도 성경이 가르치는 다양한 도덕적 교훈들 – 정직, 공의, 자비, 양선, 용서, 사랑, 온유, 인내 – 을 통하여 일본의 도덕적 이상주의자들에게 다가갈 수 있을 것이다. 예수 그리스도의 산상수훈과 같은 탁월한 도덕적 교훈을 그들에게 전해준다면 그들도 기독교에 대해 상당한 관심과 호기심을 갖게 될 것이다.

아미타 붓다 vs 예수 그리스도

조도 불교에서 가르치고 있는 아미타ism 또한 기독교와의 유효한 접촉점으로 활용될 수 있을 것이다. 아미타의 인성 속에 육화된 붓다는 자비롭고 은혜로워서 인간과 모든 피조물을 포함한 만물을 구원하기를 원한다. 그에게는 모든 것들을 구원할 수 있는 능력과 의지가 충만하다. 누구든지 그를 믿기만 하면 구원을 얻을 수 있다. 조도 불교의 이러한 가르침은 기독교의 구원론과 상통하는 부분이 있다. 기독교에서 유일한 구세주로 언급하고 있는 예수 그리스도의 모습과 상당 부분 일치하고 있다고 할 수 있다. 은혜와 자비가 넘치는 하나님의 사랑이 독생자이신 예수 그리스도를 우리에게 보내셔서 누구든지 저를 믿기만 하면 구원을 얻을 수 있다는 사실을 기독교는 가르친다.

붓다가 성육신(Incarnation)하여 아미타의 몸을 빌려 중생을 구원한다는 교리는 기독교의 구원론과 온전히 일치하거나 동일할 수는 없지만 그들에게 기독교의 구원론을 가르치고 전파하는 데 효과적인 다리로 사용될 수 있을 것이다. 그들이 말하는 붓다가 하나님일 수 없고, 그들이 가르치는 아미타가 예수 그리스도일 수는 없지만 그들이 주장하는 구원의 방법이 기독교의 구원론과 상당 부분 흡사한 점을 가지고 있는 것이 사실이다.

기독교 선교를 목적으로 일본의 불교 신자들에게 나아가는 자들은 그들이 믿고 가르치는 구원 교리와 구원의 방법에 관심을 가질 필요가 있다고 본다. 특별히 선교사들이 조도 불교를 믿는 신자를 만났을 경우 그들이 가르치는 구원론의 핵심이라고 할 수 있는 붓다와 아미타의 관계를 이해하고 있는 것이 중요하다고 할 수 있다. 보이지 아니하시는 초월적인 존재이신 하나님께서 이 세상을 다스리고 계실 뿐 아니라 인간과 만물을 구원하기 위하여 그 외아들을 이 땅에 보내셨다는 사실과 그 외아들인 예수 그리스도께서 십자가에서 죽으시고 부활하심으로 구원이 완성되었다는 기독교의 구원 교리를 분명히 가르치되, 그들이 가지고 있는 구원의 교리를 적극적으로 활용하여 가능한 접촉점을 만들어 설명하는 지혜가 필요할 것이다. 기독교 복음을 분명하고 담대하게 선포해야 할 뿐만 아니라 그들이 믿고 있는 잘못된 교리를 수정하고 교정하는 것을 통하여 기독교의 구원론에 더 쉽게 접근할 수 있도록 도와주어야 할 것이다. 선교사는 선교지의 사람들이 가진 종교성과 종교적 교리에 대하여 분명히 알아야 하며, 그가 현지에서 습득한 종교적 지식을 적극적으로 활용하여 현지인들에게 더 쉽고 효과적으로 다가갈 수 있어야 한다.

깨달음 vs 기독교적 구원

텐다이 불교, 젠 불교, 니치렌 불교 등이 추구하고 있는 궁극적인 구원의 의미는 다름 아닌 '깨달음의 체험'이라고 할 수 있을 것이다. 불교도들이 가지고 있는 일원론적 관념론을 이해할 수 있을 때 비로소 그들이 말하는 깨달음의 의미를 바르게 이해할 수 있다. 진정한 깨달음이란 마하야나(Mahayana) 불교의 중요한 종교적 가르침의 핵심으로서 궁극적인 실체에 대한 관념적인 이해를 지칭한다고 할 수 있다. 그들이 말하는 관념론이란 모든 개별적인 존재들이 물질이 아닌 관념으로서만 존재한다는 의미이다. 생각 외에는 아무것도 존재하지 않는 것이라고 가르친다. 무아(無我), 공(空), 중도(中道)[112] 등과 같은 가르침은 매우 관념적이고 추상적인 개념이기 때문에 외부인들이 쉽게 이해하기 어려운 개념이라고 할 수 있다.

일본 불교의 주된 관심은 개념적 사고의 조직이라기보다는 '체험'과 '경험'에 있다고 볼 수 있다. 그들이 추구하는 궁극적인 깨달음은 두 가지 측면을 가지고 있는 데 하나는 '치에(智慧)'이고 또 다른 하나는 '지히(慈悲)'이다. 그들이 말하는 '치에'는 일반적인 지혜가 아닌 무아, 공, 중도의 진리를 경험적으로 깨닫는 것을 의미한다. 그것은 사물들의 본질을 보는 것이고, 잡히지 않는 것을 잡는 것이고, 도달할 수 없는 것에 도달한 것이고, 깨달을 수 없는 것을 깨닫는 것이다. '지히'란 단순한 의미의 사랑이 아니라 중생들을 구원하기 위해 세상에 머무르려는 강한 의지를 말하는 것이다. 다시 말해 보살(Bodhisattva)가 되기를 소원한다는 의미인 것이다.[113]

기독교에서 말하는 구원의 의미는 불교에서 가르치는 깨달음의

---

[112] 中道의 의미는 모든 것들은 존재하는 것도 아니고 존재하지 않는 것도 아님을 의미한다. 모든 것들은 존재와 비존재의 중간에 위치하는 것이다. 그것은 양극단의 중간을 의미하는 것이다. 中道사상은 모든 것들이 실제(real)라는 사실을 인정하지만, 그것들이 비물질적인 관념들(insubstantial ideas) 혹은 망상들(illusions)이라는 의미에서만 실제라는 의미이다.

[113] Tucker N. Callaway, *Japanese Buddhism and Christianity* (Tokyo: Protestant Publishing, 1957), 26-27.

의미와는 전혀 다른 죄로부터의 구원을 의미한다. 성경에서 언급하고 있는 죄란 피조물인 인간이 창조주인 하나님의 뜻을 어긴 것을 의미한다. 그것은 하나님에 대한 불순종이다. 죄의 결과로 고통과 노동과 두려움과 미움이 인간 사회로 들어오게 된다. 그리고 마침내 죄의 결과는 죽음을 불러온다. 죄와 죄로 말미암는 악으로부터 인간들은 해방을 기다린다. 기독교인들은 모든 인간들이 죄로부터 구속되기를 바라고 있는 것이다.

일본 선교를 위해서 선교사들이 우선적으로 극복하고 넘어야할 담이 있다면 그것은 다름 아닌 일본인들의 '죄 의식의 결여'라고 할 수 있다. 대부분 일본인들은 인간의 선함을 믿고 있을 뿐 아니라 죄 의식이 결여되어 있는 것이 사실이다. 일본의 불교 신자들이 이해하기 힘든 죄의 개념을 성경적으로 바르게 가르치고 인식시키는 것이 중요하다고 할 수 있다. 결여된 죄 의식은 구원의 적극적인 필요를 인식하지 못하도록 방해할 수 있기 때문이다.

사역자들은 또한 구원의 현재적 적용뿐만 아니라 내세적 특성을 강조할 필요가 있다. 일본 불교 신자들과의 접촉점을 만들기 위해 구원의 즉각성과 내재성을 가르치는 것도 중요하지만 그들에게 결여되어 있는 구원의 내세적 특성에 대해서 분명히 가르칠 필요가 있다. 구원의 완성이 이 땅이 아닌 하늘나라에서 이루어진다는 사실을 분명히 가르침으로 각성을 통해 현세에서도 구원을 이룰 수 있다는 그릇된 교리를 수정해줄 필요가 있다. 이 땅에서도 정신적 수련을 통하여 열반(Nirvana)의 경지에 이를 수 있다는 교리의 문제점을 반드시 교정해 주어야 한다. 구원의 완성이 예수 그리스도의 재림 사건 뒤에 있을 마지막 심판 뒤에 이루어진다는 점을 강조할 필요가 있다.

믿음으로만 얻는 구원

조도 불교나 니치렌 불교의 특징이라고 할 수 있는 믿음으로 말미암는 구원 사상은 기독교의 구원론과 매우 유사한 점을 내포하고 있다. 믿음의 대상과 내용은 전혀 다르지만, 구원을 얻기 위한 접근방법은 기독교의 구원 방법과 유사한 점을 가지고 있는 것이다. 만다라를 의지하고 믿기만 하면 구원을 받는다는 사상과 "나무 묘 호렌게 쿄(南無 妙 法蓮華 經)"를 반복하여 읊기만 하면 구원을 얻을 수 있다고 가르치는 그들의 교리가 마치 예수의 이름을 부르고 그분을 믿기만 하면 구원을 얻을 수 있다는 기독교의 가르침을 연상케 한다.

일본 불교의 성공적인 포교원인 가운데 하나가 바로 단순한 교리라고 할 수 있다. 일본에서 가장 영향력 있고 커다란 종파들 대부분이 이러한 단순한 교리 체계를 가지고 있다. 그들이 만든 단순한 교리 체계가 일본 대중의 마음에 쉽게 와닿았을 것이다. 불교의 심오하고 난해한 교리를 제대로 이해한다는 것은 상당한 학문적인 노력과 수행을 겸하지 않고는 거의 불가능한 일이다. 불교의 난해한 교리들을 간단하고 쉽게 만들어 대중에게 다가간 그들의 포교 방법은 기독교 선교를 꿈꾸는 기독교 사역자들에게도 상당한 도전을 준다. 기독교의 교리를 왜곡시키거나 생략하면서까지 복음을 전해서는 안 되겠지만 교리를 더 단순하고 이해하기 쉽게 전하는 것은 매우 중요한 선교 전략 가운데 하나라고 할 수 있을 것이다. 일본인들에게는 사변적이고 주지주의적인 교리나 신학을 전하는 것보다 단순하고 간단한 성경 말씀을 전하는 것이 더 효과적일 수도 있을 것이다. 논리적이고 철학적인 서구인들에게 성공한 전도의 방법들이 직관적이고 감성적인 일본인들에게 적용되었을 때 그 방법이 반드시 성공하리라고 장담할 수는 없다. 일본인들의 논리적 접근 방법이나, 그들이 사물과 인간을 이해하는 방법을 염두에 두고 고안된 선교 방법을 적용할 때 더 효과적이고 효율적인 선교가 가능할 것이다.

필요를 통한 접근

대부분 일본인들은 영혼구원과 내세 따위엔 관심이 없다. 죄나 죽음에 관한 관심보다 현재 당하는 고난과 근심으로부터의 해방을 갈구한다. 신곤 불교, 니치렌 불교, 조도 불교 등과 같은 대부분 일본 불교는 다분히 기복적이고 현세구복적인 요소를 지니고 있다. 일본 불교가 불교의 교리나 가르침에 충실했다기보다는 자신들의 삶에 유익을 주고 도움을 주는 무속적이고 기복적인 교리를 발전시켜 왔다고 할 수 있다.

현세 구복적인 일본인들에게 다가가기 위해서는 관념적인 기독교 교리보다 현실의 문제들에 답을 주고 고통을 덜어주는 현실 참여적인 기독교의 옷을 입을 필요가 있다. 기복적이고 현실적인 일본인들과의 접촉점을 찾는 것이 초기사역에 있어서는 중요하다. 기독교가 단순히 현세에서 복을 주고 인간들의 문제를 해결해 주는 무속적인 종교는 아니지만 현지인들과의 접촉을 위해 임시로 그들의 욕구를 채워주며 다가갈 필요가 있다. 기독교가 단순히 내세만을 위한 종교가 아니라 현실의 다양한 문제들을 해결해 줄 수 있는 종교임을 보여줌으로써 그들과 교제의 폭을 넓힐 수 있을 것이다. 그들이 자기의 진정한 영적인 필요를 느끼고 영적인 필요에 관심을 가질 만큼 성숙할 때까지 그들의 필요를 통하여 다양한 접촉점을 만드는 것이 필요하다. 기독교의 하나님은 인간들의 현실적인 문제를 외면하시는 분이 아니라 그들의 문제에 적극적으로 개입하시고 해결해 주시기를 원하신다는 사실을 가르쳐 줄 필요가 있다. 기독교가 인간들이 지닌 다양한 고통들-질병, 가난, 실패, 불안-을 해결해 줄 수 있는 종교로서 이곳에서 지금 다양한 육체적, 물질적 도움을 줄 수 있는 종교임을 보여줄 필요가 있다.

기독교 의식(Christian Rituals)을 통한 선교

신곤 불교의 경우 다양한 종교적 의식(rituals)과 형식들(formulas)을 도입함으로 일본의 서민들에게 쉽게 다가갈 수 있었다고 할 수 있다. 불교의 심오한 철학적 교리들 대신에 가시적이고 만질 수 있는 다양한 종교적 상징들과 의식들을 통하여 불교의 서민화에 성공한 사례라고 할 수 있을 것이다. 다양한 축제를 즐기고 공동체 의식을 중요하게 여기는 평범한 일본인들에게 직접 만지고, 보고, 참여할 수 있는 다양한 종교적 의식들과 형식들을 통해 가시적인 접근을 함으로써 많은 서민들의 마음을 사로잡을 수 있었다. 불교식 장례 의식이나 추도식 등을 활용하여 죽음 앞에선 서민들의 두려움과 불안을 해결해 주고, 다양한 부적을 사용하여 서민들의 불안한 심리에 안정을 제공하는 역할을 하기도 하였다.

효과적인 기독교 선교를 위해서 서민들의 종교적인 욕구를 채워줄 수 있는 다양한 기독교 의식과 축제를 개발할 필요가 있다. 교회가 시행하고 있는 성례나 세례식을 적극적으로 활용하고, 교회의 절기를 따라 다양한 기독교적인 축제를 마련할 수 있을 것이다. 부활절, 성탄절, 추수 감사절 등과 같은 절기에는 신학적으로 의미 있는 축제를 마련하여 절기에 담긴 기독교적인 의미를 눈으로 보고 만져볼 수 있도록 도와준다면 서민들이 기독교에 더 쉽고 편안하게 접근할 수 있을 것이다. 교회의 절기를 이용하여 다양한 축제와 의식들을 만들어 전도 집회로 활용할 수도 있을 것이다.

결론

지금까지 일본 불교의 역사적, 교리적 변천에 대해 살펴보았다. 먼저 지난 1,500여 년 동안 일본인들의 삶과 함께 해온 일본 불교의 변천은 일본의 정치적 변화와 밀접한 관계를 가진다는 사실을 알 수 있게 한다. 또한 역대 왕조가 바뀔 때마다 다양한 불교가 성장하고 사라지는 모습을 보면서 일본 불교가 정치적 영향을 얼마나 심각하게 받았는가를 발견할 수 있었다. 찰스 엘리엇(Charles Eliot)이 언급한 것처럼 일본 불교의 가장 명확한 특징 가운데 하나는 "일본 불교가 국가의 상태와 밀접한 연관을 가지고 있다는 점"이다.[114] 대부분 학자들이 일본 불교의 연대를 '나라, 헤이안, 가마쿠라, 도쿠가와, 메이지' 시대로 나누고 있는 사실만 보더라도 일본의 불교가 얼마나 정치적인 변화와 직간접적인 연관을 가지는지 쉽게 알 수 있다. 위에 언급된 시대 분류는 모두 일본의 정치사와 직접적인 연관을 가지기 때문이다.

초기 불교의 유입과 성장은 문화적 동기와 밀접한 연관을 가진다. 일본 불교의 발전과 성장은 선진 문명을 받아들이려는 초대 왕들의 노력과도 밀접한 연관을 지니고 있다. 일본 불교의 급속한 보급과 성장의 배경에는 선진문화의 유입이라는 문화적 동기가 강하게 자리 잡고 있는 것이다. 전통적인 일본 불교가 커다란 전환을 경험하게 되는 배경에도 역시 대륙으로부터의 새로운 선진 불교의 유입이라는 역사적 사실과 연관이 있다. 일본 불교의 역사를 자세히 들여다보면 일본 불교의 변천은 대륙으로부터 어떤 종류의 불교가 유입되었느냐와 어떠한 종파의 영향을 받았느냐에 직접 연관이 있었다는 점을 발견할 수 있다. 스스로 창조하고 고안한 교리나 관습이 전혀 없었던 것은 아니지만 대부분 기본적인 교리나 가르침은

---

114   Callaway, *Japanese Buddhism and Christianity*, 205-06.

대륙에서 전래된 종파의 교리나 가르침을 크게 벗어나지 못했다고 볼 수 있다.

나라 시대를 전후한 불교는 주로 영향력 있는 부족이나 왕궁의 귀족들을 중심으로 전파되고 성장하였다. 한마디로 귀족화된 불교였다고 말할 수 있을 것이다. 쇼토쿠 태자가 중심이 되어 전국에 사찰을 짓고 모든 사찰에 동으로 된 불상을 세움으로 불교가 일본에 정착하고 뿌리를 내리는 데 기초를 놓은 것이다. 이미 언급된 바와 같이 대륙으로부터 선진 문명을 받아들이는 방편으로 불교를 적극 권장한 것이 바로 이 시대이다.

헤이안 시대의 불교는 한마디로 중국으로 유학을 떠났던 중국 유학파의 영향이 지대했다고 할 수 있다. 사이초와 구카이를 통해 중국에서 유입된 텐다이 불교와 신곤 불교는 그 뒤로 일본에서 등장하는 대부분 불교 종파들에게 교리적 토대와 통찰력을 제공하게 된다. 특별히 텐다이 불교는 후대에 직간접적으로 일본의 정신을 지배했던 중요한 불교종파에게 다양한 신학적 영향을 주게 된다. 가마쿠라 시대에 등장한 조도, 젠, 니치렌 불교 등은 모두 텐다이 불교의 정신적, 교리적 후손들이라고 해도 지나치지 않을 것이다. 실제로 이 세 종파의 창설자이며 정신적 지도자들이었던 승려들이 한 때는 모두 텐다이 종파에 속한 승려들이었다.

가마쿠라 시대를 요약하자면 무사 계층의 등장과 더불어 시작된 분명하고 명확한 교리를 표방하는 종파들의 등장이라고 할 수 있다. 이전의 종파들이 비교적 다양하고 복잡한 교리들을 가르쳐 왔던 것과는 대조적으로 간결하면서도 분명한 교리를 지닌 종파들이 탄생한 것이다. 조도 종파는 아미타불에 대한 믿음을 통해 얻는 구원을, 젠 종파는 명상을 통해 얻을 수 있는 해탈을, 니치렌 종파는 법화경에 담긴 진리를 믿고 실천하는 것을 자신들의 중요한 교리적 주제들로 채택하게 된다. 이러한 가르침과 교리가 텐다이나 신곤 안에 이미 존재했던 교리적 주제들이었던 점을 감안하면 이 세 종파는 이미 존재하고 있던 교리적 주제들 가운데 한두 가지를 강조하며 가르쳤던 것이라고 할 수 있다.

도쿠가와 시대 불교의 특징은 한 마디로 다분히 정치적이고 문화적이었다고 할 수 있다. 정부의 도움을 받아 초대형의 사찰들이 등장하게 되고, 주민들을 통제하고 조정하는데 동원된 정부 기관으로 불교가 이용당했던 시대이다. 모든 국민들을 지역 사찰에 소속시킴으로 손쉬운 통제가 가능했고, 대부분 승려들은 본의든 본의가 아니든 정부의 앞잡이가 된 것이다. 불교 안에 철저한 중앙집권 체제를 구축함으로 전국의 사찰과 승려를 하나로 묶어 정치적 통제가 가능하게 만든 것이다. 다소 느슨해지기는 했지만, 이러한 전통은 지금까지 일본의 사회의 종교제도 내에 고스란히 남아있다. 누구나 지역 사찰에 등록하고, 사후에 지역 사찰에 묻히는 전통이 현대 일본 사회에 그대로 남아있다. 현대 일본 사회에서 불교가 장례문화를 주도하는 전통이 바로 이 시대에서 비롯된 것이라고 할 수 있다.

메이지 시대의 불교 역사는 한마디로 수난의 시대라고 할 수 있다. 메이지 정부가 정치적 목적을 달성하기 위해 국가 신토를 등장시키면서 불교의 수난이 시작된다. 많은 사찰들이 불살라지고, 수많은 불경들과 불상들이 사라지고 만다. 도쿠가와 시대와는 정반대의 상황이 전개된 것이다. 도쿠가와 시대에 누렸던 특권과 후원이 모두 사라지고 도리어 정부의 조직적이고도 철저한 핍박이 시작되었다. 메이지 시대 말기에는 정부의 반 불교 운동이 다소 누그러지기는 했지만, 당대에 진행되었던 철저한 핍박이 일본 불교의 실체를 약화시킨 것이 사실이다. 또한 이후 제2차 세계 대전은 연약해진 일본 불교에 치명적인 상처를 남기게 된다. 메이지 정권하에 이미 약화된 불교의 영향력이 제2차 세계 대전을 치르면서 더욱 약화한 것이다. 당시에 잃은 많은 사찰들과 능력과 잠재력을 가진 많은 불교 지도자들의 죽음은 일본 불교의 회생을 불가능하게 만드는 것 같이 보였다. 하지만 1,500년이라는 긴 세월 동안 일본인들의 정신 속에 깊이 뿌리내리고 있던 불교의 영향력은 쉽게 사라지지 않고 지금까지 가장 넓고 깊은 정신적, 종교적 영향을 발휘하고 있다.

영원한 진리와 실체를 이해하고, 궁극적 실체를 탐구하는 텐다이 불교, 밀의 종교 같은 신비한 의식을 통하여 자신이 원하는 것들을 얻어내려고 하는 신곤 불교, 명상을 통하여 평정과 해탈을 추구하는 젠 불교, 광기 어린 종교 예식을 통하여 현세구복을 추구하는 니치렌 불교 등 다양한 불교 종파의 흥망성쇠가 바로 일본 불교의 역사적 변천의 단면이라고 할 수 있다. 깊은 철학적 사색과 진리 추구를 목적으로 삼는 종파로부터 미신적이고 신비적인 의식을 통하여 자신들의 소원을 이루려는 민속 종교적인 종파에 이르기까지 다양한 특징을 가진 불교가 일본 불교의 역사 속에서 숨을 쉬고 있다.

이러한 다양한 불교의 변천과 그 영향이 현대를 살아가는 일본인들의 마음속에 고스란히 남아있다. 현대 일본인들의 문화와 심성에 가장 깊은 영향을 주어왔던 종교가 바로 불교인 것이다. 그들이 태어나면서부터 무덤에 들어갈 때까지 불교가 그들 곁에서 숨 쉬고 있다. 선진 어느 나라보다도 불교의 영향을 깊이 받으며 살아온 민족이 바로 일본인들이다. 우리가 그들에게 복음을 효과적으로 전하기 위해서는 그들의 문화와 심성에 영향을 준 불교의 교리나 가르침을 깊이 이해해야만 한다. 그들의 영혼에 직접 또는 간접적으로 영향을 준 다양한 불교의 특성과 교리를 깊이 이해할 수 있다면 우리의 사역이 더 효율적이고 효과적일 수 있을 것이다. 선교에 앞서 선교지의 문화적 특성과 종교적 영향을 깊이 이해하고 분석하는 것은 선교 사역에 있어서 필수적이고 기본적인 과정이라고 할 수 있다. 일본 선교에 성공하려면 일본을 알아야 한다. 피상적인 앎이 아니라 깊은 앎이어야 한다. 깊이 알수록 사역이 깊어지고, 깊이 알수록 열매를 많이 거둘 수 있기 때문이다.

선교 사역자들이나 현지의 목회자들이 심각한 핍박과 투옥과 추방을 당하면서까지 목숨을 걸고 포교했던 니치렌의 열정적 포교 의지를 본받아 선교 사역에 헌신한다면 일본의 기독교가 지금보다 훨씬 건강하고 빠르게 성장할 수 있을 것이다. 열정적인 포교를 통하여 급속한 성장을 이룬 니치렌 불교의 사례가 보여주듯이 기독교 선교 사역자들도 효과적인 전략과 불타는 열정을 가지고 선교 사역에 헌신한다면 더 많은 영적인 열매를 얻을 수 있을 것이다.

III. 창가학회(創價學會) 성장 연구
: 기독교 선교에 주는 도전

서론

제2차 세계대전 이후, 일본에서는 수많은 신흥 종교들이 등장했고 급속한 속도로 일본 전역으로 퍼져나갔다. 데일(Dale)은 2차 대전 이후에 일본에서 신흥종교가 급속도로 성장한 이유를 다음과 같이 지적했다.: 1) 오래된 권위주의와 종교적 제한들이 동시에 사라진 점, 2) 심각한 경제적, 사회적, 도덕적, 영적 파산 상태.[115] 일본에서 발간된 "신흥종교 사전"에 따르면, 1980년대에 일본에는 이미 2,300여 개의 신흥종교와 그들을 추종하는 약 5,700만여 명의 신도들이 있었다는 사실을 알 수 있다. 이러한 수많은 신흥 종교들 가운데 단시간 내에 가장 빠르고 괄목할 만한 성장을 해온 종교가 바로 '창가학회(創價學會, 소카 각카이)'이다.

---

115 Kenneth J Dale, *Circle of Harmony*(South Pasadena: William Carey Library, 1975), 16.

창가학회는 니치렌 쇼슈(日蓮 正宗)를 믿는 평신도들의 조직인데 니치렌 쇼슈는 니치렌(日蓮)의 여섯 명의 수제자들 가운데 하나였던 닛코쇼닌(日興上人)에 의하여 창설된 종교단체이다. 창가학회라는 말의 문자적인 의미는 "가치를 창조하는 교육협회"라는 뜻이다. 이 협회의 공식적인 창립은 1937년 마키구치 쓰네사부로(牧口常三郎, 1871-1944)와 그를 추종하던 60명의 제자들에 의하여 시작되었다.[116] 본래 니치렌 쇼슈의 열렬한 신도였던 마키구치가 1937년에 니치렌 쇼슈라는 이름을 창가학회로 바꾸어 공식적으로 활동을 시작하였다.

다른 모든 신흥종교와 마찬가지로 창가학회 역시 현대 인간들이 당면한 육체적, 물질적 문제들을 해결하는데 큰 관심을 가진 것이 사실이다. 창가학회가 가지고 있는 여러 가지 특징 중 하나가 바로 '이 세상 중심적 관심'이라고 할 수 있을 것이다. 일본에 존재하는 또 다른 전통적인 종교들인 다양한 민속종교, 신토(神道), 불교 등과 마찬가지로 창가학회 역시 이 땅과 이 세상에서의 축복을 강조하고 있다.

이 글의 목적은 제2차 세계대전 이후에 일본에서 등장한 수많은 신흥종교들 가운데 가장 빠르게 성장하여 일본에서 현재 가장 많은 신도들을 보유하고 있으면서, 일본인들의 종교적인 삶 속에 깊은 영향을 주고 있는 창가학회의 성장 요인들을 찾아내고 분석하여 그러한 요인들을 성경적으로 조명할 뿐 아니라 기독교 선교 방

---

116 David J Hesselgrave, *A Propagation Profile of the Sokka Gakkai*(Ph. D. Dissertation, Univ. of Minnesota.

법에 지혜롭게 적용함으로써 일본에서 진행 중인 기독교 선교의 효과와 효율을 돕는 데 있다. 본 논문은 창가학회의 역사적인 발전 과정과 그것이 가지고 있는 독특한 교리들을 살펴보고, 나아가 종교적인 의식, 예배방식, 포교이론, 세계관 등을 살펴볼 것이다. 논문의 마지막 부분에서는 본 논문의 목적이라고 할 수 있는 다양한 선교적 함의들이 제시될 것이다.

1. 창가학회의 역사적 발전

니치렌(日蓮, 1222-1282)

이미 언급한 바와 같이 창가학회는 니치렌의 6명의 제자들 가운데 하나였던 닛코쇼닌에 의하여 시작된 종교로서 처음에는 니치렌 쇼슈라는 이름이었다가 마키구치에 의해 개명된 불교의 한 종파라고 볼 수 있다. 창가학회에 소속된 사람들은 온 세상이 악함과 비참함으로 가득 차 있을 때 니치렌이 이 세상에 내려와서 사람들에게 궁극적인 구원을 제공하는 기초를 놓았다는 사실을 강조하며 그를 '참 부처'라고 믿고 있다.[117]

---

[117] 니치렌은 일본 불교를 대표하는 인물로 어부의 아들로 태어나 어려서 입적하게 된다. 당시에 유행하던 다양한 불교 교파들을 보며 참 불교를 찾기 위한 순례를 떠나 약 30세에 참 불교란 연화경(Lotus Sutra)의 교리에만 있음을 발견하고, 나아가 모든 불교의 교리를

니치렌 쇼슈는 불교의 한 종파인 니치렌 종파에 속한 종교이다. 니치렌 종파는 불교에 심취하여 열성적으로 불교를 가르치고 전했던 니치렌에 의하여 시작 되었는데, 그는 일종의 종교개혁가로서 스스로 부처의 보냄을 받은 선지자로 여기며 일생을 전도자로 살았던 자이다. 그는 스스로 자신이 모든 인류가 지닌 비극의 원인과 해결책을 찾은 자로 여기며, 자기야말로 불교의 참다운 의미를 발견한 선지자라고 생각했다. 그는 연화경(蓮花徑)만을 불교의 유일한 경전으로 여기며 연화경만이 모든 진리와 사물들의 기초가 된다고 믿었다. 또한 그는 연화경만이 구원에 이르는 참 길과 방법을 제공할 수 있는 경전으로 부처의 가르침 가운데 가장 탁월하고 최종적인 내용을 담고 있다고 믿었다.[118] 그는 정토종, 선종, 탄트라 등의 경전을 철저하게 배척하면서 연화경만을 문자적으로 믿었다.

연화경의 특징들 가운데 하나는 그것이 "범신론적 유일신론"을 가지고 있다는 사실이다. 연화경은 부처를 가리켜 로고스 내지 영원한 붓다(Buddha)라고 부르고 있다. 또 다른 특징이 있다면 연화경은 다른 불교 경전에서는 찾아볼 수 없는 강압적이고 공격적인 전도를 요구하고 있다는 점이다. 니치렌은 이러한 연화경의 가르침에 따라 불교 역사상 유래를 찾을 수 없을 정도로 매우 강압적이고 공

단순화하기에 이른다. 그는 불교의 모든 교리를 단순화 시켜 성호, 즉 "나무 묘 호렝게 교"(나무妙法蓮華經)를 반복적으로 외움으로 궁극적인 진리에 이를 수 있다고 가르쳤다. 니치렌은 자신이 부처의 보냄을 받은 자로서 세상을 변화시킬 임무를 부여 받았다고 믿고 있었다. 심지어 자기 자신을 가리켜 참 진리가 incarnation한 것이라고까지 했다. (Masuhara Anesaki, *History of Japanese Religion* (Rutland, Vermont: Charles E. Tuttle, 1966), 191-205.

118 Anesaki, *History of Japanese Religion*, 191-205.

격적인 전도 방법을 스스로 채택하고 또 이러한 강압적인 전도 방법을 그의 제자들에게 가르쳤다. 니치렌 자신도 길이나 공원에서 전도했고, 니치렌의 제자들 역시 다른 절이나 수도원 등을 방문하여 논쟁하기를 주저하지 않았다. 심한 경우에는 그의 제자들 가운데서 상대방과의 논쟁에서 질 경우 자살하는 일도 있었다고 한다.[119]

니치렌은 자기 자신을 가리켜 연화경을 전하고 가르치는 "선지자"라고 생각했지만, 후대에 그의 제자들과 그를 추종하는 자들이 그를 절대화시키고 마침내 그를 가리켜 유일한 구세주라고 불렀다. 오늘날까지도 니치렌 쇼슈를 추종하는 사람들은 그를 절대적이고 유일한 구세주로 여기고 있는 것이 사실이다. 무자비하고 절대적인 신인 니치렌이 현대에도 창가학회 회원들의 마음속에 자리 잡고 있는 것이다.[120]

마키구치 쓰네사부로(牧口常三郎, 1871-1944)

이미 언급한 바와 같이 니치렌 쇼슈의 열렬한 신도였던 마키구치는 니치렌 쇼슈의 교리에 자신의 독특한 아이디어와 교리들을 첨가하여 새로운 이름의 신흥종교를 창설하였다. 그는 본래 도쿄에 있는

---

[119] Anesaki, *History of Japanese Religion*, 204-05.
[120] Toshimitsu Endo, "Sokka Gakkai, the Study of a Society for the Creation of the Value", *In Anglican Theological Review*, 44(2): 131-42.

한 초등학교의 교장 선생님으로 여러 해 동안 봉직해 왔다. 그런 그가 니치렌 쇼슈의 신자가 된 후로 평상시에 자신이 가지고 있던 교육이론과 불교의 한 종파였던 니치렌 쇼슈의 이론을 결합시켜 새로운 이론을 만들기에 이른다. 그가 만든 이론이 일본 대중의 마음을 급속히 사로잡게 되고 마침내 일본 전역에 널리 퍼지게 된다. 그가 만든 혼합적 이론이 바로 '가치를 창조하는 이론'인 것이다. 그의 탁월한 언어사 능력과 언변은 수많은 일본 대중을 쉽게 사로잡을 수 있었다. 탁월한 말솜씨뿐만 아니라 탁월한 감화력과 설득력을 갖고 일본 대중을 자신의 신념으로 끌어들일 수 있었다. 그는 매우 사변적이면서도 사려 깊은 면을 지니고 있었다고 한다. 마키구치는 자신이 가지고 있던 이러한 다양한 소질들을 잘 이용하여 평범한 일본인들에게 매우 호소력 있는 교리를 개발하고 전파하는 데 성공했던 것이다. 평범하면서도 영적인 그의 가르침은 일반인들이 불교를 이해하고, 그들이 이해한 교리를 현실의 삶 속에 적용하며 살 수 있도록 도와주었다. 그의 가르침은 불교의 진리를 현대인들의 언어와 생각에 적합한 내용과 방법으로 재해석하여 제시되었고, 이러한 현대적 가르침은 평범한 많은 일본인들에게 강한 호소력을 가질 수 있었던 것이다.[121]

마키구치는 교육가로서 당시의 일본을 짓누르고 있던 절대주의

---

121 Endo, "*Sokka Gakkai, the Study of a Society for the Creation of the Value*", 136. David J. Hesselgrave, ed., "Nichiren Shishu Sokka Gakkai-the Lotus Blossoms in Modern Japan" *Dynamic Religious Movements: Case studies of the Rapidly Growing Religious Movements Around the World* (Grand Rapids: Baker Book), 129-50. Noah S. Brannen, *Sokka Gakkai: Japan's Militant Buddhists* (Richimod, Virginia: John Knox).

와 권위주의로부터 일본을 구하려는 강한 욕망을 가지고 있었다. 하지만 그가 니치렌 쇼슈의 신자로서 니치렌 쇼슈만이 유일하고 절대적인 진리를 지닌 종교라고 주장함으로서 또 다른 절대주의을 주장하였던 것이다.122 그는 당시 이세진구(伊勢神宮)로부터 제공되는 부적(大麻) 받는 것을 거부하여 투옥되었는데, 투옥을 마다하지 않을 정도로 자신이 믿고 있던 종교에 대한 절대적인 신념과 소신을 가지고 있었다. 결국 1년 반 동안의 투옥생활을 끝으로 그가 가지고 있던 신념을 따라 옥에서 죽음을 맞이하였다. 당시 그의 나이는 74세였다.123

도다 조세이(戶田 城聖, 1900-58)와 이케다 다이사쿠(池田 大作, 1928-)

마키구치가 옥사한 후 그의 뒤를 이어 도다 조세이(戶田 城聖)가 두 번째 대표가 되었다. 그는 1928년에 니치렌 쇼슈로 개종하였는데 그의 탁월한 논리는 창가학회의 기초를 놓는 데 크게 기여하였다. 그의 분명하고도 탁월한 논리는 일본의 수많은 대중을 사로잡았다. 그는 니치렌 쇼슈의 전통적인 교리들을 강조하면서도 동시에 '가치이론'의 중요성을 강조하였다. 결국 그가 발전시킨 가치이론이 창

---

122 Hesselgrave, "Nichiren Shishu Saka Gakkai-The Lotus Blossoms in Modern Japan", 135-36.

123 Brannen, *Soka Gakkai: Japan's Militant Buddhists*, 75.

가학회의 교리 안에서 두 번째로 중요한 교리로 자리 잡게 된다. 또한 그는 탁월한 조직 능력을 소유하고 있었는데 그의 천재적인 조직능력이 창가학회를 전 일본에 확장시키고 조직을 강화시키는데 크게 기여하게 된다. 일부 학자들은 그를 '천재적인 조직가요, 광신적인 신앙운동가'라고 평하기도 한다.124

도다의 뒤를 이어 창가학회의 세 번째 대표가 된 인물이 이케다 다이사쿠(池田 大作)인데 그는 탁월한 행동가였다. 창가학회가 그 활동 범위를 가장 크고 넓게 펼친 때가 바로 이 시대라고 할 수 있다. 이케다의 지도력 밑에서 창가학회의 활동이 다양해졌을 뿐만 아니라 성공적인 정치 정당을 탄생시키기도 했다.125 또한 그는 정치 조직 뿐만 아니라 교육에도 관심을 가지고 대학을 설립하기도 했는데, 그때 세워진 대학이 바로 창가대학(創価大学, 소카 다이가쿠)이다. 그 밖에도 수많은 사역들과 기관들을 확장하는데 앞장 섰고, 그의 탁월한 지도력과 영성에 감동받은 창가학회의 신도들은 이케다를 가리켜 니치렌이 환생한 것이라고 생각했을 정도였다. 그는 행동가로서 창가학회의 발전에 지대한 영향력을 미쳤을 뿐 아니라 실제로 많은 업적을 남긴 인물이었다.126

---

124 Endo, "Sokka Gakkai, the Study of a Society for the Creation of the Value", 136. Hesselgrave, "Nichiren Shishu Saka Gakkai-The Lotus Blossoms in Modern Japan", 136-37.

125 창가학회가 주도하고 있는 정당이 바로 공명당(公明堂)인데 현재 일본에서 정치적인 영향력이 매우 큰 정치집단으로 인정받고 있다.

126 Hesselgrave, "Nichiren Shishu Saka Gakkai-The Lotus Blossoms in Modern Japan", 137.

2. 교리와 의식

창가학회의 이론적 근거는 마키구치가 발전시킨 가치이론으로부터 나왔다고 할 수 있다. 창가학회의 논리적 기초는 철저한 실용성이라고 할 수 있다. 마키구치가 고안해낸 '가치론(價値論)'이 창가학회의 기본적인 중심사상을 이루고 있는 것이 사실이지만, 창가학회의 교리적 근원은 니치렌 쇼슈를 통하여 전수된 니치렌 불교라고 할 수 있다.

가치창조론

마키구치의 가치창조론은 서구철학의 기초를 놓았던 철학자 가운데 한 사람인 플라톤이 중시하며 강조했던 가치들을 변형시킨 것이라고 할 수 있을 만큼 플라톤적인 것들이라고 할 수 있다. 플라톤의 철학에서 중요하게 여겨졌던 주제들 – 진리, 선함, 아름다움 – 이 고스란히 마키구치의 주제로 등장하고 그는 이런 주제들을 조금 변형시킨 정도라고 할 수 있다. 플라톤의 세 가지 주제 가운데 "진리"를 "유익"이라는 주제로 바꾸었을 뿐이다. 마키구치의 교리 핵심은 세 가지 가치로 이루어졌다고 할 수 있다. 그의 교리의 주제는 미(美), 리(利), 선(善)으로 이루어졌다.[127] 그의 가치론은 진리와 가치의 문

---

127 Brannen, *Soka Gakkai: Japan's Militant Buddhists*, 133.

제를 다음과 같이 다루고 있다.

> 진리는 있는 그대로를 드러낸다.; 가치란 주관과 객관의 관계를 내포하고 있다. 진리는 어떤 대상에 관한 현상학적 진술들을 만들어낸다. 가치란 그러한 대상을 사람에게 연관시키는 것이다. 진리란 어떤 인간과의 관계와 상관없이 진리로 존재하는 것이다. 진리는 불변하는 것이다. 하지만, 가치라는 것은 시간과 공간에 의해 변할 수 있는 것이다. ... 진리는 창조되는 것이 아니라 자명한 것으로 늘 있는 그대로 혹은 발견된 대로 존재할 뿐이다. 반면, 가치는 창조되는 것이다. 실로 계속적으로 창조될 수 있는 다양한 수많은 가치가 존재한다고 보아야한다. ... 따라서 인간이 가치를 창조하는 것이다. 인간이 스스로 가치를 창조할 수 있다는 사실 때문에 인간의 위대함이 있는 것이다. 인간들이 가치를 추구하는 과정 가운데 인생의 목적이라고 할 수 있는 행복을 발견하는 것이다.[128]

마키구치에게 있어서 진리란 창조될 수 없는 어떤 것이다. 그에게 있어서 진리란 오로지 발견될 수 있는 것이다. 하지만 가치는 창조될 수 있으며 얼마든지 발견될 수도 있는 것이다. 그의 이론에 따르면 참과 거짓은 인간들의 삶과 아무런 관계를 가지지 못하고 오로지 가치만이 인간과 관계를 가질 수 있는 것이다.

마키구치가 "미(美)"라고 부르는 것은 인간의 감각으로부터 나

---

[128] Brannen, *Soka Gakkai: Japan's Militant Buddhists*, 133-35.

오는 다분히 감각적인 것을 의미한다. 그가 말하는 "리(利)"라는 것은 사회 발전에 기여하는 것들과 인간과의 관계로부터 기인하는 것이다. "선(善)"이라는 것은 한 사회의 발전에 의도적으로 기여하는 인간의 행동을 의미한다. 다시 말해서 그가 말하고 있는 "선(善)"이란 공공의 유익을 위한 것 혹은 유용한 것이라고 할 수 있을 것이다.[129]

어떤 것이 선하고 어떤 것이 악한가를 판가름하는 기준 또는 틀이 미리 존재하는 것이 아니라, 다만 한 사회의 구성원들이 그 기준과 틀을 정하는 것에 따라 선함과 악함이 결정되는 것이다. 나아가서 어느 것이 유익하고 어느 것이 해로운가를 판정 짓는 기준이 미리 존재하는 것이 아니고 다만 한 개인의 판단에 달린 것이라고 했다. 따라서 어떤 한 개인에게 유익을 가져다주는 행동이 때론 그가 속한 사회에는 악이 될 수도 있는 것이다.[130]

결론적으로 말하자면 마키구치의 "가치론"은 매우 상대주의적인 성격을 가진 것이라고 할 수 있을 것이다. 그의 "가치론"은 모든 종류의 절대적인 가치들을 부인하고 있다. 그것이 윤리적인 가치든 종교적인 가치든 상관없이 모든 절대적인 가치들을 부인한다는 면에서 그의 가치이론은 철저한 상대주의적 특징을 가지고 있다고 볼 수 있다.

마키구치 자신이 종교와 윤리의 철저한 상대성을 주장하면서도

---

129 Brannen, *Soka Gakkai: Japan's Militant Buddhists*, 77.
130 Brannen, *Soka Gakkai: Japan's Militant Buddhists*, 88.

이 세상에 존재하는 모든 종교들 가운데 창가학회만이 유일한 종교라고 주장함으로써 스스로 깊은 모순에 빠져있는 것을 발견할 수 있다. 창가학회야말로 모든 과학적 지식과 이론들에 반하지 않는 절대적이고 유일한 종교라고 믿고 있는 마키구치야말로 절대주의자라고 할 수 있을 것이다. 그의 종교적이고 윤리적인 모든 이론들은 처음부터 진리에 대한 관심보다는 가치들에 치중되어 있었다고 보아야 할 것이다. 그런 의미에서 마키구치의 "가치론"은 스스로 모순을 포함하는 것이다.

신(神) 개념

이미 언급한 바와 같이 니치렌 자신은 스스로 절대시하거나 신성시하지는 않았다. 그는 단지 붓다의 메신저로서 또는 진리의 화신으로서 중생들에게 구원의 비밀스러운 소식을 전하는 선지자로 스스로 이해했었던 것이 사실이다. 하지만 세월이 지나면서 후대의 제자들이 그를 절대적이고 신성한 신으로 신격화하게 된다. 결국 오늘날 창가학회에 속한 대부분 신도들은 니치렌이 유일하고 절대적인 신임을 부인하지 않는다.

후대에 니치렌을 절대적인 신이요 유일한 구세주로 만든 종파가 바로 니치렌 쇼슈인데, 니치렌 쇼슈는 니치렌을 절대적인 신으로 여길 뿐 아니라 이 마지막 시대에 나타난 유일한 구세주라고 믿고 있다. 창가학회 회원들이 가지고 있는 이러한 확신과 신앙은 그들에게 강한 엘리트 의식을 가지게 할 뿐 아니라 자신들이 전 세계를 구원하는 사역에 참여하고 있다는 강한 자부심을 가지게 한 것이 사실이다. 창가학회는 그들을 추종하는 신도들의 마음속에 니치렌만이 유일하고 절대적인 신이라는 사실을 성공적으로 각인시킬 수 있었다. 지금도 창가학회 신도들은 니치렌이 유일한 구세주라는 사실을 믿고, 자신들만이 전 세계를 구원시킬 수 있는 유일한 존재들이라는 확신을 가지고 열심히 교리 전파에 힘을 쏟아붓고 있다.[131]

창가학회가 절대적이고 유일한 신으로 믿고 있는 니치렌은 매우 독선적이고 공격적이었으며 다른 종교나 신앙에 대해 철저히 배타적이었으며 자신이 믿고 있는 신앙에 대해 광신적이었다고 할 정도로 열정적이었다. 니치렌을 추종하는 창가학회 역시 그가 가졌던 종교적 열정과 광신적인 면을 그대로 따르고 있다고 할 수 있다. 그들이 숭상하고 있는 유일한 신인 니치렌의 극단적인 정신이 지금까지 창가학회의 모든 종교적인 활동에 고스란히 보전되어 철저히 실행되고 있는 것이다.

창가학회는 니치렌의 가르침과 교리가 최고이며, 유일한 믿음의 내용을 담고 있다고 믿고 있다. 그들에게 니치렌은 참 부처요 온 세상을 구원할 유일한 구세주다. 그들은 미래에 니치렌이 온 세상을 얻게 될 것이라고 믿고 있다. 창가학회 신도들의 마음속에 니치렌은 절대적인 신으로 여겨지고 있는 것이다.

---

[131] Endo, "Sokka Gakkai, the Study of a Society for the Creation of the Value", 138.

인간론

창가학회는 모든 인간들이 행복을 찾기 위하여 이 세상에 태어났다고 믿고 있다. 그들은 모든 인간들의 삶이 행복을 찾아가는 과정이라고 가르친다. 그들에게 있어서 삶의 궁극적인 목적은 행복을 발견하고 차지하는 것이다. 그러나 대부분 인간들이 행복을 찾는 과정에서 그릇된 신앙과 가르침으로 인해 참 행복을 찾지 못하고 실패했다고 주장한다. 인간들이 겪고 있는 고뇌의 대부분이 카르마(Karma)[132]의 법칙을 미신적으로 오해했기 때문이라고 한다. 그들은 어떤 인간이라도 신앙의 대상을 제대로 이해하고 찾기만 하면 행복과 구원에 이를 수 있다고 가르친다.[133]

창가학회의 독특한 가르침 가운데 하나가 바로 '성화'(Mandala)[134]에 관한 것인데, 신도들이 그 성화를 믿으면 행복에 이를 수 있을 뿐 아니라 궁극적으로 구원에 이를 수 있다는 것이다. 어떤 사람이 성화를 믿으면 즉각적으로 믿음의 효험을 체험할 수 있다고 가르친다. 예를 들자면 성화를 성실하게 믿는 사람은 죽음의 날을 며칠,

---

[132] 전통적인 힌두교와 불교에서 사용되는 용어로 비인격적인 우주의 법칙 또는 원리를 일컫는 말이다. 이 Karma의 작용과 법칙에 의해서 윤회가 이루어진다. 한 인간이 자신의 행위의 결과에 따라 미래에 어떠한 모습으로 태어나는가를 정하는 우주적인 법칙이요 원리라고 할 수 있다. cf. Keith Crim, ed., *The Perennial Dictionary of World Religion* (San Francisco: Haper & Row, 1989), 401-02.

[133] Brannen, *Soka Gakkai: Japan's Militant Buddhists*, 150-51.

[134] 힌두교나 불교에서 사용하는 도해로서 우주의 신비한 법칙과 원리를 기하학적으로 그려 놓은 그림이다. 도표에 그려진 기하학적 모습 하나하나는 신의 속성과 특징을 포함하고 있다.

몇 주, 심지어 몇 년씩을 연기할 수 있다고 가르친다. 성화를 믿는 것 외에도 죽음의 날을 연기할 수 있는 다양한 길과 방법이 있음을 가르치는데 그 방법은 다음과 같다: (1) '강제로' 다른 사람들을 개종시킴으로 얻어지는 덕을 쌓는 시간만큼 연기될 수 있음, (2) 가족과 친구들을 창가학회의 신도로 만들 때까지 연기될 수 있음, (3) 재정적인 책임과 책무를 마무리 지을 때까지 연기될 수 있음, (4) 죽은 뒤에 부처의 육체적 모습을 닮을 수 있을 만큼 충분한 부처의 마음을 가질 때까지 연기될 수 있음.[135] 이와 같이 창가학회는 죽는 날 수를 연기할 수 있는 다양한 방법들을 제시하며 죽음에 대한 공포를 연기 또는 극복할 수 있는 길들을 열어 두고 있는 것이다.

위에서 언급되고 있는 죽음에 관한 교리 가운데 매우 특이한 점을 하나 발견할 수 있는데, 그것이 바로 죽음과 포교를 연결시키고 있다는 점이다. 죽음을 연기할 수 있는 방법 가운데 하나가 바로 포교인데, 이러한 교리는 창가학회가 처음부터 강력한 포교활동을 하려는 의도를 가지고 있었다는 것을 보여주고 있는 것이다. 그들이 일본에서 지금까지 성공적으로 포교활동을 하며 수많은 신도들을 끌어들일 수 있었던 이면에는 이와 같은 강력한 포교의 교리가 숨어 있었던 것이다. 창가학회의 급속한 성장에 이와 같은 교리가 절대적인 영향을 끼쳤다고 볼 수 있을 것이다. 포교 활동을 중요한 교리 가운데 하나로 강조함으로써 비교적 짧은 포교 활동 기간에도 불구하고 급속한 수적인 성장을 이룰 수 있었던 것이다.

---

[135] Brannen, *Soka Gakkai: Japan's Militant Buddhists*, 150-51.

창가학회가 가지고 있는 또 다른 교리 가운데 하나가 바로 죽음에 관한 교리인데 그들은 죽은 뒤의 영원한 삶에 관해서는 다소 모호한 견해를 가지고 있다. 그들의 죽음에 관한 이해는 여느 다른 불교나 힌두교의 가르침과 과히 다르지 않다. 영원불멸에 대한 이해가 구체적이거나 분명하지 않고 단지 부처의 마음을 깨달은 자만이 죽은 뒤에도 그들의 영혼이 지속적으로 존재한다고 가르친다. 창가학회는 죽은 뒤의 상태에 대해서 구체적이고 분명한 교리적 가르침을 제공하고 있지는 않다. 단지 어떻게 영생을 얻을 수 있는지만 가르치고 있다. 그들의 교리에 의하면 어떤 사람이 영생을 성취하려면 카르마의 굴레를 깨트려야만 하는데, 이 카르마의 굴레를 깨트리기 위해서는 연화경(Lotus Sutra)에 기록되어 있는 진리를 실천함으로써만 가능한 것이다. 연화경에 계시된 진리의 수행을 통해 부처의 경지에 이를 때에만 카르마의 굴레를 벗어나 영생에 이를 수 있다고 가르친다. 인과응보의 영원한 굴레를 끊고 그 굴레로부터 벗어날 수 있는 유일한 길은 연화경에 기록된 진리를 실현함으로써만 가능한 것이다.[136]

이상에서 살펴본 바와 같이 창가학회의 구원관은 불교나 힌두교의 구원관을 그대로 따르고 있는 것을 볼 수 있다. 그들도 영원한 삶에 관해서는 언급하지만 구체적인 영생의 모습과 죽음 후의 존재방식에 대해서는 전혀 언급하지 않고 있다. 구원이라는 것이 단지 연화경에 기록된 대로 실천함을 통해 카르마의 영원한 굴레에서 벗

---

[136] Brannen, *Soka Gakkai: Japan's Militant Buddhists*, 150-51.

어나는 섯이라고만 인급힘으로써 어느 다른 불교 종파나 힌두교의 가르침과 크게 다르지 않음을 알 수 있다.

현실적 구원론

앞에서 언급한 바와 같이 창가학회에서 가르치는 죽음 후의 구원관은 불분명하고 불확실하다고 할 수 있다. 사후에 관한 그들의 가르침이 이렇게 모호한 이유는 그들의 궁극적인 관심이 사후가 아니라 이 땅에 있기 때문이라고 할 수 있다. 그들은 사후의 영원한 구원보다 이 땅에서 느낄 수 있고 만질 수 있는 현재의 구원을 추구하는 자들이다. 보이지 않는 구원보다 보이는 구원을 가르치고 따르는 자들이라고 할 수 있을 것이다.

창가학회의 신도들에게는 지금이 구원의 날이요 이 땅이 구원의 장소인 것이다. 그들은 자기들이 살고 있는 시대가 '다르마(Dharma)[137]의 종말'의 시대라고 믿고 있다. 그들이 주장하고 있는 이 종말 시대의 특이한 현상 가운데 하나가 바로 연화경을 믿고 따르는 자들이 많이 등장한다는 것이다. 이 시대에는 연화경을 믿는 자들이 많이 생길 뿐 아니라 다양한 거짓 종교들이 번성케 된다고

---

[137] 힌두교나 불교에서 사용되는 용어로 일치된 의미를 가지고 있지는 않지만 보편적으로 부처의 가르침이나 교리를 뜻하기도 하고, 종교적 의무나 도덕성, 초월적이고 절대적인 궁극적 실체를 의미하기도 한다. 불교에서는 모든 실체들 혹은 존재들을 일컫는 용어로 자주 사용된다. Crim, *The Perennial Dictionary of World Religion*, 218-21.

한다. 이 시대는 진정한 다르마의 의미가 상실된 시대이고 참 진리가 사라진 시대인 것이나. 따라서 이 시대는 연화경의 참다운 수종자인 니치렌이 일어나 모든 사람들에게 참 도를 따르도록 인도하는 시대라고 주장한다.[138]

창가학회가 가지고 있는 이러한 역사관은 그들에게 이 시대를 시급한 포교의 시대라고 생각하게 했다고도 볼 수 있다. 이 종말의 시대에 거짓 종교를 믿고 따르는 무지한 사람들에게 참 도를 전하고 가르쳐 그들을 구원할 책임이 바로 자신들에게 있다고 믿고 있는 것이다. 창가학회가 현재 지속적으로 시행하고 있는 공격적인 포교운동이 바로 이러한 역사의식과 사명감에서 비롯됐다고 보아야 할 것이다. 그들에게 있어서 '현재'는 매우 중요하고 시급한 의미를 가지고 있다. 인류에게 구원받을 수 있는 기회가 제공된 시대, 나아가 인류가 구원받을 수 있는 또 반드시 구원받아야 하는 시대가 바로 이 시대인 것이다.

창가학회는 부처가 된다는 개념조차 사람들의 현재 삶과 연관을 시키고 있는 것을 볼 수 있다. 도다 조세이의 가르침은 창가학회가 부처가 된다는 의미를 어떻게 가르치고 있는지를 잘 보여주고 있다.: 참 부처상은 "즐거운 가정을 이루는 것, 안정적이고 활력 넘치는 정신을 갖는 것, 즐거움이 넘치는 사업과 가정을 갖는 것"이라고 했다.[139] 도다의 이러한 해석은 누구든지 현재의 삶 속에서 부

---

138 Brannen, *Soka Gakkai: Japan's Militant Buddhists*, 146-47.

139 Brannen, *Soka Gakkai: Japan's Militant Buddhists*, 152.

처가 될 수 있다고 가르친 니치렌의 교훈을 그대로 따르며 니치렌의 가르침을 조금 더 현실 속에 구체화한 것이라고 볼 수 있다.

창가학회의 매우 독특하고 미신적인 종교적 의식 가운데 하나가 바로 주문을 외우는 것이라고 할 수 있다. 그들은 그들이 정한 주문을 반복해서 외움으로써 구원에 이를 수 있다고 믿고 있다. 그들이 계속해서 외우는 신비한 주문을 통해 성불할 수 있을 뿐 아니라 이 땅에서 자신들이 원하는 모든 소원들을 이룰 수 있다고 믿는다. 그들이 외우는 주문은 매우 간단하고 단순한 문자들로 이루어졌다. 그들이 외우는 "나무140묘호렌게교(南無妙法蓮華經)"라는 말은 우리말로 "나무 묘법 연화경(妙法 蓮花徑)"이라는 말로 단지 "연화경"을 칭송하는 것 이상의 아무런 의미가 없는 말이다. 그들은 이러한 주문이 실제로 효험이 있으며 자신들의 삶에 행복을 줄 수 있다고 믿는다.

창가학회는 철저히 현세 구복적인 종교라고 할 수 있다. 그들은 다만 자신이 지닌 다양한 육체적, 물질적 문제들에 대해 강한 관심을 가지고 있을 뿐이다. 그들에게 내세는 중요한 주제나 관심거리가 아니다. 그들이 비록 연화경의 가르침을 실천함으로 구원에 이를 수 있다고 가르치기는 하나, 실제로 그들에게 죽은 다음의 세상은 그다지 중요한 관심의 대상이 아니다. 창가학회의 신도들에게

140　Namu라는 말은 본래 산스크리트어의 Nam에서 나온 말로 이름을 뜻한다. 인도의 시크교(Sikhism)에서 그들이 섬기는 다양한 신들을 부를 때 사용하던 용어이다. 시크교도들은 신의 이름을 반복적으로 외움으로 악을 물리칠 수 있다고 믿었다. Crim, *The Perennial Dictionary of World Religion*, 521.

죽음과 그 이후에 대한 관심은 거의 없는 것이나 마찬가지라고 할 수 있을 것이다. 그들은 단지 현세의 문제에만 관심이 있을 뿐이다. 그들에게 있어서 새로운 삶이란 육체적이고 물질적인 축복을 누리는 삶을 의미하는 것이다. 그것이 곧 그들에게 구원이요 새로운 삶인 것이다.

3. 예배 의식

고혼존(御本尊)

창가학회의 또 다른 독특한 종교의식 가운데 하나가 바로 고혼존(御本尊)을 경배하는 것이라고 할 수 있는데, 이 고혼존이라는 말은 창가학회가 섬기고 있는 만다라(mandala)를 가리키는 말이다. 그들이 믿는 고혼존은 니치렌이 만든 만다라[141]를 일컫는 말인데, 그들은 이 고혼존만이 이 세상에 존재하는 유일한 참 만다라라고 믿고 있다. 니치렌이 손수 만든 이 만다라는 현재 타이세키 사원에 안치되어 있다.[142] 창가학회의 주장에 따르면 니치렌이 모든 생명과 우

---

[141] 만다라는 밀의 종교적인(esoteric) 색깔을 띠고 있는 불교에서 주로 사용된다. 앞에서 언급한 것처럼 만다라는 부처나 다른 신들의 우주적인 속성(nature)을 드러내는 그림으로 우주를 상징하는 그림일 뿐 아니라, 명상을 하는데 도움을 주거나 때론 경배의 대상으로 사용되기도 한다.

[142] Taiseki 사원은 창가학회의 본부가 자리 잡고 있는 사원이다.

주에 스며있는 궁극적인 법칙을 잘 정의하고 풀어서 제정했을 뿐 아니라, 그가 만든 궁극적인 법칙을 만다라의 형식으로 구체화 시켰다고 한다. 그들은 그가 만든 만다라가 열개의 세상(the Ten Worlds)을 완벽하게 잘 표현해 주고 있다고 믿고 있다. 니치렌 자신도 그의 신도들이 성불하기를 원한다면 그가 만든 이 만다라를 믿고 경배해야 한다고 가르쳤다고 한다. 지금도 니치렌의 가르침에 따라 창가학회에 속한 모든 신도들은 그들의 집에 니치렌이 손수 만든 만다라의 사본을 하나씩 가지고 있다고 한다.

불교의 다른 종파에서도 보편적으로 사용되는 만다라인 고혼존은 연화경의 가르침에 따라 영원한 부처가 가운데 자리 잡고 있고 그 나머지 부처들과 보살(Bodhisattva)[143]들이 주위에 그려져 있다. 그러나 니치렌이 만든 고혼존은 다른 것들과 전혀 다른 특징을 가지고 있는데 그의 고혼존은 여느 다른 불교에서 사용하는 고혼존과 달리 부처들이나 보살들의 모습이 전혀 그려져 있지 않고 산스크리트어도 전혀 사용되지 않았다.[144]

불교의 다른 종파에서는 해탈에 이르기 위해 깊은 명상과 강도 높은 훈련을 가르치는 데 반하여 창가학회는 니치렌이 만든 만다라만 바라보며 그 앞에서 반복적으로 다이모쿠(題目)만 하면 된다고 가르친다. 다이모쿠란 일종의 예배행위로서 "나무 묘 호렌게 쿄"를

---

143 Bodhisattva는 해탈에 관한 질문들에 답을 주는 존재를 일컫는 말로 해탈하기 전의 석가모니나 해탈을 도와주는 부처들(buddhas)을 지칭하는 말이다. 타인의 해탈을 도와주기 위해 살아있는 부처들이 바로 Bodhisattva에 속하는 존재들이다.

144 Harry Tomsen, *The New Religions of Japan* (Tokyo: Charles E. Tuttle, 1963), 89-91.

반복하여 외우는 것을 의미한다. 창가학회는 병을 고치고, 부를 창조하고, 세계 평화를 이루기 위하여 만다라의 능력을 의지하는 아주 특이한 종교적 의식을 가르치고 있다. 그들은 참 믿음이란 인간의 눈으로 확인할 수 있도록 가시적으로 나타나야 하며 눈에 보이는 사실들로 증명되어야만 한다고 믿고 있다. 그들의 이러한 주장은 그들이 가진 믿음의 궁극적인 목적이 영원한 사후 세계가 아닌 현세의 육체적이고 물질적인 복임을 보여주는 것이다.

다이모쿠(題目)

다이모쿠는 창가학회가 시행하고 있는 여러 예배 의식 가운데 하나로 신도들의 매일의 삶 가운데서 매우 중요한 의식으로 간주되고 있다. 이 의식은 간단한 문구를 계속 반복하여 외우는 것으로 일종의 예배에 해당한다고 할 수 있다. 이미 언급된 바와 같이 연화경에 담겨진 신비한 비법을 칭송하고 경배함으로써 그들이 소원하는 복을 얻을 수 있다는 믿음에서 출발한 예배 의식이다. 그들은 다이모쿠 의식이 자신에게 무한한 능력을 제공할 수 있다고 믿고 끊임없이 '나무 묘 호렌게 쿄'를 반복한다. 그들에게 있어서 다이모쿠 의식은 연화경이 가르치고 있는 특별한 교리들, 즉 연화경이 지닌 신비한 내용들에 대한 확고한 믿음을 표현하는 의식으로 신자들에게 복을 제공할 뿐 아니라 불신자들에게도 구원에 이르는 길을 제공하는 방법이 될 수 있다고 가르치고 있다.[145]

창가학회의 교리는 이 짧은 문구가 연화경 전체보다도 더 중요하고 가치 있는 것이라고 주장한다. 그들은 이 의식이 그들이 가르치고 있는 여러 종교적인 의식들 가운데서 매우 중요한 의식이라고 가르치며 하루에도 백 번, 천 번, 만 번, 나아가 그 이상을 반복하여 외울 것을 가르치고 있다. 창가학회의 신도들은 니치렌이 만든 만다라를 믿고 다이모쿠를 계속하여 외운다면 그들의 모든 기도와 소원이 이루어질 뿐 아니라 자신이 지은 모든 죄가 사라진다고 믿고 있다. 다이모쿠 의식은 그들이 행운을 얻고 의롭다함을 얻는 중요한 예배 의식인 것이다.146 그들이 만일 만다라에 대한 예배를 소홀히 하거나 다이모쿠를 반복하는 의식을 소홀히 한다면 그들의 삶에 반드시 불행이 찾아올 것이라고 믿고 있다.

우시토라(丑寅勤行)

창가학회는 우시토라라고 하는 그들만의 독특한 종교의식을 가지고 있는데, 이 의식은 자정부터 새벽 1시 30분 사이에 다이세키(大石寺) 사찰에서 진행된다. 그들은 이 같은 종교의식을 700년이 넘도록 지금까지 지속적으로 시행해 오고 있다. 톰슨(Thomsen)은 우시토라 의식을 다음과 같이 설명한다:

---

145 Tomsen, *The New Religions of Japan*, 91.
146 Hesselgrave, "Nichiren Shishu Saka Gakkai-The Lotus Blossoms in Modern Japan", 143.

다이세키 사찰의 경찰이라고 불리는 젊은 청년들이 팔에 특별한 장식을 하고 신도들을 예배당으로 인도한다. 다이모쿠를 반복하는 예배가 약 20분 동안 진행 된다. 예배당에 모여 수천 명이 함께 암송하는 소리가 엄청나게 크고 웅장하여 그 자리에 모인 사람들 모두가 거의 최면 상태에 빠지게 된다. 주요 사제들이 나와 다이모쿠를 반복한 후에 연화경의 일부를 낭독한다. 사제들의 멀리 퍼지는 목소리와 수천 개의 묵주를 돌리는 소리가 함께 어우러져 독특한 소리가 예배당을 가득 채우게 된다. 귀를 찢는 듯한 드럼소리와 함께 또 다시 20분간의 다이모쿠 의식이 진행된다. 20분간의 다이모쿠 의식을 끝으로 예배가 끝나게 되고 사원의 경찰이 신도들을 숙소로 안내한다.147

우시토라 의식은 신도들에게 강력한 유대감과 일체감 나아가 신비한 영적 체험의 기회를 제공한다. 다이세키 사원에서 행해지는 이러한 강력한 종교의식은 그 의식에 참여한 신도들에게 그들이 믿고 있는 신앙의 영적 능력과 힘을 몸소 체험하고 느낄 수 있는 특별한 기회를 제공하는 것이다. 그 예배 의식에 참여한 모든 사람들은 자신이 참 종교인 창가학회의 일원이 되었다는 의식을 갖게 된다. 이 예배 의식이 가지는 가장 중요한 의미가 바로 이러한 강한 유대감과 일체감을 제공한다는 점일 것이다. 이 우시토라 의식이야말로 특별히 소속감을 중요하게 여기는 일본인들에게 매우 중요한 의미

---

147 Tomsen, *The New Religions of Japan*, 93-94.

를 지닌 종교의식이라고 할 수 있을 것이다.

치유

창가학회는 바른 예배가 병을 치유하는 힘을 가지고 있다고 가르친다. 그들은 신자들이 올바른 예배를 드리기만 하면 누구나 병으로부터 해방을 얻을 수 있다고 믿고 있다. 이와 같은 가르침은 여느 다른 신 중심의 종교들에서도 쉽게 찾아볼 수 있는 현상이다. 일정한 종교적인 축제에 참여함으로 다양한 육체적, 영적 유익을 얻을 수 있다는 가르침은 타 종교에서도 자연스럽게 접할 수 있는 보편적인 가르침이다. 하지만 불교에서는 병 고침을 얻기 위하여 다른 종교에서 사용하고 있는 여러 의식들과 달리 '바른 예배'를 강조하고 있는 것을 발견할 수 있다.[148] 대부분 불교가 치유를 위하여 옳고 정확한 예배를 드려야 할 것을 강조하고 있는 것이 사실이지만, 오프너(Offner)가 지적한 대로, 창가학회가 '불교의 다양한 종파 가운데서 가장 철저하고 정확한 예배를 강조'하고 있다고 볼 수 있다. 치유를 위한 창가학회의 정확한 예배 의식은 여느 다른 종파에서는 찾아보기 힘든 형식을 가지고 있다.

    창가학회의 치유 방법을 살펴보면 몇 가지 특이한 점들을 발견

---

148   Clark B. Offner, "Consider the New Religion" *The Japan Christian Quarterly,* 29(4), (1963): 234-37.

할 수 있는데 그 가운데 하나가 바로 치유를 위한 비밀스러운 마술적인 약을 사용한다는 점이나. 이 약은 주로 긴급한 경우에 환자들에게 투여되는데 신도들은 이 약이 기적적인 능력을 가지고 있다고 믿고 있다. 환자들을 질병으로부터 속히 회복시킬 수 있는 효험을 가졌다고 여겨지는 이 약은 죽음이 임박했다고 느껴질 정도의 긴박한 상황에서만 주로 사용된다. 그들이 질병을 치료하기 위하여 즐겨 사용하는 또 다른 방법이 있다. 쇠로 만든 통 속에 들어있는 거룩한 만다라를 지니고 끊임없이 주문을 외우는 방법이다. 그들이 쇠 통 속에 넣고 사용하는 만다라는 니치렌이 만든 만다라의 조그만 사본이다.[149]

이와 같이 창가학회는 육체적인 질병의 치유를 위한 다양한 종교적 비법들을 가지고 있다. 이러한 비법들이 다른 종교에서 사용되는 방법들과 전혀 다르게 그들만의 독특한 묘법으로 전해 내려오고 있는 것이다. 자기들만이 가지고 있다는 이러한 종교적 치유비법들을 가지고 그들의 신자들을 유혹하고 있는 것이다.

---

149 Offner, "Consider the New Religion", 228.

4. 포교이론

샤쿠부쿠(折伏) 이론

창가학회는 매우 강력한 포교 방법을 가지고 있는데 이러한 포교 방법은 샤쿠부쿠 원리에 그 기초를 두고 있다. 샤쿠부쿠 원리란 1951년에 Toda에 의하여 도입되고 전파된 포교 방법인데 이 방법이 도입된 후로 창가학회에 가입한 회원의 수가 기하급수적으로 증가하였다.[150] 샤쿠부쿠란 말은 문자적으로는 "파괴시켜 정복한다"라는 의미를 가지고 있다. 다시 말하자면 "강압적으로 설득시킨다"라는 의미를 담고 있는 것이다. 이 샤쿠부쿠 원리는 타 종교에 대한 비난과 더불어 나름대로 논리적 설득을 통하여 여타 종교들을 맹렬히 공격하는 선교 방법이다.[151] 톰슨은 샤쿠부쿠라는 전도원리를 다음과 같이 설명하고 있다.:

> 샤쿠부쿠 원리는 니치렌에 의하여 시작되었다. 창가학회와 니치렌 쇼슈가 지닌 포교원리에 이토록 타 종교에 대한 무자비한 공격성을 포함하게 된 배경에는 바로 니치렌이 있다고 할 수 있다. 니치렌은 이단종파에 속한 사람들을 죽이는 일이 살인이 아니라고 가르쳤다. 칼로 이단들을 몰아내는 것이 정부의 의무라고 주장했다. 그의

---

150 Hesselgrave, "Nichiren Shishu Saka Gakkai-The Lotus Blossoms in Modern Japan", 129-50.

151 Thomsen, *The New Religions of Japan*, 93-94.

이러한 독설은 정부나 다른 종교들과 수많은 갈등을 야기시켰 다.[152]

창가학회가 사용하고 있는 샤쿠부쿠 포교방법은 니치렌이 주장했던 것에 조금도 가감 없이 지금도 그들의 포교 방법에 그대로 적용되고 있다. 현재 그들이 사용하고 있는 포교 방법은 니치렌의 주장을 현대에 맞추어 좀 더 과학적인 언어로 표현되고 있을 뿐이다. 그들이 사용하고 있는 포교 방법의 핵심은 다른 종교들을 거부하는 것을 넘어서 타 종교가 어떻게 잘못되었는가를 적극적으로 가르치는 데 있다. 창가학회 회원들은 샤쿠부쿠가 사람들에게 자비를 베푸는 방편이라고 믿고 있을 뿐 아니라 사람들의 운명을 바꿀 수 있는 유일한 방법이라고 믿고 있다.[153]

창가학회 회원이면 누구나 가족, 친구, 이웃에게 샤쿠부쿠를 실천해야만 한다고 가르칠 뿐 아니라, 때에 따라서는 폭력을 사용해서라도 포교를 해야 한다고 가르치고 있다. 교리연구에 관심이 없는 사람들이나 포교에 특별한 열정이 있는 사람들에게 주로 포교의 기회들이 주어진다.

---

152 Thomsen, *The New Religions of Japan*, 93-94.

153 Hesselgrave, Nichiren Shishu Saka Gakkai-The Lotus Blossoms in Modern Japan", 141.

자단카이 (座談会)

창가학회가 급속도로 성장할 수 있었던 또 다른 요인이 바로 샤쿠부쿠라고 하는 소그룹 운동이라고 할 수 있을 것이다. 1956년에 이 방법이 도입된 후로 창가학회는 줄곧 이 방법을 포교의 중요한 방법으로 사용해 왔다. 창가학회의 지도자들은 자단카이(座談会)이야말로 샤쿠부쿠를 실천할 수 있는 영적 전쟁터라고 가르쳐왔다.154 헤셀그레이브(Hesselgrave)는 자단카이를 다음과 같이 묘사하고 있다.

> 모임은 주로 비형식적으로 진행되며, 노래나 간증 그리고 창가학회에서 발간된 자료들 가운데 중요하다고 여겨지는 내용들에 관한 토론으로 구성된다. 처음 참석한 사람들에게 특별한 관심을 가지는데 그 이유는 처음 방문한 사람이 자기들의 공동체에 들어올 수 있도록 설득하기 위함이다. 정기적으로 또는 중요한 시기에 본부의 지도자들이 그 모임을 방문하는 데, 그 이유는 그 소그룹이 교육을 바르게 시행하는지 또는 창가학회의 지도자들이 설정한 노선에 따라 모임이 진행되고 있는지를 살피기 위해서이다.155

---

154 Hesselgrave, "Nichiren Shishu Saka Gakkai-The Lotus Blossoms in Modern Japan", 144-46.

155 Hesselgrave, "Nichiren Shishu Saka Gakkai-The Lotus Blossoms in Modern Japan", 144-46.

일단 어느 한 그룹이 한 가정에서 모일 수 없을 만큼 커지면, 그 모임을 두 개의 소그룹으로 나누는 데 그 목적은 포교를 위한 것이나. 창가학회의 포교 방법은 주로 이러한 소그룹에 의존하고 있다. 대형 집회나 군중집회와 같은 포교 방법을 가급적 피하는 것이 그들의 선교 전략이라고 할 수 있다. 소그룹 모임을 통하여 자기 생각을 마음껏 나누기도 하고, 때론 자기 안에 숨겨왔던 것들을 고백하거나, 신도들로부터 안내를 받기도 하고, 상담을 통해 자신의 문제를 해결 받기도 한다. 창가학회는 이러한 소그룹 운동을 포교를 위한 방법으로 사용하고 있을 뿐만 아니라 신도들 상호간에 깊은 교제의 시간을 제공하고, 신도들끼리 서로 친밀감을 느낄 수 있는 따뜻한 분위기를 제공하는 장으로 사용하고 있다.

5. 창가학회의 특징

창가학회는 일본에 존재하는 여타 종교들과 달리 몇 가지 독특한 점들을 가지고 있다. 우선 창가학회는 지도자들로부터 말단의 신도들에 이르기까지 모두가 평신도라는 특징을 가지고 있다. 첫째, 구별된 사제나 전문 사역자들을 두고 있지 않은 독특한 종교이다. 두 번째로, 창가학회는 젊은이들을 주로 포섭의 대상으로 삼고 있다는 특징을 들 수 있을 것이다. 셋째로, 그들은 무슬림과 마찬가지로 성지순례를 상당히 중요한 종교 활동의 하나로 강조하고 있다는 점이다. 창가학회 신도들은 기도와 깊은 종교적 체험을 위해 성지순례를 갈망하고 있다.

평신도 운동

맥파랜드(McFarland)는 "신들의 러시아워"라는 책에서 창가학회에 대하여 언급하면서 창가학회는 종교도 아니고 어떤 종파에 속한 이단도 아니라고 했다. 그는 창가학회를 가리켜 단지 니치렌 쇼슈를 섬기는 평신도 불교 신자들의 집단이라고 불렀다.[156] 앞에서 언급한 바와 같이 창가학회는 타 종교에서 흔히 볼 수 있는 사제들이나 전문적인 전담 사역자들을 가지고 있지 않다. 창가학회에는 월급이나 사례를 받는 전담 사역자가 존재하지 않는다. 창가학회의 핵심적인 역할을 맡고 있는 사람들을 모두 평신도들인 것이다.

또 다른 특징 중 하나는 창가학회의 구성원들이 거의 대부분 일정한 부류에 속하는 사람들로 구성되어 있다는 사실이다. 구성원들의 특징을 자세히 살펴보면 그들 대부분은 사회에서 나름대로 좌절을 깊이 경험한 사람들이라는 점을 발견할 수 있다. 구성원 대부분은 자기 능력이나 달란트가 자신이 속한 사회나 공동체에서 인정받지 못했거나 사용되지 않았다고 믿고 있다. 대부분 구성원들은 주로 소기업을 경영하거나 조그만 상점을 운영하고 있는 영세민들로

---

[156] H. Neil McFarland, *The Rush Hour of Gods* (New York and London: The Macmillan Company and Collier-Macmillan Ltd., 1967), 201.

구성되어 있다. 창가학회에 몸담고 있는 지도자들 대부분이 바로 이러한 시회 계층에 속하는 사람들 중에서 소위 성공한 사람들이다.[157]

창가학회는 바로 이러한 사회계층에 속한 사람들이 자신의 능력과 소질을 마음껏 발휘할 수 있도록 다양한 기회들을 제공할 뿐 아니라, 그들이 자기 발전을 이룰 수 있도록 다양한 연구의 기회들을 제공한다. 일단 창가학회의 회원이 되면 학력과 무관하게 자신의 노력 여하에 따라 창가학회의 교수, 조교수, 강사도 될 수 있다. 교인들이 자신의 교육적 배경과 상관없이 창가학회의 교리를 가르치거나 지도할 수 있는 지위에까지 나아갈 수 있도록 다양한 기회들을 부여함으로써 그들에게 강한 성취감과 사회적 만족감을 제공하기도 한다.[158] 이렇게 사회적 신분 상승의 기회를 부여함으로써 신도들에게 창가학회를 자기성취의 장으로 여기도록 만들고 있는 것이다. 세상에서 이룰 수 없었던 사회적 성취감은 신도들에게 창가학회를 떠날 수 없도록 만드는 중요한 요소가 되는 것이다. 수많은 신도들이 책임 있는 지도자의 자리에 앉기를 원하는 이유가 바로 여기에 있는 것이다. 창가학회를 통하여 일반 사회에서는 얻을 수 없는 것들과 더불어 높은 지위를 얻을 수 있다는 사실이 신도들에게 매력적으로 보이는 것이다. 이와 같이 창가학회의 신도들이 자기성취를 통한 자기만족을 얻음으로써 창가학회 안에서 새로운

---

[157] Endo, "Sokka Gakkai, the Study of a Society for the Creation of the Value", 131-42.

[158] Endo, "Sokka Gakkai, the Study of a Society for the Creation of the Value", 131-42.

삶과 새로운 행복을 찾고 있는 것이다.

청년 중심의 포교 정책

창가학회가 사용하는 독특한 포교전략 중 하나가 바로 청년 중심의 포교전략이라고 할 수 있다. 다양한 계층의 사람들이 포교 대상이지만 특별히 청년들을 포교의 주된 대상으로 삼고 있다. 전통적으로 일본에서는 그들의 능력과 상관없이 대학 졸업자들을 선호하는 경향이 있다. 사람이 아무리 유능하고 똑똑하다 하더라도 대학을 나오지 않으면 사회에서 인정받지 못할 뿐 아니라 그 사람의 가치를 인정하지 않는 경향이 있다. 일본 사회의 이러한 경향으로 인해 수많은 젊은이들이 깊은 좌절과 혼돈 속에서 지내고 있는 것이 사실이다. 창가학회는 바로 이러한 젊은이들의 좌절과 혼돈을 포교의 기회로 삼고 있는 것이다. 창가학회를 이끌고 갈 미래의 지도자들이나 신도들을 바로 이러한 청년들 가운데서 찾으려는 노력이 포교에서 상당한 비중을 차지하고 있는 것이다.[159]

창가학회의 여러 조직 가운데서 가장 강력한 조직이 바로 청년부인데, 이 청년 모임은 여학생 부와 남학생 부로 나누어져 있다. 이러한 두 청년 조직이 바로 창가학회가 가지고 있는 '연구모임'의 전위대인 것이다. 청년들은 가정에서 모이는 소그룹의 지도자일 뿐 아니

---

159 Endo, "Sokka Gakkai, the Study of a Society for the Creation of the Value", 132.

라 다양한 연구모임들에서 지도적인 위치를 차지하고 있다. 때로는 상점에서 일하는 청년들이 창가학회의 모임에서는 상점 주인의 선생이 되기도 하고, 자기 주인의 신앙생활을 지도하기도 한다.160

이와 같이 창가학회는 청년들의 지성과 불만을 지혜롭게 이용하여 자신들의 신앙을 전파하며 유지시키고 있는 것이다. 창가학회의 지도자들은 창가학회를 통하여 청년들이 사회에서 경험하는 깊은 좌절과 눌림으로부터 해방의 기회를 제공할 뿐 아니라 청년들이 처한 현실을 극복할 수 있는 대안으로 창가학회를 제시하고 있는 것이다. 이렇게 고도로 발달된 심리적 접근을 통하여 수많은 청년들이 창가학회의 신도가 되고 창가학회의 지도자의 길을 걷고 있는 것이다.

성지순례

창가학회에서 매우 중요하게 가르치고 있는 종교적인 의무 중 하나가 바로 성지순례이다. 그들이 가르치는 매일 매일의 경배 의식과 더불어 매우 중요한 종교적 의무가 바로 도잔카이(登山会)라고 불리는 성지순례 행사이다. 창가학회 신도라면 누구든지 이러한 성지순례에 참여하기를 원하고 있다. 신도들은 다이세키지(大石寺)라는 절에 있는 만다라 앞에서 전개되는 예배에 참여하기 위하여 순례를 떠난다. 다이세키지는 니치렌 쇼슈의 총 본산지로 후지산 자락에

---

160 Endo, "Sokka Gakkai, the Study of a Society for the Creation of the Value", 132.

위치하고 있다. 성지순례의 궁극적인 목적은 "위대한 경배의 대상"인 고혼존을 경배하기 위함인데, 이 고혼존은 특별한 예배 때에만 신도들이 볼 수 있도록 허락되는 만다라이다. 평상시에는 이 만다라를 사원의 정해진 곳에 보관해 두다가 특별한 예배 때에만 신도들이 경배할 수 있도록 꺼내 놓는 것이다. 신도들은 이 위대한 만다라 앞에서 경배하며 소원을 빌 수 있는 기회를 얻게 되는 것이다.[161]

다이세키지는 종교적 경외심과 두려움을 자아내기에 충분한 위치에 자리를 잡고 있다. 창가학회의 본산인 이 절은 이 세상에 존재하는 모든 절 가운데서 가장 장엄하고 위엄 있는 절이라고 할 수 있을 만큼 그윽한 종교적인 분위기를 지니고 있다. 후지산 자락에 자리 잡은 이 절의 매력은 역시 이 절이 보관하고 있는 고혼존이라고 할 수 있는데 이 고혼존은 모든 신도들에게 구원을 베풀고, 그들의 소원을 성취시켜주는 신비한 능력을 지닌 창가학회의 종교적 상징인 것이다. 이 절은 고혼존 외에도 니치렌이 남긴 많은 유물들과 창가학회의 창시자인 토다 조세이의 무덤이 있는 곳이다.[162]

창가학회의 지도자들은 창가학회에 속한 신도들이 이 절로 순례를 떠날 것을 종용하고 있다. 실제로 대부분 창가학회 신도들이 이 절에 가서 자기의 소원을 빌며, 종교적인 황홀경을 체험하고 싶어 하는 것이 사실이다. 이 절을 방문함으로써 신도들의 소원이 이루어지고, 그들이 경험한 종교적 체험이 그들의 신앙을 한층 깊어

161　Brannen, *Soka Gakkai: Japan's Militant Buddhists*, 160.
162　Thomsen, *The New Religions of Japan*, 209.

지게 하는 역할을 하고 있는 것이다. 이러한 성지순례는 신도들에게 다양한 종교적인 목적을 달성할 수 있는 기회를 제공해 주는 것 외에도 일본인들에게 있어서 생명과 같은 소속감과 일체감을 느끼게 해주는 역할을 하는 것이다. 이와 같이 창가학회의 성지순례는 창가학회의 신도들에게 다양한 영적, 정신적, 육체적 유익을 제공하는 매우 중요한 종교의식인 것이다.

6. 창가학회의 세계관

창가학회의 세계관은 물활론적인 정령숭배(animistic) 사상과 무교적인 요소들로 이루어졌다고 할 수 있을 것이다. 그들은 영적인 능력을 통제하거나 조정하기 위해 다양한 종교적 의식들을 사용할 뿐 아니라 자기들의 영적, 육체적 문제들을 해결하기 위하여 종교적 마술이나 다양한 상징들을 사용하고 있다.

물활론적 세계관

1) 중간 지대

창가학회가 지닌 다양한 세계관 가운데 하나가 바로 물활론적인 세

세관이라고 할 수 있나. 그들은 보이지 않는 어떤 영적인 실체들과 그들이 지닌 영적인 능력들을 통제하기 위하여 다양한 언어, 부적, 주문, 상징, 의식들을 동원한다. 창가학회가 가지고 있는 주된 관심은 다가올 미래에 대한 막연한 불안과 자기들이 경험하며 살아가는 다양한 현실적 위기들을 어떻게 극복할 수 있을 것인지에 있다고 볼 수 있다.

히버트(Paul Hiebert)는 다양한 사람들이 지니고 살아가는 믿음의 체계를 분석하며 "중간 지대"라는 새로운 이론을 발전시켰다. 이 이론은 다양한 신앙체계들에 대한 분석적 모델이라고 할 수 있다. 히버트의 이론에 따르자면 이 "중간 지대"는 많은 인류학자들이나 종교학자들이 물활론적 신앙 또는 관습이라고 부르는 것들과 연관이 있다. 과학적이고 합리적인 사고 체계 속에서 살아가는 서구인들이나, 고도로 발달된 철학적 종교들을 믿고 살아가는 서구의 신앙인들에게는 다소 생소하고 이해하기 힘든 개념일 수 있지만, 대부분 전통적인 토속 종교들이 가지고 있는 종교적인 관심은 주로 이 "중간 레벨"에 관한 것들이다. 전통적이고 토속적인 신앙체계를 믿고 따르는 사람들의 주된 관심은 그들의 일상적인 삶 속에서 다가오는 실존적인 문제들을 어떻게 해결하고 극복할 것인가에 있는 것이다.[163]

그들의 세계관 속에 이러한 "중간 지대"를 인정하며 살아가는 사람들의 주된 관심은 '실존적 실체들'에 있다. 그들에게 있어서 실

---

[163] Paul G. Hiebert, *The Power of God: A Biblical Response to Folk Religions* (unpublished, 1988).

존적 실체들이란 다름 아닌 죽음, 질병, 고난, 번영, 전쟁, 성공, 형통함과 같은 것들이라고 할 수 있다. 토속적이고 민속적인 신앙에 의지하여 살아가는 사람들은 그들의 현실적인 문제들을 해결해 나가는 데 있어서 복잡하고 철학적인 분석이나 고도로 발달된 철학적인 종교들을 의지하기보다 그저 단순하고 토속적인 방법들을 의지하기를 원한다. 따라서 그들은 귀신, 마술, 예언, 부적, 조상신, 암송 등과 같은 것들을 동원하여 자신의 현실적인 문제들을 극복하려고 하는 것이다.

창가학회의 신앙체계와 종교적인 관습들이 바로 이러한 특징들을 갖고 있다. 그들의 관심이 다분히 현실적이고 물질적이기 때문에, 그들의 신앙적 체계가 히버트가 지적하고 있는 것처럼 바로 이 "중간 지대"에 속한다고 보아도 무방할 것이다. 그들이 원하는 것은 이 땅에서 건강을 누리며 사는 것과 더불어 성공과 부요함, 나아가 행복을 누리는 것이다. 창가학회의 신도들은 신의 목적을 이루기 위하여 자기들이 사용되고 동원되는 것을 거부하고 도리어 자신의 목적과 유익을 달성하기 위하여 신성을 이용하는 것이다.

2) 물활론(정령론)적 관습들

창가학회가 시행하고 있는 다양한 종교적인 의식들은 다분히 물활론적인 요소들을 지닌 것을 볼 수 있다. 영적인 능력을 조정하고 조작하기 위하여 그들은 다양한 종교적 의식들을 시행한다. 신적인 능력을 통제하기 위하여 그들이 사용하고 있는 대표적인 방법들이 바로 고혼존, 다이모쿠, 그리고 다양한 부적들과 같은 것들이다. 앞에서 이미 언급한 바와 같이 창가학회의 신도들은 창가학회만 가지고 있는 매우 독특한 상징인 고혼존이 모든 것을 조정하고 통제할 수 있는 신비한 능력을 지니고 있다고 믿고 있다. 창가학회의 신도들은 고혼존의 보호 아래서 자기들이 안전하다고 믿고 있으며, 성공과 행복을 누릴 수 있는 능력을 부여받는다고 믿고 있다.

창가학회 신도들은 다이모쿠(題目)를 통하여 자기들이 세상을 통제할 수 있다고 믿는다. 다이모쿠는 언어를 사용하여 이 세상을 통제하는 방법들 가운데 하나이다. 이것 또한 종교적인 상징들이 가지고 있는 능력과 밀접히 연관되어 있다. 신도들이 고혼존 앞에서 다이모쿠를 암송함으로 신비한 능력을 공급받을 수 있다고 믿고 있다. 다이모쿠를 정확히 반복적으로 암송함으로 신도들이 원하는 소원들을 성취할 수 있다고 가르친다. 이러한 물활론적 정령신앙을 가지고 있는 창가학회의 신도들은 소리 내어 정해진 문구를 정확하게 반복하는 것이 능력을 제공할 뿐 아니라 영적인 능력을 조정할 수 있다고 믿고 있다. 따라서 몇몇 능력 있는 말들은 매우 조심스럽게 다루게 되어 있다.[164]

---

[164] Philip M. Steyne, Gods of Power: A Study of the Beliefs and Practices of Animists (Columbia, South Carolina: Impact International Foundation, 1996), 100-05.

무속적인 요소들

창가학회의 신앙체계는 매우 무속적인 요소들을 가지고 있다고 할 수 있다. 그들의 신앙체계 안에는 다양한 원시적 무속종교의 모습들이 담겨있다. 일례로 그들은 창가학회의 창시자인 도다 조세이가 무당의 다양한 능력들을 지니고 있었다고 믿고 있다. 도다가 환자들에게 손을 얹으면 그들의 병환이 사라지고 곧 건강을 회복할 수 있었다고 한다. 도다 자신은 자기가 스스로 죽음의 신비를 해결했기 때문에 이러한 능력이 자기에게 주어진 것이라고 주장했다. 창가학회의 몇몇 사제들과 신실한 신자들은 자기들이 지닌 "성육신의 마술"을 사용하여 죽은 시체를 "솜처럼 부드럽고 가볍게" 만들 수 있다고 주장한다.[165]

창가학회 신도들은 다이세키지에 있는 조그만 우물의 물이 치유의 능력을 지니고 있다고 믿고 있다. 신도들이 그 물을 환부나 상처에 바르거나 마시면 신비한 능력이 나타나 병환을 고칠 수 있다고 가르친다. 다이세키지로 종교적인 순례를 떠났던 수많은 신도들은 자신의 육체적인 질병을 고치기 위해 이 우물물로 채워진 약병을 들고 집으로 돌아온다.[166]

고혼존 앞에서 머리를 숙이고 다이모쿠를 계속해서 암송하는 단순한 행위가 치유와 성공과 그들이 원하는 것은 무엇이든지 가져

---

165 Brannen, *Soka Gakkai: Japan's Militant Buddhists*, 34-35.
166 Brannen, *Soka Gakkai: Japan's Militant Buddhists*, 34-35.

다 줄 수 있다고 믿는 믿음이야말로 그들의 신앙이 얼마나 무속적이고 원시적인가를 보여주고 있는 것이다. 창가학회가 가지고 있는 이러한 요소들이야말로 창가학회의 근본적인 성격이 얼마나 철저하게 무속적인가 하는 점을 분명히 드러내고 있는 것이다. 창가학회의 이러한 종교적인 특징을 살펴보면서 무속신앙이 일본인들의 종교적인 삶 속에 얼마나 뿌리 깊게 자라잡고 있는가를 추적해 볼 수 있는 것이다.

7. 선교적 함의

이상에서 살펴본 바와 같이 창가학회는 다양한 종교의식과 체계들을 가지고 있는 것을 알 수 있다. 그들의 종교적 특징을 상세히 살펴본 이유는 그들의 신앙체계를 정확히 이해하고 나아가 그들에게 더 효과적으로 접근하기 위함이다. 그들이 가지고 있는 신앙적 관심과 포교의 원리들은 기독교 선교를 수행함에 있어 필요한 다양한 통찰력을 제공해주고 있는 것이다.

정령론적 세계관으로부터 성경적 세계관으로

일본 교회의 지도자들이나 일본에서 사역하는 선교사들은 일본인들이 자신의 세계관을 바꿀 수 있도록 도와 주어야 한다. 창가학회의 신도들뿐만 아니라 대부분 일본인들의 세계관이 정령론적임을 고려해 볼 때 일본인들을 대상으로 선교 사역을 하는 사람들은 반드시 그들의 세계관 변화에 큰 관심을 가져야 할 것이다. 창가학회가 지닌 정령론적 세계관은 모든 세계가 하나님의 권위 아래 존재하는 것이 아니라 영적인 능력의 지배하에 존재하고 있다고 믿고 있다. 정령론적 세계관 속에서 사는 사람들은 자신의 삶을 의미 있게 만들고 나아가 자신의 이기적인 욕망을 성취하기 위하여 영적인 세계를 지배할 수 있는 능력을 소유하기를 원한다.[167]

하지만 성경적인 세계관은 유일하신 하나님께서 이 세상을 지배하고 계시며 하나님 외의 어떤 영들도 인간들의 삶에 영향을 줄 수 없다고 주장한다. 그러므로 성경적인 세계관은 종교를 단순히 물질적이고 육체적인 것들과 같은 수준으로 이해하려는 극단적인 물질주의와 이 세상의 모든 존재를 영적 존재의 지배하에 놓으려는 극단적인 영적 환원주의 사이에서 균형을 잃지 말아야 할 것이다.[168]

현지인들의 세계관을 변화시키는 주체로서, 선교사들은 기독교적인 세계관이 반드시 현지인의 문화 속에 깊은 곳에 자리 잡은 그들의 세계관을 정복하여 변화시킬 때까지 지속적인 노력을 기울여야 할 것이다. 현지인들을 오래도록 지배해 온 세계관이 사라지고

---

167   Steyne, *Gods of Power: A Study of the Beliefs and Practices of Animists*, 205-07.

168   Steyne, *Gods of Power: A Study of the Beliefs and Practices of Animists*, 205-07.

새로운 세계관이 그들의 마음속에 자리 잡을 수 있도록 현지 종교와 문화 속에 깊이 성육신 되어야 할 것이다. 세계관의 변화는 서서히 진행된다는 사실과 자칫 잘못하면 혼합주의에 빠질 수 있다는 사실을 염두에 두고 인내와 지속적인 점검을 통하여 변화를 유도해야 할 것이다.

기독교 선교를 위한 접촉점

앞에서 살펴본 바와 같이 창가학회는 물활론적인 정령숭배 사상을 기초로 하고 있음을 알 수 있다. 창가학회가 지닌 정령 숭배 사상은 분명히 비기독교적임에 틀림 없지만, 그들의 영적 실체에 대한 열린 자세는 기독교 선교를 수행함에 있어서 때론 상당히 긍정적인 요소로 작용하기도 한다. 영적 실체들에 대한 관심과 인정은 창가학회와 기독교 사이에 다리 역할을 할 수 있을 것이다. 영적 존재를 믿을 뿐 아니라 그 영적 실체들이 이 세상에 내재해 있음을 인정하는 그들의 신앙이 기독교와의 접촉점으로 사용될 수도 있을 것이다. 창가학회가 비록 극단적인 정령론을 가지고 있긴 하지만, 영적 세계에 대한 그들의 믿음이 하나님의 초월성과 내재성을 이해하는 데 도움을 제공하는 다리 역할을 할 수 있을 것이다.[169]

우리 안에 살아 역사하시는 존재, 우리의 삶을 인도하시고 보호

---

169 Steyne, *Gods of Power: A Study of the Beliefs and Practices of Animists*, 207-08.

하시는 존재, 우리에게 확신을 주시는 존재로서의 성령의 폭 넓은 사역을 제시함으로 창가학회 신도들에게 기독교 복음을 전할 수 있을 것이다. 성령의 내재성과 초월성을 강조함으로 그들이 가지고 있는 신 개념과 어느 정도의 접촉점을 만들 수 있을 것이다. 성령의 내재성과 초월성이야말로 창가학회의 신앙체계와의 접촉점이 될 수 있는 매우 효과적인 신학적 요소라고 할 수 있다. 단지 그들이 믿고 있는 악한 영들과 신들이 어떤 존재이며, 그들의 그러한 믿음이 얼마나 잘못 되었는지 성경적 가르침을 통하여 교정시킬 수 있을 것이다. 성경을 통하여 그들이 섬기고 있는 악한 영들의 실체와 그 영들의 허구성을 지적함으로 영적 실체들에 대한 바른 시각을 갖도록 도울 수 있을 것이다.

전도 방법

창가학회를 급속도로 성장케 한 여러 요인들을 분석해 봄으로 일본인들에게 어떤 방법으로 복음을 전하는 것이 효과적일 수 있는가를 짐작할 수 있을 것이다. 앞에서 살펴본 다양한 성장 요인들을 분석함으로 기독교 선교를 위한 통찰력을 얻을 수 있다. 일본인들이 요구하는 다양한 필요들을 채우는 것, 복잡하고 철학적인 교리 대신 단순하고 간결한 종교적 교리, 소그룹 중심의 친밀하고 가정적인 분위기, 일본인들에게 생명과 같은 소속감과 일체감을 제공하는 종교적 의식, 사제와 전문 사역자가 아닌 평신도 중심의 선교전략, 상실감과 절망 속에 살아가는 청년들에 대한 관심과 포교 등과 같은 다양한 성장 요인들을 분석함으로 기독교 선교의 전략과 방법을 발전시킬 수 있을 것이다.

1) 일본인들의 필요를 통한 접근

창가학회가 급속도로 성장할 수 있었던 여러 가지 요인들 가운데 하나는 창가학회가 일반 대중이 필요로 하는 것들에 대해 깊은 관심을 가졌기 때문이라고 할 수 있다. 여느 다른 나라의 국민들과 마찬가지로 대부분 일본인들은 안정과 행복을 추구하며 살아가고 있다. 그들은 죄나 죽음으로부터의 구원에 대한 관심보다 고통과 불행으로부터의 구원에 더 큰 관심을 가지고 살아간다. 죄보다 수치를 더 두려워하고, 죽음을 미화시키는 일본인들의 관심은 당연히 저 세상보다 이 세상에 있을 수밖에 없다.

창가학회는 소속감, 삶의 의미, 안정, 치유, 자기 발전, 복 등과 같은 일본인들의 필요를 채움으로써 일본인들에게 상당한 관심과 호응을 얻어왔다. 일본에서의 기독교 선교를 위해서는 창가학회가 했던 것처럼 그들의 필요에 관심을 가질 필요가 있고 나아가 그들의 필요를 채워주는 것이 필요하다고 할 수 있다. 그들이 자신의 진정한 필요를 깨달을 때까지 잠정적으로 그들의 필요를 채워주는 것이 선교의 접촉점으로 매우 중요한 역할을 할 수 있다. 기독교가 인간의 진정한 필요뿐만 아니라, 현실 세계를 살아가면서 필요한 모든 것을 채우고 해결할 수 있는 종교라는 사실을 소개할 필요가 있다. 인간들이 필요로 하는 모든 것을 제공할 수 있을 뿐 아니라, 인간의 내부에 존재하는 종교적인 본능, 연약성, 불안, 염려 등과 같은 것들에 대해서도 분명한 답을 제공할 수 있다는 사실을 전해줄 필요가 있다.

기독교의 하나님이 보호의 하나님이요, 축복의 하나님이요, 영육을 치유하시는 전능하신 하나님이라는 사실을 가르칠 필요가 있다. 인류의 죄를 사하기 위해 돌아가신 예수님께서는 잠자고 있는 분이 아니라 지금도 살아서 우리의 모든 삶 속에 구체적으로 역사하시는 분임을 전해야 한다. 그러므로 선교사들은 어떤 계획이나 프로그램이 아니라 우리 삶의 전 영역에서 살아 역사하시는 예수 그리스도를 전해야만 한다. 창가학회 신도들이나 평범한 일본인들에게 복음을 전하려는 자들은 기독교가 죄와 죽음으로부터의 해방을 제공할 수 있는 종교라는 사실과 함께, 인간들이 이 세상에서 체험하며 살아가는 다양한 문제들 - 미래에 대한 불안, 질병의 고통, 실패와 좌절, 가난 등 - 로부터도 구원과 해방을 제공할 수 있는 종교임을 가르쳐야 한다.

2) 교리의 단순성

창가학회의 성장에 미친 여러 요인들 가운데 한 가지 중요한 요소가 바로 창가학회 교리의 단순성에 있었다고 할 수 있다. 일본인들은 대부분 비서구 문화권에 살고 있는 사람들과 마찬가지로 분석적이고, 철학적이고, 복잡한 이론이나 교리보다 단순하고 직관적인 교리나 이론을 더 좋아하는 경향이 있다. 그들은 서구의 철학화 된 종교이론이나 이데올로기보다 단순하고 명료한 교리를 선호한다. 창가학회의 성장 이면에는 바로 이와 같은 일본인들의 성향에 맞는 가르침과 교리가 자리 잡고 있는 것이다.

창가학회의 단순한 가르침이야말로 창가학회의 성장에 매우 긍정적인 요인으로 작용했을 것이다. 창가학회의 교리가 상당히 단순하고 간단하기 때문에 하층민들도 그들의 교리나 종교적 가르침을 이해하는 데 있어서 큰 부담을 가질 필요가 없었다. 교리뿐만 아니라 교리를 가르치거나 표현하는 방법도 매우 간결하고 평이하다는 점이 평민들로 하여금 창가학회를 쉽게 이해하고 따르는데 일조했던 것이다. 창가학회의 포교 방법은 단순한 교리를 앞세워 평민과 서민 계층의 문화 속으로 다가감으로 커다란 성공을 이룰 수 있었다고 할 수 있다. 일본의 평민들에게 다가가기 위하여 그들은 덜 철학적이고, 덜 신학적인 교리들을 동원한 것이다.[170] 반면에 기독교는 일본의 평민들과 서민들에게 파고드는 데 있어서 상당한 어려움을 겪고 있는데, 그 이유 중 하나가 바로 일본 교회의 지나치게 철학적이고, 신학적이고, 교리적인 가르침 때문이라고 할 수 있다. 일본 교회를 섬기고 있는 목사님들이 강단에서 선포하며 가르치는 메시지의 내용이 너무 철학적이고 교리적이기 때문에, 평범한 사람이나 서민들이 이해하고 소화시키기에는 너무 어렵고 벅차다고 할 수 있다. 지나치게 복잡하고 철학적인 교리는 일본의 서민들에게 다가

---

[170] Offner, "Consider the New Religion", 234-37.

가는 데 장벽으로 작용할 수 있는 것이다.

　기독교 선교를 수행함에 있어서도 이러한 점은 반드시 고려되어야 할 것이다. 기독교가 분명한 교리와 신학을 전해야 한다는 점은 누구도 부인하거나 거부할 수 없는 점이지만, 교리나 신학을 지나치게 철학화 한다든지 관념적으로 만드는 일을 피해야 할 것이다. 기독교 교리를 지나치게 교조주의화 한다든지 복잡한 철학 이론으로 전환 시키면 일본의 서민들은 기독교를 이해하는 데 있어서 상당한 부담과 거리감을 가질 수 있게 될 것이다. 예수 그리스도가 일반 대중과 서민들을 대상으로 가르치셨던 방법을 참고해 보면 우리가 어떻게 그들에게 다가가야 할 것인가를 발견할 수 있을 것이다. 예수님은 다양한 비유와 은유들을 동원하여 당시의 서민들에게 기독교의 진리를 가르치셨다. 비유를 통한 예수님의 가르침은 늘 단순하고 이해하기 쉽게 서민들에게 전달되었다. 이와 같이 일본인들에게 복음을 전하려는 자들은 기독교 메시지를 전달하는 데 있어서 일본의 문화와 상황에 맞추어서 평이하고 쉬운 방법으로 복음을 전할 수 있도록 해야 할 것이다.

　서구의 전통에서 찾아 볼 수 있는 인식론적이고 지적인 접근을 통해서 진리의 발견하고, 그러한 방법으로 진리를 제시하려는 시도는 일본에서 커다란 효과를 기대하기 힘들 것이다. 이러한 방법이 전혀 효과를 발휘할 수 없다고는 말할 수 없지만, 이러한 접근방법은 상당히 오랜 시간과 인내를 필요로 할 뿐 아니라 큰 효과와 열매를 기대하기 힘들 것이다. 진리는 인식론적이고 지성적인 영역에서만 발견될 수 있다는 서구적 신념은 새로운 문화 속에서는 다르게 재평가되어야 할 것이다. 일본에서 살아가는 수많은 평범한 시민들과 서로 연관되고, 더 효과적인 선교를 위해서는 이러한 서구적 접근을 피하고 조금 더 그들의 문화에 어울리고 그들이 쉽게 접근할 수 있는 선교 방법을 고안해야 할 것이다. 기독교 진리를 왜곡시키거나 빠뜨리지 아니하면서도, 그 진리를 더 단순하고 이해하기 쉬운 교리체계로 만들어서 일본인들에게 다가가는 것이 더 효과적인 선교 방법이 될 수 있을 것이다.

3) 소그룹을 통한 선교

창가학회가 사용하고 있는 다양한 포교전략 가운데 매우 중요한 전략이 바로 소그룹 모임이라고 할 수 있는데, 그들은 이 소그룹을 통하여 상당히 효과적인 전도의 열매를 맺고 있다. 창가학회 조직에 있어서 매우 중요한 요소인 이 소그룹 운동은 신도들의 진지한 교제와 교육을 위한 장으로 사용되고 있다. 이 소그룹에서는 비교적 자유로운 분위기에서 상호간에 깊은 교제를 나눌 수 있는 장점이 있다. 소그룹 모임은 새로운 방문자들도 쉽고 편안하게 교제권 안으로 들어올 수 있는 분위기를 만들어서 금방 친근하게 지낼 수 있도록 도와주는 역할을 한다.

이 소그룹들은 수직적 관계의 가족 단위인데, 이 모델은 일본의 오래된 가족 시스템을 그대로 가져온 것이다. 이 조직이야말로 일본인들의 정신이나 삶의 방식에 딱 맞는 방식이다. 일본인들이 전통적으로 지니고 살아 온 무라(村) 정신은 이러한 소그룹 방식을 선호하게 만들 뿐만 아니라 이러한 방식에 쉽게 적응하고 편안함을 느낄 수 있도록 해주는 정서적 요인이 된다.[171]

일본의 사회구조 속에서는 일반인들이 자신의 속마음을 쉽게 드러내거나 표출하는 것이 거의 불가능할 뿐 아니라 그렇게 하는 것을 매우 두려워한다. 대부분 일본인들은 혼내(本心)와 겉으로 드러낸 제스처, 즉 다테마에(建前) 사이에 존재하는 상당한 괴리를 매우 자연스럽게 인정하며 살고 있다. 특별히 친근한 관계가 아니라면 절대로 자기의 속마음을 드러내지 않는 것이 일반적인 대인관계에 있어서 매우 자연스러운 일이다. 군중이나 대중적인 분위기에서는 절대로 자신의 속마음을 열지 않는 것이 일본인들의 습성이라는 사실을 염두에 두고 선교 전략을 수립해야 한다.

이러한 일본인들의 정신세계를 이해하게 되면 그들에게 가장 효과적으로 접근할 수 있는 방법이 바로 소그룹 모임이라는 사실을 쉽게 깨달을 수 있을 것이다. 기독교 선교를 위해 이러한 소그룹 운동을 사용함으로써 친근함을 통해 그들에게 쉽게 접근할 수 있을 뿐 아니라 깊이 있는 대화를 나눌 수 있는 기회들을 얻을 수 있을 것이다. 이 소그룹 모임은 신도들을 훈련시키고, 새로운 신자들을 얻는데 매우 유용한 도구로 사용될 수 있을 것이다. 따라서 일본 선

---

171 Mura(村) 정신이란 일본인들의 정신세계를 가장 보편적으로 지칭하는 말로서, 옛 일본의 시골에서 형성된 정신이라고 할 수 있다. 농경 사회에서 가장 중요한 것이 공동체 정신인데, 이러한 철저한 공동체 정신이 오랜 역사 속에서 일본 사회의 근간을 이루는 정신문화로 자라 잡게 된다. 이러한 Mura 정신은 지금도 살아 일본인들의 정신세계를 지배하고 있을 뿐 아니라, 일본인들로 하여금 강한 유대감과 일체감을 추구하게 만드는 정신적 원천으로 작용하고 있다.

교를 원하는 사람은 전통적인 일본문화를 잘 연구하여 그 사회에 걸맞는 선교 전략을 수립해야 할 것이다.

전통적으로 일본교회는 성도들이 자기 생각과 마음을 마음껏 표현하고 표출하는 것을 엄격히 통제해 왔던 것이 사실이다. 교회 안의 이러한 분위기와 맞물려 일본교회 안에는 소그룹 모임이 사실상 존재하지 않았다. 이러한 소그룹 모임을 거의 가지고 있지 않은 일본교회는 자기 성도들에게 깊은 교제와 자기표현의 기회를 전혀 줄 수 없었던 것이 사실이다. 만일 선교사가 교회 안에서 그들에게 동정적인 관심을 갖고, 그들로 하여금 자기 생각을 자유롭게 표현할 수 있는 기회들을 제공한다면 그 교회는 상당한 호응을 얻을 수 있을 것이다. 소그룹을 통한 이러한 선교전략이 교회가 성장하는 데 상당한 영향을 끼칠 수 있을 것이다. 소그룹 안에서 주어지는 창의적인 자기표현의 기회나, 진지하고 따뜻한 성도들 간의 교제가 교회의 프로그램으로 강조되고 실천될 수 있다면 일본교회는 분명히 달라질 수 있을 것이다. 소속감과 일체감을 생명처럼 여기는 일본인들에게 이 소그룹 원리야말로 매우 효과적인 선교 모델이 될 수 있을 것이다. 창가학회가 사역 원리로 사용하고 있는 소그룹 모임은 장래에 일본교회의 성장 원리로도 사용될 수 있을 것이다.

4) 청년 중심의 선교 전략

창가학회가 소외된 청년들에게 가지고 있는 관심과 그들을 향한 선교 전략을 참고한다면, 일본에서의 선교 사역에 큰 도움을 줄 수 있는 지혜와 통찰력을 얻을 수 있을 것이다. 앞에서 살펴보았듯이 일본의 수많은 젊은이들이 좌절과 고통 속에서 지내고 있는 것이 사실이다. 특별히 명문대학에 입학해야만 한다는 정신적인 압박감, 그 꿈을 이루지 못한데서 오는 좌절감, 실력과 상관없이 낙오자의 대열에 서야하는 허탈감 등과 같은 상한 감정에 눌려 살고 있는 청년들에 대한 관심이야말로 일본 선교에서 빼놓을 수 없는 선교의 주제일 것이다.

창가학회가 이러한 젊은이들에게 소망과 격려와 자기 발전의 기회를 제공함으로써 포교에 성공한 것처럼, 우리도 이러한 방법을 선교에 적용할 수 있을 것이다. 미래의 일본교회를 이끌어갈 청년들을 격려하고 훈련시키는 사역이야말로 선교 사역의 핵심적인 사역이라고 할 수 있을 것이다. 각 교회가 청년들을 위한 다양한 프로그램을 만들고, 그들에게 열린 분위기를 만드는 일에 관심을 가져야 할 것이다. 나아가 청년들이 자기 발전과 자아 실현을 이룩할 수 있도록 격려하고 돕는 프로그램도 동시에 개발해야 할 것이다.

5) 평신도 훈련

창가학회는 사제와 평신도 사이에 엄격한 구별이 없다. 그들은 평신도의 역할에 대해 커다란 관심과 기대를 갖고 있다. 평신도 역할을 강조할 뿐 아니라 전도에 대한 철저한 임무를 부여하기도 한다. 창가학회의 독특한 특징 가운데 하나가 바로 적극적이고 철저한 전도 사역이다. 보편적인 일본문화에 어울리지 않는, 매우 공격적이고 강압적인 전도 방법을 권면하면서 평신도들에게 적극적인 포교 활동을 권장하고 있다. 자신이 믿고 있는 신앙을 전하려는 열정, 종교적인 행사나 활동에 적극적으로 참여하려는 열정, 다른 사람들을 설득하려는 포교 열정 등은 분명히 창가학회가 급속도로 성장할 수 있었던 중요한 요인들일 것이다.[172]

기독교 선교를 책임지고 있는 사람들이 부러워할 만큼 열정적인 평신도들의 포교 활동이야말로 우리의 선교 사역에 많은 도전과 통찰력을 제공해 준다. 기독교 선교 사역자나 지도자들은 전도와 선교 사역에 더 많은 평신도들을 훈련시켜 동원해야 할 것이다. 일본의 많은 평신도들이 생각하고 있는 것처럼 전도가 전임 목회자들의 몫이라는 진부한 생각을 바로 잡아주어야 한다. 창가학회의 성장 이면에는 적극적인 평신도 활동과 역할이 있었다는 사실을 염두에 두고, 평신도들이 지도력을 갖고 책임 있는 위치에서 교회사역과 선교 사역에 적극적으로 참여할 수 있도록 지도와 격려를 지속적으로 해야 할 것이다.

---

[172] Offner, "Consider the New Religion", 279.

결론

이미 살펴본 바와 같이 창가학회가 단시간 내에 급격한 성장을 이룬 데에는 다양한 요인들이 숨겨져 있다. 우리가 비록 그들의 비성경적이고, 비기독교적인 교리나 종교적 가르침을 본받을 수는 없지만, 그들이 지금까지 사용해 온 다양하고 효과적인 포교 방법을 보면서 어떠한 방법과 전략으로 말미암아 일본 문화 속에서 창가학회가 그토록 급속한 성장을 이룩할 수 있었는지를 살펴서, 이러한 방법과 전략을 기독교 선교를 위해 적극적으로 사용할 수 있을 것이다. 창가학회의 종교적인 관습들, 믿음의 동기, 포교의 방법론 등과 같은 것이 여러 가지 모순과 결점을 지닌 것이 사실이지만 이러한 것들을 주의 깊게 살펴봄으로 다양한 지혜와 통찰력을 얻을 수 있을 것이다.

창가학회의 두드러진 장점 가운데 하나가 바로 그들이 가진 신앙과 포교 방법이 현지 문화와 동떨어져 있지 않고 현지 문화와 상관성을 가지고 있다는 점이라고 할 수 있을 것이다. 그들은 일본이라는 독특한 상황에 맞추어 나름대로 교리와 방법들을 개발해 왔다. 그들의 이러한 부단한 노력은 일본 선교를 하고 있는 선교사들이나 일본 교회들에게 큰 도전이 되고 있다. 선교사들과 일본교회들이 자신이 하고 있는 사역을 정밀히 분석하여 과연 그러한 사역의 내용과 방법이 현지 문화와 어떠한 상관성을 가지고 있는가를 아는 것은 매우 중요한 일이다.

지금까지 창가학회를 통해 우리가 어떻게 일본인들에게 복음을 효과적으로 전할 수 있는가를 살펴보았다. 그들의 성장 뒤에 숨어 있는 다양한 요인들은 우리가 일본 선교를 수행해 가는 데 필요한 여러 가지 통찰력을 제공해 주었다. 우리가 얻은 통찰들을 요약하면 다음과 같다. 1) 일본인들이 지닌 세계관과 기독교적 세계관 사이에 존재하는 다리를 지혜롭게 이용하여 그들에게 복음을 효과적으로 전할 수 있을 것이다. 2) 기독교 복음을 변절시키거나, 타협하지 않고 현지인들의 필요들을 채울 수 있는 메시지를 전해야 한다. 3) 복잡하고 정교하게 다듬어진 철학적인 교리나 신학적 접근보다 단순하고 간결하게 기독교 복음의 핵심을 제시하는 것이 중요하다. 4) 일본인이 매우 중요하게 여기는 소속감이나 일체감을 제공할 수 있는 종교의식이나 행사들을 제공하는 것이 전도에 효과적일 수 있다. 5) 소그룹 모임을 만들어서 친밀한 교제나 자기표현과 더불어 자신의 속마음을 드러내고 치유받을 기회를 제공해 주어야 한다. 6) 선교 사역이 목사나 전문 사역자들만의 사역이 되지 아니하고 교회에 속한 모든 평신도들의 사역이 되도록 평신도들을 훈련시키고 가르치는 것이 중요하다. 7) 상실감과 좌절 속에 살아가는 청년들에게 관심을 갖고 그들에게 자기 발전과 성취감을 얻을 수 있는 다양한 기회들을 제공해야 한다.

    선교사들과 일본 교회의 지도자들은 창가학회가 사용하고 있는 포교 방법을 염두에 두고, 자신이 지금까지 사용해 왔던 전도와 선교의 방법을 다시 한번 상세히 재조명해 보아야 할 것이다. 우리가 무비판적으로 창가학회의 포교 방법을 복사하자는 것이 아니라, 그들이 발전시켜 온 포교 방법으로부터 필요한 통찰들을 배울 필요가 있다는 것이다. 일본인들의 정신세계를 누구보다 잘 알고 있는 창가학회의 지도자들이 고안해 놓은 교리와 방법들을 살펴서, 일본 문화로부터 동떨어진 사고와 접근방법이 아닌 일본 문화와 상관성이 있는 선교 방법을 발전시켜 나가야 할 것이다. 성경을 상고하면서 우리의 선교 방법과 전략이 어느 곳에서 잘못되었는지 살피고 그 잘못된 것들을 지속적으로 고쳐나가야 할 것이다.

2부

일본 기독교 선교
역사 연구

I. 일본의 초기 기독교 선교 역사

서론

어느 누구도 일본의 기독교 선교 역사를 일반화할 수 없을 만큼 일본의 기독교 선교 역사는 매우 독특한 특성을 지니고 있다. 일본인들은 세계 역사상 매우 드물게 자기 문화의 정체성과 종교적인 특성을 잃지 않으면서도 현대화와 산업화를 성공적으로 이루어낸 매우 독특한 민족이다. 일본의 기독교 선교 역사 역시 그들만의 독특한 면모들을 지니고 있다. 예를 들자면 아시아나 아프리카의 여느 다른 선교지역에서는 복음이 주로 시골이나 빈민들을 중심으로 뿌리를 내렸던 것과는 달리 일본에서는 주로 도시와 도시에 사는 사람들, 특별히 중산층을 중심으로 복음이 뿌리를 내렸고, 급격한 성장을 이루었다. 일본에서 기독교가 일반인들 사이에서 보편적으로 받아들여지고 뿌리를 내린 것은 비교적 근래의 현상이다. 일본 선교 역사의 또 다른 특징은 장기간에 걸친 혹독한 핍박으로 인해 기독교가 거의 200년 동안 사라졌었다는 점이다. 한 국가에 기독교 전래 후에 타 종교나 외부의 요인 없이 기독교가 그 국가에서 거의 사라진 경우는 매우 드물다. 또한 일본에 개신교가 전파된 후, 교회의 지도력이 타 국가 사례에 비해 매우 빠르게 선교사들의 손에서 일본 현지 지도자들에게 넘어간 점도 매우 흥미있는 사례라고 할 수 있다.

일본 기독교 역사를 연구해 온 대부분 학자들은 이구동성으로 이러한 일본 기독교 선교 역사의 특이하고 독특한 현상들을 자주 언급한다. 그들이 관심을 가지고 자주 언급하는 부분은 주로 초기 선교 역사에 나타났던 유례없는 급속한 부흥, 지속적이면서도 혹독한 핍박의 역사, 핍박으로 말미암은 기독교의 몰락과 사라짐, 서구의 정치, 경제적 목적과 무관하지 않게 시작된 개신교 선교 역사, 국가주의(nationalism)에 함몰된 기독교, '일본화'(Japanization)된 기독교, 수많은 사이비 기독교의 등장, 150년이 넘는 기독교 선교 역사에도 불구하고 1%를 넘지 못하는 일본의 기독교 인구 등 아시아, 아프리카의 선교 역사에서 유사한 사례를 찾아보기 힘든 매우 독특한 현상들을 지적한다.

대부분 역사학자들은 일본 선교 역사를 크게 세 시대로 나눈다. 자비에르가 최초로 일본에 복음을 전하기 시작한 1549년부터 1658년까지를 첫 번째 시대로 보고, 메이지 유신 직후 기독교가 일본 정부와 타협을 시작한 1859년부터 1945년 2차 대전 종전 시까지를 두 번째 시대로, 태평양 전쟁이 끝난 1945년부터 현재까지를 세 번째 시대로 본다. 필자는 본 논문을 통하여 최초의 로마 가톨릭 선교사인 프란시스 자비에르(Francis Xavier)가 일본의 최남단에 위치한 섬인 규슈(九州) 서부 지역에 위치한 가고시마에 도착한 1549년 8월 15일부터 시작하여 1853년 7월 8일 미국의 페리(Matthew C. Perry) 제독이 일본의 동경 만에 나타나기 전까지의 선교 역사를 살펴 볼 것이다. 이를 통해 처음으로 일본에 복음을 전했던 로마 가톨릭 선교의 역사적 기원과 특징들을 살펴보고, 초기 일본 기독교 선교 역사가 지닌 선교적 의미들과 기독교 선교 전략을 위한 통찰을 살펴보고자 한다.

1. 일본과 기독교의 만남

선교사 도착 이전의 만남

1) 네스토리안 기독교(Nestorian Christianity)와의 접촉

정확히 언제 일본에 기독교가 처음으로 전래되었을까? 대부분 역사가들은 일본에 기독교가 공식적으로 전래된 때를 1549년으로 보고 있다. 프란시스 자비에르가 두 명의 수도사들과 함께 일본을 방문한 해를 일본 선교의 공식적인 해로 인정한다. 하지만 적지 않은 역사학자들이 자비에르 이전에 이미 서양과 일본 사이에 다양한 선교적 접촉이 있었음을 주장한다. 그중 가장 주목할 만한 주장은 오카다 아키오(岡田章雄, 1908-1982)의 네스토리안 기독교(Nestorian Christianity)와의 접촉설이다. 오카다 아키오는 네스토리안 기독교가 일본의 초기 불교 지도자들에게 기독교적 영향을 주었다고 주장한다. 특히 일본의 신곤 불교의 창시자인 쿠카이가 네스토리안 기독교의 영향을 받은 대표적인 인물이라고 한다.[173] 자비에르 이전에 일본이 이미 기독교와 일정한 접촉을 가졌었다는 또 다른 근거가 쇼쿠 니혼기(続日本紀)에서 발견된다고 한다. 일본의 고대 역사를 담고 있는 쇼쿠 니혼기에 보면 736년 가을에 네스토리안 수사들이 사절단을 이끌고 일본을 방문하였다는 기록이 남아있다. 당시 중국에서 일본으로 귀환하던 고급 관리였던 나카토미 나시로가 네스토리안 수사들을 이끌고 일본에 와서, 당시 일본의 왕인 쇼무(聖武) 천황을 알현했다는 사실이 기록되어 있다고 한다. 그러나 그때 일본을 방문했던 네스토리안 수사들의 행적과 선교 활동에 대한 기록은 거의 남아있지 않다고 한다.[174]

2) 콜럼버스

기독교 역사상 처음으로 일본 복음화에 깊은 관심을 가진 사람은 바로 크리스토퍼 콜럼버스(Christopher Columbus)였다고 한다. 콜럼버스는 직간접적으로 마르코 폴로(Marco Polo)로부터 동방 여러 나

---

[173] Akio Okada, *Krishitan Bateren* (Tokyo: Shibundo, 1955), 5-6.
[174] Antei Hiyane, *Nihon Kirisuto Kyoshi* (Tokyo: Kyobunkan, 1949), 1-4.

라를 포함한 일본에 관한 소식을 접했다고 한다. 당시 마르코 폴로가 동방으로 여행하며 몽고의 쿠빌라이 칸을 만나게 되는데, 그가 칸을 여러 번 만나는 동안 일본에 관한 비교적 상세한 정보를 접하게 되었던 것이다.175 마르코 폴로로부터 일본에 관한 정보를 접했던 콜럼버스는 즉각 일본 선교에 관심을 갖게 되었고 자기가 서쪽을 향해 항해할 경우 가장 먼저 일본을 만날 수 있을 것이라고 믿었다고 한다. 콜럼버스의 관심은 황금보다도 일본에서 죽어가는 영혼들에게 있었다고 한다. 역사적인 기록들은 콜럼버스가 로마 가톨릭 신자로서 이슬람 선교와 인도 선교에 깊은 관심이 있었음을 보여준다.176 하지만 일본을 향한 그의 선교적 비전은 끝내 이루어지지 못

---

175 Otis Cary, *A History of Christianity in Japan: Roman Catholic and Greek Orthodox Missions* (Michigan: Fleming H, Revell, 1970), 13-14. 당시 일본은 '지팡구'(Zipangu)라고 불렸는데 마르코 폴로는 당시 일본의 모습을 다음과 같이 기술하고 있다. "일본은 대륙으로부터 1,500마일 떨어진 곳에 위치하고 있으며, 바다의 동쪽 끝에 위치한 매우 커다란 섬나라다. 사람들은 희고, 문명화 되어 있고, 매우 우호적이다. 그들은 우상숭배자들이며 아무도 의지하지 않는다. 그들이 소유하고 있는 금은 한이 없이 많고, 그 모든 금들을 자기들의 섬에서 조달하고 있다. … 그들의 거대한 궁들의 지붕은 금으로 덮여 있으며, 궁의 모든 길들이나 방의 바닥은 모두 금으로 치장되어 있다. … 그들은 또한 붉은색을 띈 매우 크고 둥근 양질의 진주도 엄청나게 보유하고 있다. 그들은 우상들을 섬기는 데 혹은 소 머리 모양을 하고, 혹은 돼지머리, 혹은 개의 머리, 혹은 양의 머리 모양을 하고 있다. 그들의 조상이 그것들을 만들어서 자기들에게 물려주었으며 그들 또한 그 우상들을 자기의 자손들에게 전수할 것이라고 한다."

176 Cary, *A History of Christianity in Japan: Roman Catholic and Greek Orthodox Missions*, 15. 콜럼버스는 자기를 후원하고 파송하는 스페인의 왕족들에게 보낸 편지에서 자신의 파송 목적이 이방인들의 회심, 즉 선교에 이었음을 피력하고 있다. 콜럼버스는 스페인의 왕족들이 자기를 인도로 파송할 당시, 자기의 사명이 인도의 왕족들과 평민들의 영적인 상태를 잘 연구하여 그들로 하여금 로마 가톨릭 신앙으로 회심하도록 하는 것이었음을 기록으로 남기고 있다.

했다. 일본을 향한 콜럼버스의 꿈은 반세기 후에 스페인 출신의 또 다른 선교사인 프란시스 자비에르에 의하여 이루어진다.

3) 세 명의 포르투갈 사람들

일본에 처음으로 발을 디딘 사람은 콜럼버스가 아니라 3명의 포르투갈인들이었다. 밀수품을 구하기 위해 중국 해안을 따라 항해를 하던 3명의 포르투갈인들이 풍랑을 만나 일본 규슈 남쪽에 자리 잡고 있는 타네가시마(種子島)섬에 도착한다. 그들이 일본에 도착한 연대는 정확히 남아있지 않고 대략 1542에서 1543년 사이일 것으로 본다. 일본인들은 그들을 친절하게 맞이해 주었을 뿐 아니라 자기들이 지니고 있던 은과 포르투갈인들이 지니고 있던 물건을 교환해 주었다. 일본인들은 심지어 그들이 타고 온 깨어진 배를 수선해 주기까지 하였다고 한다. 특별히 '화승총'(harquebus)이 일본인들에게 매우 큰 호기심의 대상이었다고 한다. 당시 일본에는 많은 중국 상인들이 들어와 있었지만, 그들이 무역하기 위해 가지고 온 물건들 가운데 '화승총'은 없었기 때문이다. 이후로 포르투갈인들이 일본에 쉽게 접근할 수 있었던 이유 중 하나가 바로 그 '화승총' 때문이었다고 한다. 세 명의 포르투갈 상인들로 인해 일본과 포르투갈 사이의 무역이 왕성해지면서 포르투갈 배들이 규슈 지방을 거의 정기적으로 드나들게 되었다고 한다. 일본의 역사가들은 일본과 포르투갈의 교역이 전혀 예정되지 않은 역사적인 사건으로서 일본 역

사에 있어서 매우 중요한 전기가 되었다고 본다.[177]

이와 같은 포르투갈 상인들과의 접촉은 자연스럽게 일본인들이 서구인들의 종교인 기독교에 관심을 가지게 했을 가능성이 높다. 교리전파를 위한 직접적인 전도 활동이나 선교 사역이 구체적으로 이루어지지 않았을지는 모르지만, 포르투갈 상인들의 일상적인 종교 행위가 간접적으로 영향을 주었을 가능성이 높고, 서구 종교에 대한 관심을 불러일으켰을 가능성을 배제할 수 없다. 서구인들에 대한 호감과 호기심은 후일 기독교 선교사들이 일본에 들어와 선교 사역을 시작하는 초기에 매우 긍정적으로 작용했을 것이다. 일반적으로 서구인들에 대한 반감이나 적개심을 지녔던 선교지에서의 선교 사역이 매우 힘들게 진행되었던 점을 고려해 보면, 서구인들에 대해 일본인들이 가졌던 호감은 선교사들의 입국과 선교 사역에 매우 긍정적으로 작용했을 것이다.

프란시스 자비에르(Francis Xavier, 1506-1552)

일본에 발을 디딘 최초의 기독교 선교사는 '예수회'(Jesuit, Society of Jesus) 소속의 프란시스 자비에르다. 많은 기독교 역사가들은 자비에르를 '일본의 사도'(Apostle to Japan)라고 부른다. 일본 초기 기독교 선교에 있어서 자비에르의 선교적 영향이 매우 컸기 때문일 것이

---

[177] Richard H. Drummond, *A History of Christianity in Japan* (Grand Rapids: Eerdmans, 1971), 29.

다. 자비에르가 일본의 사도로 불리 수 있었던 이유는 그의 선교 전략과 방법이 후일 계속되는 일본 선교 사역의 초석이 되었기 때문이다. 자비에르는 1506년 4월 7일 스페인의 나바레(Navarre)에 위치한 자비에르(Xavier) 성에서 태어났다. 18세 되던 해에 '파리 대학'에 입학하여 이그나티우스 로욜라(Ignatius Loyola)를 만나게 되고, 후일 로욜라와 함께 '예수회'를 창설케 된다. 창설 당시 예수회의 비전은 회교도들에게 점령당한 예루살렘에 가서 그들을 회심시키고, 그들에게 기독교 복음을 전파하는 것이었다. 예루살렘에서 회교도들에게 복음을 전하려는 그들의 꿈이 이루어지지 않자, 그들은 이태리에 머물며 성경을 가르치는 일과 설교, 구제와 자선사업에 전념한다. 후일 자비에르는 인도로 파송을 받았지만, 그곳에서의 사역에 만족하지 못하고 마침내 일본으로 향하게 된다.

1) 일본인과의 만남

자비에르와 일본인들과의 만남은 1547년 12월에 이루어진다. 자비에르가 인도네시아의 몰루카스(Moluccas)로부터 인도의 고아(Goa)로 돌아오는 길에 말레이시아의 말라카(Malacca)에 잠깐 머문 적이 있는데, 그 곳에서 그는 세 명의 일본인들을 처음으로 만나게 된다. 그중 한 명인 야지로(弥二郎)[178]는 사무라이 계급의 청년으로 후일

---

178 Cary, *A History of Christianity in Japan: Roman Catholic and Greek Orthodox Missions*, 19. 자비에르가 이그나티우스 로욜라(Ignatius Loyola)에게 보낸 편지에는 그의 이름이 안지로(Anjiro)라고 표기되어 있는데, Valegnani가 1600년경에 쓴 글에 보면 그의

세례를 받고 파울로 데 산타페(Paulo de Santa Fe)라는 세례명을 받는다. 당시 야지로는 자기 고향인 규슈의 사츠마(薩摩)에서 살인을 하고 도망치던 중 포르투갈 상선의 도움으로 말라카로 피난하고 있었다고 한다. 야지로가 비록 학식 있는 사람은 아니었을지라도 그는 매우 총명한 사람이었다. 후일 자비에르는 그로부터 일본어를 배우고 일본인들의 특성과 일본의 문화를 비교적 상세히 익힐 수 있었다. 마침내 야지로가 자비에르에게 일본 선교를 권하게 되고, "지식과 교육에 열정을 지닌" 일본인들을 향하여 선교여행을 떠나게 된다. 야지로가 자비에르를 설득하여 일본 선교에 나설 것을 권하면서 그는 다음과 같은 이유를 들었다고 한다. 대부분 일본인들 특별히 왕, 영주, 귀족들은 매우 이성적인 사람들이기 때문에 기독교를 합리적이고 이성적으로 전한다면 그들 대부분이 쉽게 기독교를 받아들일 수 있을 것이고, 일본인들의 영적 질문에 대해 만족할 만한 대답을 제공하기만 하면 일본 복음화는 매우 쉽고 빠르게 이루어질 수 있을 것이라는 점을 강조하였다. 또한 야지로는 자비에르가 일본인들에게 그의 거룩한 종교적인 삶과 행동을 6개월만 보여주면 대부분 일본인들이 기독교인이 될 수 있을 것이라고 했다.[179]

마침내 자비에르는 일본을 향하게 된다. 회교 국가인 인도네시아 몰루카스에서의 실패를 떠올리며 회교의 지배나 영향을 전혀 받지 않은 일본 선교가 훨씬 수월할 것이라는 기대를 안고 미전도종

이름이 야지로라고 정확히 기록되어 있다.
179 Drummond, 36.

족인 일본인들을 향해 항해를 시작한 것이다. 자비에르는 일본 선교를 준비하며 이미 어느 정도 포르투갈어를 구사할 줄 아는 야지로를 인도의 고아에 있는 신학교로 파송하여 1년 6개월 동안 신학적 훈련과 더불어 선교적 훈련을 시켰다. 1549년 마침내 자비에르 일행이 일본에 도착하자 야지로의 가족과 사츠마의 영주가 그들을 따뜻하게 맞이해 주었다. 당시 그 지방의 영주였던 시마즈 타카히사(島津 貴久)는 자비에르에게 자기의 영지 내에서 자유롭게 마음껏 복음을 전할 수 있는 자유를 허락하였다. 타카히사 영주가 그들을 적극적으로 환대하고 선교의 자유를 준 이유는 매우 정치적이었는데, 그는 자비에르을 통해 포르투갈 상선이 자기의 영지에 들어오게 하려는 경제적인 목적을 가지고 있었다. 일본의 초기 기독교 역사를 보면 이와 같은 정치적인 목적이 선교 사역과 밀접한 연관이 있음을 자주 발견하게 된다. 일본에서 기독교 선교 사역이 환영받느냐 배척받느냐는 현지 영주들의 정치, 경제적인 이익과 항상 연결되어 있었다.

2) 타 종교인들에 대한 견해

자비에르가 지니고 있던 타 종교인들에 대한 이해의 폭이 그리 넓지는 않았을지라도 그들의 영적인 운명에 대해서는 누구보다 분명하고 확신 있는 신학적 견해를 지니고 있었다. 그는 비기독교인들의 영적인 상태에 대해 다음과 같은 견해를 가지고 있었다고 한다. "하나님의 모든 행위는 가장 신실하기 때문에 부정한 사람들과 함께 하실 수 없으며, 그들의 기도에도 응답하지 않으신다. 이방인들이 드리는 수많은 기도는 하나님을 슬프게 할 뿐이다. 왜냐하면 모든 이방인들이 믿는 신들은 악령들이기 때문이다."[180] 자비에르는 문자 그대로 비기독교인들의 영혼은 영원한 파멸에 이른다고 믿었기 때문에 기독교인들이 복음을 들고 반드시 비기독교인들을 찾아가야 한다고 주장했다. 자기를 배로 일본까지 태워다 준 중국인 선장에 대해 언급하면서 "그가 비록 우리에게 선한 일을 했지만, 그의 영혼은 지옥에 있을 것이다"라고 했다. 그는 우상을 숭배하는 모든 사람이 지옥에 갈 것이라고 믿었다. 그는 또한 하나님의 생명이 세례를 통하여 아이들에게 주어진다고 믿고 유아 세례를 강조하였는데 세례를 받지 않은 아이들은 모두 지옥에 간다고 확신했다고 한다.

자비에르는 아무리 신실한 일본인일지라도 그들이 하나님의 무한한 선과 자비를 경험하지 못한다면 모두 지옥에 간다고 확신했다. 자기를 포함한 예수회 선교사들이 일본에 도착하기 전에는 하나님께서 자기 자신을 일본인들에게 나타내지 않으셨기 때문에 이미 죽은 일본인들은 모두 지옥에 갈 수밖에 없다고 주장했다. 그를 포함한 당시의 모든 예수회 선교사들은 하나님께서 모든 인간의 마음속 하나님에 대한 지식과 도덕적인 법을 새겨 넣으셨을 뿐 아니라 모든 인간을 지으신 그 분께서 인간들이 헛된 인간적인 명상에서 벗어나야만 한다고 명령하셨다는 점을 철저히 가르쳤다. 아무리

---

[180] Drummond, 32.

선한 성품을 지닌 일본인이라 할지라도 하나님께서 정해 놓은 공의의 기준에 이르지 못하기 때문에 그들은 모두 지옥에 간다고 주장했다. 자비에르는 기독교 외의 모든 타 종교에는 어떠한 신적 중요성과 가치도 존재하지 않는다는 점을 강조하면서 하나님께서 일본인들의 영혼을 구원하시기 위해 자기를 선교사로 보내셨다고 굳게 믿었다.[181]

3) 일본인들의 죄를 지적함

자비에르는 일본인들의 죄를 지적함에 있어서도 한 치의 물러섬이나 두려움이 없었다고 한다. 현지인들의 죄를 지적할 때는 그 죄가 개인적이든지 사회적이든지 상관없이 매우 직선적이고 통렬하게 지적했다고 한다. 일례로 그가 오토모(大友) 지역에서 선교 사역을 하는 도중에 폭동이 일어났을 때에도 그는 조금도 두려워하거나 놀라지 않고 생명을 걸고 '선지자적인 능력과 열정'을 갖고 말씀을 가르쳤다고 한다. 자비에르는 당시 불교 승려들 사이에 널리 퍼져 있던 동성연애를 매우 심각한 죄로 여기고 그들의 죄를 직선적이고 통렬하게 비판했다. 더욱 놀라운 일은 당시 '야마구치'의 영주로 있던 요시타카 아우치의 죄를 통렬하게 지적한 일이다. 지적당한 죄로 인해 분노하고 있는 영주 앞에서 "누구든지 동성연애를 하는 자들은 돼지보다 더럽고, 개만도 못하다"고 선포할 정도로 용감했

---

[181] Drummond, 33.

다.[182] 즉석에서 당장 죽을 수도 있는 상황에서조차 자비에르는 죽음을 두려워하지 아니하고 영주의 죄를 지적한 것이다. 자비에르는 종종 공공장소에서도 현지인들의 죄를 지적했다. 한때 그는 통역자를 세워놓고 일본의 세 가지 죄를 통렬히 지적했다고 한다. 그가 지적한 일본인들의 죄목은 우상숭배, 동성연애, 낙태였다. 그는 낙태를 영아 살해와 같은 죄라고 여겼다고 한다.[183]

4) 자비에르의 선교 방법과 전략

(1) 상황화 전략

자비에르를 비롯한 그의 동료들을 처음 접한 일본인들은 그들을 불교의 어느 한 종파에 속한 수도사들로 여겼다. 심지어 불교에 속한 수도승들조차도 자비에르 일당을 타 종파에 속한 불교 수도승으로 착각하였다고 한다. 자비에르 자신도 천주교와 불교의 유사성을 발견하고 나서 처음에는 일본 불교가 예수님의 제자였던 도마나 네스토리안 선교사들에게 영향을 받은 것이 아닌지 의심했다고 한다. 불교에서 행하는 종교적인 의식들과 제도들이 천주교에서 행하는 종교의식이나 제도들과 놀라울 정도로 유사했기 때문에 초창기에 그는 이러한 오해를 할 수 있었을 것이다.[184] 실제로 천주교와 불교

---

[182] Tomonobu Yanagita, *A Short History of Christianity in Japan* (Sendai, Japan: Seisho Tosho Kankokai, 1957), p.13-14.

[183] Yanagita, 14.

[184] 히라도 지역의 영주였던 Yoshitaka는 자비에르 일행을 인도에서 온 불교 승려들이라고

의 종교적 의식이나 관습들은 매우 유사하다. 두 종교 모두 기도할 때나 일상생활에서 염주를 사용한다는 점, 천주교의 수도승이나 사제들이 불교의 승려들과 비슷한 긴 옷을 착용한다는 점, 종교의식에서 종을 사용하거나 경전의 구절들을 작은 소리로 읊조리는 것(chanting), 향을 피우거나 성수(holy water)를 사용하는 것, 수도원과 사찰을 남녀를 기준으로 분리시켜 놓은 점, 성자를 의지하거나 그들의 이름을 부르는 것, 성지로 순례를 떠나는 것 등 두 종교 간에는 비슷한 점들이 많이 있었다.185

자비에르의 통역을 맡은 야지로의 불교에 대한 무지로 인한 점도 있었지만, 자비에르는 기독교 교리를 가르치기 위해 현지 언어를 상당 부분 차용하였다. 예를 들자면 일본에서 "위대한 태양 부처"(the Great Sun Buddha)를 지칭하는 "다이니치(大日)"라는 용어를 기독교의 하나님을 지칭하는 용어로 차용했다든지, 일본어로 부처(Buddha)를 지칭하는 용어인 '호토케'(仏)를 하나님을 지칭하는 말로 사용한 점이다. '정토불교'에서 사용하는 '정토'라는 용어를 기독교의 '하늘나라'를 지칭하는 말로 차용하는가 하면, '불법'(佛法)을 성경에 기록된 '율법'을 지칭하는 용어로 차용하기도 했다. 천주교의 사제들을 불교에서 승려를 지칭할 때 사용하는 '승'이라고 부르기

여겨 그들에게 불교 사원을 숙소로 제공하고, 그들이 자유롭게 선교 활동을 할 수 있도록 보호해 주기도 했다. 후일 Yoshitaka는 Cosme de Torres 선교사에게 자기 영지 내에 교회를 짓도록 허락했는데, 당시문서를 살펴보면 "불법(Law of the Buddha)을 전하기 위하여 서방(인도)에서 승려들이 왔다"고 적혀있다. cf. Okada, *Krishitan Bateren*, 27-28.

185 Drummond, 37.

도 했다.186 자비에르는 일본에서 복음을 전하면서 가능한 한 현지인들의 문화나 용어를 적극적으로 활용하려고 했다. 선교 사역의 과정에서 현지의 문화를 적극적으로 이해하고 적절한 상황화를 시도하는 것은 바람직하지만, 상황화의 과정에서 신학적 용어의 의미나 교리를 왜곡시키는 것은 바람직하지 않다. 이런 관점에서 볼 때 자비에르의 상황화 방식이 때론 다소 지나쳐서 기독교 용어의 바른 의미를 현지인들에게 순수하게 전달하지 못하고 왜곡시키는 실수를 저지르기도 했다.

자비에르를 비롯한 예수회 선교사들의 지나친 상황화의 전통은 예수회 신학의 불명료성에서 기인한 것으로 보인다. 예수회 소속 선교사로 중국에서 사역하며 기독교의 하나님과 중국인들이 전통적으로 사용해 오던 천(天)의 개념을 동일한 것으로 인정했던 마태오 리치(Mateo Ricci), 인도에서 선교사로 봉사하며 브라만의 복장과 종교적 관습을 그대로 따랐던 로버트 드 노빌리(Robert De Nobili) 등 많은 예수회 소속 선교사들이 사용했던 상황화 전략은 대부분 정통 기독교를 벗어난 지나친 상황화였다. 예수회의 지나친 상황화 전략은 후일 천주교의 타 수도회인 프란시스칸(Franciscan), 도미니칸(Dominican), 어거스티니안(Augustinian)에 의하여 철저한 배척을 받았을 뿐 아니라 현대 문화 인류학적 상황화의 기준을 통해 보더라도 지나친 면들을 많이 지니고 있었다.

186　Drummond, 38.

(2) **교리 교육**

자비에르의 선교 방법 중에 눈에 띄게 특이한 점은 교육이라고 할 수 있다. 자비에르가 인도에 도착한 때가 1542년 5월 6일이었다. 그는 포르투갈의 식민지에 머물면서 자선사업과 교육 사업에 전념했다. 병원의 환자들을 돌보고, 구제품들을 나누어 주고, 특별히 어린이 교육에 온 정열을 다 쏟아부었다. 원주민 언어인 말라바르 (Malabar)어로 기도 형식들을 만든 다음, 삼위에 대한 고백과 더불어 성호를 가르치고, 사도신경, 십계명 등을 가르쳤다. 그는 자기가 머물던 곳의 어린이들과 어른들을 모아 놓고 하루에 두 번씩 한 달 동안 기도를 가르쳤다. 당시 그는 현지어를 몰랐음에도 불구하고 기도문을 모두 현지어로 외워서 가르칠 만큼 교육에 정열을 쏟았다. 기도문을 아이들에게 먼저 가르치고 그 아이들이 자기 부모나, 친지, 이웃 사람들에게 가서 자기들이 배운 기도문을 다시 가르치는 방식을 사용했다.[187]

이러한 자비에르의 인도에서의 교육 사역의 경험은 고스란히 일본 선교 사역에 접목되었다. 일본에 도착하자마자 그는 기독교 교리를 담고 있는 긴 해설서를 준비했다. 인도에서와 마찬가지로 사도신경, 십계명, 주기도문, 기도문들을 현지어로 외워서 가르치기 시작했다. 그는 기본적인 교리와 기도문들뿐만 아니라 창조에 관한 가르침, 소돔과 고모라의 멸망, 그리스도의 생애와 돌아가심, 마지막 심판 등에 대해서도 긴 신학적 해설서를 준비해 가르쳤다.

---

187 Cary, *A History of Christianity in Japan: Roman Catholic and Greek Orthodox Missions*, 17-18.

때론 영주들이나 일반인들이 모인 자리에서 불교 승려들과 대면하여 격렬하게 종교에 관한 토론을 벌일 정도로 기독교 교리를 전파하는데 열정을 다했다고 한다. 그가 본국에서 배우고 익힌 스콜라 철학을 기반으로 한 "변증적 논리"(dialectic logic)는 현지인들을 설득하는 데 매우 효과적으로 사용되었다고 한다.

1551년 자비에르 일행이 히라도(平戶市)에 머물고 있을 당시에는 선교사들이 커다란 군중들 앞에서 하루에 두 번씩 설교하였고, 설교를 마친 다음에는 종교적 토론이 이어졌다. 어떤 때는 종교적인 토론이 몇 시간씩 길게 이어지기도 했다. 때로 선교사들이 설교하는 집에 사람들이 넘쳐서 더 이상 들어오지 못한 사람들이 밖에 줄을 설 정도였다고 한다. 현지인들은 종종 매우 날카로운 영적 질문을 가지고 선교사들을 찾아왔는데, 특별히 불교 신자들이나 불교 학자들에게 창조주이신 '유일한 하나님'과 '목적 있는 창조'라는 개념은 늘 걸림돌이 되었다.188 자비에르는 현지인들의 날카로운 질문에 답하기 위해 항상 변증법적 논리를 사용하며 심오한 신학적 해설을 제공하였다고 한다. 그의 가르침이 항상 완벽한 답을 제공하지는 못했을지라도 그는 항상 현지인들에게 지성적 가르침을 베풀며 인내를 갖고 그들을 교육해 갔다. 자비에르는 종종 일본인들의 지성에 감탄했을 뿐 아니라 자신이 만났던 모든 민족 가운데서 일본인들이 가장 지적인 사람들이라고 여겼다고 한다.

---

188 Drummond, 43.

(3) **삶을 통한 전도**

현지인들이 가지고 오는 수많은 종교적 질문에 대하여 기독교를 변호하고 변증할 수 있는 충분한 지혜와 설득력이 있음에도 불구하고 자비에르는 논리적인 설명과 교육에만 의지하지 않고 자신을 종교적인 삶을 통해서도 기독교의 진리를 전파하려고 노력했다. 때론 논리나 변증으로 설득이 되지 않는 현지인들에게 기독교가 어떤 종교인가를 보여주기 위해서 희생적인 삶과 행동을 통해 간접적인 도전을 주기도 했다. 현지인들을 향한 자비에르의 사심 없는 희생적 사랑과 관심이 때론 냉철한 이성과 합리성에 근거한 논리적 증명과 설득보다 훨씬 더 많은 열매를 맺게 해 주었다.

자비에르가 일본에서 선교 활동을 시작한 지 얼마 지나지 않아 그는 거리마다 돌아다니면서 전도했는데 당시 그의 외모는 거의 걸인 수준이었다. 그가 영주들이나 고위 관리들을 만날 때는 매우 근엄한 복장을 하고 나타나기는 했지만, 그들을 만날 때를 제외하고는 주로 남루한 복장을 하고 전도 여행을 떠났다고 한다.[189] 그가 일단 선교 여행을 시작하면 계절과 상관없이 매우 열정적으로 선교 사역에 임했다. 겨울의 추위, 여름의 더위, 굶주림, 조롱, 핍박 등에도 굴하지 않고 방방곡곡을 찾아다녔다. 어떠한 역경에도 굴하지 않고 꿋꿋하게 선교 사역을 수행하는 자비에르의 모습이 현지인들에게 깊은 감명을 주었을 뿐 아니라 그가 전파하는 기독교에 대한 깊은 관심을 불러일으켰다고 한다.

---

[189] Yanagita, 13-14

순수한 고행, 금욕, 절제, 가난, 청빈 등 일본의 전통 종교인 불교가 지향하고 있는 가치들을 실제적인 삶으로 보여주는 자비에르의 모습에 일본인들이 깊은 관심을 갖거나, 감명을 받는 것은 매우 자연스러운 현상이었을 것이다. 어떤 환경에도 굴하지 않고, 확신을 갖고, 두려움 없이 자신이 믿는 진리를 선포하는 자비에르의 모습이 현지인들에게 보이지 않는 감동과 도전을 주었을 것이다. 자비에르의 조용하면서도 확신에 찬 영적인 삶이 일본인들에게 깊은 영적 도전을 주었을 것이다. 비록 삶과 행동을 통해 현지인들에게 전달되는 감동이 말과 선포를 통해 전달되는 감동만큼이나 선명하지는 못할지라도 선교사들의 경건하고 절제된 삶이 주는 도전은 무시할 수 없을 만큼 컸을 것이다. 자비에르를 비롯한 선교사들의 청빈한 삶은 분명히 간접적인 선교 효과를 지니고 있었을 것이다. 때론 삶을 통하여 전달되는 메시지가 말을 통하여 전달되는 메시지보다 훨씬 더 강력하고 의미 있는 도전이 될 수도 있다는 점을 고려해 볼 때, 경건하고 확신에 찬 자비에르의 삶이 분명히 현지인들에게 깊은 영적 도전과 감명을 주었을 것이다.

2. 기독교 성장의 시대

자비에르 일행이 일본에 도착한 이후로부터 당시 전국을 통일한 도요토미 히데요시(豊臣秀吉, 1537-1598)가 선교사 추방령을 선포할 때까지 기독교 선교는 각 지방의 영주들이나 귀족들의 보호와 비호를 받으며 매우 급속한 성장을 이루었다. 처음으로 기독교가 일본에 소개되었을 때는 각 지방의 영주들이나 귀족들이 서구 문물에 대한 동경과 경제적인 이익을 고려해 기독교를 이용하기도 했지만, 적지 않은 평민들은 기독교 복음에 대하여 매우 순수하고 적극적인 반응을 보인 것이 사실이다. 일본에서 선교가 시작된 후로 초기 10년 동안은 일본 선교의 부흥기라고 할 수 있을 만큼 기독교가 널리 퍼져나갔다.

영주들의 보호

앞에서 이미 언급한 것처럼 당시 일본의 영주들과 귀족들은 포르투갈을 비롯한 서구와의 교역에 깊은 관심을 가졌고, 선교사들을 이용하여 서구와의 교역의 문을 열고 싶어 했다.[190] 이외에도 초기에 기독교 선교가 왕성할 수 있었던 이유는 영주들이 선교사들을 이용하여 일정한 군사적인 목적을 이루려고 했기 때문이다. 수많은 영주들과 군인들이 자기 영지를 보호하고, 정치적 영향력을 확대하기 위해 군사적 도움이 절실하게 필요하던 때임을 고려해 볼 때, 서구

---

[190] 자비에르는 그가 정치인들이나 군인들을 만날 때 마다 서구의 진귀한 물건들을 선물로 지니고 다녔다고 한다. 그가 영주나 귀족들을 만날 때 주로 가지고 다녔던 물건들은 다음과 같다: 밤낮으로 시간을 알려주는 차임벨 시계, 유리 거울, 소총, 장식용 상자, 망원경, 진귀한 유럽 스타일의 책, 수정으로 만든 꽃 병, 유화 등. cf. Drummond, 42.

와의 섭촉을 통해 발달 된 무기나 군수품 구매를 위해 노력하는 것은 당연한 일이었다. 당시 일본의 영주들은 선교사들이 서구의 배들이 자기 지역에 들어와 정박할 수 있도록 중개 역할을 맡아주기를 은근히 기대하였다. 선교사들 역시 선교 사역을 억압하고 핍박하는 지역들보다는 자기들을 친절하게 맞아들여서 선교의 자유를 허락하는 지역을 선호했기 때문에 자연스럽게 기독교 선교 활동을 보장하는 영주들의 영지에 서구 상선들이 들어올 수 있도록 노력하는 것은 당연한 일이었다. 서로 동기는 달랐지만, 선교사들과 영주들의 이해관계가 일치하면서 기독교 선교는 단기간 안에 상당한 성장을 이루게 되었다.

야마구치(山口) 지역에서는 두 달 만에 500명 이상이 세례를 받았고, 날마다 성도들의 수가 늘어났다. 그 지역에서 기독교로 개종한 사람들 가운데 상당수는 무사 계급에 속한 "사무라이"였다고 한다. 개종자들 무리에는 사무라이들 외에도 상당수 승려들이 포함되어 있었고, 대부분 개종자들은 선교사들과 매우 친밀하게 지냈을 뿐 아니라 선교사들을 진정으로 사랑했다. 자비에르를 포함한 몇몇 선교사들이 야마구치 지역에서 열심히 선교 활동을 하고 있던 도중에 갑자기 규슈 북부에 위치한 분고(豊後)의 영주가 그들을 초청하였다. 초청을 받은 자비에르는 지금의 오이타(大分) 시인 후나이(府內)로 급히 향했다. 그곳은 이미 한 때 포르투갈의 상선이 다녀간 곳이었다. 분고의 영주인 요시시게(大友 義鎭)는 곧바로 선교사들에게 선교의 자유를 허락했고, 그들을 철저히 보호해 주었다. 요시시게가 비록 20년 후에나 세례를 받았지만, 처음부터 그는 선교사들의 보호자를 자처했을 뿐 아니라 선교사들의 친한 친구가 되었다. 이 후로 후나이는 규슈 지역 복음화에 있어서 매우 중요한 센터 역할을 감당하게 되었다.[191] 후나이 지역에서의 사역을 끝으로 자비에르는 일본을 떠나게 되는데, 그는 중국으로부터 지대한 영향을 받은 일본을 복음화하기 위해서는 중국을 먼저 복음화해야 한다고 생각했기 때문이다. 1551년 11월 최초의 선교사로 일본에 첫발을 디딘 지 2년 3개월 만에 그는 중국을 향해 출항하였지만, 본토로 가는 도중 광둥성 근처 산추안 섬에서 자신의 꿈을 이루지 못하고 질병으로 인해 1552년 12월 3일에 46세를 일기로 주님의 품에 안기게 된다.

자비에르가 순교한 뒤에도 많은 선교사의 희생적 헌신을 통해 일본 복음화는 지속적으로 이루어졌다. 코스메 데 토레스(Cosme de Torres) 선교사는 일본에 21년 동안을 머물며 30,000명에게 세례를 베풀었고, 루이스 데 알메이다(Luis de Almeida) 선교사는 1555년 히라도에 고아원을 세우는 것을 필두로 해서 29년 동안 후나이 지역에 병원과 나병 환자들을 위한 요양소를 지어주었다. 1559년경에는 예수회에 속한 가스빠르드 빌렐라(Gaspard Vilela)와 로렌조(Lorenzo)의 선교 사역으로 인해 교토 지방의 영주들과 귀족들이 세례를 받기 시작했고, 1563년에는 규슈 지방에 있는 여러 명의 영주들이 세례를 받았다. 특별히 규슈나 킨키(近畿) 지방은 중앙집권화를 통해 일본 통일을 이루려 했던 오다 노부나가(織田 信長)의 비호 아래

---

191 Drummond, 43-44.

선교 활동이 매우 활발하게 전개될 수 있었다. 불교의 지나친 정치적인 영향력과 간섭을 견제하기 위해 노부나가는 기독교 세력을 정치적으로 이용하려는 의도를 가지고 있었다.

1570년 아리마 요시사다(有馬義貞, 1521-1577)가 통치하던 영지에만 3,000명의 기독교인이 존재했고, 그가 세례를 받은 1576년 직후에는 약 15,000명이 기독교인이 되었다. 1571년경에는 규슈 지역의 '다이묘'(大名)였던 오무라 수미타데(大村 純忠, 1533-1587)의 영지 내에서만 5,000명의 기독교인이 존재했으며, 그의 영지 가운데 일부였던 나가사키 항구에만 1,500명의 기독교인이 살고 있었다. 이후로 1575년부터 1576년 사이에만 40,000명이 세례를 받았고, 1577년에는 수비타데의 영지 내에 모두 합쳐 약 60,000명의 기독교 신자가 존재했다. 1571년 아마쿠사(天草) 지역에서는 매우 특이한 현상이 벌어졌는데 당시에 그 지역에 살고 있던 모든 사람들이 한꺼번에 기독교로 개종한 것이다. 그 숫자가 무려 10,000여 명이나 되었다. 1578년 분고 지역에서는 영주인 오토모 요시시게가 세례를 받은 후 일 년 만에 신도들의 숫자가 무려 2,500명에서 6,000명으로 증가하기도 했다.

1549년 자비에르와 두 명의 신부가 일본에서 선교 사역을 시작한 뒤로 20년이 지난 1570년경 일본에 있는 기독교인들의 총 숫자는 대략 30,000명 정도였고, 1582년경에는 규슈 지역에만 약 130,000명의 신자가 있었고, 교토 지역에는 약 20,000명 정도의 신자가 있었다고 한다. 일반적으로 1614년경에는 일본 전체에 약 300,000명의 신자가 존재했다고 본다. 페르나오 게레이로(Fernao

Guerreiro)는 그의 책 『Relacam Anual』에서 당시 일본에 살고 있던 기독교 신사들의 숫자가 대략 750,000명이나 되었다고 주장하기도 하지만 이러한 수치는 다소 부풀려진 것으로 보는 것이 통례이다.[192]

이와 같이 1549년 자비에르가 일본에 도착한 이후로 선교사들의 헌신과 열정으로 말미암아 복음이 매우 빠른 속도로 일본 전역에 퍼져나가기 시작했고, 이런 속도로 복음화가 진행된다면 머지않아 일본이 쉽게 복음화될 수 있을 것처럼 보였다. 일본 선교 초기에 몇몇 다이묘들이 지배하던 곳에서 기독교에 대한 핍박이 있었지만, 일부 지역을 제외하고는 대부분 지역에서 기독교가 현지 영주들과 다이묘들의 적극적인 보호와 후원을 받으며 성장해 갔다. 후일 도요토미 히데요시가 선교사 추방령을 내리기 전까지 기독교 선교 사역은 그야말로 순풍에 돛 단 배 같이 많은 열매를 맺으며 매우 효과적으로 진행되었다. 이 시기를 가히 일본 기독교 선교의 황금기라 할 수 있을 것이다.

교육 사업

일본 성도들의 증가와 더불어 일본인들을 교육하고 돌봐주기 위한 교육 사업과 사회사업이 활성화되기 시작했다. 학교와 병원은 물론

---

192 Drummond, 56-58.

신학교와 선교를 위한 문서 활동 등이 매우 활발하게 진행되었다. 일본 선교 역사상 처음으로 '자국민 선교사들'을 교육하고 훈련하려는 계획이 세워지기도 했다. 자국민 선교사 훈련 계획은 1579년부터 1581년 사이에 일본을 방문했던 알렉산드로 발리냐노(Alessandro Valignano, 1536-1606) 선교사에 의하여 수립되고 실천되었다. 그는 구치노츠(口之津), 분고(豊後), 교토(京都) 등에 집중 훈련 시설을 세워 일본의 자국민 선교사들을 양육하는 신학교를 설립하려고 했다.193 하지만 실제로 설립된 신학교는 두 학교로 규슈의 아리마와 교토의 아주치(安土) 성에 세워졌다. 아리마 신학교는 1580년 10월에 문을 열었는데 개교 초기에는 22명의 신학생이 등록하였고, 같은 해에 문을 연 아주치 신학교는 오다 노부나가가 새롭게 건설한 성이 자리 잡고 있었는데 처음으로 등록한 학생은 25명이었다고 한다. 아주치 신학교는 노부나가가 죽은 다음에 타카야마 우콘(高山 右近, 1552-1615)의 초청으로 타카츠키(高槻)로 이전하였다. 1582년에는 분고의 우수키(臼杵)에 또 다른 신학교가 설립되었고, 학생들에게 인문학과 과학을 주로 강의하였다고 한다.194

1597년 발리냐노가 일본에 도착한 이후로 그의 열정과 헌신으로 말미암아 수많은 교육 기관들과 훈련 기관들이 설립되었는데 당시 세워진 교육 기관들은 대략 다음과 같았다: (1) 구도자들과 세례를 받기 위해 교리를 공부하는 성도들을 위한 교리학교 (2) 천주교

193　Yanagita, 16-17.

194　Drummond, 67-68. 발리냐노가 신학교를 설립하면서 주요 교육과목으로 가르치려했던 분야는 신학은 물론 일본어 읽기와 쓰기, 라틴어, 인문학, 과학, 도덕, 예절 등 이었다.

에 다니는 어린이들 교육을 위한 초등학교 (3) 일본인 성도들과 예비 사제들 뿐만 아니라 외국에서 온 선교사늘을 훈련하는 신학교195 (4) 초등학교 교사들을 양육하고, 신학교 후보생들을 준비시키기 위한 대학교 (5) 수도원에 들어가기 위한 준비 학교인 예비 대학 (6) 외국 선교사들이 현지 언어를 배울 수 있는 언어 학교 (7) 현지인 치료와 의과 대학생 훈련을 위한 병원196 등.

일본인 폴 요호킨(Paul Yohokin)과 그의 아들 빈센트 포인[Vincent Foin(Toin)]은 일본의 교육 발전에 크게 기여한 인물들이다. 요호킨은 일본어 문법을 체계화하였고, 일본어 사전을 편찬하기도 했다. 그는 일본인들을 위한 다양한 교리 문답서를 만들었을 뿐 아니라 아주치 신학교의 교수로 재직하던 그의 아들과 함께 "성인들의 삶"이라는 책을 발간하기도 했다. 그와 그의 아들로 말미암아 천주교 문서 사역이 일본에서 본격적으로 시작된 것이다.197 이와 같이 요호킨과 포인의 헌신적인 노력으로 말미암아 일본의 기독교 문서 사역이 활발히 진행되었을 뿐 아니라 그들의 노력의 일환으로 일반 교육을 위한 기초가 튼튼히 놓이게 되었다.

일본 선교 초기에 규슈 지역을 다스리던 영주들 가운데서 특별히 천주교와 깊은 인연을 맺고 천주교를 적극적으로 후원하였던 세

---

195 당시 선교사들이 일본의 여러 지역에 신학교들을 설립하였는데 그 중 대표적인 신학교가 설립된 지역이 아주키, 야마구치, 아리마 등 이었다.

196 당시 선교사들이 세운 병원이 Funai에 있었는데, 이 병원은 Almeida 선교사의 적극적인 노력과 후원으로 세워졌다.

197 Yanagita, 17.

명의 영주들이 있었다. 천주교에 대한 적극적인 후원자였던 요시시게 오토모, 수미타다 오무라, 하루노부 아리마(有馬 晴信, 1567-1612) 등 세 명의 영주들은 발리냐노의 요청에 적극 반응하여 일곱 명의 일본 소년들을 바티칸으로 파송했다. 1582년 일본을 떠난 일곱 명의 소년들은 인도의 고아(Goa)를 거쳐 즉각 유럽으로 향했다. 포르투갈, 스페인, 이태리를 방문하면서 스페인 왕 필립 2세와 교황 그레고리 8세를 만났다. 1590년 유럽 방문을 마치고 돌아 온 일곱 명의 소년들은 고도로 발달한 천주교 문명의 우수함과 영광스러움을 일본에 전하는 전도사가 되었다. 이와 같은 간접 교육을 통한 선교 전략은 일본 선교를 위해 매우 효과적으로 사용되었을 뿐 아니라 서구 문명을 동경하던 일본의 지도자들에게 천주교에 대한 호기심과 호감을 불러일으키는 계기가 되었다. 1591년 발리냐노가 유럽 방문을 마치고 돌아온 일곱 명의 소년을 데리고 교토에 있는 주라쿠다이(聚樂第) 성에서 히데요시를 만났을 때가 초기 기독교 선교의 정점이었다고 할 수 있는데 당시 히데요시는 그들에게 전례 없던 호의와 환대를 베풀었다고 한다.

 이와 같이 초기 일본 선교사들은 현지인들의 교육에 깊은 관심을 가지고 많은 시간과 물질을 투자하였다. 선교사들이 교육에 깊은 관심을 가지게 된 배경에는 성경을 철저하게 가르치려는 의도가 숨겨져 있었다. 선교사들의 교육 정책이 일반인들을 위한 일반 교육에도 많은 공헌을 했지만 특별히 교회 교육, 성경 교육, 교회 지도자 배출을 위한 신학교육 등 주로 선교적 목적을 두고 진행되었다.

사회사업

초기 선교사들은 더 효과적인 일본 선교를 위해 직접적인 전도와 교육뿐만 아니라 적극적인 사회사업을 펼쳐 나갔다. 초기에는 구제 사업과 더불어 병든 자들을 치료하기 위한 병원 사역이 매우 활발하게 전개되었다. 알메이다 선교사가 후나이에 세운 병원을 필두로 해서 많은 병원들이 일본 전역에 설립되었는데, 선교 초기에 세워진 병원들의 숫자가 대략 20여 개 정도라고 한다. 그중에서도 1583년에 나가사키에 세워졌던 "자비의 집"이라고 불리던 병원은 후일 중앙정부의 압력에 의해 강제로 문을 닫기 전까지 거의 40여 년 동안 일본 전역에서 가장 훌륭한 의료 서비스를 제공했었다.[198]

병원 설립 외에도 선교사들은 매우 적극적으로 사회사업을 펼쳐 나갔다. 1558년 야마구치 지역에 큰 흉년이 들었을 때 코스메 데 토레스 선교사는 먼 지역으로부터 몰래 쌀을 들여와 그 지역에 사는 굶주린 교인들뿐만 아니라 주민들에게 양식을 나누어 주기도 했다. 당시에는 기독교에 반기를 드는 다이묘들이 다스리는 지역에 살고 있던 성도들이 핍박을 피해 신앙을 지키기 위해 기독교를 지지하거나 후원하는 다이묘나 영주가 다스리는 지역으로 이주해 오는 경우가 허다했다. 기독교 지역에 머물고 있던 선교사들과 기독교인들은 신앙을 위해 이주해 온 성도들을 위해 식량을 비롯한 생필품들을 적극적으로 지원하였다. 선교사들은 종종 국지적인 흉년

---

[198] Yanagita, 18.

에 대비해서 식량을 비축해 두거나 창고를 지어 식량을 보관하여 흉년이 찾아오면 비축된 식량을 풀어 구제하는 일에 매우 적극적으로 참여하였다. 이러한 식량 지원 외에도 노인들을 위한 보호시설 설립이나 과부와 고아와 같은 사회적 약자들을 보호하기 위한 사업들을 적극적으로 펼쳐나갔다. 신앙 없는 일본인들의 눈에는 선교사들과 기독교인들의 적극적인 사회사업이 기이하게만 여겨졌다고 한다. 일반 세속 사회에서 벌어질 수 없던 일들이 눈앞에서 펼쳐지는 것을 보고 현지인들이 많은 찬사를 보냈다고 한다.[199]

3. 핍박과 성장의 시대

선린 정책

1582년 도요토미 히데요시가 오다 노부나가의 권력을 이어받고 난 후 얼마 동안은 기독교 선교가 매우 활발히 진행되었다. 집권 초기에는 히데요시가 기독교에 대하여 매우 호의적인 정책을 펼쳤다. 그는 집권 초기에 서구 문화나 문물들에 대해 매우 깊은 관심을 가지고 있었을 뿐 아니라 서구 세력을 정치적으로 이용하려는 의도도 지니고 있었다. 노부나가가 불교 세력을 견제하기 위하여 기독교를

---

199 Drummond, 73.

정치적으로 이용했듯이[200] 히데요시 역시 권력을 이양받자마자 자신의 정치적인 입지와 권력을 유지하기 위하여 기독교를 적극적으로 이용하였다. 1590년 그가 일본을 통일할 때까지 그는 무력을 사용하는 불교에 대하여 매우 적대적이었다. 그가 얼마나 불교를 정치적으로 핍박하였는가를 보여주는 한 사례가 있다. 그 당시 절에 거주하던 승려들의 평균 숫자가 대략 100명 정도였는데 히데요시가 불교를 핍박한 이후로 절에 살고 있던 승려들의 숫자가 평균 네다섯 명으로 줄었다고 한다.[201]

히데요시가 선교사 추방령을 선포한 1587년 7월 24일 전까지만 해도 그는 기독교에 대하여 매우 우호적이었으며, 특히 그의 집권 초기 약 5년 동안 선교사들과 매우 친밀한 관계를 유지했었다. 그의 부하 장군들 가운데는 일본 기독교 역사상 매우 유명한 기독교인들이 많이 포함되어 있었다. 그의 가장 아끼는 장군이었던 고니시 유키나가(小西 行長, 1558-1600), 친위대장이었던 다카야마 우콘, 친위대의 쿠로다 요시타카(黒田 孝高, 1546-1604) 등이 모두 기독교인이었고, 그의 궁중 학자들과 의사들이 거의 기독교인들이었다.

---

200 노부나가는 자기의 정적이었던 Asai와 Asakura를 지지하던 불교 세력을 제거하기 위해 1571년 교토 Hiei 산에 자리 잡고 있던 절들을 습격하여 수많은 승려들과 군승들을 제거하는데 성공다. 당시 불에 타 무너진 불교 사원만 400개 정도가 되고, 살해당한 승려들만 대략 3,000명이 된다고 한다.

201 Drummond, 76.

선교사 추방령(1587. 7. 24)

선교사들에 대하여 우호적이었던 히데요시는 1587년 칙령을 내려 모든 서구 선교사들이 20일 안에 일본을 떠날 것을 명했다. 이는 전혀 예상치 못했던 사건이었고, 이전까지의 상황을 고려할 때, 서구 선교사들을 비롯한 모든 사람들의 기대를 깨고 갑자기 선교사들의 추방을 명한 것은 매우 이례적인 것이었다. 그가 내린 선교사 추방령은 다음과 같았다.

외국 종교를 가르치는 교사들이 우리 땅에 와서 일본의 법과 상치되는 다른 법을 선포하고, 우리의 신들인 가미와 호토케를 섬기는 신사와 절들을 파괴하는 무례를 범한다는 사실을 신하들로부터 듣고, 이러한 범죄는 극형에 처해야 마땅하나 그들에게 자비를 베풀어 20일 안에 일본을 떠날 것을 명한다. 앞으로 남은 이십 일 동안 그들에게 아무런 해나 상처를 입히지 않을 것이다. 하지만 그 기간이 끝났는데도 일본에 남아 있는 외국인들이 발견된다면 그들은 극악한 죄인으로서 즉시 잡혀 형벌을 받게 될 것이다. 선교사들과 상관없이 포르투갈 상인들은 예전처럼 우리의 항구에 들어와 계속 상거래를 할 수 있다.... 그러나 포르투갈 상인들이 절대로 그들의 배에 외국 종교를 가르치는 사람들을 싣고 일본으로 들어와서는 안 된다. 만일 종교를 가르치는 사람들을 싣고 들어오다 발각이 되면 그 배와 배에 싣고 온 물건들은 모두 압수될 것이다.[202]

히데요시가 내린 칙령의 내용을 분석해 보면 그가 선교사들의 추방은 명하면서도, 포르투갈 상인들과의 상거래는 지속하기를 원했다는 것을 알 수 있다. 히데요시는 선교사들의 선교 활동이 자기가 생각해 온 정치, 경제적 이득에 크게 도움이 되지 않는다는 판단하에 그들을 추방하기로 결정한 것 같다. 그의 이러한 결정의 배경에는 여러 가지 요인들이 작용했을 가능성이 크다. 히데요시의 추방령과 연관된 해석들이 다양하지만 대부분 역사가들이 공히 중요한 요인으로 꼽는 내용들은 다음과 같다.

첫 번째 이유는, 그는 기독교 세력이 지나치게 커지는 것을 경계했을 가능성이 크다. 점점 커지는 기독교 세력의 배후에는 정치적으로나 군사적으로 매우 영향력 있는 크리스천 영주들이나 다이묘들이 있었다. 그 대표적인 인물이 바로 규슈 지방에서 막강한 정치, 군사적 영향력을 발휘하고 있던 다카야마였다. 다카야마는 선교사들이나 외국 상인들과 친근한 관계를 맺고 있으면서 자기 영지 내에서뿐 아니라 규슈 전체에서 매우 막강한 영향력을 행사하고 있었다. 당시 규슈 지방에는 상당한 정치, 군사적 영향력을 발휘하던 고니시나 구로다도 있었지만, 히데요시가 유독 다카야마를 견제한 이유는 그가 외국인들의 적극적인 후원을 받아 정치, 군사적으로 지나치게 비대해졌기 때문이다. 히데요시가 칙령 발표 직후에 다카

---

202 Cary, *A History of Christianity in Japan: Roman Catholic and Greek Orthodox Missions*, 106.

야마를 정치적으로 제거한 것을 보면 그가 칙령을 이용해 자기의 정적들을 제거한 것이라고 할 수 있다. 후일 히데요시가 다시 기독교 선교사들을 호의적으로 맞이했던 기록들을 참고해 보면 칙령의 목적이 기독교를 완전히 제거하는 데 있었다기보다 기독교의 정치, 군사적인 영향력을 약화시키고 나아가 정적들을 제거하는 데 있었다고 보아야 할 것이다.

두 번째 이유는, 히데요시가 차츰 기독교에 대한 부정적인 시각을 갖기 시작했기 때문이다. 그는 종종 자기 주치의였던 야쿠인(藥院)으로부터 기독교를 믿는 영주들이 일본의 전통 종교들을 어떻게 부정적으로 취급하는지를 들었다. 기독교를 믿는 영주들이 불교나 신토 사원들을 불태우고 주민들을 강제로 개종시킨 사례들을 접하고 나서 히데요시는 몹시 분노했다고 한다. 기독교인들에 대해 몹시 화나 있던 히데요시는 포르투갈 상선을 타고 와서 히라도에 정박해 있던 코엘료 신부에게 다음과 같은 질문에 답할 것을 요구했다.

> 왜 당신은 강제로 일본인들을 기독교로 개종시키는가? 왜 당신을 따르는 기독교인들은 사원들을 파괴하는가? 왜 당신은 불교를 믿는 승려들을 핍박하는가? 왜 당신은 고기를 먹어서 일본의 관습을 파괴하는가? 누가 포르투갈 사람들에게 일본인들을 사서 인도로 끌고 가 노예로 팔 수 있는 권리를 주었는가?[203]

---

[203] Cary, *A History of Christianity in Japan: Roman Catholic and Greek Orthodox Missions*, 105.

코엘료 신부는 즉각 히데요시에게 답신을 보냈다. 그는 기독교는 유일하신 한 분 하나님만 믿기 때문에 성도들에게 다른 우상들을 섬기지 말 것을 가르친다는 사실과, 사원을 파괴한 일에 관해서는 각 지방을 다스리는 다이묘들이 허락한 경우에 한해서만 그렇게 했다는 사실을 전달하였다. 그는 기독교인들이 승려들을 핍박한 일이 없었으며, 앞으로 선교사들이 고기를 먹는 것을 절제할 것과 노예거래를 즉각 중지할 것을 약속하는 내용을 답신에 포함시켰다. 코엘료의 답신에도 불구하고 히데요시는 매우 완강하였으며 실제로 기독교를 핍박하기 시작했다. 히데요시는 선교사들이 일본의 전통적인 종교나 가치를 파괴하는 것을 싫어했을 뿐 아니라 기독교가 일본 문화 속에 지나치게 깊숙이 침투하는 것을 막아보려고 했던 것 같다.

세 번째 이유는 유럽 상인들이나 선교사들이 지나치게 교만하고 경제적인 이익만을 위해 일본인들을 착취하는 사람들이라고 생각했기 때문이다. 현지인들의 눈에는 서구 기독교인들의 행동이나 삶이 세속적으로 보였으며, 그들이 말하고 가르치는 것과 괴리가 있는 것으로 보였다. 어느 날 선교사들의 매우 교만한 모습을 보고 히데요시가 그들을 가리키면서 위선자들이라고 했다고 한다. 히데요시는 선교사들이 서구 열강의 앞잡이 노릇을 하며 일본으로부터 경제적인 이득을 취하려는 자들이라고 여겨 그들을 경계하고 추방하려했던 것이다.[204] 혹자는 히데요시가 서구 열강이 일본을 식민

---

[204] Cary, *A History of Christianity in Japan: Roman Catholic and Greek Orthodox Missions*, 104.

국가로 만들려는 계획을 진행하고 있었다고 믿었기 때문에 선교사 추방령을 내렸을 것이라고 주장하기도 한다.

국지적인 핍박

선교사 추방령이 선포된 후 규슈 지방을 중심으로 몇몇 지역에서는 실제로 심각한 핍박이 진행되었다. 1588년에는 나가사키에 있는 교회의 토지들이 중앙정부에 의하여 몰수 되었고, 여러 교회들과 학교들이 파괴되었다. 히데요시는 그 지역을 다스리던 다이묘로부터 나가사키를 빼앗아 제국의 일부로 편입시킨 후 직접 자기의 수하에 두었다. 핍박 초기에는 계속되는 코엘료 신부의 간청과 중재의 노력에도 불구하고 히데요시는 오사카, 사카이, 교토 등에 흩어져 있던 예수회 신부들의 거처를 모두 파괴해 버렸고, 그 지역에 세워졌던 22개 교회 건물들을 모두 없애 버렸다.[205] 선교사 추방령에도 불구하고 몇몇 영주들을 제외하고 대부분 영주들은 기독교인들을 심각하게 핍박하지 않았다. 히데요시의 칙령에 따라 자기 영지에 속한 기독교인들을 적극적으로 핍박한 다이묘는 히라도 지역을 다스리던 오토모 야수미네 뿐이었다. 그는 신실한 신자였던 다카야마가 배교하지 않고 자기 영지를 포기한 채 쫓겨난 것을 보고, 자기에게 다가올 핍박을 두려워한 나머지 자기 영지에 속한 성도들을

---

[205] Cary, *A History of Christianity in Japan: Roman Catholic and Greek Orthodox Missions*, 109.

핍박하기 시작했다. 그는 자기 신변을 보호하기 위해 선교사들을 더 이상 숨겨주지 않고 내쫓았으며, 자기 명령에 순종하지 않는 여섯 명의 신자들을 처형하였다. 다행히도 야수미네의 협박과 핍박에도 불구하고 대부분 신자들은 그들의 신앙을 져버리지 않았다. 야수미네의 형제자매들과 계모조차 그의 명령에 굴하지 않고 그들의 신앙을 지켰다고 한다.[206]

히데요시는 연이은 칙령들을 통해 모든 일본 기독교인들은 신앙을 포기하든지 아니면 유배나 순교를 선택할 것을 강요하였다. 하지만 뒤에 발표된 칙령들은 철저하게 시행되지는 않았고 이미 선포된 선교사 추방령도 실제로는 심각하게 적용되지는 않았다. 당시 히라도에는 대략 120명 정도의 예수회 선교사들이 있었지만 실제로 추방된 선교사는 세 명에 불과했다.[207] 역사가들은 히데요시가 실제로 선교사들을 추방하거나 기독교인들 핍박하려고 칙령들을 선포한 것이 아니라 자신의 정치적인 힘을 과시하기 위해 그렇게 한 것이라고 본다. 실제로 피해를 본 다이묘는 다카야마 우콘 밖에 없었고, 독실한 기독교인이었던 코니시 유키나가와 구로다 요시타카 같은 다이묘들이 건재했던 것을 보면 그의 의도가 다분히 정치적이었다는 것을 알 수 있다. 그가 일본의 기독교인들에게 배교를

---

206 Cary, *A History of Christianity in Japan: Roman Catholic and Greek Orthodox Missions*, 108-09.

207 Yanagita, 110. 선교사 추방령이 내려진 후 코엘료 선교사는 모든 예수회 선교사들을 아리마로 불러서 중요한 회의를 개최했다. 그는 선교사들에게 신부 복장을 하지 말고 평민들이 입는 옷을 입고 기독교 신자인 다이묘들이 다스리는 지역으로 흩어질 것을 명했다. 코엘료의 제안에 따라 아리마에 70명, 오무라에 12명, Amakusa에 9명, Bungo에 5명, 히라도에 4명, Kurume에 2명이 숨어 있었다.

하든지 아니면 순교할 것을 요구한 것도 다분히 기독교인들의 정치적인 결집력을 시험해 본 것이다.

핍박 중에 일어난 성장

선교사 추방령이 내려진 중에도 적지 않은 일본인들이 기독교로 개종하는 일들이 자주 발생했다. 이 기간에 일어났던 기억할 만한 사건으로는 히데요시 부인의 조카가 세례를 받았다는 것과 단고(丹後)지방을 다스리던 다이묘였던 호소가와(細川 藤孝, 1534-1610)의 부인이 기독교로 개종했다는 사실이다. 호소가와 부인은 다카야마가 그의 남편에게 복음을 전할 때 옆에서 복음의 내용을 듣고 기독교에 대해 깊은 관심을 가졌었다고 한다. 호소가와 부인은 자기 남편이 오사카로 출장 간 틈을 이용하여 몰래 교회를 방문하여 기독교 교리를 배우고 즉석에서 세례를 받았기를 원했다고 한다. 1587년 아리마 지역을 다스리던 다이묘는 자기 영지에 속한 모든 백성에게 기독교로 개종할 것을 명하여 그 해에만 대략 2,000명 정도가 세례를 받기도 했다.[208]

몇몇 역사가들은 히데요시가 기독교와 가장 우호적인 관계를 유지했던 때를 1586년경으로 보고 있다. 히데요시와 선교사들의 관계가 얼마나 우호적이었는가를 보여주는 한 사건이 1586년 5월

---

[208]   Cary, *A History of Christianity in Japan: Roman Catholic and Greek Orthodox Missions*, 107-08.

4일 오사카에서 벌어졌다. 그 날 히데요시는 그가 새롭게 건축한 오사카 성에서 예수회 소속 선교사였던 개스퍼 코엘료(Gasper Coelho)와 루이 프로이(Louis Frois)를 비롯해 일곱 명의 예수회 선교사들과 여섯 명의 신학생들을 초청하여 큰 잔치를 벌였다. 그 자리에는 선교사들 뿐 만 아니라 히데요시의 심복이었던 다카야마 우콘 장군도 참석하였다. 히데요시는 그 날 공식석상에서 자신이 늘 앉아있던 권좌에서 일부러 내려와 그들과 농담도 하고 큰 소리로 웃기도 했다. 그는 그 자리에서 선교사들이 아무런 대가 없이 먼 타국에 와서 헌신적인 희생과 사랑을 베푸는 것에 대해 매우 감사하며 칭찬을 아끼지 않았다고 한다.209 선교사들에게 보여준 히데요시의 이러한 태도는 비록 그가 공식적으로 선교사 추방령을 거두어들이지 않았지만 내심 지속적으로 기독교와 우호적인 관계를 유지해 가기를 원했다는 점을 드러내 준다.

예수회 선교사들에게 추방 명령이 내려진 이후로 인도에 본부를 두고 있던 예수회 지도자들도 이 문제를 해결하기 위해 다양한 방법들을 동원하기 시작했다. 궁리 끝에 예수회 지도자들이 내린 결론은 히데요시에게 공식적으로 대사를 파송하여 추방령을 거두어들이도록 하는 것이었다. 그들은 종교적인 문제를 종교적인 방법으로 해결하려고 하지 않고 정치적인 방법으로 해결하려고 했다. 당시 인도에 머물고 있던 발리냐노는 일본에서 선교사 추방령이 내려졌다는 소식을 듣고 나름대로 대책을 강구하였다. 오랜 시간 고

---

209 Cary, *A History of Christianity in Japan: Roman Catholic and Greek Orthodox Missions*, 76.

민과 회의를 거듭한 끝에 그는 마침내 히데요시를 다시 만나기 위해 직접 배를 타고 일본을 향했다. 이번에는 선교사 자격이 아닌 인도 총독의 대사 자격으로 일본을 방문한 것이다. 긴 항해를 마친 발리냐노는 1591년 5월 3일 마침내 교토에서 히데요시를 만났다. 히데요시는 그 자리에서 발리냐노에게 선교사들이 사제 의복을 착용하지 않고, 일본 종교의 우상들을 파괴하지 않는다면 선교 활동의 자유를 허락하겠다고 약속했다. 이후로 히데요시는 자기 군대에 속한 사무라이들이 십자가가 새겨진 의복을 입고 다니는 것도 허락했을 뿐 아니라 자기 자신도 포르투갈 의복을 입고 염주를 목에 걸고 다녔다고 한다. 발리냐노와의 정치적인 담판 이후로 히데요시는 다시 한번 선교사들의 자유로운 선교 활동을 보장해 주었고 이후로 일본에는 또 한 번의 영적 부흥의 물결이 찾아와 많은 사람들이 기독교로 개종하였다.

히데요시가 비록 선교사 추방령을 선포하기는 했지만, 그가 기독교와 적대적인 관계를 유지하기보다 도리어 우호적인 관계를 유지하고 싶어 했다는 사실을 보여주는 역사적인 사건들이 종종 발견된다. 예를 들자면 그는 자기 휘하에 있던 장군들이 기독교 포교 활동에 매우 적극적이라는 사실을 알면서도 묵인한 경우가 허다했다. 대표적인 예로 그의 심복이었던 고니시 유키나가 장군이 규슈 지방에서 그의 영향력을 넓혀가는 과정에서 자기가 정복한 지역의 주민들에게 반강제로 기독교로 개종할 것을 요구하고 있다는 사실을 알면서도 그는 아무런 제재나 핍박을 가하지 않았다. 1588년 고니시 유키나가가 규슈 남부지역에 자리 잡은 히고(肥後) 지역을 다스리기 시작할 무렵 히고 지역에 사는 주민들의 대부분이 유키나가의 요청을 받아들여 기독교를 받아들이기 시작했다. 1588년에서 1589년 사이에는 호쿠리쿠(北陸) 지역에서 복음이 왕성하게 전파되었으며, "오다와라(小田原) 전투"가 끝난 뒤에는 도카이도(東海道) 지역을 중심으로 선교활동이 매우 활발하게 진행되었다.210

4. 새로운 선교회들의 입국

스페인 선교사들의 입국

1593년 이전까지만 해도 일본 선교는 포르투갈 출신 예수회 선교사들에 의해 독점적으로 진행되어 왔다. 1593년 전에는 포르투갈이 일본에서 선교 사역을 독점하였을 뿐 아니라 대부분 무역도 독점하여 왔다. 그러나 갑자기 1593년에 필리핀을 다스리고 있던 스페인 총독의 대사 자격으로 페드로 밥티스타(Pedro Baptista, 1545-1597) 신부가 일본에 도착하면서부터 일본 선교 역사에 새로운 변화가 찾아온다. 스페인 출신으로 프란시스 수도회(Franciscan) 소속 선교사였던 페드로 밥티스타가 세 명의 프란시스칸 신부와 함께 히데요시를 방문한 것이다. 프란시스코 선교회에 속한 선교사들의 입국은

---

210   Yanagita, 19-20.

이미 일본에서 오랫동안 독점적인 선교 사역을 수행해 왔던 예수회 선교사들에게는 전혀 달갑지 않은 사건이었다. 당시 로마 교회의 선교 정책들 가운데서 오랫동안 매우 중요하고 엄격하게 지켜져 내려온 정책이 바로 "지역 분할 정책"(Comity Policy)이었는데, 이러한 원칙이 깨어지고 만 것이다.

1) 선교회들 간의 경쟁

해상 무역이 활발하게 진행되던 시대에는 해상 무역을 주도하던 국가들 사이에 심각한 갈등과 전투가 상존하고 있었을 뿐 아니라 로마 교회에 속한 수도회 간에도 심각한 갈등이 상존하고 있었다.[211] 당시 소위 공격적인 선교를 수행하던 예수회(Jesuit)와 그 외의 수도회들 - 프란시스코 선교회(Franciscan), 도미니코 수도회(Dominican), 어거스틴 수도회(Augustinian) - 사이에는 선교적 방법이나 '상황화'(contextualization) 문제에 관한 신학적 해석의 차이로 인해 적지 않은 갈등과 긴장이 상존했다. 당시 예수회 소속 선교사로 일본에서 상당한 영향력을 발휘하고 있던 발리냐노는 그의 글을 통하여 왜 일본에 다른 선교회 소속 선교사들이 들어와서는 안되는지를 논리적으로 설명하기도 했다.

그가 주장한 내용을 살펴보면 매우 흥미롭다. 그는 타 선교회가

---

[211] Drummond, 83. 1580년 스페인 왕이었던 필립 2세가 포르투갈의 왕을 겸하게 된 후 그가 발표한 문서에는 포르투갈이 일본에서의 모든 상권을 독점한다는 내용이 포함되어 있다.

일본에 들어와서는 안 되는 첫 번째 이유로 일본인들의 눈에 기독교가 다양한 분파로 갈라져 있는 것처럼 보여서 마치 기독교가 강한 분리주의적 성격을 지닌 종교로 인식될 가능성이 높다는 점을 지적하였다. 각 수도회가 지닌 다양한 특징들 가운데서도 특별히 서로 다른 그들의 의상, 관습, 삶의 방식 등이 현지인들의 눈에 기독교가 마치 하나 되지 못하고 분열과 논쟁을 일삼는 종교로 비칠 수 있다는 점을 언급하였다. 그가 지적한 두 번째 이유는 각 수도회에 속한 선교사들이 일본에 입국하기 전에 이미 타국에서 경험한 현지인들에 대한 부정적인 선입관들이 일본 선교 사역을 수행하는 데 적합하지 않다는 것이었다. 그는 일본같이 고도로 발달한 문화와 문명을 지닌 나라에서는 다른 선교지에서 사용하던 방법이나 태도가 적합하지 않다고 주장하였다. 발리냐노의 이러한 주장은 매우 설득력이 있어서 당시 예수회 총회에서 적극적으로 받아들여졌다. 그 결과 교황 그레고리 13세는 1585년 1월 28일에 예수회 외의 어떤 수도회도 일본에서 선교 사역을 수행하는 것을 금하는 칙령을 발표하게 된다.[212]

이와 같은 선교적 상황 하에서 코엘료는 일본 선교 정책에 있어서 발리냐노와 전혀 다른 견해를 지니고 있었다. 발리냐노의 입장이 매우 완강함에도 불구하고 코엘료는 1584년과 1585년에 마닐라에 편지를 보내 군사적인 지원을 요청하면서 일본에 프란시스코 선교사들을 보내 줄 것을 요청하였다. 코엘료의 생각은 예수회 선

---

212 Drummond, 83. 발리냐노가 1583년에 쓴 공식적인 문서의 이름은 "Sumario"였고, 1585년에 교황 그레고리 8세가 발표한 문서 이름은 "Ex Pastorali Officio"였다.

교사들만으로는 일본 선교가 불가능해서 더 많은 선교사들이 일본으로 파송되어야 한다는 것이었다. 이러한 요청은 일본의 기독교인들과 기독교 지도자들 사이에서도 자발적으로 전개되었다. 1584년에는 히라도의 영주였던 마츠우라가 마닐라에 편지를 보내 더 많은 프란시스칸 선교사들을 보내줄 것을 요청하였고, 1591년과 1592년에는 기독교 신자로서 탐험가였던 하라다 마고시치로가 마닐라에 편지를 보내 더 많은 선교사들을 보내줄 것을 요청하기도 했다. 1591년에는 히데요시가 이러한 선교적인 목적과 달리 정치적인 목적으로 마닐라에 있는 스페인 총독에게 매우 이례적인 편지를 보냈다. 히데요시가 스페인 총독에게 보낸 편지의 내용은 자기가 전 일본의 유일한 통치자임을 인정해 달라는 것이었다.[213] 필리핀에서 이와 같은 편지를 받은 스페인 총독은 프란시스칸 수도사인 페드로 밥티스타와 더불어 세 명의 선교사들을 일본에 파송하게 된다. 그들이 바로 일본에 최초로 발을 디딘 프란시스칸 선교사들이다.[214]

2) 히데요시의 정치적 목적과 선교

처음 일본에 발을 디딘 네 명의 프란시스칸 선교사들은 히데요시로부터 극진한 대접을 받았다. 페드로 밥티스타는 스페인과 일본 정

---

213 Drummond, 84.
214 Yanagita, 20.

부 사이의 무역에 관한 계약을 성공적으로 맺을 수 있었다. 페드로 밥티스타가 마닐라로부터 부역 협정에 관한 재가를 기다리는 동안 그들은 교토에서 히데요시의 극진한 대접을 받고 있었다. 그들이 도착한 다음 해에는 히데요시의 배려로 나고야에 "천사 왕비의 교회"(the church of the Angel Queen)를 건축할 수 있었다. 그들은 나고야에 교회를 지을 수 있었을 뿐 아니라 그곳에 수도원을 짓고 자유롭게 선교 사역을 펼쳐 나갈 수 있었다. 페드로 밥티스타는 더 많은 프란시스칸 선교사들을 일본으로 불러들이기 위하여 거짓으로 더 많은 외교관들이 필요하다고 둘러대어 히데요시의 허락을 얻어내는 데 성공한다. 이러한 수법으로 일본에 들어온 많은 프란시스칸 선교사들은 공식적이면서도 매우 자유롭게 선교 사역을 펼쳐 나갈 수 있었다.[215] 그들은 교회 옆에 가난한 자들을 위한 병원들을 지어서 일본인들의 마음을 쉽게 얻을 수 있었다. 그들이 병원을 지을 때 소용되는 경비는 주로 일본의 현지인들에 의하여 조달되었고, 일부분만 필리핀의 총독으로부터 조달되었다. 병원 사역을 위하여 히데요시도 매년 일정한 양의 쌀을 보내주었고, 그의 조카인 히데츠구도 종종 돈과 쌀을 보내왔다. 교토 지역에 살고 있던 신자들뿐만 아니라 나가사키(長崎) 지역에 살고 있던 포르투갈 상인들도 종종 후원금을 보내오기도 했다.[216]

스페인 출신 프란시스칸 선교사들에 의하여 진행되고 있는 겉

215　Yanagita, 21.
216　Drummond, 84.

으로 드러난 선교 사역들은 포르투갈 출신 예수회 선교사들의 마음에 가시와 같았다. 스페인 출신 프란시스칸 선교사들의 이러한 사역들은 예수회 선교사들의 눈에는 그들이 마치 일본에서 공식적인 선교활동을 하면 안 된다는 '선교 금지령'을 무시하는 것처럼 보였을 뿐 아니라 심지어 세 간의 비난의 대상이 되기도 했다. 당시 예수회 선교회의 일본 주교였던 페드로 마르티네즈(Pedro Martinez)는 페드로 밥티스타의 이러한 자유분방한 선교방식의 위험성에 대해 자주 경고를 보냈지만, 페드로 밥티스타와 함께 사역하던 프란시스칸 선교사들은 그의 말을 경청하지도 따르지도 않았다. 스페인 출신 프란시스칸 선교사들은 심지어 당시 교토를 다스리던 통치자의 진심 어린 충고조차 무시해 버렸다. 교토 지역에 살고 있던 신실한 기독교인들이 사랑과 진심으로 주는 충고조차 거절해 버렸다. 현지 기독교인들은 히데요시가 자신의 정치적인 목적을 달성하기 위해 선교사들을 정치적으로 이용하고 있다는 사실을 누구보다 잘 알고 있었다. 후일 드러난 사실이지만 히데요시는 필리핀의 스페인 총독으로부터 자기가 원하던 정치적인 재가를 얻지 못하자 즉각적으로 기독교인들을 핍박하기 시작했고, 외국 선교사들을 추방시켰다. 그가 모든 선교사들을 처형하거나 추방했음에도 불구하고 자기의 정치, 경제적인 목적을 달성하기 위하여 일부 선교사들을 살려주었던 점을 고려해 볼 때 그가 기독교와 선교사들을 순수한 종교적 동기에서 허용한 것이 아니라 정치적 목적을 달성하기 위해 적절하게 이용했다고 보아야 할 것이다.

선교회들의 갈등

16세기 후반으로 갈수록 포르투갈 상인들과 스페인 상인들 사이에 경쟁이 점점 심각해지기 시작했다. 일본에서의 상권을 놓고 양국의 무역상들이 서로 치열한 경쟁을 벌이는 사이에 양국의 서로 다른 선교회 출신 선교사들도 서로 심각한 갈등의 양상을 보였다. 이미 일본에 와서 조심스럽게 선교 사역을 꾸준히 확장해 왔던 예수회 선교사들의 눈에 지나치게 공공연하게 선교 사역을 펼쳐 나가는 프란시스칸 선교사들의 사역이 만족스러울 리가 없었다. 이미 선교 사역 금지와 선교사 추방령이 내려진 상황에서 조심스럽게 선교 사역을 펼쳐 나가고 있는 예수회 선교사들과 달리, 정치 군사적인 힘을 믿고 오만하게 선교 사역을 진행하고 있던 프란시스칸 선교사들의 선교방식이 선교회 간의 갈등을 불러온 것은 매우 자연스러운 결과였다.

1) 선교지 상황에 대한 인식 차이

앞에서 이미 언급한 바와 같이 교황 그레고리 13세가 1585년에 '지역 분할 정책'에 따라 일본을 예수회의 선교지로 할당하였다. 그러나 히데요시의 요청에 따라 프란시스칸 선교사들이 일본에 들어옴으로써 두 선교회 사이에 심각한 갈등이 야기된 것이다. 예수회 선교사들이 생각할 때 교황에 의하여 할당된 선교지에 다른 선교단체가 들어오는 것을 영토침략이라고 여기는 것은 당연한 일이다. 특별히, 선교사 추방령이 내려진 상황에서 매우 조심스럽게 진행되어야 할 선교 사역을 프란시스칸 선교사들이 지나치게 공격적으로 펼쳐 나가는 모습을 보며 그들의 선교 전략이 위험하다고 판단한 데서부터 갈등이 시작된 것이다. 예수회 선교사들은 프란시스칸 선교사들이 히데요시의 명령을 어기고 공공연하게 선교 사역을 진행한다면 후일 자칫하면 기독교에 대한 더 큰 핍박이 닥쳐올 수도 있다는 가정하에 그들의 사역 방법을 염려했던 것이다.[217]

실제로 프란시스칸 선교사들이 나가사키에서 선교 사역을 시작하자마자 그 도시의 관리들이 선교사들이 시행하는 미사에 참석하는 사람들은 누구든지 처벌을 받게 될 것이라고 위협한 기록이 남아있다.[218] 후일에는 나가사키 관리들의 방해로 말미암아 상당수의 프란시스칸 선교사들이 더 이상 나가사키에서 사역하지 못하고 교토로 돌아간 사례도 있다. 일부 예수회 선교사들은 그들이 나가사키에서 더 이상 선교 사역을 하지 못하게 되자 일본인 신자들 앞에서 그들을 직접 비난하기도 했다.[219] 나가사키의 정치적인 환경을 정확히 파악하지 못하고 사역에 뛰어든 프란시스칸 선교사들의 실수로 말미암아 나가사키에서 조심스럽게 선교 사역을 수행해 오던

---

[217] Cary, *A History of Christianity in Japan: Roman Catholic and Greek Orthodox Missions*, 121.

[218] Cary, *A History of Christianity in Japan: Roman Catholic and Greek Orthodox Missions*, 121.

[219] Cary, *A History of Christianity in Japan: Roman Catholic and Greek Orthodox Missions*, 121.

예수회 선교사들마저 타지역으로 추방을 당하게 된 것이다. 선교지 상황을 정확하게 파악하지 못하고 무모하게 시작된 선교 사역의 위험성을 가르쳐 준 좋은 사례라고 볼 수 있다. 선교지 상황에 대한 몰이해나 선입견은 때로 선교 사역을 망칠 수 있을 뿐 아니라 이미 잘 정착된 사역에 방해가 될 수도 있다는 교훈을 얻어야 할 것이다. 두 선교회 간의 이러한 갈등은 일본을 복음화해 나가는 과정을 더디게 했을 뿐 아니라 때론 선교의 문을 닫는 역할을 하기도 했다. 당시 두 선교회 간의 갈등을 목격하며 아파했던 주교 오르간틴(Organtin)는 자신의 편지에서 당시의 안타까움을 이렇게 기술하고 있다: "이러한 (두 선교회 간의) 치명적인 분쟁으로 인해 곧 일본이 기독교가 지배하는 나라로 바뀔 것이라는 최고의 소망이 여지없이 사라져가는 것을 보는구나."[220]

2) 선교방식의 차이

예수회 선교사들은 전통적으로 조심스럽고 치밀한 선교 방법을 사용해 왔다. 그들도 도착 초기에 선교 사역을 시작할 때는 현지인들의 적극적인 반응에 힘입어 다소 무모하고 심지어 '공격적인 선교'를 펼쳤었지만, 선교사 추방령이 내려지고 이후로 일본의 정치 군사 지도자들의 속마음을 읽고 난 후에는 매우 조심스러운 선교 방법을 채택했다. 하지만 이에 반하여 프란시스칸 선교사들은 스페인

---

[220] Cary, *A History of Christianity in Japan: Roman Catholic and Greek Orthodox Missions*, 121.

의 정치 군사적인 힘을 의지하여 지나칠 정도로 교만하고, 공격적인 선교방식을 채택했다. 일본에서 이미 오랜 선교 경험을 축적해 온 예수회 선교사들은 스페인 출신 프란시스칸 선교사들에게 베푸는 히데요시의 호의 속에 매우 치밀한 고도의 정치적인 목적이 숨겨져 있다는 사실을 누구보다 잘 알고 있었을 것이다. 히데요시의 숨겨진 정치적인 의도를 미처 간파하지 못한 프란시스칸 선교사들은 그의 호의를 단순히 기독교에 대한 호의로 받아들였을 가능성이 크다.

예수회 선교사들이 일본 지도자들의 심기를 건드리지 않기 위하여 복장은 물론 행동거지를 매우 조심하며 근신했던 것과 달리 프란시스칸 선교사들은 공공연하게 사제들이나 수도사들이 입는 옷들을 입고 다녔을 뿐 아니라 교회를 짓고 병원을 세우는 등 매우 공공연하게 선교 사역을 추진해 나갔다. 당시 교토에 머물던 예수회 선교사들은 매우 비밀스럽게 모임을 가지거나 조심스럽게 성도들을 만나고 있었다. 이러한 예수회 선교사들의 눈에는 프란시스칸 선교사들이 지나치게 분별력 없이 행동하고 있는 것으로 비쳤다. 한 선교지를 놓고 두 수도회가 지녔던 상반된 이해와 선교 방법은 차츰 두 선교회 간의 심각한 갈등으로 번지게 된다. 예수회 선교사들은 프란시스칸 선교사들의 무모함을 지적하였고, 프란시스칸 선교사들은 예수회 선교사들의 현지인들을 향한 무관심과 나태를 지적하였다. 프란시스칸 선교사들은 예수회 선교사들이 가난한 자들에 대해 무관심할 뿐 아니라 스스로에게 지나칠 정도로 절제를 강

요한다고 여겼다.221

　　포르투갈과 스페인 사이에 상존했던 정치적, 경제석 갈등의 양상이 두 선교회 간의 갈등을 더욱 악화시키는데, 직간접적인 작용을 했다. 예수회 소속 선교사들이 전부 포르투갈 출신들도 아니고, 프란시스코 선교회 소속 선교사 역시 전부 스페인 출신들은 아니었을지라도 두 선교회 소속 선교사들의 대부분은 각각 국가를 따라 분리되어 있었다.222 당시 일본에서 선교 사역에 동참하고 있던 선교사들 대부분은 알게 모르게 매우 심각한 '지역주의'(provincialism) 내지 '국가주의'(nationalism)의 영향을 받고 있었다고 보아야 할 것이다. 두 선교회 간의 선교 방법과 전략에 관한 갈등의 양상은 일본에서 선교 사역을 진행해 감에 있어서 두 선교회 모두에게 매우 치명적인 악영향을 끼쳤다고 볼 수 있다. 선교지에 대한 이해의 차이와 선교 전략을 진행해 가는 과정에서 드러난 두 단체 사이의 불화와 갈등이 일본을 복음화하는 과정에서 심각한 걸림돌이 되었던 것은 사실이다. 이 두 단체의 갈등은 선교 단체나 선교사들이 지닌 선교지에 대한 무지가 가져올 수 있는 선교적 장애가 얼마나 심각할 수 있는지를 잘 드러내 주는 사건이라고 할 수 있다.

221　Drummond, 85.

222　Joseph Jennes, *A Story of the Catholic Church in Japan* (Tokyo: The Committee of the Apostolate, 1959), 74-82. 재인용.

5. 핍박과 순교

이미 선교사 추방령이 선포되었음에도 불구하고 히데요시의 보호와 비호 아래 비교적 자유롭고 공공연하게 진행되던 선교 사역이 갑자기 급격한 전환을 맞이하게 된다. 히데요시의 기독교를 향한 갑작스러운 분노와 핍박의 원인에 대해서는 학자들 사이에 그리고 다양한 역사적인 기록들 간에 다소 차이가 있긴 하지만 대부분 크게 두 가지로 분석하고 있다. 두 가지 중요한 요인 중의 하나는 히데요시가 당시에 필리핀을 다스리고 있던 스페인 총독의 정치적인 재가(sanction)를 얻지 못했기 때문이고, 또 다른 하나는 스페인과 포르투갈이 일본을 식민지로 삼을지도 모른다는 막연한 두려움 때문이었다고 할 수 있다.

핍박의 원인

1) 정치적인 요인

1591년에 히데요시가 자기를 일본 열도의 통치자로 인정해 달라는 요청의 내용을 담은 편지를 당시 필리핀을 다스리던 스페인의 총독에게 보낸 적이 있다. 히데요시는 이 편지를 통해 자신의 정치적인 입지를 공고히 하기 원했을 뿐 아니라 이미 스페인에서 선교 활동을 하고 있던 프란시스칸 선교사들이 일본에 오기를 원했다.

그는 프란시스칸 선교사들의 경건한 삶과 경건에 대한 소문을 접한 후 그들이 일본에 들어오기를 기대했다고 한다.[223] 그 당시 스페인 총독은 이미 기독교인으로서 탐험가로 활동하고 있던 하라다로부터 초청의 편지를 받아 들고 있던 차였고, 스페인 총독은 그의 초청에 대하여 의구심을 가지고 있었다고 한다. 바로 그때 일본의 통치자인 히데요시로부터 또 다른 초청의 글이 도착한 것이다. 히데요시의 편지는 마침내 총독의 마음을 움직였고, 총독은 마침내 밥티스타 신부와 세 명의 프란시스칸 신부들을 일본으로 파송하게 된다. 이미 여러 번에 걸쳐 일본 기독교 지도자들과 코엘료 선교사로부터 더 많은 선교사들을 보내 달라는 요청을 받고 있던 스페인 총독은 히데요시의 편지를 받고 2년이 채 안되어 총독의 대사 겸 선교사들을 일본으로 파송하게 된 것이다.[224]

히데요시의 정치적인 속셈은 일본이 경제적으로 지나치게 편중되게 포르투갈만을 의지하는 데서 오는 부담을 덜고, 스페인을 통하여 본인이 원하는 경제적인 이득을 얻을 뿐 아니라 양국의 군사적인 힘의 균형을 원했던 것이다. 히데요시는 자신이 이미 선교사 추방령을 선포했음에도 불구하고 본인이 설정해 놓은 정치, 경제적인 목적을 달성하기 위하여 스페인 출신 프란시스칸 선교사들의 입국을 허락한 것이다. 스페인 총독의 대사 겸 외교관으로 입국한 밥

---

223 Cary, *A History of Christianity in Japan: Roman Catholic and Greek Orthodox Missions*, 120.

224 Cary, *A History of Christianity in Japan: Roman Catholic and Greek Orthodox Missions*, 120.

티스타 신부는 히데요시가 자신을 일본의 유일한 통치자로서 인정해 달라는 요청에 대한 즉각적인 답을 피하고, 필리핀의 총독에게 결정권이 있는 것이 아님을 그에게 알렸다. 실제로 히데요시를 일본의 유일한 통치자로 인정할 수 있는 권한은 필리핀 총독이 아닌 스페인의 왕이 가지고 있었다. 밥티스타 신부의 설명을 듣고 난 후 히데요시는 스페인 왕으로부터 답신이 올 때까지 스페인 상인들이 일본에서 자유롭게 무역할 수 있는 허가를 내주었다. 단, 필리핀에서 온 프란시스칸 선교사들은 교토에만 머물러야 하며, 일본인들에게 기독교를 전파하거나 가르치는 일은 허락되지 않았다.[225]

2) 식민 통치의 위협

1596년 8월 13일 예수회 소속 피에르 마르티네즈(Pierre Martinez) 신부가 일본에 도착한다. 그는 예수회 선교회 소속 일본 주교로 세움을 받기 위하여 파송된 인물이었다. 역사적인 기록에 의하면 그가 일본에 도착했을 때 많은 예수회 소속 선교사들이 정식으로 사제나 수도사의 복장을 갖추고 그를 영접하였고, 배에서 내려 교회로 가는 도상에서 전통적인 가톨릭 행렬의 모습을 현지인들에게 보여주었다고 한다. 예수회 선교사들은 일본인들이 보는 앞에서 수많은 십자가와 깃발들을 앞세우고 과시하듯 행진을 했다고 한다. 선교사들의 이러한 과시적 행동은 현지인들에게 기독교에 대한 매우

---

225 Cary, *A History of Christianity in Japan: Roman Catholic and Greek Orthodox Missions*, 120.

부정적인 인상을 심어주었다고 한다.[226] 마르티네즈 주교의 입국은 순수한 종교적인 동기에서 이루어진 것이 아니라 다분히 성치석이고 경제적인 동기를 포함하고 있었다. 그가 가지고 온 많은 선물들은 순수한 종교적 목적을 달성하기 위한 것들이라기보다 정치적, 상업적 목적을 달성하기 위한 것들이었다. 주교나 선교사들의 이와 같은 행위가 선교사들이 안정적으로 일본에 발을 디딜 수 있도록 호의적인 여건들을 만들어 준 것은 사실이지만 한편으로는 현지인들의 눈에는 선교사들이 정치인들이나 상인들 앞잡이로 비쳐졌을 가능성을 배제할 수 없다. 실제로 당시 일본의 많은 정치인들이나 상인들은 선교사들을 외세의 앞잡이로 인식하고 있었다고 한다.

1597년 히데요시가 필리핀 총독에게 보낸 편지의 내용을 살펴보면 히데요시가 왕성한 기독교 선교 활동을 바라보면 상당한 정치적인 위협을 느꼈었다는 점을 쉽게 발견할 수 있다. 특별히, 교토 지역에서 활발한 선교 활동을 벌이고 있던 프란시스칸 선교사들이 그 지역에 살고 있던 하층민들 가운데 상당수를 기독교 신자로 만들고 있다는 소문이 히데요시의 마음에 큰 부담이 되었다고 한다.[227] 히데요시는 자기의 안방에 기독교인들이 많아지는 것과 그들이 정치 세력화하는 것에 대한 두려움을 가지고 있었을 것이다. 그는 서양 선교사들이 알게 모르게 불러온 정치적인 위협에 대해 매우 민감해졌고, 이러한 정치적인 위협의 원인 제공자들인 선교사

---

[226] Cary, *A History of Christianity in Japan: Roman Catholic and Greek Orthodox Missions*, 122-23.

[227] Drummond, 85-86.

들과 기독교를 방관 할 수만은 없었을 것이다. 이와 같이 일본의 정치가들과 평민들의 마음속에 기독교에 대한 의심과 염려가 팽배해 가고 있던 순간 역사적으로 매우 중요한 한 사건이 발생하게 된다. 마닐라에서 물건을 가득 싣고 멕시코의 아카풀코(Acapulco)로 향하던 스페인 상선이 일본해역에서 좌초된 것이다.

3) 산 펠리페(San Felipe) 사건

1596년 10월 19일 스페인 상선이 폭풍을 만나 일본의 시코쿠(四国) 섬 도사(土佐) 지역에 있는 우라토(浦戶) 해안가에서 좌초되는 사건이 발생했다. 일본 해안에 좌초된 배와 배에 실린 물건은 모두 일본 정부의 재산이 된다는 일본 국내법에 의하여 산 펠리페 호와 그 배에 실린 물건들은 모두 일본 정부에 귀속되어야만 했다. 그러나 그 지역을 다스리던 영주는 배와 그 배의 물건에 아무도 손을 대지 못하게 하고, 도리어 그 배의 선장에게 사람을 보내어 히데요시에게 외교사절을 보내도록 요청했다. 사적으로 그 지역 영주의 연락을 받은 히데요시가 처음에는 스페인과 우호적인 관계를 유지하기 위하여 머뭇거리다가 얼마 지나지 않아 마침내 그 배를 몰수하기로 결정한다. 이 소식을 전해 들은 그 배의 선장은 히데요시 수하의 장관으로 있던 마시타 나가모리(增田 長盛, 1545-1615)에게 공식적인 항의를 하게 된다. 협상을 위해 산 펠리페호를 방문한 마시타에게 그 배의 선장은 세계 지도를 보여주면서 스페인의 식민지가 전 세계에 얼마나 많고 넓은지를 설명해 주었다. 산 펠리페 선장은 스페인 왕이 소유한 국가들을 나열하면서 스페인의 국력과 힘을 은근히 과시한 것이다. 그는 스페인의 영토가 스페인과 포르투갈을 넘어 필리핀, 멕시코, 페루 등 아시아와 남미에 걸쳐 수많은 나라를 포함하고 있다고 자랑했다. 히데요시를 대신해서 협상에 나섰던 마시타는 그 배의 선장에게 스페인이 타국에서 이러한 물건들을 탈취하는 과정에서 선교사들이 첨병 역할을 해왔느냐고 묻기도 했다고 한다.[228] 마시타가 선장에게 스페인이 어떻게 이렇게 많은 국가들을 소유할 수 있었느냐고 묻자, 그는 다음과 같이 대답했다.

> 스페인의 왕들은 타국을 점령할 때 우리가 믿는 종교(기독교)를 가르치는 선생들을 먼저 파송합니다. 그리고 그들이 현지인들의 마음을 얻는데 상당한 진전을 이룬 다음에 군대를 파송해서 개종한 현지인들과 힘을 합하여 원하는 땅을 점령해 나갑니다.[229]

이러한 선장의 말은 곧바로 히데요시에게 보고되었고, 기독교와 선교사들을 핍박하는 직접적인 원인이 되었다. 마시타는 배에 가득 실린 물건들과 지도상으로 스페인이 점령한 나라들을 보면서 스페인이라는 나라는 남의 나라를 침략하여 전리품들을 본국으로 가져가거나 무역제품으로 팔아넘기는 매우 위험한 제국주의적 국가임을 확신했던 것 같다. 그는 선교사들이 제국주의자들의 앞잡이가

---

[228] Drummond, 85.

[229] Cary, *A History of Christianity in Japan: Roman Catholic and Greek Orthodox Missions*, 124.

되어 제국주의자들이 침략을 감행하기 전에 먼저 들어와 정세와 국력을 살피는 스파이 같은 자들이라고 여겼다. 마시타의 이러한 그릇된 판단과 오해는 곧바로 히데요시에게 전달되었고, 히데요시는 선교사들이 일본에 들어온 궁극적인 목적을 의심하기 시작했다. 협상 과정에서 드러난 스페인의 엄청난 국력과 위협적인 군사력은 곧바로 일본의 정치가들에게 심각한 위협으로 느껴졌을 것이 분명하다. 히데요시가 선장의 보고를 듣자마자 즉각적으로 기독교를 핍박하기 시작한 것을 볼 때 그가 마시타의 보고를 듣는 순간 스페인에 대한 심각한 경계심과 두려움에 사로잡혔을 가능성이 크다.[230] 선장은 스페인의 국력을 과시함으로서 자기 배와 물건들을 보호하려 했을 가능성이 크지만, 그 결과는 선장의 의도와 상관없이 일본 선교 역사에 엄청난 파장과 변화를 가져오는 계기가 되었던 것이다. 산 펠리페 사건 이후로 선교사들과 기독교에 대한 히데요시의 의심은 날로 깊어 갔고, 마침내 이러한 의심이 적대감으로 바뀌면서 기

---

230 cf. Cary, *A History of Christianity in Japan: Roman Catholic and Greek Orthodox Missions*, 124-125. 1598년 교황에게 보고된 문서의 내용을 참고해 보면 히데요시가 기독교를 심각하게 핍박하기 시작한 원인들이 적혀있는데, 그 문서에서 주장하고 있는 가장 중요한 핍박의 원인은 기독교 신앙에 대한 적대감 때문이 아니라 당시 예수회 선교사들이 휘두르고 있었던 정치적 영향력과 세속적인 권력 때문이라고 했다. 예수회 선교사들의 지나친 정치적 간섭과 권력을 두려워하고 있던 히데요시가 예수회 선교회를 견제하기 위하여 의도적으로 프란시스칸 선교사들에게 상당한 종교적 자유와 선교의 기회들을 허락했을 것이다. 히데요시의 이러한 정략적 행동이 일본에서 선교의 기회를 선점하고 있던 예수회 선교사들에게 강한 거부감을 주었을 것이다. 두 선교회 간의 갈등은 마침내 서로를 고발하는 지경에까지 이르게 된다. 한 가지 예를 들자면 예수회 소속으로 일본 주교로 파송되었던 마르티네즈는 프란시스칸 선교사들을 일본에서 몰아내기 위하여 그들에게 누명을 씌우기까지 했다. 그는 프란시스칸 선교사들을 쫓아내기 위하여 히데요시에게 의도적으로 왜곡된 보고서를 올렸다. 산 펠리페호의 좌초는 태풍으로 인한 것이 아니라 스페인 사람들이 일본에 들어와 반란을 일으키기 위하여 스스로 벌인 자작극이라는 거짓 보고서를 작성한 것이다.

독교에 대한 심각한 핍박이 시작된다.

핍박과 순교의 제물

산 펠리페 사건 이후로 선교사들을 향한 히데요시의 태도가 완전히 바뀌었다. 정치적인 선교사들에 의해 그나마 간신히 유지되고 있던 기독교에 대해 우호적인 정책과 보호 정책이 한순간에 무너지고 만 것이다. 히데요시의 분노는 극에 달했고 마침내 잔혹한 핍박으로 말미암아 일본 땅에 연속적인 순교의 제물들이 드려지기 시작했다.

1) 핍박의 전주곡

마침내 1596년 12월 9일 일본 정부에서 파송한 군인들 교토와 오사카에 있던 예수회 선교회와 프란시스칸 선교회 소속 건물들을 에워 쌓았다. 당시 교토와 오사카를 다스리고 있던 두 영주는 히데요시의 명령을 받아 두 선교회에 소속된 선교사들과 성도들의 명단을 입수하였다. 성도들의 명단을 넘겨받은 일본 관리들은 즉각 선교사들과 성도들을 잡아들이기 시작했다. 그때 체포된 선교사들과 성도들은 대략 다음과 같다: 프란시스코 선교회 소속 신부 선교사 세 명(Babtista, Aguierre, Blanco), 프란시스칸 수도사 세 명(Las Casas, Parliha, Garcia), 예수회 소속 평신도 선교사 폴 미키(Paul Miki), 예수회 소속 일본인 평신도 두 명, 선교회에 고용되어 선교사들의 수발을 들고

있던 열다섯 명의 일본인들, 세 명의 십대 소년들.[231]

다행히 구금된 서양 선교사들에게 다소 행동의 자유가 주어졌다. 그들에게 즉각적인 고문과 처형이 선고되지 않은 이유는 히데요시가 교토의 관리들에게 명을 내려 구금된 서양 선교사들 가운데서 오로지 필리핀에서 파송된 선교사들만 가두어 둘 것을 요청했기 때문이었다. 히데요시는 당시 필리핀을 다스리고 있던 스페인 총독으로부터 자기만이 유일한 일본의 통치자라는 사실을 인정받기 위한 정치적인 속셈을 가지고 있었기 때문이다. 타 국가에서 온 선교사들과 일본인 현지인들을 잡아 가두는 것은 히데요시의 본래 의도가 아니었다고 한다. 그럼에도 불구하고 이러한 일련의 사건들은 일본 기독교인들에게 매우 심각하게 받아들여졌고 많은 일본 성도들은 앞으로 다가 올 심각한 핍박에 대해 마음으로 철저히 대비하고 있었다. 간신히 체포를 면한 오르간틴 신부는 즉각 모든 성도들에게 편지를 보내어 성도들이 신앙을 지키기 위해 순교 각오해야 할 것을 주문했다고 한다.[232] 다른 한편, 그는 오사카 영주에게 편지를 보내 구금된 세 명의 예수회 소속 선교사들을 석방할 것을 요청했다. 예수회 선교사들이 히데요시의 명령을 어기거나 위반한 적이 없기 때문에 그들을 구금하는 것은 불법이라고 호소하였음에도 불구하고 오사카 영주는 그의 간청을 묵살하였다. 오르간틴 신부의

---

231 Cary, *A History of Christianity in Japan: Roman Catholic and Greek Orthodox Missions*, 125-26.

232 Cary, *A History of Christianity in Japan: Roman Catholic and Greek Orthodox Missions*, 126.

요청은 오히려 정부 관리들로 하여금 예수회 선교사들의 선교 사역에 대한 관심만 불러일으켜서 후일 더 많은 예수회 선교사들이 체포되는 역효과를 가져왔다고 한다.

2) 26 성인의 순교

당시 다양한 핍박과 순교의 사건들이 있었지만, 그 가운데서도 일본 기독교인들의 가슴속에 영원히 남아 지워지지 않은 채 지금까지 전해 내려오는 순교 이야기가 있는데, 이 이야기가 바로 "26 성인의 순교"(The Martyrdom of Twenty Six Saints) 사건이다. "26 성인의 순교" 사건은 일본 기독교 역사상 가장 참혹한 순교 역사로 기억된다. 1597년 2월 5일 26명의 기독교 신자들이 나가사키에서 십자가에 못 박히는 형벌을 받아 순교하게 된다. 26명 중 20명은 일본인 신자들이었고, 나머지 6명은 스페인 선교사들이었다. 페드로 밥티스타를 포함한 여섯 명의 프란시스칸 선교사들과 예수회 소속 일본인 폴 미키(Paul Miki)를 포함한 이십 명의 일본인 신자들이 사형 언도를 받은 것이다. 20명의 일본인 순교자들 중에는 세 명의 예수회 소속 신도들이 끼어있었고, 나머지 열일곱 명의 순교자들은 프란시스코 선교회에 속한 평신도들이었다고 한다. 그들이 순교 당한 후로 30년이 지난 1627년 7월 10일 당시 로마 교황이었던 우르바누스 8세(Urbanus VIII)는 30년 전 나가사키에서 처형당한 26명을 순교자의 반열에 올려놓았다. 1861년 12월 23일 교황 피우스 4세(Pius IV)는 나가사키에서 순교 당한 23명의 프란시스코 선교회 소속 성도들에게 공식적으로 순교자의 호칭을 부여하였고(canonization), 1862년 6월 8일에는 예수회 선교회에 속했던 나머지 세 명에게도 순교자의 호칭을 공식적으로 부여하였다.[233]

역사가 전하는 '26 성인의 순교'의 여정은 다음과 같았다. 서양 선교사들이 다방면으로 석방을 위한 노력을 했음에도 불구하고 오사카 영주는 오사카에서 체포된 신자들을 교토로 이송시켰다. 1597년 1월 오사카에서 교토로 옮겨진 24명의 신자들은 교토의 거리들을 통과하며 온갖 수모를 당하게 된다. 교토의 관리들은 그들의 귀의 일부를 자르고, 세 명씩 수레에 태워 시내를 돌면서 주민들의 조롱과 멸시를 받게 했다. 당시 수레에 붙어있던 그들의 죄목은 다음과 같았다: "이 사람들은 필리핀으로부터 파송된 대사들임에도 불구하고 국가의 명령을 어기고 기독교를 전파하였다. 그러므로 그들과 그들의 신앙을 따르는 일본인들은 모두 나가사키에서 십자가 형벌을 받게 될 것이다."[234] 1597년 1월 4일 교토의 관리들은 그들을 다시 오사카로 돌려보냈다. 오사카 관리들 역시 체포된 신자들을 거리로 끌고 다니며 주민들에게 멸시와 조롱을 받게 했다. 그들이 끌려가는 곳마다 멸시와 조롱이 그들을 기다리고 있었음에도 불구하고 그들은 종종 길에서 그들에게 다가와 격려와 용기의 말을 건네는 성도들로 인하여 큰 힘을 얻었다고 한다. 오르간틴 신부와 로드리게즈 신부의 여러 번에 걸친 간청과 소원이 있었음에도

---

233 Drummond, 86.
234 Cary, *A History of Christianity in Japan: Roman Catholic and Greek Orthodox Missions*, 126-27.

불구하고 그들을 석방하는 데는 아무런 효과가 없었다.

일본 관리들이 체포된 신사들을 이끌고 오사카에서 출발하여 나가사키에 도착하는 데는 대략 두 달 정도가 걸렸다. 그들이 두 달여에 걸쳐 일본의 많은 마을과 도시들을 지나치는 동안 수많은 일본인들이 그들의 처참한 모습을 보았을 것이고, 형장으로 끌려가는 그들의 처참한 모습은 일본인들에게 커다란 경고의 메시지가 되었을 것이다. 외국 종교인 기독교를 믿고 따르는 자들의 최후를 보여줌으로써 현지인들에게 경종을 울리려는 히데요시의 정치적인 목적은 소위 성공을 한 셈이다. 히데요시가 신자들을 처형할 장소로 택한 나가사키에는 타 도시에 비하여 상대적으로 많은 성도들이 살고 있었을 뿐 아니라 그 근처 도시에는 상당히 많은 신자들이 흩어져 살고 있었다. 그들을 나가사키에서 처형하려는 히데요시의 의도는 그 지역에 흩어져 있는 기독교 신자들에게 경고를 보내기 위함이었을 뿐 아니라 당시 그곳에 살고 있던 포르투갈 상인들에게 또 다른 의미의 경고를 하기 위함이었다. 포르투갈 상인들의 지나치게 커진 영향력을 견제하고, 포르투갈을 포함한 외국 선교사들이 더 이상 일본에 들어오지 못하도록 하기 위한 경고의 의미를 담고 있었다.

체포된 신자들이 나가사키에 도착하자마자 현지 관리들은 그들을 은밀하게 다루었다고 한다. 혹시 발생할지도 모르는 기독교인들의 민란이나 구출 작전을 염려했기 때문이었을 것이다. 이런 이유로 일본 관리들은 그들을 나가사키 근처 은밀한 곳에 숨겨 두었다가 처형 당일 처형장으로 옮겼다고 한다. 그들을 처형하는 장소도 일반인들을 처형하는 처형장이 아니라 사람들이 접근하기 힘든 산 중턱을 택했다. 그곳 관리들은 자기들이 해 왔던 방식으로 그들을 십자가 형틀에 매달아 죽이기로 결정했다. 죄인들을 십자가에 밧줄로 묶은 다음, 창으로 그들의 몸을 찔러 죽이는 방식이었다고 한다. 당시 시행되던 일본식 십자가 형벌은 고대 서양의 방식과 달리 창으로 오른쪽 배를 찔러 창의 끝이 왼쪽 어깨까지 이르게 한 다음, 같은 방식으로 왼쪽 배를 찔러 오른쪽 어깨까지 창의 끝부분이 닿게 해서 죄인을 즉사시키는 방식이다. 이런 방식은 죄인이 십자가에서 오랫동안 고통을 당하지 않고 빨리 숨을 거둘 수 있도록 도와주는 방식이다. 창으로 심장을 찔러 죄인이 가능하면 빨리 죽도록 도와주는 것이다.[235]

3) 지속적인 핍박

26 성인 순교 사건 직후에 히데요시는 새로운 칙령을 내려 일본에 거하는 어떤 다이묘도 기독교인이 되어서는 안 된다고 선포하였다. 그는 동시에 일본에 거하는 모든 선교사들에게 명령을 내려 즉시 나가사키로 집합한 다음 배를 타고 본국으로 돌아갈 것을 명했다. 당시 서너 명의 프란시스칸 선교사들이 배로 추방을 당했음에도 불구하고 히데요시는 예외적으로 몇몇 선교사들에게 청하여 그들이 본국으로 돌아가지 말고 자기 곁에 남아 통역과 무역에 도움을 줄

---

235 Cary, *A History of Christianity in Japan: Roman Catholic and Greek Orthodox Missions*, 128.

수 있기를 원했다. 그는 포르투갈 출신 선교사였던 로드리게즈 신부와 오르간틴 신부를 통하여 포르투갈과의 무역을 승진시키기 원했던 것이다. 많은 서양 선교사들이 추방당했음에도 불구하고 아직도 일본에는 125명의 예수회 선교사들이 남아있었고, 그들 가운데 46명은 신부들이었다.[236]

나가사키를 다스리던 영주가 자리를 비운 사이 잠시 나가사키를 다스리던 부 영주는 당시 일본 예수회 선교회의 부책임자였던 고메즈(고메즈) 신부에게 청하여 예수회 소속 선교사들을 빨리 본국으로 되돌려 보내라고 했다. 고메즈 신부는 모든 방법과 역량을 총동원해서 선교사들의 출국을 막아보려고 노력했지만, 열매가 없자 어쩔 수 없이 몇몇 선교사들을 몰래 남겨두고 나머지 선교사들을 나가사키에 집합시켰다. 샤를부아(Charlevoix)의 기록에 의하면 고메즈 신부의 계략으로 말미암아 많은 선교사들이 추방을 면하고 일본에 계속 남아 있을 수 있었다고 한다. 1597년 10월 나가사키에서 마카오로 떠난 배를 타고 있었던 사람들은 대부분 예수회 소속 선교사들이 아니라 예수회 소속 선교사로 가장한 사람들이었다고 한다. 그날 배에 오른 예수회 소속 선교사들은 포르투갈 출신 교수들과 함께 포르투갈로 향하는 학생들 몇몇과 두 명의 병든 신부를 비롯해 소수의 교리 문답사들(catechists) 뿐이었다고 한다. 그 외의 사람들은 예수회 선교사를 가장한 포르투갈 사람들이었다. 고메즈 신부는 많은 예수회 선교사들이 본국으로 돌아가려 했으나 배가 출항

---

[236] Cary, *A History of Christianity in Japan: Roman Catholic and Greek Orthodox Missions*, 129.

하기 전에 도착하지 못해서 미처 떠나지 못했다고 헛소문을 내기노 했다. 그의 지혜와 피나는 노력으로 인해 그나마 많은 예수회 선교사들이 일본으로부터의 추방을 면할 수 있었다.[237]

이듬해인 1598년 히데요시가 규슈을 방문한다는 소문이 퍼지면서 이 지역이 다시 한번 핍박의 소용돌이에 휩싸이게 된다. 히데요시의 방문에 미리 겁을 먹은 지역 영주들이 자발적으로 기독교인들을 핍박하기 시작한 것이다. 지역 영주들이 스스로 알아서 기독교인들을 핍박하는 것은 히데요시에 대한 충성의 표현이었다. 1598년 한 해 동안에 이 지역에서만 137개의 교회들이 불타 없어졌을 뿐 아니라 많은 대학과 신학교 건물들이 사라졌다. 아마쿠사에 있던 대학이 파괴되었고, 아리마에 있던 신학교도 사라졌다. 그 외에도 많은 예수회 선교사들의 숙소와 건물들이 파괴되거나 불타 없어지고 말았다. 규슈 지역에 흩어져 살아가던 현지 기독교인들도 선교사들 못지않게 매우 심각한 핍박을 받았다. 몰래 숨어 지내던 서양 선교사들도 이 시기에 많이 발각되어 강제로 본국으로 돌아가는 안타까운 일들이 발생하기도 했다. 일본에 와서 프란시스코 수도회를 이끌던 마르티네즈 주교도 인도로 향하던 중 1598년에 주님의 부르심을 받게 된다.[238]

---

[237] Cary, *A History of Christianity in Japan: Roman Catholic and Greek Orthodox Missions*, 130.

[238] Cary, *A History of Christianity in Japan: Roman Catholic and Greek Orthodox Missions*, 130.

도쿠가와 이에야스의 핍박(1598-1616)

1) 선교사 우대 정책

도쿠가와 이에야스(德川 家康, 1543-1616) 역시 히데요시와 마찬가지로 자신이 세운 정치, 경제적 목적을 달성하기 위해 기독교를 매우 적극적으로 활용하였다. 이에야스는 자신의 정치, 경제적인 목적을 달성하기 위해 예수회 출신 선교사였던 제롬 드 제수스(Jerome de Jesus)를 옆에 두고 있었다. 제롬 드 제수스 선교사는 나가사키에서의 순교 사건이 일어나기 전에 이미 필리핀의 마닐라로 추방을 당했다가 다시 일본으로 돌아 온 선교사였다. 그가 다시 돌아온 후 기독교를 핍박하는 일련의 사건들이 일본 각지에서 벌어지게 되고, 1598년에 그는 다시 투옥된다. 이에야스는 그를 옥에서 끌어내어 그의 이야기를 청취한 후 그에게 선교의 자유를 허락하였다. 그 때, 이에야스는 제롬을 불러 다음과 같이 말했다고 한다.

> 두려워하지 말아라. 네가 선교사임을 감추려고 노력할 필요도 없고, 자유롭게 신부의 복장을 입고 다녀도 좋다. 나는 네가 건강히 잘 지내기를 바란다. 매년 멕시코로 항해하는 스페인 선박들이 일본 동부 해안을 따라 나의 영토를 스쳐 지나간다. 나는 그들이 나의 항구에 들려 물건들을 사기도하고 내 백성들과 무역을 하기 원한다. 나는 그들이 내 백성들에게 은광을 개발하는 방법을 가르쳐 주기를 바란다. 나는 내가 죽기 전에 이 일을 꼭 성취하고 싶다. 내가

나의 이러한 소원을 어떻게 이룰 수 있는지 가르쳐주기 바란다.239

이와 같은 대화의 내용을 자세히 들여다보면 왜 이에야스가 제롬에게 호의를 베풀었는가가 잘 드러나 있다. 이에야스가 제롬에게 호의를 베푼 이유가 그에게 선교의 자유를 주어 기독교를 자유롭게 전파하게 하려는데 있었던 것이 아니라 다분히 경제적인 목적을 달성하기 위한 것이었음을 쉽게 알 수 있다.

제롬이 감옥에서 풀려난 이후로 그는 잠시 선교의 자유를 만끽하였다. 새로운 수도인 에도(江戸)에 교회를 건축할 수 있었고, 자유롭게 미사도 집전 할 수 있었다. 숨어 지내던 많은 선교사들이 밖으로 나왔고, 아리마와 오무라 지역의 허물어졌던 교회들이 다시 건축되었다. 오르간틴 선교사는 교토와 오사카에 예수회를 위한 건물들을 다시 일으켜 세울 수 있었다. 야마구치와 히로시마(広島)에서는 선교사들을 위한 숙소나 거주지들이 속속 건립되었다. 세르퀘이라(Cerqueira) 신부의 말에 의하면 1599년부터 2년 동안 7만 명에 가까운 새로운 신자들이 세례를 받았다고 한다.240 1600년에는 14명의 새로운 예수회 소속 선교사들이 일본으로 들어왔고, 핍박으로 인해 무너졌던 대부분 교회들이 다시 세워졌을 뿐 아니라 새로운 교회 건물들이 많이 설립되었다. 같은 해에 고니시가 다스리던 영지에서만 약 13,000명 정도의 신자들이 세례를 받았다고 전해진

239 Cary, *A History of Christianity in Japan: Roman Catholic and Greek Orthodox Missions*, 135.

240 Cary, *A History of Christianity in Japan: Roman Catholic and Greek Orthodox Missions*, 136.

다. 그는 오사카에 나환자들을 위한 병원을 건립했고, 고아들을 위해 엄청난 양의 곡식을 제공하기도 했다. 그는 또한 사카이(堺)지역에 땅을 사서 교회와 선교사 숙소를 짓고, 교인들을 위한 공동묘지를 만들기도 했다.[241]

교황 클레멘트 8세(Clement VIII)는 1602년을 기점으로 예수회에 단독으로 부여했던 일본 선교의 기회를 타 선교회에게도 부여하기 시작했다. 1602년 이후로 프란시스칸, 도미니칸, 어거스티니안 선교사들이 일본 입국을 위하여 다각적인 노력을 기울였음에도 불구하고 그 결과는 매우 미미하였고, 오직 몇몇 프란시스칸 선교사들만 입국에 성공하였다. 그 때 일본에 입국한 프란시스칸 선교사들은 도쿄에서부터 시작하여 Kato지역에 이르기까지 제법 넓은 지역에서 선교 활동을 펼칠 수 있었다. 이후로 1611년에 이르기까지 구마(群馬) 현의 고즈케(上野) 지역과 시즈오카(静岡) 현의 수르가(駿河) 지역에 많은 교회들이 설립되었다. 1611년에는 프란시스칸 선교사인 루이스 소텔로(Louis Sotelo) 선교사가 북쪽의 센다이(仙台) 지역으로 들어와 선교 사역을 시작하였다.[242]

2) 세키가하라(関ヶ原) 전투(1600. 10. 21)

공교롭게도 26 성인들이 십자가에서 순교를 당한 다음 해인 1598

---

241 Cary, *A History of Christianity in Japan: Roman Catholic and Greek Orthodox Missions*, 137.

242 Yanagita, 22.

년 9월 16일 도요토미 히데요시가 숨을 거두게 된다. 히데요시가 숨을 거둔 후 일본은 다시 한번 정치, 군사적인 소용돌이에 휘말리게 된다. 마침내 히데요시의 아들인 히데요리를 지지하는 파와 도쿠가와 이에야스를 지지하는 파 사이에 피비린내 나는 전쟁이 벌어지게 되고, 전쟁은 이에야스의 승리로 끝을 맺는다.[243] 세키가하라 전투를 승리로 끝낸 이에야스는 1603년 왕으로부터 '쇼군(將軍)'이라는 지위를 부여받게 된다. 세키가하라 전투에서 이에야스와 맞서 싸우다 마침내 목 베임을 당한 고니시 유키나가 장군이 죽음에 임박하여 보여준 순수한 신앙적 태도는 후일 많은 일본 기독교인들에게 커다란 귀감으로 남아있다.[244]

전쟁에 승리한 이에야스는 전국을 통치하는 유일한 권력자로서 다양한 아이디어를 갖고 진정한 개혁과 개방 정책을 펼쳐 나갔다. 그는 수도를 에도(현재의 동경)로 옮겨 그 곳에 성을 지었다. 그는 지

---

[243] Drummond, 86-87. 도쿠가와 이에야스를 지지하는 장군들과 히데요시를 지지하는 장군들이 벌인 전투는 일본의 역사를 바꾼 매우 중요한 전투였다. 일본 역사상 가장 영향력 있었던 정치가로 인정받는 이에야스의 탄생을 결정지은 전투였기 때문이다. 1600년 10월 21일 Gifu 지역의 세키가하라에서 벌어진 전투는 기독교를 믿는 영주들까지도 두 패로 갈라놓았다. 당시 기독교를 믿던 많은 영주들은 각각의 정치적인 이해에 따라 도쿠가와 이에야스를 지지하는 편과 Hideyori를 지지하는 편으로 갈라져 있었다. 신실한 기독교인으로서 이에야스의 반대편에 서 있던 유명한 장군 중 한 사람이 바로 고니시 유키나가 장군이다.

[244] Cary, *A History of Christianity in Japan: Roman Catholic and Greek Orthodox Missions*, 138. 고니시 장군이 이시다 장군과 함께 교토의 캄포 강가에서 목 베임을 당한 이유는 자신은 기독교인이기 때문에 스스로 목숨을 끊을 수 없다고 했기 때문이다. 당시 유행하던 하라키리(할복자살)는 비기독교적인 행위이기 때문에 그 형벌을 따를 수 없다고 한 것이다. 예수회 건물에서 그의 장례식을 거행할 때 그의 가슴에서 발견된 편지는 매우 감동적이다. 죽음을 앞두고 사랑하는 아내와 자녀들에게 쓴 편지에서, 그는 죽음 앞에서도 하나님의 신실함을 끝까지 믿으며, 남은 가족들이 타협하지 말고 신앙 안에서 끝까지 절개를 지키기를 간절히 원했다고 한다.

금까지도 일본인들의 사랑과 존경을 받는 인물로서 일본의 정치, 경제, 문화적 기초를 닦아 놓은 훌륭한 정치가요 개혁가로 활동한 인물이다. 당시 그가 가장 큰 관심을 갖고 추진한 사업이 바로 외국과의 무역이었다. 외국과의 무역을 확대하고 공고히 하려는 목적을 달성하기 위해서는 외국 선교사들의 도움이 절대적으로 필요하였다. 따라서 그는 선교사들에 대하여 매우 우호적이었으며 그들이 기독교 선교 사역을 자유롭게 펼칠 수 있도록 많이 배려해 주었다. 히데요시가 선포한 반기독교 칙령이 엄연히 존재함에도 불구하고 그는 이러한 사실을 무시한 채 기독교 선교사들을 정치적으로 적극적으로 활용하기를 원했다. 그는 포르투갈과의 교역뿐만 아니라 스페인, 화란, 영국 등의 나라들과도 매우 적극적으로 무역을 통한 상거래를 확대해 나갔다.

3) 서구 열강의 갈등

기독교에 대하여 비교적 온건한 정책을 펼쳐오던 이에야스가 기독교에 대하여 갑자기 심각한 핍박을 가하기 시작한다. 이에야스가 기독교를 적극적으로 핍박한 여러 가지 이유들 가운데 하나는 서양의 침략에 대한 두려움이었다고 할 수 있다. 이에야스로 하여금 이러한 생각을 하도록 만든 중요한 사건이 있었는데, 그 사건이 바로 1608년 마카오에서 발생한 '마드레 드 데우스(Madre de Deus)'호 사건이다. 마카오 항구에 정박해 있던 일본 배의 선원들이 현지 관리들과 다투다가 사건이 커지자 마침내 서로 무기를 동원하는 지경에까지 이르게 된다. 일본 선원들의 바르지 못한 행동으로 인해 촉발된 다툼은 서로간의 인명 피해를 내고서야 멈추게 된다. 당시 마카오 지역의 통치자로 있던 안드레스 페소아(Andres Pessoa)가 이 사건을 해결하기 위하여 1609년 7월에 나가사키에 도착하여 이에야스에게 편지를 보냈다. 이에야스가 페소아의 편지를 받자마자 또 다른 한 통의 편지가 도착했는데, 이 편지는 일본 선원들이 마카오에서 있었던 일을 보고하는 편지였다. 두 편지를 모두 받아본 이에야스는 페소아의 보고보다 일본 선원들의 보고를 더 신뢰하였고, 즉시 명을 내려 페소아가 타고 온 배와 페소아를 체포하도록 했다. 체포를 거부하며 저항하던 페소아는 자기가 타고 온 배와 그 배에 실린 모든 물건들을 불살라 버리고 말았다.245

이에 분개한 이에야스는 앞으로 포르투갈과의 교역을 차츰 줄여나가는 대신 스페인과의 교역을 늘려나갈 계획을 세우기 시작했다. 하지만 스페인과의 교역이 그의 생각만큼 적극적으로 진행되지는 않았다. 오히려 전혀 기대하지도 않았던 영국 배가 1613년에 히라도에 도착하게 되고, 이에야스는 이 기회를 틈타 자기의 통역관이었던 포르투갈 출신 로드리게즈 신부를 대신해 영국 출신 윌리엄 아담스(william Adams)를 통역관으로 임명하였다. 이후 윌리엄은 무역과 항해에 관한 한 이에야스의 가장 신뢰받는 조언자가 된다. 윌리엄은 이에야스에게 스페인과 포르투갈이 어떻게 타지역에서 식민지를 확대해 왔는가를 설명하였고, 이러한 사실을 접한 이에야

---

245 Drummond, 88-89.

스는 이후로 자연스럽게 포르투갈과 스페인을 경계하기 시작했다. 영국인 윌리엄의 등장은 이제까지 일본에서 유일하게 강력한 정치, 경제적인 영향력을 행사하던 포르투갈과 스페인을 대신하여 새로운 개신교 세력이 등장하게 될 것이라는 사실을 미리 알려주는 서곡이었다. 좀 더 구체적으로 말하자면, 지금까지 일본에서 모든 면에서 거의 독점적인 권리를 행사해왔던 로마 가톨릭 세력과 개신교 세력이 충돌하기 시작한 것이다. 구교 세력인 포르투갈과 스페인에 대항하여 신교 세력인 영국과 화란이 일본 열도에 등장하기 시작한 것이다.

4) 핍박의 원인

1611년 스페인은 이에야스에게 사람을 보내어 자국 배들이 일본 열도에서 해안을 따라 안전하게 항해 할 수 있는지를 조사할 수 있도록 허가해 줄 것을 요청했다. 이 말을 전해들은 윌리엄은 즉각 이에야스를 찾아가 이번 조사는 단순한 조사가 아니라 스페인이 일본을 점령하기 위하여 미리 정탐을 하는 것이라고 설명하였다. 그는 유럽의 경우를 예로 들면서 이러한 방식이야말로 유럽 열강이 식민지를 만들어 갈 때 사용하는 전형적인 방법이라고 설명해 주었다. 윌리엄은 이에야스가 영국과 모든 면에서 경쟁 관계에 있던 스페인과 포르투갈에 대하여 오해를 갖도록 의도적으로 이렇게 설명한 것이다. 영국에 비하면 스페인이 당연히 불리할 수밖에 없었다. 이미 수많은 식민지를 가지고 있던 스페인이 상대적으로 불리한 것은 자명한 일이다. 당시 일본에 와 있던 영국인들은 가능하면 모든 방법을 동원하여 가톨릭 국가들을 폄훼하거나, 가톨릭에서 파송된 선교사들을 가리켜 가톨릭 국가들이 파송한 정탐꾼이라고 오해하게 만들었다.[246] 이러한 오해는 날이 갈수록 더욱 더 증폭되었고, 마침내 이에야스로 하여금 이러한 생각을 받아들이게 한 결정적인 사건이 발생했다. 1610년 화란 왕이 그에게 보낸 편지의 내용은 그로 하여금 이러한 생각을 굳히게 만들었다.

화란의 상인들이 일본에 들어와 히라도에 최초로 화란 무역센터를 건립한 해가 1609년이었다. 다음 해인 1610년에 로마 가톨릭 국가들의 위험성을 알리는 한 장의 편지가 화란으로부터 도착한다. 화란 왕 마우리티우스 드 나소(Mauritius de Nassau)가 이에야스에게 보낸 편지의 내용은 간단하였다. 로마 가톨릭의 앞잡이들은 '거룩의 옷'(a cloak of piety)을 입었으나 실상은 국가를 정치적으로 혼란케 하고, 마침내 국가를 삼키는 자들일 뿐이라는 내용의 편지였다. 화란 왕의 편지와 더불어 이에야스에게 이러한 확신을 준 또 다른 자료가 있었는데, 그 자료가 바로 영국인 리차드 콕스(Richard Cocks)가 그와 그의 조언자들에게 보낸 보고서였다. 콕스는 그 보고서를 통해 영국에서 예수회 선교사들이 지나치게 정치적인 간섭을 하다가 영국 본토에서 쫓겨나고 말았다는 사실을 진술하였다고 한다.[247] 1612년에는 화란 정부가 파송한 공식 외교관인 헨드릭 브라

---

246 Drummond, 90.
247 Drummond, 90.

우어(Hendrick Brouwer)가 시즈오카 현의 슘푸(駿府)에서 이에야스를 접견하는 일이 있었다. 브라우어는 이에야스와 대화하는 과정에서 화란이라는 나라에 대하여 상세히 설명하면서 화란은 가톨릭 국가가 아니라 개신교 국가임을 다시 한번 확실히 가르쳐주었다고 한다. 화란이 개신교 국가라는 사실을 다시 한번 전해 듣자 이에야스는 일본이 화란과의 무역을 확대, 발전시키기 위해서라도 가톨릭 국가들과의 거리를 두는 것이 유리하다고 판단하게 된다. 이와 같은 이에야스의 실용적 사고가 그로 하여금 가톨릭 선교사들을 향해 적대감을 갖도록 만든 매우 중요한 단초가 되었던 것이 분명하다.[248]

이와 같은 일련의 사건들을 접한 이에야스는 로마 가톨릭 교회와 그들이 파송한 선교사들에 대하여 의심을 품기 시작했다. 그는 종교를 빙자하여 일본을 침략하려는 가톨릭 국가들의 야욕이 존재한다고 믿었을 뿐 아니라 그들이 파송한 선교사들의 사역 속에 숨겨진 정치적 목적이 분명히 존재한다고 믿었다. 히데요시와 마찬가지로 이에야스가 기독교 세력에 관하여 가장 염려했던 부분은 기독교의 정치화 내지 군사화였던 것 같다. 그가 늘 마음속에 지니고 있었던 외국의 군사적 침략에 대한 두려움이 마침내 기독교와 선교사들에 대한 탄압으로 나타나게 된 것이라고 할 수 있다.

---

248 Yanagita, 22.

5) 기독교 척결령

앞에서 일어났던 일련의 사건들은 이에야스가 기독교를 핍박하게 하는 중요한 요인들로 작용하였다. 마침내 이에야스는 1614년 1월 27일 소위 "척결령"을 내리게 된다.[249] 실은 그가 기독교 척결령을 내리기 이전에도 이미 국지적인 탄압과 핍박이 시행되어 왔었다. 1612년에 이미 하루노부 아리마(有馬 晴信, 1567-1612) 영주가 척결되었고, 숨푸 지역에서는 고노조 오가사와라를 비롯한 십 여 명의 신자들이 목숨을 잃었다. 같은 해에 도쿄와 교토 지역에 있던 수많은 교회들이 파괴되거나 불에 타 사라졌다. 1612년 말까지 모두 65명의 신자들이 순교하였고, 많은 영주들이 이에야스에게 자신의 충성심을 보여주기 위해 자신의 영지 안에 거하는 기독교인들에게 무자비한 핍박을 가하였다.[250]

기독교를 향해 가졌던 이에야스의 분노의 주된 원인이 기독교를 앞세운 외세의 침략에 대한 두려움이었지만, 그 외에도 외세로부터 자국의 문화와 종교를 지키려는 국수주의적인 요소도 포함되어 있었다고 할 수 있다. 이에야스가 갑자기 기독교를 향해 적대적인 태도를 갖게 된 데는 자국 종교지도자들의 영향도 포함되어 있었다. 외세에 대한 그의 민감한 반응은 그에게 정치적 충고를 해주던 자국의 종교 지도자들의 권면에 의하여 한 층 더 심각해졌는데,

---

249 Yanagita, 23.
250 Yanagita, 23.

그 중에서도 특별히 젠(禪) 불교 지도자였던 수덴과 나가사키의 행정관으로 있던 유교학자 하야시 라잔(林 羅山, 1583-1657)의 영향이 컸을 것이다. 그 결과 1613년 10월 7일 규슈 지역에서 기독인들에 대한 화형식이 거행되었다. 그 화형식은 당시 그 지역을 다스리던 젊은 영주 아리마 나오즈미(有馬 直純, 1586-1641)에 의하여 자행되었다. 당시 기록을 보면 그 화형식 장에 30,000명 이상의 기독교인들이 함께 모여 순교당하는 믿음의 형제들을 위해 기도와 찬양을 드렸다고 한다. 이렇게 많은 신도들이 모여 순교 당하는 동료들을 위해 기도와 찬양을 드린 사건이 이에야스에게 전해지면서 기독교에 대한 그의 태도는 점점 적대적으로 변해갔다고 한다.[251] 그는 기독교가 일본에서 점점 정치적 영향력을 확대해가고 있다고 믿고, 기독교의 정치적 영향력이 더 확대되기 전에 그 뿌리를 뽑아내려고 한 것이다. 기독교 척결 령이 선포된 해인 1614년 11월 7일 400명이 넘는 선교사들과 그들을 따르던 신자들이 나가사키에 집결하여 여러 배에 실려 마카오 와 마닐라(Manila)로 추방을 당했다. 영주로서 하나님을 신실하게 섬기던 다카야마 우콘과 나이토 타다토시(內藤 忠俊)의 가족들도 이 때 선교사들과 함께 국외로 추방을 당했다. 이 외에도 교토와 오사카에 거주하던 71명의 신자들이 혼슈 최북단에 위치한 츠가루(つがる)로 강제 이주를 당하게 되었다. 다행히 기타 지역에서 신앙생활을 하던 신자들은 위와 같은 심각한 핍박에 처해지지는 않았다. 그들은 단지 자기가 살고 있는 동네에 있는 절

---

251 Drummond, 95-96.

에 나아가 등록을 하도록 요청을 받았다. 당시 이에야스는 모든 일본인들에게 명하여 자기가 사는 지역에 있는 절에 나아가 강제로 등록을 하도록 했다. 하지만 그는 분고와 아리마 지역에 살고 있던 기독교인들에게 가해졌던 잔혹한 핍박이 더 이상 타 지역에서 진행되지 않기를 원했다고 한다.252

나가사키의 위대한 순교

1) 연속되는 핍박

이와 같은 일련의 핍박이 시작된 지 얼마 지나지 않아 이에야스는 죽음을 맞이하게 된다. 1614년 기독교 핍박령을 선포한 이후로 이 년 정도 지난 1616년 그는 세상을 등지게 된다. 그가 죽은 후, 오래 전에 이미 쇼군(대장군)의 자리에 올라 있던 그의 아들 도쿠가와 히데타다(德川 秀忠, 1579-1632)가 제2대 쇼군이 되어 정권을 손에 쥐게 된다. 대부분 일본 역사가들은 히데타다가 그의 아버지만큼 훌륭한 통치자는 아니었다는 점에 동의한다. 그는 일본의 경제적 발전을 위해 서양과의 무역이 얼마나 중요한가를 모르고 있었다고 한다. 아버지와 달리 서양과의 교류를 과소평가한 그는 서양 선교사들에게 어떠한 혜택도 베풀지 않았다. 마침내 그는 아버지의 뒤를 이어

---

252 Drummond, 96.

매우 적극적으로 서양 선교사들을 핍박하기에 이른다. 1616년 9월 그는 새로운 법령을 선포하여 외국 선교사늘에게 피난처를 제공하거나 쉼터를 제공하는 자는 남녀노소를 불문하고 모두 사형에 처할 것이라 경고했다. 그는 또한 외국과의 무역을 제한하는 법을 선포하여 나가사키와 히라도를 제외한 어떤 항구에서도 외국과 무역을 할 수 없도록 조치했다. 그는 예외적으로 외국 배가 일 년에 단 한 차례 당시의 수도였던 에도를 방문 할 수 있도록 허락했는데, 그 곳을 방문할 때는 일본 당국의 철저한 감시 하에서만 가능하도록 했다.[253]

히데타다의 통치하에서는 모든 기독교 신자들이 핍박의 대상이었지만 특별히 외국인 선교사들과 그들을 돕던 현지 사역자들이었다. 선교사들의 사역을 돕던 도주쿠들과 감옥에 갇힌 선교사들을 돕거나 선교사들로부터 유물을 전해 받은 신자들인 감보들이 주로 순의 제물이 되었다. 히데타다의 통치 기간 핍박이 지속적으로 진행되기는 했지만 핍박이 극에 달했던 1622년 전까지는 핍박으로 인해 순교를 당하는 신자들의 숫자가 매년 100명을 넘기지는 않았다고 한다. 1617년에는 오무라(大村) 지역에서 선교활동을 하던 도미니칸 선교사 나바레테(Navarette)와 어거스티니안 선교사 에르난도(Hernando)가 붙잡혀 목 베임을 당했고, 1619년에는 하시모토를 포함한 53명의 현지인들이 교토의 가모가와(鴨川) 강변에서 화형당하는 일이 벌어졌다. 1622년에는 순교가 절정에 달했는데,

---

253 Drummond, 99.

그해 8월 19일 어거스틴 수도회 소속 선교사였던 페드로 드 주니카(Pedro de Zunica)와 루이스 플로레스(Louis Flores), 일본인 신자 츠네노부 히라야마(平山 恒信)와 12명이 나가사키에서 화형을 당했다. 같은 해 9월 10일 나가사키 다데야마(立山)에서 예수회 선교사 카를로 스피놀라(Carlo Spinola, 1564-1622)와 세바스찬 기무라(Sebastian Kimura; 최초의 예수회 소속 일본인 신부), 도미니코 선교회 소속 선교사 프란시스코 드 모랄레스(Francisco de Moralez)를 포함한 55명의 신자들과 함께 순교를 당했다. 55명의 순교자들 가운데서 25명의 서양 신부들은 화형을 당했고, 나머지 평신도들은 목 베임을 당했다. 카를로 스피놀라 선교사는 나무에 달려 죽기 직전까지 열정적으로 복음을 전했는데, 그 사형장에는 세 살 먹은 어린 아이들로부터 여든이 넘은 어른들에 이르기까지 30,000명이 넘는 신자들이 모여 그가 죽기까지 그를 위해 기도하며 찬양을 불렀다고 한다. 후일 역사가들은 이 순교 사건을 일컬어 "나가사키의 위대한 순교"(The Great Martyrdom of Nagasaki) 또는 "젠와(元和) 시대의 위대한 순교"(The Great Martyrdom of the Genwa Era)라고 부른다.254

나가사키 순교 사건의 영향으로 인해 수많은 기독교인들이 배교한 것은 사실 이지만 배교가 실제로 일어난 계층은 영적 지도자들을 신실하게 믿고 따르던 서민들이 아니라 사무라이 계층이었다고 한다. 선교사들을 통하여 직접 복음을 전해 듣고, 그들에 의하여 직접 양육되고 훈련된 서민들의 신앙이 자신의 유익을 위하여 신앙

---

254 Yanagita, 24-25.

을 정치적으로 이용했던 사무라이들의 신앙보다 더 신실했다는 점을 증명한 셈이다.

2) 핍박 속의 교회 성장

하나님은 일본에서 심각한 핍박이 진행되던 동안에도 그의 신실한 종들을 일본으로 보내셨다. 1615년부터 1616년까지 20명의 예수회 선교사들이 일본에 숨어들어 왔을 뿐 아니라 적지 않은 선교사들이 프란시스칸 수도회, 어거스티니안 수도회, 도미니칸 수도회 등에서 파송되었다. 예수회는 센다이(仙台) 지역에 많은 선교 본부를 두고 매우 적극적인 선교 활동을 펼칠 수 있었다. 그들 가운데 혹자는 도착하자마자 추방당하기도 했지만 대부분 선교사들은 순교당하기 전까지 4년에서 5년 정도 사역을 수행할 수 있었다고 한다. 그들은 변복을 하고 비밀 통로를 통하여 이동하면서 말씀을 가르쳤고, 일본의 최북단 섬인 홋카이도(北海道)에까지 이르러 복음을 전파했다고 한다.[255] 1618년에서부터 1620년까지 많은 새로운 프란시스칸 선교사들이 일본에 발을 디뎠고 그들 대부분은 일본 북부 지역에 살며 상당한 선교의 열매를 맺을 수 있었다고 한다. 심각한 핍박 속에서도 수많은 영혼들이 주께 돌아와서 일본 교회는 지속적으로 성장하는 축복을 누릴 수 있었다. 당시 예수회의 보고에 의하면 1617년부터 1621년 사이에 예수회 소속 교인들 가운데서 매년

255　Yanagita, 24.

거의 2,000명에 달하는 사람들이 세례를 받았다고 한다. 1620년에는 교황 바울 5세(Paul V)가 편지를 보내어 일본에서 선교 사역을 펼치고 있던 많은 선교사들을 격려하고, 현지 성도들에게 용기를 불어 넣어주었다고 한다. 그 편지를 받고 일본 각지에서 교황에게 감사의 답신들이 도착했는데, 그 답신을 보낸 지역들은 다음과 같다: 아리마, 초고쿠, 시고쿠, 교토, 오사카, 나가사키, 센다이 등.[256] 이 외에도 심각한 핍박에도 불구하고 예수회 선교회의 성장을 보여주는 귀중한 자료가 있는데, 그 보고서를 보면 1624년에 무려 1,500명의 세례자들이 있었고, 1625년에는 1,100명, 1626년에는 거의 2,000명 정도가 세례를 받았다고 한다.[257]

3) 도쿠가와 이에미츠(德川 家光, 1604-1651)의 핍박

대부분 일본 역사학자들은 히데타다의 뒤를 이어 제3대 쇼군이 된 이에미츠의 성품이 가히 가학적이었다고 하는 점을 부인하지 않는다. 그는 1623년 쇼군의 자리에 앉자마자 즉각 철저한 핍박을 지시한다. 이에야스의 핍박은 다소 정치적인 목적이 있었으나 이에미츠의 핍박은 그야말로 목적과 방향이 없는 무차별적인 핍박이었다. 그의 목적은 기독교가 일본 땅에서 사라지게 만드는 것이었다. 그가 사용한 핍박의 방법은 주로 재산 압류, 직장에서의 퇴출, 집에서

---

256 Yanagita, 24.

257 Drummond, 100.

쫓아내기, 고문, 처형 등이었다. 직장과 집에서 쫓겨난 신도들은 산속으로 숨어 들어가 그곳에 움막을 짓고 살았다. 당시 기록을 보면 많은 신도들이 주로 고문과 목 베임, 화형 등으로 순교를 당했지만, 그 외의 신도들은 또 다른 이유로 순교를 당했다. 간신히 관리들의 핍박의 손길을 피해 산속으로 숨어든 사람들 가운데 상당수는 굶주림으로 인해 죽어갔다고 한다.258

　이에미츠의 잔학성이 본격적으로 드러나기 시작한 때는 그가 즉위하던 해 12월 4일이었다. 그는 그날 외국 신부들을 포함한 50명의 신자들을 화형에 처했다. 존 몬도 하라(Jonh Mondo 하라), 기랄모 드 안젤리스(Giralmo de Angelis), 프란시스코 갈베스(Francisco Galves)를 포함한 세 명의 신부를 비롯해 47명의 신도들이 도쿄에서 화형을 당했다. 후일 기독교 역사가들은 이 사건을 "에도의 위대한 순교"(The Great Martyrdom of Edo)라고 불렀다.259 이에미츠는 에도에서 화형식이 끝난 다음 달 명을 내려 화형당한 자들의 아내와 자녀들마저 잡아들여 한 사람도 남김없이 화형에 처하도록 했다. 1624년에는 프란시스칸 선교사 루이스 소텔로(Louis Sotelo), 도미니칸 선교사 페드로 바스구에스(Pedro Vasques), 예수회 선교사 미구엘 카발로(Miguel Carvalho) 등이 오무라 근처 작은 바위 위에서 화형을 당했다. 1627년과 1628년에는 시마바라(島原) 반도에 흩어져 살고 있던 많은 성도들이 비참한 최후를 맞이하게 된다. 어떤 이들은 인두

258　Drummond, 100.
259　Yanagita, 25.

로 온 몸을 지지는 고문을 견뎌야 했고, 어떤 이들은 대나무 톱에 의해 갈비뼈가 잘려나가는 고통을 견뎌야 했고, 어떤 이는 손가락 하나나 둘이 잘려나간 채 벌거벗겨서 마을 이곳저곳으로 끌려 다니는 고통을 견뎌야 했다. 아리마 영주였던 마츠쿠라 시게마사(松倉重政, 1574-1630)는 40명의 기독교인들을 운젠(雲仙岳) 산으로 데려가 그들을 끓는 유황 온천에 던져 넣었다. 그는 그것도 모자라 화상을 입은 기독교인들의 상처에다 뜨거운 물을 끼얹는 고문을 자행하였다. 때론 이러한 고문에 못 이겨 주님을 배반하는 경우도 종종 발생했다고 한다.260

1633년부터 위정자들은 자기가 개발한 독특한 고문 방법을 사용하기 시작했는데, 이 고문 방식은 서양 선교사들이나 현지 교사들을 고문하거나 배교시키기 위해 주로 사용했다고 한다. 안나 츠루시(穴吊るし)라고 불리는 이 고문 방식은 사람을 대소변이나 온갖 더러운 오물로 가득 찬 무릎 높이의 시궁창에 거꾸로 매달아 놓고, 이마에 상처를 낸 후 그 오물들이 상처를 통해 온몸으로 스며들도록 하는 매우 잔인한 방법이었다. 이러한 고문을 받게 되면 매우 건장한 사람은 보통 일주일 정도를 버틸 수 있지만 대부분 사람들은 하루 이틀을 넘기지 못했다고 한다. 1633년 10월 18일에는 예수회 선교회의 수장이었던 크리스토바오 페레이라(Christovao Ferreira) 선교사가 안나 츠루시 방식의 고문을 받다가 다섯 시간도 견디지 못하고 배교한 사건이 발생하기도 했다. 이러한 잔인한 고문을 통

---

260 Drummond, 100-101.

해 적지 않은 기독교인들이 배교하는 경우가 종종 있었다고 한다.261 이에미츠가 다스리기 시작한 1623년부터 1637년 사이에 순교 당한 신도들의 수는 대략 1,300명 정도였고, 기독교 핍박이 본격적으로 시작된 1614년부터 1643년에 이르는 기간 동안 순교당한 신자들의 총 숫자는 대략 5,000명에 이른다고 한다. 당시에 순교한 순교자들 가운데 서양 선교사들의 숫자는 대략 70명 정도였다.262

시마바라 폭동 사건(1637-1638)

1) 반란의 배경

1633년부터 규슈 섬의 아마쿠라 지역을 다스리던 다이묘였던 테라자와 히로카타(寺沢広高)는 매우 욕심이 많고 탐욕스러워서 그 곳 주민들을 줄곧 괴롭혀 왔다. 강탈과 지나친 세금으로 지친 그곳 주민들이 더 이상 그의 압제를 견디지 못하고 마침내 폭동을 일으키게 된다. 테라자와는 세금을 걷을 때도 매우 잔인한 방법으로 걷었다고 한다. 처음 시마바라(島原) 폭동이 일어났을 때, 그 사건이 전혀 종교나 선교 사역과는 상관없이 진행되었음에도 불구하고, 이

261　Drummond, 101.
262　Drummond, 102.

폭동이 점차 종교적인 색채를 띨 수밖에 없었다. 당시 그 폭동을 주도하고 지휘했던 장군이 기독교인이었고, 그를 따르던 사람들의 대부분이 기독교인들이었기 때문이다.

시마바라 폭동의 시작은 그 지역의 한 유력한 농부의 가정에서 비롯되었다. 그 집에 세금을 걷으러 온 세리들이 주인 집 딸을 발가벗겨 놓고, 그녀를 불에 태워 죽였다. 이에 분개한 집 주인과 그의 이웃들이 화가 난 나머지 세리와 그의 일행들을 살해해 버렸다. 이 소식을 접한 그 마을 사람들이 즉각적으로 그의 행동을 지지하고 나서면서, 타 지역에 살고 있던 농부들도 그들과 함께 동조하며 소동을 피우기 시작했다. 당시 그 폭동에 참가한 사람들이 모두 기독교인들은 아니었음에도 불구하고, 대부분 사람들이 스스로를 기독교인이라고 언급하면서 신앙을 위해 목숨도 아끼지 않을 것이라고 단언했다. 마침내 그들은 포르투갈 언어가 기록된 깃발을 들고 농민전쟁을 수행하기에 이른다. 전쟁 당시 하라 성을 포위하고 있던 관군의 진영으로 날아든 편지의 내용을 살펴보면 왜 그들이 그토록 처절하게 저항했는가를 이해할 수 있다.

우리가 이 성에 모여 있는 단 하나의 이유는 우리가 스스로 우리 시민들을 보호하기 위해서다. 당신들은 우리가 왜 이와 같은 일을 벌이고 있는지 누구보다 잘 알고 있을 것이다. 당신들이 강제로 착취한 토지들과 집들 때문이라는 것을 잘 알고 있을 것이다. 그러나 이것이 유일한 이유는 아니다. 이러한 이유 외에도 또 다른 이유가 있다. 당신들이 알다시피 이 땅에서 기독교가 하나의 종교로서 인정을 받지 못하고 있다는 점이 또 다른 이유다. 쇼군들에 의하여 자주 선포되는 기독교 금지령들은 우리를 매우 괴롭게 만들고 있다... 그들은 다양한 종류의 처벌들을 만들어내고 있다... 이러한 것들이 우리로 하여금 더 이상 견딜 수 없게 만들었기 때문에 우리는 이러한 행동을 하고 있는 것이다. 이러한 행동은 기독교의 잘못된 교리에서 비롯된 것이 아니다.263

농민군이 정부군에게 보낸 편지의 내용을 살펴보면 그들이 폭동을 일으킨 이유는 간단히 두 가지로 요약될 수 있다. 하나는 지방 영주들의 지나친 착취이고, 또 다른 하나는 기독교에 대한 지속적인 핍박이었다. 폭동의 단초는 한 농부의 집에서 일어난 사건이었지만, 이 사건으로 말미암아 그동안 가슴 깊이 쌓였던 불만과 적개심이 폭발한 것이다.

2) 하라(原) 성 전투

지역 영주들의 탐욕과 잔인함으로 인해 촉발된 농민 봉기는 차츰 전쟁의 양상을 띠기 시작했다. 농민들은 점차 더 많은 사람들을 모으고, 관군의 무기들을 빼앗아 점점 군대의 모습으로 발전해 갔다. 모두가 기독교인들이 아니었음에도 불구하고 그들은 마치 기독교식 성전을 치루고 있는 것처럼 보였다. 지역 영주들이 가난한 농민

---

263 Cary, *A History of Christianity in Japan: Roman Catholic and Greek Orthodox Missions*, 224.

들의 땅과 집을 빼앗았을 뿐만 아니라 기독교를 믿는 현지인들에게 무자비한 핍박과 폭력을 행사해 왔던 것이 폭동의 또 다른 이유였다. 그들은 전쟁에 임할 때마다 나무로 만든 십자가를 앞장세우고, 십자가를 그려 넣은 깃발들을 들고 다녔다고 한다. 그들의 깃발에는 "루바도 세이아 오 산티시모 산티시모 세크라멘토"(Louvado seia O Santissimo Sacramento; 거룩한 성찬을 찬양하라)라는 말이 새겨져 있었고, 그들이 적을 공격할 때 마다 예수, 마리아, 산티아고의 이름을 외치곤 했다.264 그들은 고니시 장군의 휘하에 있던 사무라이의 아들을 지도자로 세우고 폭동을 진행해 나갔다. 18세 밖에 되지 않은 마스다 시로(增田士朗)를 지도자로 세우고 5-6명의 무사들이 그 전쟁을 이끌어 나간 것이다. 폭동의 초기에는 아무런 무기도 없이 농기구들을 동원하여 적들과 대항했었지만, 적의 무기들을 탈취하면서부터 차츰 발달한 전쟁 무기들을 지닐 수 있게 되었다.265

폭동 초기에는 그들이 연속적인 승리를 거둘 수 있었다. 사기가 오른 농민들은 도미오카(富岡)와 시마바라(島原)에 있는 성들을 탈취하려 했으나 실패로 끝나고 말았다. 더 많은 관군들이 몰려온다는 소식이 들려오자, 그들은 모든 군사력을 하라 성에 집중시켰다. 20,000명의 남자들과 17,000명의 여자와 아이들이 하라 성에 집결하여 관군과의 일전을 준비하고 있었다. 하라 성은 삼면이 바다로 둘러싸여 있는 요새로, 바다 쪽으로는 가파른 절벽이 가로막고

---

264 Cary, *A History of Christianity in Japan: Roman Catholic and Greek Orthodox Missions*, 224.

265 Drummond, 106.

있었고, 성의 정면에는 깊은 늪들이 산재해 있었다. 농민들로 구성된 반란군에는 제대로 훈련된 군인들이 극히 드물었다. 약 200명의 떠돌이 군인들과 간신히 화승총(musket)을 다룰 줄 아는 수백 명의 졸병 출신이 고작이었다. 반면 관군은 고도로 훈련된 5,000명의 사무라이들로 구성되어 있었다. 그럼에도 불구하고 죽기를 각오하며 싸우는 반란군의 사기에 눌려 관군은 번번이 패하고 말았다. 에도에서 이 소식을 접한 일본 지도자들은 사태를 심각하게 생각하고 국가 최고 평의회 멤버인 마츠다이라 노부츠나(松平 信綱, 1596-1662)를 그 곳에 파송하기에 이른다. 그가 시마바라에 도착하기 전에 이타쿠라가 이끄는 관군이 이미 농민군에게 크게 패하여 상당한 인적 물적 손실을 입었다. 10만 대군을 이끌고 하라 성에 도착한 마츠다이라 장군은 농민군과 직접 대면하여 싸우는 전략 대신 성 주위를 철저히 포위해서 굶겨 죽이는 작전을 펼쳤다. 포위된 지 수개월이 지나면서 하라 성에 갇힌 반군의 식량과 전쟁물자가 바닥나기 시작했다. 이 사실을 접한 정부군은 모든 군대를 동원하여 1648년 4월 12일부터 3일에 걸쳐 연속적인 공격을 감행하였다. 1648년 4월 15일 정부군의 공격을 견디지 못하고 마침내 반군은 완전히 괴멸되고 말았다. 반군에게 속한 사람들은 남녀노소를 불문하고 모두 생명을 잃게 되었고, 유일하게 살아남은 사람은 그들이 몰래 파견했던 간첩 한 명뿐이었다고 한다.[266]

---

266 Drummond, 107.

사라진 기독교

1) 고닌-구미(五人組, 다섯 가정 연합)

1614년부터 1643년 사이에 진행되었던 심각한 핍박으로 말미암아 적지 않은 수의 신자들이 기독교를 버리게 된다. 신실하고 용감한 신자들 대부분은 순교를 당하거나 깊은 산속으로 숨어버렸다. 이 시기가 지나면서 대부분 신자들은 지하로 숨어들어가 비밀리에 연결고리를 만들어 서로서로 교류하며 지내게 된다. 핍박을 피해 살아남은 기독교인들은 고닌-구미 시스템을 적극적으로 활용하여 서로간의 소식을 나누기도하고, 편지나 여타 의사소통 기구들을 통하여 서로의 신앙을 격려하며 지냈다. 당시 만들어진 고닌-구미 제도가 아니었다면 심각한 핍박이 자행되던 일본에서 기독교가 절대로 살아남을 수 없었을 것이다.[267] 심각한 핍박이 그치고 두 세기가 지나도록 일본 땅에 적은 기독교 유산이라도 남아 있을 수 있었던 이유는 바로 고닌-구미 제도가 존재했기 때문이다. 무려 200년 동안이나 영적 지도자들의 인도나 도움 없이 스스로를 지키고 버틸 수 있었던 힘의 원천이 바로 고닌-구미 제도 덕분이었던 것이 분명

---

[267] Drummond, 104. 고닌-구미 제도는 고대 일본에서 주민들이 서로를 돕고 협력하기 위해서 만들어진 건강한 제도였다. 그러나 후일 일본의 지도자들은 이 제도를 악용하여 국민을 통제하고 더 효과적으로 다스리기 위해 이 제도를 매우 적극적으로 사용하였다. 각 가족의 삶과 동태를 살피고, 개개인의 세밀한 부분까지 통제하기 위해서 만들어진 이 제도가 일본 통치자들의 핍박이 절정에 달했던 시기에는 오히려 숨은 기독교인들의 효과적인 의사소통의 방법으로 매우 유용하게 사용된 것이다.

하다. 외국에서 온 서양 선교사들도 모두 사라지고 자국 출신 지도자들도 모두 사라진 환경 속에서, 남겨진 그루터기 같은 신자들에게 영적인 힘과 능력을 공급해 줄 수 있었던 유일한 방법은 오직 고닌-구미 제도밖에 없었다.

2) 기독교 색출 사무소

이에미츠에 의하여 진행된 잔혹하고 긴 핍박의 결과 일본에서 기독교인들을 찾아보는 것이 쉽지 않게 되었다. 그가 중국과 화란을 제외한 모든 외국과의 교역을 단절시킨 이후로 일본은 점점 은둔의 나라로 변해 갔다. 그가 펼친 철저한 쇄국정책의 주요한 원인 가운데 하나가 바로 기독교였다. 기독교의 영향력을 두려워한 나머지 모든 외국 선박의 입항 자체를 금지시킨 것이다. 이러한 분위기 속에서 일본에 새로운 사무소가 개설되었는데, 그 사무소의 역할은 기독교인들을 색출하는 것이었다. 1640년 "기독교 색출 사무소"가 설립된 이후로 일본 관리들은 숨어 있는 기독교인들을 찾아내는데 혈안이 되었다. 그 사무소의 색출 전략은 매우 간단하여 기독교인을 발견하여 신고하는 자들에게 금전적인 보상을 하는 것이었다. 이러한 보상에 관한 광고문들은 주로 절이나 공공장소에 붙어 있었다.[268] 1682년의 기록을 살펴보면 기독교 신부를 신고하는 자들에게는 은 500료(両)가 보상으로 주어졌고, 수도사를 신고하면 300

---

268 Drummond, 109.

료, 기독교를 배교한 자들에게는 300료, 평신도 지도자나 평신도를 신고하면 100료를 보상으로 지급했다고 한다.[269]

이미 앞에서 간단히 언급한 대로 고닌-구미 제도도 기독교인들을 색출하는 방편으로 적극적으로 활용되었다. 기독교 색출 사무소가 고닌-구미 제도를 적극적으로 활용한 이유는 이 방법이야말로 각 가정의 형편을 속속들이 들여다볼 수 있는 매우 효과적인 방법이었기 때문이다. 만일 한 집단 안에서 기독교인이 한 명이라도 발견되면 그 집단에 속한 사람들은 모두 그 기독교인이 받는 벌과 동일한 벌을 받았다고 한다. 이러한 색출 방법은 매우 효과적이어서 일본 정부는 이 제도를 통해 적지 않은 기독교인들을 색출할 수 있었다고 한다. 기독교인들은 비밀리에 신자들로만 구성된 집단을 형성해서 간신히 살아남는 경우가 간혹 있었다.

3) 후미에(踏み絵) 또는 에부미

기독교 색출 사무소에서 고안한 또 다른 색출 방식은 후미에 또는 에부미라고 불리는 "그림 밟기"였다. 후미에라는 말은 문자 그대로 "그림 밟기"를 의미한다. 관리들이 주민들을 모아 놓고 모든 사람들이 보는 앞에서 '십자가에 달린 예수'나 '마리아'를 그린 그림을 발로 밟게 함으로서 기독교인들을 색출하는 방식을 동원한 것이다. 초기에는 종이에 그린 그림들을 사용했으나 뒤에는 나무나 주석,

---

269 Jennes. *A History of the Catholic Church in Japan*, 170. 재인용.

혹은 동을 사용하여 그린 그림들을 사용하였다. 이러한 방식은 1631년에 처음 사용되기 시작해서 1640년쯤에는 전국적으로 확대되었다. 여러 지역 중에서도 이런 방식이 가장 많이 보편적으로 사용된 지역은 기독교인들이 밀집해 살고 있던 규슈 지역이었다. 규슈 지역에서는 새해 의식의 한 부분으로 매년 후미에를 시행하였다. 정부에서는 관리들을 각 가정에 보내어 가정에 속한 모든 사람들을 끌고나와 강제로 이 의식에 참여하도록 했다. 시골에서는 절과 경찰서가 중심이 되어 후미에 의식을 더욱 철저하고 조직적으로 진행하였다. 후미에 의식의 목적은 기독교인들을 색출하는 것뿐만 아니라 일반 주민들에게 기독교는 악한 종교이고 기독교 신앙을 갖는 것이 얼마나 혐오스러운 행위인가를 각인시키기 위한 것이었다.270

4) 단나 데라 (旦那寺 · 檀那寺)

일본 정부는 모든 국민들에게 명하여 한 사람도 빠짐없이 자기가 사는 동네에 위치한 절에 반드시 등록할 것을 요구하였다. 국가의 명에 따라 기독교 신앙을 가지고 있던 신자들도 어쩔 수 없이 겉으로는 자기가 속한 지역에 있는 절에 등록을 할 수 밖에 없었다. 절에 등록을 마치고, 절에서 요구하는 책무들을 시행하고 나면 각 절에서는 "절 등록증"(Temple Certificate)을 발급해 준다. 숨은 기독교인

270　Drummond, 111.

들을 포함한 모든 국민들은 국가에서 정해 놓은 절기에 반드시 절에서 거행하는 의식에 참석하여야 하며, 일 년에 두 번씩 집에 차려 놓은 불단에서 종교의식을 거행해야만 했다. 이 외에도 모든 국민들은 조상들의 시체를 정기적으로 검사해야만 하는데, 삶과 죽음에 관한 모든 의식은 반드시 중들의 지도하에서만 거행되도록 했다.271

5) 사라진 기독교

앞에서 언급한 다양한 색출 방법들로 인해 대부분 신자들이 신앙을 버리거나 내면적으로만 신앙을 지니고 있었다. 하지만 용감한 신자들은 신앙을 지키기 위해 목숨을 아끼지 않았다. 1640년에서부터 1658년에 이르기까지 66개 지역 가운데서 8개 지역에서만 2,000명 이상의 신자들이 발각되었고, 1658년에는 규슈섬의 히젠(肥前) 지역에서만 609명이 체포되었다. 이들 가운데 411명이 순교하였고, 78명이 감옥에서 죽었고, 20명은 종신형에 처해졌고, 99명은 배교하여 석방되었다. 1660년에서 1670년에 이르는 사이에도 많은 신자들이 체포되었는데, 분고 지역에서만 500명 이상이 체포되어 대부분 사람들이 순교를 당하거나 감옥에서 죽었고 나머지 몇 명은 배교를 통해 목숨을 건지기도 했다. 1687년 일본 정부는 이전에 사용하던 방법들보다 더 철저한 색출 방법을 시행하기 시작했

---

271 Drummond, 113.

다. 그들은 "기독교 가족 감시제도"를 동원하여 이미 드러난 기독교인들의 친척들까지 철저하게 감시하기 시작한 것이다. 순교한 신자들의 친척들은 물론 배교한 신자들의 친척들까지 남자의 계보로는 7대까지, 여자의 계보로는 4대까지 철저한 감시를 받아야만 했다.272

6. 초기 일본 기독교 선교의 특징

초기 기독교 부흥의 원인

1) 기존 종교의 파산

일본에 기독교가 처음으로 전파될 당시 규슈 지역에서 기독교가 급속히 확산되고 성장한 데는 그 만한 이유가 있다. 당시 종교적인 상황을 살펴보면 그들이 신봉해 오던 주요 종교들이 이미 영적으로 거의 파산된 상태였다. 일반 대중들 속에 가장 보편적으로 퍼져있던 종교인 불교는 지나치게 정치적으로 변질되어 있었고, 도덕적 타락과 지나친 사치로 인해 민중들의 지지를 받지 못했다. 불교의 사회적 영향력이 너무 커서 많은 영주들과 국가 지도자들은 항상

---

272 Drummond, 111.

불교 지도자들을 견제해야만 했다. 때론 이권을 보호하기 위하여 군대를 일으키기도 하고, 때론 영주들과 전쟁을 벌이기도 했다. 유교는 일부 학자들의 소유물로서 대중적인 인기를 얻지 못하고 있었다. 그저 몇몇 유학자들을 중심으로 명맥을 유지하는 정도였다. 일본의 전통 종교인 신도는 시대의 흐름을 따라가지 못하고 전통적인 종교로 남아있었다. 국가와 사회는 복잡하고 다양하게 변해 가는데, 신도는 전통과 관습에 얽매여 급격한 변화에 적응하지 못했다고 볼 수 있다.

기존 종교들이 제 역할을 하지 못하고, 무기력한 틈을 타고 새로운 종교인 기독교가 일본에 들어온 것이다. 새로운 선진 문물에 대한 동경과 맞물려 새로운 종교에 대한 호기심과 관심은 자연스럽게 대중의 마음을 파고들었다. 초기 선교사들의 헌신적인 희생과 봉사의 삶이 그들로 하여금 새로운 종교에 대한 신뢰와 믿음 갖게 했을 것이다. 대다수 일본인들이 파산한 기존의 종교들보다 훨씬 거룩하고 믿을 만한 종교에 대해 호기심을 갖는 것은 매우 자연스러운 일이었고, 이로 인해 초기 기독교는 일본 열도에서 급속히 퍼져 나갈 수 있었다.

2) 상황화(Contextualization) 전략

초기 선교사들은 선교 사역을 진행해 가면서 기독교와 불교의 유사성들을 연구하고 그것들을 적극적으로 활용하였다. 종교의식의 유사성들 - 의복, 염불(chanting), 성수(holy water) 사용, 성자(saints) 의지, 남녀유별 - 을 적극적으로 활용함으로서 현지인들과의 접촉점을 쉽게 만들어 갈 수 있었다. 선교사들은 종교적 언어 사용에 있어서도 두 종교 간의 유사성을 적극 활용하였다. 하나님과 다이니치, 하늘나라와 조도(淨土), 율법과 불법 등과 같은 비슷한 개념의 종교적인 용어들을 지혜롭게 사용함으로서 현지인들과의 거리를 좁혀 나갈 수 있었다.273

로마 교회는 타지역에서의 선교 사역과 마찬가지로 일본에서도 매우 적극적인 상황화를 통하여 복음을 전파하였다. 초기 선교사들의 이러한 시도가 일본인들로 하여금 기독교를 쉽고 빠르게 이해하고, 적극적으로 받아들일 수 있도록 만든 요인임에는 틀림없다. 예를 들자면 미전도 종족 선교사로 봉사했던 돈 리차드슨(Don Richardson)이 "구속적 유비"(Redemptive Analogy)274라는 개념을 적극적으로 활용하여 원주민들에게 예수님의 사랑과 구속의 방식을 이해시키는 과정을 보면 상황화가 선교지에서 얼마나 필요하고 중요한 도구인가를 깨닫게 된다. 현지인들이 전통적으로 지녀왔던 다양한 종교적

---

273 선교 역사를 살펴보면 로마 교회에서 파송된 대부분 선교사들이 매우 적극적인 상황화 선교 전략을 펼친 것을 발견할 수 있는데, 특별히 예수회 소속 선교사들은 지나칠 정도로 상황화를 시도했다. 일례로 예수회 소속 중국 선교사였던 마태오 리치(Matteo Ricci,1552-1610)의 경우 하나님을 천(天)으로 표기함으로 후일 로마 교회 내에서도 지적을 받기도 했다. 로마 교회는 중국인들이 전통적으로 사용해 오던 천(天)의 개념이 유일하신 하나님을 지칭하기에는 한계가 있다고 보고, 후일 하나님을 천주(天主)로 바꾸었다. cf. J. Herbert Kane, *A Concise History of the Christian World Mission: A Panoramic view of Missions from Petecost to the Present* (Grand Rapids, Michigan: Baker Book House, 1982), 60-61.

274 cf. Don Richardson. Eternity in Their Hearts (Ventura, California: Regal Books, 1984).

인 개념과 용어들을 적극적으로 활용하면서 기독교의 진리와 교리를 전파하려고 했던 초기 선교사들의 노력으로 말미암아 일본의 정치 지도자들과 대중, 심지어 종교 지도자들까지도 기독교에 대해 관심을 가졌을 뿐 아니라 기독교를 쉽게 이해하고 접근할 수 있었던 것이다.

초기 일본 선교사들의 적극적인 상황화 시도가 일시적으로 일본에서 기독교가 부흥하는데 일조한 것이 사실이기는 하지만, 후일 일본 기독교가 혼합주의(syncretism)의 덫에서 벗어나기 힘든 부정적인 영향을 유산으로 남긴 것도 사실이다. 기독교와 현지 종교와의 유사성을 비교 분석하여 선교를 위한 접촉점을 만들어내는 작업이 결코 무의미한 것만은 아니지만 자칫 타 종교와의 구별을 모호하게 하거나 기독교 교리의 선명성을 해칠 수 있다는 사실을 염두에 두고 조심스럽게 상황화를 시도할 필요가 있다. 상황화는 양 날을 가진 검과 같아서 적절히 활용되면 선교에 매우 유익한 도구가 될 수 있지만 잘못 사용되면 기독교가 지닌 절대적인 진리와 교리들이 손상될 수 있다. 따라서 선교사들은 상황화의 유익과 피해를 동시에 고려하면서 매우 조심스럽게 상황화를 시도하는 것이 바람직하다.

3) 교육을 통한 선교

초기 선교사들은 현지인들에게 기독교 교리를 가르치고, 현지 지도자들을 준비시키기 위하여 다양한 교육 방법을 개발하고 연구하는 데 심혈을 기울였다. 문자를 가르치고, 읽기와 쓰기를 가르쳤다. 읽기가 가능해지면 기독교의 기본 교리들 – 십계명, 사도신경, 기도문 – 을 가르쳤다. 현지인들이 심오한 신학적 주제들을 이해할 수 있도록 인내를 갖고 끊임없이 가르쳤다고 한다. 초기 선교사들의 이러한 교육에 대한 열정으로 말미암아 성경과 신학에 관한 현지인들의 지식이 급속도로 발전할 수 있었다. 초기 선교사들은 일본인들에게 세속적인 일반 학문뿐만 아니라 다양한 형태의 성경 및 신학교육을 제공함으로서 현지 기독교 지도자들을 양성하는데도 많은 관심을 지니고 있었다. 전국 각지에 학교들과 신학교들을 세워서 일본의 미래를 이끌 영적 지도자들을 양육했던 선교사들의 헌신적인 노력이 초기 일본 교회의 성장에 지대한 영향을 끼쳤다고 할 수 있다.

한국 교회의 선교 역사에서도 볼 수 있듯이 현지인들에게 글을 가르치고, 읽고 쓰기를 가르치는 일은 복음 전파를 시작하는 단계에서 매우 중요한 사역임에 틀림없다. '권서인' 혹은 '매서인'[275]들이 방방곡곡을 돌아다니며 글을 가르침과 동시에 복음을 전파함으로 인해 한글 보급은 물론 한반도 복음화가 급속히 이루어질 수 있었다는 사실을 인정한다면, 일본에서 일어난 이와 비슷한 사역이 일본 복음화에 지대한 영향을 끼쳤을 것이라는 사실을 부인할 수 없을 것이다. 초기 일본 기독교 역사를 보며 선교 사역의 핵심인 영적 지도자 양성이 현지 교회의 성장과 건강을 위해 얼마나 중요한 역할을 할 수 있는지를 다시 한번 깨닫게 된다.

---

275 이만열, 『한국 기독교와 민족의식』 (서울: 지식 산업사, 1992), 101-200.

4) 적극적 사회사업

초기 일본 기독교 선교 역사의 또 다른 특징 가운데 하나는 선교사들의 적극적인 사회 활동이라고 말할 수 있을 것이다. 그들은 복음을 전했을 뿐 만 아니라 현지인들의 다양한 육체적인 필요들을 채워주기 위해 다양한 사역들을 전개하였다. 특별히 사회적으로 소외되고 생활 능력이 현저히 떨어지는 사람들을 위한 사회적 돌봄을 제공함으로서 기독교에 대한 호의적인 이미지를 성공적으로 만들어 갈 수 있었다. 선교사들이 현지인들에게 베풀었던 다양한 의료 및 구제 사역은 현지인들의 육체적인 필요들을 직접적인 채워주었을 뿐만 아니라 그들로 하여금 기독교에 대한 호의적인 태도를 갖게 하는데 지대한 영향을 끼쳤을 것이다. 일례로 의료와 구제 사역을 적극적으로 펼쳤던 분고 드 알메이다(Bungo de Almeida)의 경우만 보더라도 그의 사역의 영향으로 인해 기독교인이 된 개종자들의 숫자가 무려 2,500명에 달했다. 공교롭게도 드 알메이다(De Almeida)의 헌신적인 사회사업으로 인해 개종한 사람들은 대부분 하층민에 속하는 사람들이었다. 이와 같이 초기 선교사들은 일본 선교를 위해 직접적인 전도와 교육뿐만 아니라 사회사업도 매우 적극적으로 펼쳐 나갔다. 병약한 자들을 위한 병원 건설, 구제 사역을 위한 재원의 비축, 고아와 과부를 위한 보호시설, 노인들을 위한 시설 등과 같은 다양한 사회사업들은 현지인들에게 기독교의 정체성을 드러내고 선포하는데 매우 긍정적인 작용을 했을 것이다. 실제로 많은 현지인들은 선교사들의 이러한 선행들을 보고 기독교에 관해 깊은 관심을 가졌다고 한다.

5) 삶을 통한 전도

초기 선교사들은 기독교 교리에 관한 교육과 논리적 설명에만 의지하지 않고, 종교적인 삶을 통해서도 기독교의 본질을 보여주려고 노력했다. 희생적인 삶과 행동을 통해 교리로 설명할 수 없는 부분들을 간접적으로 보여줄 수 있었다. 선교사들은 고행, 절제, 금욕, 가난, 청빈 등의 삶을 통해 현지인들에게 참 종교의 모습을 보여주었다. 불교의 영향을 받은 현지인들에게 선교사들의 이러한 삶의 모습이 분명히 강한 도전과 깊은 감동을 주었을 것이다. 말보다 삶이 더 큰 영향력을 행사할 수 있다는 사실을 선교 역사를 통하여 한번 더 증명한 셈이다. 현지인들이 추구해 오던 종교적 가치들을 실제적인 삶을 통하여 실천적으로 보여주는 선교사들의 모습으로 인해 많은 일본인들이 기독교에 대해 깊은 관심을 갖거나 감명을 받았을 것이다. 어떤 환경에도 굴하지 않고, 확신을 갖고 두려움 없이 자신이 믿는 진리를 선포하는 선교사들의 모습이 현지인들에게 보이지 않는 감동과 도전을 주었다. 말씀 선포와 더불어 선교사들의 헌신적인 삶이 현지인들의 뇌리에 강한 인상을 남겼을 것이다.

때로 현지인들은 선교사들의 말이 아닌 그들의 행동과 삶을 통해 기독교를 이해하기도 한다. 때론 말을 통한 선포보다 삶을 통한 선포가 더 효과적일 수도 있다. 기독교 선교를 수행함에 있어 말씀 선포가 가장 우선시 되어야 한다는 사실을 부인할 사람은 아무도 없을 것이다. 그러나 현지의 특이한 형편으로 인해 때론 말씀 선포보다 삶과 행동이 우선되어야 할 때도 있다. 현지인들은 선교사들의 언행일치를 보며 도전을 받기도 하고, 기독교에 대한 관심을 갖기도 하고, 심지어 선교사들에 대한 경외심을 갖기도 한다. 종종 현지인들은 선교사들이 스스로 선포한 말씀과 일치된 삶을 살아가고 있는지 감시하기까지 한다. 삶에서 실패하면 선교사들이 선포한 말씀이 신뢰를 잃는다. 삶에서 실패하면 말씀의 능력이 힘을 잃는다. 선교사들의 삶은 곧 살아있는 메시지요, 살아있는 기독교의 실체이기 때문이다.

초기 선교의 문제점과 한계

1) '페트로나도(Petronato)' 정책

일본에 발을 디딘 초기 선교사들은 자기 의지와 상관없이 정치적인 성향을 띨 수밖에 없었다. 초기 선교사들은 국가가 물자와 군대를 지원하고, 국가의 요청으로 외교관 역할을 수행하고, 국가의 이익에 따라 움직여야 하는 소위 "보호 정책"(petronato policy)의 희생양들이었다. 정치와 종교가 분리되지 않고, 선교사와 외교관이 구분되지 않고, 로마 교회가 전통적으로 사용하던 선교 정책이 일본에서도 그대로 적용된 것이다. 초기 선교사들은 스페인, 포르투갈, 영국, 화란, 중국 등 외국의 정치, 경제적인 이해관계뿐만 아니라 자국 통치자들의 이해관계에 의하여 정치적으로 이용당해야만 했었다. 입국 초기에는 선교사들이 본국의 정치, 군사적 영향력을 힘입어 일본 지도자들과 쉽게 접촉할 수 있었지만, 힘과 권력을 통한 만남은 후일 선교 활동에 도리어 심각한 피해를 주었다. 정치적 목적으로 이용당한 기독교의 처참한 말로를 일본 선교 역사가 잘 보여주고 있다. 초기 일본 선교 역사는 정치 세력을 등에 업고 시작된 선교 사역의 한계와 종교 세력을 이용하여 정치적 목적을 이루려는 시도의 문제점이 무엇인지를 교훈적으로 보여주는 대표적인 사례라고 할 수 있을 것이다. 이러한 역사적인 교훈은 모든 선교사들이 그 의미를 마음속 깊이 새기고, 선교 사역의 원리로 삼아야 하는 내용일 것이다. 몇몇 선교사들의 잘못된 정치 참여로 말미암아 모든 선교사들이 일본에서 추방을 당하게 되었을 뿐 아니라 마침내 기독교 말살정책이라는 역사적 비극을 맞이하게 된 것이다.

이러한 교훈은 근대 및 현대 선교 전략가들이 선교사들에게 경고하는 내용과 일치한다. "삼자 원리"(Three-self Principle)를 가르치고 실천했던 루푸스 앤더슨(Rufus Anderson)의 주장과 같이 선교사들이 선교지에서 현실 정치에 직접 개입한다든지, 경제적인 이익을 목적으로 경제적인 일에 관여하는 것은 바람직하지 않다.[276] 지나친 정치적 개입이나 경제적 목적의 사업은 순수한 선교 사역에 방해가 될 뿐 아니라 선교사와 현지인 모두에게 깊은 상처를 남길 수 있기 때문이다. 전문인 선교사들의 경우 선교 현지의 사정과 형편에 따

---

276 Gerald H. Anderson. et al., eds. *Mission Legacies* (Maryknoll. New York: Orbis, 1996) 548-53.

라 적당한 경제적 활동과 이익이 보장되어야 하지만, 순수한 선교 활동이 보장된 지역에서의 경제 활동은 선교사들에게 영적인 유익을 제공하기보다 도리어 영적 피해를 가져올 가능성이 더 크다. 일본의 초기 기독교 선교 역사는 선교사들의 정치, 경제적인 개입이 기독교 선교에 전혀 도움이 되지 않을 뿐 아니라 도리어 선교 사역의 '넘어뜨리는 돌'(stumbling stone)이 될 수 있다는 사실을 교훈적으로 변증해 준다.

2) 집단 개종(Mass Movement)의 폐해

일본 초기 기독교 역사가 보여주는 또 다른 특징들 가운데 하나는 '집단 개종'이라고 할 수 있다. 일본 선교 역사에는 정치, 군사 지도자들의 개종에 따른 '집단 개종' 현상이 자주 등장한다. '집단 개종' 현상은 일본과 같은 '극단적인 집단주의' 문화 속에서 나타 날 수 있는 매우 자연스러운 현상이라고 할 수 있다. 철저한 집단 문화 속에서 살고 있던 일본인들에게 주인의 결정은 곧 그를 따르는 신하들의 결정으로 이어진다. 영주의 결정은 곧 그의 영지에 사는 모든 사람들의 결정이 된다. 영주의 개종은 곧 바로 신하들의 개종으로 이어진다. 이러한 집단 개종 현상이 비단 일본 선교 역사에서만 발생한 것은 아니지만 일본에서 발생한 집단 개종 현상은 타지역에서 발생한 현상들보다 더 신속하고 분명하게 드러난다. 프랑크 왕국의 클로비스(Clovis)가 동시에 3,000명에게 세례를 베푼 일이나, 영국 왕 에텔버트(Ethelbert)가 10,000명에게 집단으로 동시에 세례를 베푼 사건에 필적할 만한 현상들이 일본 선교 역사에는 더 많이, 더 자주 발생했다.277 일본의 초기 기독교 선교 사역들은 그 당시 일본을 통치하던 지도자들의 성향과 결정에 따라 부흥하기도 하고 소멸되기도 했다. 최고 통치자의 결정에 따라 기독교인이 되기도 하고, 배교를 하기도 한다.

대부분 선교학자들은 집단개종 현상에 대해 부정적인 평가를 내린다. 집단적 현상이 나타나는 것 자체를 부인하거나 부정하는 것이 아니라 집단적인 결정이 지닌 한계와 문제점들을 염려하는 것이다. 집단개종 현상은 구성원 각자의 개인적인 의지나 결정과 상관없이 발생할 가능성이 높고, 현장의 분위기나 공체의 압박에 의하여 발생할 가능성이 있기 때문이다. 혹자는 집단 개종 현상의 부정적인 면들을 인정하지 않고, 도리어 그러한 현상을 긍정적으로 옹호하기 위해 새로운 용어들을 만들어 내기도 한다. 집단 개종 옹호론자들이 주로 사용하는 용어는 주로 "집단 회심"(Mass Conversions) 혹은 "집단 결정"(Mass Decisions)이다. 도날드 맥가브란(Donald McGavran)은 이러한 현상을 "상호 의존적인 많은 개인들의 결정"(Multi-Individual, Mutually Interdependent Conversion)이라고 불렀다.278 "집단 회심"이나 "집단 결정" 현상들이 전부 문제를 지니고 있다고 단정지울 수는 없을지라도 대부분 "집단 회심"이나 "집단 결정"들은 그 일이 발생

---

277 Stephen Neil, *A History of Christian Missions* (London: Penguin Books, 1986), 51-59.

278 Donald A. McGavran, *Understanding Church Growth* (Grand Rapids, Michigan: Eerdmans, 1994), 221-229.

한 현장이 지닌 환경과 분위기에 상당한 영향을 받을 수 있다는 사실을 부인할 수 없을 것이다. 집단 개종 현상은 자신의 의지와 상관없이 동일 집단 안에 있는 타인들의 행동과 결정을 따라가는 현상에 불과하다. 따라서 집단 개종은 수많은 명목적인 신자들(nominal Christians)을 양산할 가능성이 크다고 볼 수 있다.

일본의 초기 기독교 선교를 보면 통치자들의 위협과 심각한 핍박이 상존했음에도 불구하고 자기가 믿는 순수한 신앙을 끝까지 지킨 수많은 성도들이 있었던 것이 사실이다. 하지만 신앙을 위해 목숨을 바친 신실한 신자들의 수보다는 위협과 핍박 앞에 쉽게 무너진 신자들의 수가 더 많다고 할 수 있다. 배교의 이유가 중앙정부의 지속적이고 철저한 탄압 때문이었다고 할 수도 있지만, 더 큰 이유는 집단 개종으로 말미암은 명목 신자의 양산 때문이었다고 할 수 있다. 해외 선교 사역에 종사하는 사람들은 집단 개종의 한계와 위험성을 일본 선교 역사를 통하여 다시 한번 배울 필요가 있다.

3) 토착화의 실패

초기 일본 선교사들의 헌신적인 노력으로 말미암아 단시간 내에 일본의 여러 곳에서 기독교가 괄목할 만한 성장을 이룬 것이 사실이다. 선교사들이 뿌린 씨앗의 열매들로 인해 일본 전역에 적지 않은 기독교 신앙 공동체들이 존재했고, 곳곳에 기독교 학교, 병원, 구제 단체, 신학교 등이 산재해 있었다. 하지만 이러한 열매들은 통치자들의 탄압과 핍박이 심해지면서 신속히 자취를 감추고 말았다. 통치자들의 철저하고 잔인한 핍박을 주요한 원인으로 꼽을 수 있지만 그것만으로 충분히 설명할 수 없는 부분이 분명히 존재한다. 이미 앞에서 언급한 집단 개종과 더불어 발견되는 또 다른 원인이 발견되는데 그것은 바로 토착화의 실패다. 복음을 받아들이면서 그들의 피상적인 삶의 방식과 겉으로 드러난 종교적인 형식은 변했지만, 그들의 내면과 세계관은 전통적인 가치들과 전통적인 종교의 지배를 받고 있었다. 복음의 능력이 현지인들의 내면 깊숙한 곳까지 뿌리를 내리지 못했던 것이다.

허버트 케인(Herbert Kane) 박사는 이슬람의 세력 앞에서 속절없이 무너져 내렸던 기독교의 몰락을 바라보면서 그 원인을 토착화의 실패에서 찾고 있다.[279] 당시 기독교 영향권에서 살아가던 현지인들의 삶을 지배하고 있었던 다양한 기독교적 제도들과 종교적인 의식들이 겉으로는 그들의 삶을 지배하고 있던 것처럼 보였지만 정작 그들의 내면세계, 즉 삶을 기준이 되는 가치관이나 세계관을 지배하는 데는 실패하였던 것이다. 지리적으로 지중해 연안 지역을 거의 모두 포함하고, 수적으로도 엄청난 인구를 거느리고 있던 기독교 세력이 백오십 년을 견디지 못하고 이슬람 세력의 공격 앞에 신속히 몰락한 원인 중 하나가 바로 피상적인 복음화, 즉 토착화되지 않은 복음화의 영향 때문이었다. 현지어로 쓰여진 성경의 부재, 현지 지도자 양성의 실패, 현지 문화와 동떨어진 이질적인 기독교 문화, 현지인들에게 닫혀있는 신앙 공동체(Christian Ghetto) 등 다양한

---

[279]   Kane, 51-52.

원인이 7, 8세기 기독교 세력의 몰락의 원인이었듯이 일본에서도 이와 유사한 원인들로 인하여 기독교가 신속히 몰락의 길을 걷게 된다. 근동지방과 북 아프리카, 유럽 지역에서 백오십 년이 채 못되어 무너져 내린 기독교의 역사와 일본 기독교 몰락의 역사는 매우 흡사한 면들을 지니고 있다. 토착화의 실패는 기독교가 일본에서 뿌리를 내리지 못하고 단명한 생을 마감하게 만든 중요한 요인들 가운데 하나였다고 할 수 있다.

4) 성경번역의 실패

서구 선교사와 한 일본인이 1590년에 인도의 고아(Goa)에서 서구의 발달한 인쇄 기술을 익히고 돌아 온 후부터 약 20년 동안 일본에서는 매우 활발한 인쇄 사역이 전개되었다. 그들은 성경 교리 문답 집을 비롯하여 경건 서적, 일본어, 일본 고전 등을 출판하였다. 그 때 발간된 책들은 일본 기독교인들은 물론 일본에서 사역하던 서구 선교사들에게도 매우 유익한 정보들을 제공하였다. 당시 예수회 선교사들은 일본어를 로마 문자로 표기하는 방법을 연구하였는데, 그들은 일본어를 로마 문자로 바꾸어 책을 쓰거나 심지어 일본의 현지 학생들에게 로마화된 일본어를 가르치기까지 했다. 로마화된 일본어가 비록 서구 선교사들의 이해를 돕기 위해 주로 사용되기는 했을지라도 선교 방법론적인 면에서 볼 때 이러한 방법과 전략은 결코 바람직한 것은 아니었다. 현지 언어가 아무리 습득하기 어렵다고 할지라도 선교사들은 당연히 현지 언어를 배워 현지인들과 의사소통을 해야 하며, 현지어를 습득하는 정도에 비례하여 선교 사역의 깊이와 넓이가 달라진다는 점을 깊이 인식했어야만 했다.

현대 기독교 선교 전략적인 면에서 볼 때 예수회 선교사들이 일본 선교를 위해 사용했던 선교 전략들은 대부분 용인될 수 있는 것들이라고 할 수 있지만 그들이 채용했던 선교 전략 가운데서 가장 큰 핸디캡은 그들이 현지어로 된 성경을 번역하지 못했다는 점이라고 할 수 있다. 성경 번역이라는 사역이 매우 힘들고 긴 인내를 필요로 하는 사역이기는 하지만 선교 사역에 있어서 성경 번역은 매우 기본적이며 필수적인 사역이라고 할 수 있다. 로마제국 내에 살지만 라틴 문화권 밖에 사는 사람들, 즉 현지 야만인들의 언어로 번역된 성경이 없어서 북 아프리카에서 기독교가 급속히 몰락했다는 허버트 케인의 분석은 성경 번역 사역이 초기 선교 사역에 있어서 얼마나 중요한 가를 다시 한번 보여주는 매우 중요한 사례라고 할 수 있다.[280]

초기 기독교 선교가 일본 문화에 끼친 영향

1) 서구 문물의 전래

일본 통치자들의 철저한 핍박으로 인해 마치 기독교가 일본 영토에

---

[280] Kane, 52.

서 영원히 사라진 것처럼 보였다. 하지만 초기 선교사들이 일본 문화 속에 남긴 족적은 일본 문화의 다양한 영역 속에 살아남아서 후일 일본 문화 형성에 적지 않은 영향을 끼쳤다. 당시 아시아에 많은 국가들이 있었지만 서구 문물을 일본처럼 적극적으로 받아들인 나라는 드물었다. 16-17세기 사이에 일본에 전래된 서구 문화는 일본의 물질적인 발전과 더불어 다양한 문화적인 발전에 지대한 영향을 끼쳤다.

(1) 과학의 발달

일본 땅에 발을 디딘 초기 기독교 선교사들은 상당한 수준의 학문적인 지식을 지닌 자들이었다. 특별히 예수회에 속한 선교사들은 당시 예수회에서 세운 대학들을 통하여 최신 과학을 배우고 익혔다. 16세기 후반에 유럽에서 새로운 "그레고리 달력"(Gregorian Calendar)을 도입해 사용하는 책임을 맡았던 크리스토퍼 클라비우스(Christopher Clavius)는 "로마 예수회 대학"(Jesuit Collegium Romanum)에서 매우 발달한 수학을 가르쳤다. 수학 과목 외에도 클라비우스를 비롯한 많은 예수회 소속 수사들은 매우 발달한 천문학적 지식도 겸하고 있었다. 클라비우스를 비롯한 많은 예수회 수사들은 갈리레오 갈릴레이(Galileo Galilei)의 천문학적 지식을 전수 받았고, 그와 깊은 우정을 나누고 있었다고 한다. 당시 중국 선교사로 파송되었던 마태오 리치(Matteo Ricci)와 일본에 파송되어 일본인들에게 서양 과학을 전했던 카를로 스피놀라(Carlo Spinola) 선교사가 바로 클라비우스의 제자들이다. 천문학자로 잘 알려진 요한 케플러(Johann Kepler)도 그들과 동시대에 활동하던 과학자들 가운데 한 사람이다.[281] 드루몬드 (Drummond)는 천문학과 지리학이 초기 선교사들이 일본의 과학석 발달에 기여한 분야들 가운데서 가장 중요한 학문적 영역일 것이라고 주장한다. 천문학과 지리학은 일본 지도자들의 시야를 넓혀 주었을 뿐 아니라 외부 세계에 대한 다양한 정보와 지식을 제공해주는 역할을 했을 것이다.

일본인 학자인 에비사와 아리미치(海老澤 有道)는 16-17세기에 걸쳐 일본에 파송된 선교사들이 일본인들에게 전해준 과학적 지식이 일본의 과학적 발달에 매우 중요한 영향을 끼쳤을 뿐 아니라 선교사들로부터 직간접적인 영향을 받은 기독교인들이 터득한 과학적 지식들 또한 일본의 과학적 발달에 지대한 영향을 끼쳤다고 했다.[282] 초기 선교사들로부터 전래된 서구의 선진 과학 문명은 일본이 근대화를 이루어가는 과정에서 지대한 영향을 끼쳤을 뿐 아니라 아시아 주변 국가들을 포함한 전 세계 국가들과의 교역을 통한 문화 교류를 증진시키는데도 커다란 역할을 감당하였다.

(2) **자선 사업**

초기 선교사들이 일본에 도착할 당시 일본인들은 수많은 전쟁으로 인해 지쳐있었고, 종교 지도자들의 타락과 무능으로 인해 정신적으로 매우 피폐해 있었다. 계속되는 영주들 간의 전쟁으로 인해 하루

---

281 Drummond, 118.

282 Ebisawa Arimichi, *Kindai Nihon,Bunka no Tanjo* (Tokyo: YMCA Domei, 1956), 10-12.

하루 각박한 삶을 영위하던 일본인들에게 가난하고 소외된 이웃을 돌아볼만한 마음의 여유가 남아있지 않았다. 전쟁으로 인해 일본 각지는 수많은 고아, 과부, 병든 자, 나환자, 죄수 등 긴박한 도움이 필요한 사람들로 넘쳐났지만 통치자들 중 어떤 사람도 이 일에 발 벗고 나서지 않았다. 이러한 상황에서 하루하루 힘들게 연명하는 가난하고 소외된 국민들에게 무조건적인 사랑을 제공한 사람들이 바로 서구 선교사들이었다. 선교사들은 전국 각지에 수많은 자선 단체들을 세워서 소와 계층을 도우며 그리스도의 무조건적인 사랑을 실천하였다. 자선이라는 개념과 이에 따른 실천이 거의 전무했던 일본 사회 속에서 서구 선교사들이 펼쳤던 자선 사업은 일본인들에게 매우 큰 충격으로 다가왔을 것이다. 선교사들이 다양한 실천을 통하여 순수한 자선의 사례들을 보여줌으로써 일본인들에게 자선의 진정한 의미와 순수한 봉사의 정신을 가르쳐주었다.

(3) 도덕적 기준의 상승

전쟁과 물질 만능주의로 인해 피폐해진 일본인들의 마음과 무너져 내린 도덕을 바로 세우고 건설하는 데 있어서 기독교인들의 삶이 지대한 영향을 끼쳤다. 특별히 '가족의 도덕성'이 무너져버린 일본 사회를 향해 기독교인들이 가족의 참다운 가치와 모습을 보여줌으로써 일본의 가정들이 더 건강한 모습으로 성장해 가는데 크게 기여하였다. 결혼의 신성함과 가족의 중요성을 가르쳐 주었을 뿐 아니라 양성평등과 일부일처제의 참다운 가치를 가르쳐주었다. 당시 절에 속한 독신 승려들 가운데 널리 퍼져있던 동성애의 관습조차도 기독교 선교사들의 정절과 절제된 삶의 모습에 도전받고 상당 부분 개선이 되었다고 한다. 이 외에도 서구 선교사들의 가르침과 교훈을 통하여 어린아이들과 부녀자들의 인권이 상당 부분 증진되었다. 영주들 간의 전쟁이 횡행하던 봉건주의 시대에 볼모로 잡히거나, 정치적인 목적을 위해 유린당하던 여성과 어린이들의 인권이 선교사들의 영향으로 인해 상당 부분 개선되었다.283 기독교 영주들 가운데 한 사람이었던 오무라 스미다타(大村 純忠)는 교회 안에 자기와 자기 가족들을 위한 특별한 좌석을 마다하고 일반 신자들과 똑같이 일반 좌석에 앉아 예배를 드렸다고 한다. 또 다른 기독교 영주인 다카야마 유콘은 자기 영지 안에 살다가 죽은 가난한 백성들의 장례비용을 전부 지불하기도 했다고 한다.284

결론

초기 일본 기독교 선교 역사를 한 마디로 표현하자면 '급속한 성장과 급속한 쇠퇴'라고 할 수 있을 것이다. 일본 기독교 선교 역사는 초기 선교사들의 헌신적 사역의 열매로 나타났던 급격한 성장과 더불어 통치자들의 철저한 핍박의 결과로 말미암은 급격한 소멸의 특

---

283 Drummond, 119.
284 Drummond, 120.

징을 동시에 보여준다. 초기 일본 교회의 성장은 기독교 역사상 보기 드물게 일어났던 급속한 성장과 부흥의 사례들 가운데 하나로 인정받아 마땅하다고 본다. 급속한 교회 성장의 이면에 통치자들의 다양한 정치, 경제적인 동기들이 숨겨져 있었던 것이 사실이지만, 당시 일반 성도들이 지니고 있던 신앙의 동기들은 통치자들의 동기에 비하여 훨씬 순수하고 바른 것이었다. 16-17세기에 일본에 살고 있던 평민들 대부분은 수많은 군주와 영주들의 정치, 군사적인 희생양들이었다. 정치적, 경제적, 종교적인 파산 상태에서 하루하루 힘겹게 살아가고 있던 백성들에게 기독교라는 새로운 서양 종교가 새로운 매력으로 다가 왔을 가능성이 크다. 비록 영주들의 정치, 군사적인 야망과 동기들로 인해 일본에 기독교가 적극적으로 도입되기 시작하기는 했지만, 기독교라는 새로운 종교가 당시 일본의 평민들이 가슴 속에 항상 품고 있던 사회적 변화와 영적인 갈망을 해결해줄 수 있는 새로운 대안으로 다가왔을 것이다. 일본의 전통적인 종교들이나 통치자들이 해결해 줄 수 없던 정신적, 영적인 갈급함을 기독교가 해결해 주었던 셈이다.

　　일본 전역에 들불처럼 번져가던 기독교가 150년을 견디지 못하고 일본 전역에서 완전히 자취를 감춰버린 이유들을 살펴보면서 얻는 역사적인 교훈은 무엇인가? 성경 없는 기독교의 연약함, 토착화되지 못한 기독교의 이질성, 집단 개종으로 인한 교회 성장의 한계, 정치와 결탁한 기독교 선교의 폐해, 본국의 지나친 보호주의와 후원의 문제점 등을 교훈으로 삼을 수 있을 것이다. 한국 선교가 더 바르고 효과적인 선교 사역을 추진해 나가기 위해 초기 일본 선교 역사가 지닌 다양한 특징과 문제점들을 잘 분석하고 배우기를 바란다. 일본 선교 역사를 통하여 얻을 수 있는 다양한 선교적 통찰들이 한국 교회의 선교 사역에 적극적이고 지혜롭게 사용된다면 한국 교회의 선교 사역은 더 발전할 수 있을 것이다. 한국 선교사들과 선교 지도자들이 다양한 선교 역사를 통하여 선교적 통찰들을 배우려는 겸손한 마음을 갖고, 선교 역사 속에서 발생했던 다양한 오류와 실수들을 극복하려는 적극적인 노력을 기울인다면 한국 선교는 반드시 한층 더 발전할 수 있을 것이다.

한국 선교가 서구 선교를 따라가는 선교(fast follower)가 아니라 세계 선교를 주도하는 선교(first mover)가 되기를 바라면서, 서구인들을 "남부의 야만인들"(Southern barbarians)285이라고 불렸던 일본인들이 하루속히 영적인 야만의 상태를 벗어나 참다운 주님의 자녀가 되는 날을 꿈꾸어 본다.

---

285   Yanagita, 13.

II. 일본의 초기 개신교 선교 역사

서론

일본 열도에서 로마 가톨릭 선교사들의 흔적이 거의 사라져갈 무렵 하나님께서는 섭리에 따라 개신교 선교사들을 통해 다시 한번 일본 선교의 문을 여셨다. 1640년 이후로도 몇몇 로마 가톨릭 선교사들의 입국이 있었지만, 그들 대부분은 입국 즉시 투옥되거나 심한 고문을 당했다. 기록에 의하면 일본에 마지막으로 발을 디딘 로마 가톨릭 선교사는 시실리 출신의 사제였던 지오반니 바티스타 시도티(Giovanni Battista Sidotti)였는데, 그가 일본에 입국한 해는 1708년 8월 22일이었다.[286] 핍박을 피해 살아남아 있던 일본 신자들 대부분이 이미 사형을 당했거나 배교한 상태였다. 일본 정부의 정책에 따

---

[286] Richard A. Drummond, *A History of Christianity in Japan* (Grand Rapids, Michigan: Eerdmans 1971), 112. cf. 이후로 가톨릭 선교사가 일본에 다시 발을 디딘 해는 1859년이다.

라 모든 일본인들은 절에 등록을 해야만 했고, 절에서 열리는 불교 의식에 의무적으로 참여해야만 했다. 신자들이 남아있었다 해도 그들 역시 일반인들과 똑같이 규칙적으로 사찰의 묘지를 방문해야 했고, 일 년에 두 번 이상 집안에 있는 불단(佛壇)에서 예배를 드려야만 했다. 평민들의 삶과 죽음에 연관된 모든 종교적인 의식은 반드시 불교 당국의 감시 하에서 진행되어야만 했다. 이러한 일본 정부의 지속적이고 치밀한 탄압과 핍박으로 말미암아 규슈 북서부의 몇몇 작은 농어촌 마을들을 제외한 일본 전역에서 기독교 신자들이 마침내 사라지게 된다.[287] 1697년 이후로 일본 정부는 기독교인 감시제도를 완화하기 시작했고, 1792년에는 마침내 기독교인들을 찾아내어 핍박하던 모든 정부 기구들을 폐쇄시켰다.[288]

    필자는 이 글을 통하여 일본 정부의 철저한 핍박으로 인하여 거의 200백 년 동안 또 다시 영적 어두움에 갇혀 있던 일본 열도에 어떻게 개신교 선교의 바람이 불어왔는가를 역사적으로 살펴보고, 개신교 선교사들의 다양한 선교 방법과 전략들을 살펴봄으로서 현대 선교를 위한 귀중한 통찰들을 얻으려고 한다.

---

287 Drummond, 114. cf. 일본 당국의 핍박을 피해 2세기 동안 숨어서 신앙생활을 해온 신자들을 가리켜 Sempuku-Kirishitan(감춰진 기독교인)이라고 부른다.

288 Drummond, 112-13.

1. 개신교 선교의 기초

19세기 초의 선교적 시도

1854년 3월 8일 일본과 미국 사이에 통상조약이 체결되기 전부터 이미 일본에 복음을 전하려는 다양한 시도가 있었다. 당시 일본은 강력한 쇄국 정책을 통해 외부 세력의 진입을 철저히 막고 있었다. 화란과 중국을 제외한 대부분 나라의 국민들은 제한된 지역에서만 거주하며 무역과 통상에 관한 업무만을 수행할 수 있었다. 이러한 열악한 정치적 환경 속에서도 대부분 개신교 국가들의 교회들은 일본 복음화를 위하여 성실히 기도하며 때를 기다리고 있었다. 당시 서구에서는 강력한 영적 부흥이 온 나라를 휩쓸고 있었다. 특별히 영국과 미국의 수많은 교회들이 일본 선교에 큰 관심을 갖고 선교의 문이 열리기만을 기다리고 있었다. 최초의 일본 개신교 선교 역사는 1818년 "형제들(Brothers)"이라고 불리는 미국 상선의 에도 항(지금의 도쿄 항) 정박과 함께 시작된다. 그해에 무역을 목적으로 일본 항을 방문했던 미국 상선이 비록 그 뜻을 이루지는 못했지만, 대신 신약 성경과 전도지를 일본인들에게 나누어주는 선교적 임무는 성공적으로 수행할 수 있었다. 그 배의 선장은 자기 배를 방문했던 일본인들에게 중국어로 된 두 권의 신약성경과 종교적인 소책자들을 나누어주는데 성공하였다.[289]

---

289   Drummond, 139.

1) 칼 귀츨라프(Karl Gützlaff)와 모리슨(Morrison) 호

독일 출신 화란 선교사로서 마카오에서 사역하고 있던 칼 귀츨라프(Karl Gützlaff) 역시 일본 선교에 큰 관심을 가지고 있었다. 그가 마카오에서 중국 선교 사역을 하고 있던 중 난파선에서 표류하다가 마카오에 정착하게 된 일곱 명의 일본 선원들을 만나게 된다. 그는 그들을 자기 집으로 인도하여 일본에 관한 자세한 사항들을 듣고 난 후 일본의 버려진 영혼들에 대한 깊은 관심을 갖기 시작했다. 마침 중국에 머물던 미국 상선 모리슨(Morrison) 호의 주인인 킹(C. W. King)이 이 일본인들에 대한 소문을 접하고 난 후 기꺼이 그의 배를 내주며 귀츨라프 선교사에게 그들을 일본으로 돌려보내 줄 것을 요청했다. 모리슨 호의 선주는 이 기회에 일본 선교의 문이 열리기를 내심 기대했고, 자기가 평소 알고 지내던 윌리암스(Samuel Wells Williams) 선교사와 의사였던 파커(Peter Parker) 선교사를 귀츨라프 선교사와 동행케 하였다. 모리슨 호에는 그 배의 선주였던 킹과 그의 부인도 동승했고, 그들은 이번 기회에 일본 선교의 문이 열리기를 기대하며 매우 조심스럽게 선교를 위한 준비물들을 챙겼다. 그들은 조지 워싱톤(George Washington) 대통령의 사진, 망원경, 장갑, 사전, 미국이 각 나라와 맺은 조약들, 미국 역사에 관한 자료 등 다양한 문서들과 선물들을 준비해 갔다.290

1837년 7월 30일 칼 귀츨라프를 태운 모리슨 호는 마침내 '에

---

290 Drummond, 140.

도 만'에 도착하게 된다. 그 배가 항구에 도착하자마자 수백 명의 일본인들이 승선해서 배를 둘러보았지만, 당일 정작 고위 관료는 아무도 나타나지 않았다. 다음날 갑자기 육지로부터 불화살이 날아 드는 바람에 모리슨 호는 뱃머리를 돌릴 수밖에 없었다. 이후로 가고시마 항에 도착하였으나 역시 동일한 일을 겪게 된다. 할 수 없이 일곱 명의 일본인들을 태우고 나가사키 항에 도착하여 그들을 일본에 입국시키려했으나, 상황이 여의치 않자 모리슨 호의 선주는 그들을 다시 태우고 중국으로 귀항할 수밖에 없었다. 마카오로 돌아온 일곱 명의 일본인들은 후일 일본 선교 사역을 위한 교두보를 놓는데 지대한 공헌을 하게 된다. 특별히 일곱 명 중 네 명이 선교사들을 돕는 일에 직접 관여하였는데, 두 명은 귀츨라프 선교사를 도와 선교 사역을 펼쳤으며, 나머지 두 명은 윌리엄스 선교사를 도와 인쇄소에서 일하였다. 일본인들은 선교사들이 일본어로 성경을 번역하는 과정에서 지대한 공을 세웠다. 그들의 도움으로 인해 마침내 창세기, 마태복음, 요한복음, 요한 서신서 등이 일본어로 출판되었다.[291] 일본어로 성경을 번역한 사역이야말로 일본의 개신교 선교 역사상 가장 중요하고 의미 있는 사역이었다.

한편 일본 방문 시 귀츨라프 선교사와 모리슨 호에 함께 승선했던 파커 선교사는 그 배가 류큐에 잠깐 방문하는 동안 많은 환자들에게 사랑의 의술을 베풀었다. 그것이 도화선이 되어 많은 영국 해군 장교들이 일본 선교에 관심을 갖게 되고, 1843년 마침내 일본

---

291 Drummond, 140.

선교를 위한 "루추 해군 선교회"(Loochoo Naval Mission)가 탄생되었다. 1845년 이 선교회는 헝가리에서 태어나 개신교로 개종한 유대인 의사 베텔하임(B. J. Bettelheim)을 가족과 함께 일본으로 파송하였다. 베텔하임 선교사는 일본어를 열심히 공부하여 마침내 '영국 성공회 의식서'(Anglican Liturgy) 중 일부를 일본어로 번역하는데 성공하였다. 그는 서툰 언어로 설교문을 작성하여 암기해서 여러 일본인들 앞에서 공중설교를 했다고 한다. 그러나 베텔하임 선교사의 의료 사역에 호의적이었던 영주가 죽자마자 그의 사역 환경이 갑자기 바뀌었다. 그 지역에서 선교사들에게 대한 적대감이 깊어지면서 자연스럽게 민중과의 접촉이 줄어들게 되었고, 마침내 그의 의료사역도 힘을 잃게 되었다. 1853년 그가 일본에서 추방당하기 전까지 비록 네 명에게만 세례를 베풀 수 있었지만, 그의 헌신적인 의료사역은 현지의 수많은 영혼들에게 그리스도의 깊은 사랑의 흔적을 남겼을 것이다.[292]

2) 일본의 개항

미국, 영국, 프랑스, 러시아 등 서구 열강들은 일본 통상의 문이 열리기를 학수고대하고 있었다. 당시 일본의 쇄국정책은 서구 열강들에게 넘기 힘든 벽이었다. 그러던 중 1853년 미국의 페리 제독이 미일 통상조약 체결을 목적으로 함대를 이끌고 '에도 만'에 등장했

---

292 Drummond, 141.

다. 미국과 일본 사이에 통상조약이 속히 체결되기를 바라는 마음으로 일본을 찾았지만, 방문 첫 해에는 일본의 관료들로부터 아무런 답변도 듣지 못했다. 1853년 7월 8일 '에도 만'에 도착하여 우라가(浦賀)시 옆의 해안가에 닻을 내렸다. 일본의 관리들과 정치적인 교섭을 시작하였으나 처음에는 아무런 긍정적인 답을 얻지 못했다. 결국 도착 첫 해 겨울 페리 함대는 겨울을 나기 위하여 류구 제도(琉球 諸島)의 섬으로 잠시 물러났다가 1854년 2월 다시 '에도 만'을 찾았다. 매우 이례적인 쇄국정책을 견지해오던 일본도 초강대국인 미국의 강한 의지를 꺾을 수는 없었다.[293] 1,600명이나 되는 군인들을 열 대의 함대에 나누어 이끌고 온 페리 제독의 통상 요구를 거부하기에는 일본의 국력이 너무 미약하였다. 일본의 통치자들은 자국의 군사력과 국력이 서구 열강들에 비해 현저히 열등하다는 사실을 이미 간파하고 있었다.[294] 1854년 3월 8일 마침내 미국의 필모어(Fillmore) 대통령의 편지를 지닌 페리는 일본과 화친 조약을 체결하게 된다. 페리와 일본 관리들 사이에 맺어진 첫 조약은 매우 간

---

[293] Charles W. Iglehart, *A Century of Protestant Christianity in Japan* (Rutland, Vermont: Charles E. Tuttle Company, 1965), 26. cf. 당시 서구의 상선들이 항해에 필요한 연료나 물을 사기 위해 일본의 항구에 방문할 경우 보편적으로 일본 관리들은 매우 불친절했을 뿐 아니라 비협조적이었다. 항구의 관리들은 외국 상선들에 대해 매우 적대적이었을 뿐만 아니라 심지어 외국 선원들을 옥에 가두기까지 하였다. 일본 근처를 항해하다 심한 파도나 폭풍을 만나 파선한 경우 그들은 외국 선원들을 옥에 가두거나 매질을 하기도 했다.

[294] 일본의 관리들은 이미 러시아의 통상 요구를 두 번이나 거절한 상태였다. 러시아 관리들이 일본 관리들에게 쿠릴 열도와 사할린 지역의 국경을 결정하는 양국 간의 회의를 제안한 상태였다. 러시아 정부 역시 일본과의 교역을 꿈꾸며 일본 정부를 향해 여러 항구들을 즉시 개방할 것을 요구하고 있었다. 이러한 긴박한 상황 가운데서 미국의 통상 압력을 받게 된 일본 정부는 미국의 요구를 더 이상 거절 할 수가 없었던 것이다.

단한 내용들을 포함하고 있었다. 미국의 상선들이 일본 근처를 지나다가 파선한 경우 파선한 배에 타고 있던 미국 선원들을 잘 내해 줄 것과 미국의 상선들이 항해를 위해 필요로 하는 물건들이 있을 경우 그러한 물건들을 일본의 두 항구에서 살 수 있도록 허락하는 내용으로 구성되어 있었다. 일본이 미국과 맺은 화친 조약으로 말미암아 마침내 일본 역사의 새 장이 열리기 시작한 것이다. 미국과 화친 조약을 맺기 전까지 일본의 통치자들과 평민들의 입에는 "야만인들을 내어 쫓으라"는 구호가 떠나지 않았다고 한다.[295]

미국의 대통령이 페리 제독을 통하여 일본의 황제에게 보낸 편지의 내용은 다음과 같았다.

> 미국의 헌법과 법률들은 타국의 종교와 정치 문제에 전혀 관여하지 않는 것을 원칙으로 하고 있습니다. 저는 페리 제독에게 폐하의 통치 지역의 평화를 깨뜨리는 어떤 행동도 하지 말아야 할 것을 특별히 부탁했습니다.[296]

이 내용을 눈여겨보면 미국이 일본과 화친 조약을 맺으면서 소위 '상호 불간섭 원칙'을 요구했다는 점을 발견할 수 있다. 특별히 관심을 가지고 봐야 할 대목은 조약 상대국 간에 지켜야할 내용들 가운데 정치적 불간섭 원칙뿐만 아니라 '종교적' 불간섭 원칙도 포함

---

295   Iglehart, 27-28.

296   Otis Cary, *A History of Christianity in Japan: Protestant Mission* (London: Fleming H. Revell Company, 1970), 30.

있었다는 점이다. 미국의 속셈은 단지 일본 정부로부터 정치적인 자유를 보장받기 위한 것 외에도 종교적인 자유를 보장받음으로써 미래 선교 사역을 위한 발판을 구축하는 것이었을 가능성이 크다. 캐리(Cary)는 미국이 일본과 화친 조약을 맺은 목적이 정치적인 것도 있었지만 선교 사역을 통하여 현지인들을 복음화하려는 의도도 포함되어 있었다고 주장한다.[297]

일본 기독교 역사상 최초의 개신교 예배가 드려진 곳이 바로 페리가 타고 온 함대의 갑판이었다. 1853년 7월 11일 페리 함대가 일본을 처음 방문해서 맞이한 첫 주일 날 드려진 예배였다. 페리 제독은 첫 주일 날 통상을 위한 업무 대신 하나님 앞에서 드리는 예배를 선택한 것이다. 군 관악대의 반주에 맞춰 선원들이 부른 찬송은 "땅에 있는 모든 백성들이 거하게 될 것이다"(All people that on earth do dwell)라는 찬송이었다. 그들이 배 위에서 드린 첫 예배는 예배의 광경을 지켜보던 부두 근처에 살고 있던 일본인들에게 엄청난 충격을 주었다고 한다.[298] 며칠 뒤 한 선원의 장례식이 요코하마에서 진행되었는데, 그 예배를 인도한 사람이 바로 1837년 모리슨 호를 타고 일본을 방문했던 사무엘 웰스 윌리엄스(Samuel Wells Williams)

---

[297] Cary, *A History of Christianity in Japan: Protestant Mission*, 31.

[298] Cary, *A History of Christianity in Japan: Protestant Mission*, 32. 페리 함장이 1856년 "미국 지리 학회"(American Geographical Society)에서 발표한 그의 글을 참고해 보면, 그가 일본을 방문한 목적이 단지 정치적인 것 이상의 것이었음을 알 수 있다. 그는 자신의 글에서 다음과 같이 언급하고 있다: "나는 이방인들을 깨우고 하나님의 진리를 드러내는 지식을 나누어주는 일에 깊은 관심을 가지고 있습니다. 이방인들을 복음화하기 위해 가장 중요한 요소는 모든 일에 우리가 믿는 기독교의 가르침을 따라 사는 것과 정직을 실천함으로서 현지인들의 신뢰와 존경을 받는 것입니다."

선교사였다.299 자기를 거부했던 선교지를 16년 만에 다시 찾아온 것이다. 그는 일본 선교의 꿈을 포기하지 않았고 마침내 동역판으로 꿈에 그리던 선교지에 다시 발을 디딘 것이다.

윌리엄스와 함께 페리의 배를 타고 온 조나단 고블(Jonathan Goble)이라는 청년이 있었는데 그는 일본 선교의 문이 열리기만을 학수고대하며 선교 정탐여행을 위해 일본에 왔다. 그는 일본의 빗장이 사라지는 현장을 목도한 후 고국으로 돌아가 선교사로서의 훈련을 받고 난 뒤 6년 후인 1860년 최초의 침례교 선교사로 일본에 다시 오게 된다.300

3) 선교 사역을 위한 발판 구축

미국과 억지로 맺은 통상조약으로 인해 편치 않은 마음을 지니고 있던 일본 통치자들에게 미국으로부터 새로운 소식이 도착했다. 미국이 총영사를 파견한다는 것이다. 미국과 맺은 조약에 의하면 정치인들의 파견은 상호 협의에 의해서만 가능하도록 되어있었다. 일본 통치자들은 미국으로부터 총영사가 오는 것을 기대하지도 않았고 기뻐하지도 않았다. 그러나 미국은 타운젠드 해리스(Townsend Harris)를 초대 총영사로 파송했다. 그는 탁월한 외교관으로서 지독한 인내심과 탁월한 정치력을 발휘하여 더 발전적인 미일 조약을

---

299 Drummond, 143.
300 Iglehart, 29.

이끌어냈다. 그의 탁월한 외교력으로 인해 1857년 6월 17일 마침내 "시모다 회의"(Convention of Shimoda)로 더 잘 알려진 새로운 미일 조약이 체결된다. 시모다 회의를 통해 협의된 새로운 조약에는 미국인들의 '영주권'과 '치외법권'이 포함되어 있었다. 영주권이 발효됨으로 말미암아 미국인들은 시모다 항과 하코다테 항에서 살 수 있는 권리를 얻게 되고, 치외법권이 발효됨으로 인해 미국인들은 더 이상 일본 관리의 통치나 지시를 받지 않고 자국에서 파송된 외교관들의 통치나 관리를 받으며 살 수 있게 되었다.[301]

해리스는 외교관으로서 매우 탁월한 정치력을 발휘했을 뿐만 아니라 개인적으로 매우 경건한 기독교인으로서 후대에 깊은 영적인 유산을 남기기도 했다. 윌리엄 선교사는 그를 가리켜 "진정한 기독교인"이라고 불렀다. 해리스가 직접 쓴 일기는 후일 일본 선교사들과 기독교인들에게 널리 읽히며 많은 감동과 교훈을 주었다고 한다. 그가 쓴 일기의 한 부분만 읽어보더라도 그가 얼마나 철저하고 신실한 기독교인이었는가 하는 것을 쉽게 발견할 수 있다.

주일, 1856년 8월 24일. 배를 떠나지 말아라. 오후에 한 일본인이 찾아와서 나와 면담하기 원했다. 나는 그를 만나기도 거절했고, 그가 가져온 메시지를 듣지도 않았다. 왜냐하면 그 날이 주일이었기 때문이다. 사람들은 그가 가져온 메시지가 통치자로부터 온 매우 중요한 메시지이기 때문에 그를 만나 들어보기라도 하라고 권면했

---

[301] Drummond, 144.

다... 나는 내가 이전부터 해오던 대로 주일을 범하기 원치 않았다. 나는 호이켄(Heuken) 씨를 시켜 그가 내일 아침 일찍 다시 방문해 줄 것을 요청하였다.302

주일, 1856년 8월 31일. 일본인이 나를 만나러 배를 방문하였다. 나는 주일 날 아무도 만나지 않기로 결정했다. 나는 주일 날 모든 형태의 사업과 오락을 금함으로써 주일을 어떻게 지키는 것이 주일을 제대로 지키는 것인지를 보여주고 싶었다. 내가 원하는 바는 내가 청교도적인 모범을 보여주려는 것이 아니라 단순히 내가 믿고 있는 안식일의 의미를 실천하고 싶었을 뿐이다.303

해리스는 일본과 러시아 사이에 맺어진 조약의 조인식에 초대를 받았으나 그 날이 주일이라는 이유로 그 모임에 참석하지 않았다. 해리스의 이러한 경건한 삶은 주위의 많은 사람들과 일본인들에게 까지 깊은 영적 감명을 주었다. 당시 성공회에서는 그들이 예배를 드릴 때 종종 해리스의 일기를 읽고 그 뜻을 깊이 묵상했다고 한다. 해리스는 탁월한 외교관이었던 동시에 탁월한 그리스도인으로서 주위 사람들과 선교지에 살고 있던 많은 현지인들에게 기독교인의 참 모습을 모범적으로 보여준 선교적 삶을 살다가 인물임에 틀림이 없다. 한 신실한 기독교 외교관의 거룩하고 곧은 삶은 일본 선교를

---

302 Cary, *A History of Christianity in Japan: Protestant Mission*, 36-37.
303 Cary, *A History of Christianity in Japan: Protestant Mission*, 37.

위한 귀한 밑거름이 되었을 것이다.

2. 개신교 선교의 시작(1859-1872)

초기 선교사들의 입국

1) "우호통상 조약"의 체결

1858년 7월 28일 미국과 일본 사이에 더 발전적인 조약이 체결된다. 미일 사이에 맺어진 "우호통상 조약"(Treaty of Amity and Commerce) 이후로 서구 선교사들의 입국과 자유로운 종교 활동이 보장되었다. 서구 선교사들은 이 조약에 명시된 더 많은 항구 도시에서 종교 활동을 할 수 있었다. 이미 열린 도쿄와 오사카 항구 외에도 가나가오(琉球諸島), 요코하마(橫浜), 나가사키(長崎), 니가타(新潟), 효고(兵庫), 고베(神戶) 항 등에서 자유로운 종교 활동과 교회를 지을 수 있는 권리를 보장받게 된 것이다. 이 문서에는 외국인들의 종교 활동에 대한 자유가 보장되어 있었지만, 일본인들에게 복음을 전하는 선교 활동의 허락에 관한 언급은 제외되어 있었다. 일본 정부는 외국인들이 아편과 무기류를 제외하고 거의 모든 물건들을 일본에 들여올 수 있도록 허락해 주었다. 그들은 외국인들이 다양한 종류의 책들을 수입해 오는 것에 대해서도 전혀 문제 삼지 않았다. 선교사들

은 이러한 기회를 적극 활용하여 서구로부터 다양한 종교적인 서적들을 들여왔다.304

2) 초기 선교사들의 입국(1859-1872)

1859년 열 명의 서구 선교사들이 일본에 발을 디디게 된다. 두 명의 독신 남자 선교사와 네 가족이 외국인들에게 허락된 항구 도시에 들어와 정착하면서부터 진정한 개신교 선교 사역이 시작된 것이다. 서구 선교사들 가운데 가장 먼저 일본에 발을 디딘 사람은 "미국 성공회 선교회"(Mission Board of the American Episcopal Church)에서 파송을 받은 리긴스(John Liggins) 목사와 윌리엄스(Channing. M. Williams) 목사였다. 그들은 이미 삼년 전부터 중국에서 선교 사역을 해오던 중, 선교 본부의 명을 받고 일본으로 사역지를 변경한 것이다. 윌리엄스 선교사보다 먼저 일본 땅을 밟은 리긴스 선교사가 일본의 나가사키에 도착한 날이 1859년 5월 2일이었고, 그 뒤를 이어 도착한 윌리엄스 선교사는 그 해 6월 말쯤 도착하였다. 그들의 뒤를 이어 미국 장로교(Presbyterian Church USA) 소속 의사 선교사인 제임스 헵번(James C. Hepburn) 선교사가 1859년 10월 18일에 부인과 함께 요코하마 항 옆에 있는 가나가와에 도착하였다. 같은 해 11월 "미국 화란 개혁교회"(Dutch Reformed Church in America)에 소속된 세 명의 선교사가 일본에 도착했는데 두 명은 가나가와 지역에, 다른 한

---

304 Drummond, 144-45.

명은 나가사키에 도착하였다. 11월 1일에 가나가와에 도착한 선교사들은 목사인 브라운(Samuel R. Brown)과 의사인 사이몬스(D. B. Simmons)였고, 같은 달 7일에 나가사키에 도착한 버벡(Guido F. Verbeck)은 목사였다.305

1860년 4월 1일에는 "미국 자유 침례 선교회"(American Baptist Free Mission Society)에서 파송된 고블(Jonathan Goble) 목사가 부인과 함께 가나가와에 도착하였다. 그 후로 9년 쯤 뒤인 1869년 11월 30일 "미국 회중교회"(Congregational Church in the United States)의 "외국 선교를 위한 미국 선교 위원회"(American Board of Commissioners for Foreign Missions)가 파송한 그린(D. C. Greene) 목사가 도쿄에 발을 디딘 후, 다음 해인 1870년 3월 고베로 사역지를 옮겼다. 이 선교회는 이후로도 많은 선교사들을 고베, 오사카, 교토 등에 지속적으로 파송하였다.306 순수 여성 선교단체로 미국에서 만들어진 "이방을 위한 미국 여성 선교회"(Woman's Union Mission Society of America for Heathen Lands)에서도 네 명의 여성 선교사들을 일본으로 파송하였다. 메리 프루인(Mary Pruyn), 피어슨(L. H. Pierson), 크로스비(J. N. Crosby), 거스리(L. M. Guthrie) 등 네 명의 여성 선교사들이 요코하마에 와서 1872년 9월 "교리츠 조각코"(American Mission Home)를 설립하여 적극적인 선교활동을 펼쳤다.307 1872년 까지 총 일곱 개의

---

305   Iglehart, 31-32.
306   Drummond, 146.
307   Winburn T. Thomas, *Protestant Beginnings in Japan: The Fist Three Dacades* (Rutland, Vermont: Charles E. Tuttle, 1959), 78.

개신교 선교단체들이 일본 전역에 흩어져서 일본 선교의 발판을 놓았다.

교육을 통한 선교

1) 교육을 통한 접촉점 만들기

일본을 처음 찾은 선교사들은 일본 정부가 법으로 외국인들이 현지인들에게 복음을 전하는 것을 금하고 있다는 사실을 잘 알고 있었다. 따라서 그들은 현지인들에게 복음을 직접 전하기보다는 의료, 교육, 문서, 구제 사역 등을 통하여 복음을 간접적으로 전하는 방법을 채택했다. 서구 선교사들이 일본에 발을 디딜 당시의 상황은 이전과 비교해서 전혀 달라진 것이 없었다. 1614년 도쿠가와가 선포한 "기독교 금지령"은 아직도 유효한 법이었고, 일본인들이 외국인들을 향해 가지고 있던 적대적인 감정 또한 전혀 줄어들지 않았다. 이렇게 척박한 환경 속에서 선교 사역을 효과적으로 수행하기 위해서는 극도의 지혜가 필요하였다.

당시 대부분 평민들은 기독교에 대해 적대적인 감정을 지니고 있었지만, 상류층은 서구 문물과 문화에 대해 매우 깊은 관심과 호기심을 지니고 있었다. 특별히 사무라이 계층과 그의 자제들은 서구 문명에 대해 마음을 열고 매우 적극적으로 그것들을 받아들이려는 자세를 가지고 있었다. 일례로 리긴스 선교사는 나가사키에 도착하자마자 일본의 관리들이 영어를 일본어로 통역할 통역자들을 필요로 하고 있다는 사실을 간파하고, 여덟 명의 학생들을 뽑아 영어를 가르치기 시작했다. 성경을 가르치는 것이 법으로 금지되어 있었기 때문에 성경의 내용이 포함된 다양한 과학서적들을 사용하여 언어를 가르칠 수밖에 없었다. 그는 이러한 접근 방식으로 일본에 도착하자마자 3개월 만에 150여 권의 책을 팔 수 있었다. 리긴스 선교사가 당시 팔았던 책들은 주로 한문으로 기록된 것들이었지만 교육을 잘 받은 일본 사람들은 그 내용을 대부분 잘 이해할 수 있었다.[308]

일본의 지도자들은 전 세계에서 화란의 영향력보다 영국과 미국의 영향력이 더 커지고 있다는 사실을 간파하였다. 따라서 그들은 다가 올 미래의 요구들을 미리 준비하고자 하는 마음이 점점 커져갔다. 1861년 에도의 통치자들은 지적으로 우수한 9명의 청년들을 골라 헵번 박사에게 보내며 영어와 수학을 가르쳐 줄 것을 요청하였다. 하지만 일본 정부의 정치적 불안으로 말미암아 그 청년들은 6개월이 못되어 자기 고향으로 돌아갔다. 한 가지 고무적인 사실은 그 청년들이 자기 집으로 돌아갈 때 영어와 중국어로 된 성경과 "미국 전도지 협회"(American Tract Society)에서 발행된 기독교 전단들을 가지고 갔다는 사실이다. 불행히도 그들 가운데 몇몇은 정치적인 혼란기에 생명을 잃기도 했지만 살아남은 청년들은 후일 일본의 새로운 정부에서 매우 중요한 직책을 맡을 수 있었다. 헵번 선

---

308 Cary, *A History of Christianity in Japan: Protestant Mission*, 45.

교사의 부인은 그녀가 가나가와에 머무는 짧은 기간 동안 다섯 명의 소녀들을 가르쳤으며, 일본인 의사의 손녀를 가르치기도 했다. 그 소녀는 후일 요코하마에서 여학생들을 가르치는 학교를 시작했다고 한다. 헵번 선교사의 부인은 "개혁교회 선교회"(Reformed Church Mission)에 속한 메리 키더(Marry Kidder) 양의 도움으로 교육 사업을 지속할 수 있었고, 후일 일본에서 가장 좋은 학교로 발전한 "이삭 페리스 신학교"(Issac Ferris Seminary)를 세울 수 있었다. 이 학교야말로 일본의 여성 교육 제도의 효시로서 일본 여성 교육에 매우 큰 영향을 끼쳤다.309

일본의 선진 남학생 교육 역시 선교사들이 남긴 유산의 열매라고 할 수 있다. 남학교 역시 초창기에는 매우 초라하게 시작되었다. 선교사들의 집에서 영어를 가르치거나 수학, 과학, 지리 등 일반 과목들을 가르치는 일들이 점차 발전적으로 확대 되면서 정식 학교들이 설립되었다. 일본 최초의 공식적인 남자 학교가 1865년 요코하마의 세관에서 시작되었는데, 이 학교의 선생님들은 모두 서양 선교사들이었다. 사무엘 브라운(Samurel R. Brown) 박사, 제임스 헵번(James C. Hepburn) 박사, 발라(J. H. Ballagh), 톰슨(David Thomson) 선교사 등이 이 학교의 초창기 선생님들이었다. 그 외에도 많은 선교사들이 일본의 공립학교에서 교사로 봉사하였다. 특별히 발라 선교사 부부가 가르치던 학교의 학생들은 일본 최초의 개신교회가 설립될 당시 주요 구성원들이 되기도 했다. 1872년 3월 10일 발라 선교사

---

309   Drummond, 151-52.

가 가르치던 학생들이 주축이 되어 일본 최초의 개신교회가 요코하마에 설립되었는데, 이 교회의 설립 배경에는 요코하마 지역에 왕성하게 퍼져있던 기도 모임들이 있었다. 브라운 선교사는 자기 집에서 그 학생들을 주축으로 신학교육을 시작하였는데 이 작은 신학교는 후일 동경에 있는 "메이지 가쿠인(明治學院)" 대학교로 발전하게 된다.310

2) 일본의 근대 지도자 양성

새로운 일본을 건설하는 과정에서 일본 정부의 요직에 앉아 개혁과 발전을 주도했던 인물들 가운데 적지 않은 인재들이 귀도 버벡(Guido Verbeck) 선교사의 제자들이었다. 버벡 선교사는 1859년 11월 7일 나가사키에 도착하자마자 자기 집에서 두 명의 학생들에게 무보수로 영어와 몇몇 과목들을 가르치기 시작했다. 그는 두 명의 학생 외에도 나가사키 통치자가 세운 현지인 학교에서 학생들을 가르쳤다. 나가사키의 통치자는 에도에 있던 중앙 정부에 편지를 보내 나가사키 지역에 외국어와 과학을 가르칠 수 있는 학교가 설립될 수 있도록 조치해 주길 요청하였다. 그의 요청은 일본 중앙 정부와 미국 영사관의 도움으로 잘 받아들여졌고, 그는 버벡 선교사를 자기가 세운 학교의 교장 선생으로 임명하였다. 버벡 선교사는 일본 정부로부터 월급을 받아가며 1878년까지 그 학교의 교장 역할을 성공적

310　Drummond, 152.

으로 잘 수행하였다.[311]

　버벡 선교사가 세운 학교는 곧바로 100명 이상의 학생들로 채워졌고, 학생들 대부분은 규슈와 혼슈 남부 지역에 살고 있던 사무라이 계층 집안의 자제들이었다. 학생들 중에는 후 일 일본의 국무총리가 된 이와쿠라 도모미(岩倉 具視, 1825-1883)의 두 아들도 포함되어 있었다. 버벡 선교사의 교육가로서의 명성은 이미 전 일본에 널리 퍼져있었고, 일본 명문 가문의 자제들이 이 학교로 몰려들었다. 한 가지 흥미 있는 사실은 그가 사용한 교육 재료가 두 가지였는데, 하나는 신약 성경이었고 또 다른 하나는 미국의 헌법이었다. 1868년 메이지유신(明治維新) 이후로 일본 근대화를 이끌었던 영향력 있는 지도자들 가운데 상당수가 바로 버벡 선교사의 제자들이었다. 대표적인 인물로는 일본의 내각에서 두 각을 나타냈던 오쿠마 시게노부(大隈 重信, 1838-1922) 와 소에지마 다네오미(副島 種臣, 1828-1905)가 있다. 1870년에는 중앙 정부의 요청으로 동경에서 또 다른 학교를 설립하게 된다. 중앙 정부의 관리들은 그에게 외국 언어와 과학을 가르칠 수 있는 대학교 설립을 요청했는데 그들의 의도는 일본에서 가장 탁월한 왕립 대학을 설립하는 것이었다. 버벡 선교사는 중앙 정부 관리들의 요청을 받아들여 동경에 "도쿄왕립대학"(帝國大學)을 성공적으로 설립하여 초대 총장으로 취임하였다. 버벡 선교사는 근대 일본 역사에 있어서 가장 영향력 있는 외국인으로서 일본의 근대 교육에 매우 큰 영향을 끼친 인물이라고 할 수 있다.[312]

311　Drummond, 153.

의료 사역을 통한 선교

초기 개신교 선교사들 가운데 상당수가 의료 선교사였다. 어느 지역에서나 마찬가지로 의료 사역은 선교의 물꼬를 트는데 매우 중요한 역할을 감당해 왔다. 의료 선교가 한국에서 선교의 문을 여는데 지대한 공헌을 하였듯이 일본에서의 의료 사역 역시 일본 선교의 문을 여는데 지대한 공헌을 하였다. 외과 의사였던 헵번 선교사는 자기 집 근처의 불교 사원을 빌려 조그만 의료시설로 사용하였다. 일본에 도착하자마자 현지인들이 다양한 질병으로 인하여 고통받고 있는 사실을 발견한 헵번 선교사는 즉시 작은 진료소를 세워 수많은 평민들을 치료해 주었다. 그의 작은 진료소는 특별히 질병으로 고통 받고 있던 서민들에게 큰 도움이 되었다. 당시 중의(Chinese Medicine)나 화란의 의료 기술이 들어와 있기는 했지만 평민이나 서민들 대부분은 의료 혜택을 받을 수가 없었다. 당시 일본에는 어떤 형태의 진료소도 존재하지 않았다고 한다. 당시 일본에는 천연두로 인하여 세 명 중 한 명이 곰보와 같은 후유증을 지니고 있었고, 이러한 역병으로 인하여 병원은 항상 환자들로 가득 차 있었다고 한다.[313]

당시 일본에는 천연두뿐만 아니라 결핵에 감염된 사람들이 널리 퍼져 있었고, 놀라울 정도로 많은 맹인들이 존재했었다고 한다.

---

312   Drummond, 154-55.
313   Drummond, 148-49.

헵번 선교사가 고국에 보내온 선교 편지를 보면 환자들 가운데 상당히 많은 사람들이 안질로 인해 진료소를 찾아왔다고 기록하고 있다. 대부분 서민들은 머리끝부터 발끝까지 온몸에 종기를 달고 살았다고 한다. 일본의 의료 환경이 이토록 악화된 이유는 도쿠가와 정부의 잘못된 정책 때문이었다고 한다. 헵번 선교사가 시작한 이 작은 병원은 곧 수많은 환자들로 넘쳐나게 되고, 진료소 문을 연 지 3개월 만에 약 3,500명의 환자가 그 병원을 다녀갔다. 종종 수술이 필요한 환자들의 방문이 있을 때는 비록 열악한 환경이기는 했지만, 헵번 선교사가 직접 수술하기도 했다. 이러한 소문이 정부 관리의 귀에 전해지면서부터 정부의 방해와 핍박이 시작되었다. 헵번 선교사의 의료 사역 초기에는 종종 일본 관리들 나와 의료 행위를 방해하기도 하고, 사찰 입구의 문을 완전히 닫고 문지기를 세워 전혀 의료사역을 지속할 수 없도록 만들기도 했다.[314]

정부의 철저한 방해와 핍박으로 인해 의료사역이 잠시 중단되기는 했지만, 선교사들의 의료 봉사를 통해 현지인들의 마음에 뿌려진 그리스도의 사랑의 씨앗은 그들의 마음속에서 조금씩 싹이 나고 있었다.

헵번 선교사는 1864년부터 사역지를 요코하마로 옮겨 그곳에서 다시 진료소를 열었다. 그는 매년 6,000명에서 10,000명에 이르는 환자들을 치료해 주었고, 그로부터 선진 의학을 배우려는 5-10명의 의학도들을 옆에 두고 수련의 과정을 제공했다고 한다.

---

314 Drummond, 149.

그들은 선교사를 돕기도 했고, 선교사의 지도하에서 의학과 수술을 배우기도 했다. 그는 일주일에 3일씩 의과 대학생들을 위하여 공식적인 교육을 제공하였고, 가끔 에도에서 찾아오는 외과 의사들에게 의료 기술을 전수해 주기도 했다. 그가 요코하마로 이사 온 후로 환자의 숫자가 더 늘어나면서 자연히 더 많은 수술을 할 수밖에 없었고, 그의 소문을 들은 환자들이 일본 전역에서부터 오기 시작했다. 그는 자기 진료소에 항상 성경 말씀이 적힌 커다란 벽걸이를 걸어 두어서 그 의미를 묻는 환자들에게 말씀의 의미와 복음에 대하여 설명해 주곤 했다.315 그는 그리스도의 사랑으로 의술을 베풀었고, 한 사람 한 사람을 진심으로 위로해 주었다. 그의 이러한 태도는 환자들과 의학생들의 마음속에 깊은 인상을 심어주었을 것이다.

최초의 개신교 교회 설립

1872년 3월 10일 일본에 처음으로 개신교 교회가 설립되었다. 앞에서 짧게 언급한 대로 요코하마 지역 여러 곳에 흩어져서 매주 기도회를 주도하던 선교사들과 그들이 세운 교육 기관에서 교육을 받던 학생들이 주축이 되어 일본 최초의 개신 교회가 탄생하게 된다.

---

315 Drummond, 151. cf. 헵번 선교사는 1879년 자신의 건강 문제로 진료소의 문을 닫을 때까지 약 15년 동안을 요코하마에서 사역했다.

1) 열정적인 기도회

일본에 최초의 개신교회가 세워지기 전에 일본 기독교 역사상 사례가 매우 드문 '열정적인 기도회'가 진행되었다. 요코하마 지역에 살고 있던 영미권 선교사들과 신자들이 함께 모여 1871년 마지막 주부터 열정적인 기도회를 이어나갔다. 이 열정적인 기도회는 다음 해인 1872년 1월에도 "기도 주간"이라는 이름하에 지속되었고, 마침내 최초의 개신교회를 설립하는 밑받침이 되었다. 그 기도회에는 기독교에 대한 호기심을 갖고 있던 일본 학생들과 서구에서 온 선생님들을 기쁘게 해주려는 일본 학생들도 함께 참여하였다. 매일 이어지는 기도회에서는 그날의 성경(Scripture of the day)이 일본어로 통역되어 선포되었고, 기도회 끝에는 매일 정해진 양의 사도행전 읽기가 있었다. 이러한 형식의 열정적인 기도회는 그해 2월 말까지 지속되었다. 기도회에 참석한 일본인들도 무릎을 꿇고 간절히 기도했고, 기도하면서 눈물과 콧물을 흘렸다. 베벡 선교사의 기록에 의하면 그 기도회는 마치 초대교회의 성도들에게 성령이 임했을 때와 비슷하게 하나님께서 성령을 강하게 부어주는 기도회였다.[316]

당시에 그 기도회에 참석했던 영미 선교사들의 증언에 의하면 그 기도회는 매우 뜨겁고 신실한 기도회였다. 그 기도회에 참석했던 한 선교사는 "이 일본인들의 기도가 우리의 마음을 빼앗아갔다."고 했다. 또 다른 선교사는 자기가 친히 참석했던 기도회의 열

316　Cary, *A History of Christianity in Japan: Protestant Mission*, 76.

기가 너무 강해서 기도 도중에 실신할 뻔했다고 고백하기도 했다.317 이러한 열정적이고 뜨거운 기도회에 일본인들이 참여하여 선교사들과 함께 기도했다는 기록은 일본 기독교 역사상 매우 찾아보기 힘든 기록이다. 타국의 선교 역사에서 흔히 찾아 볼 수 있는 영적인 현상들이 일본에서도 동일하게 발생한 것이다. 선교 역사를 보면 성령의 강한 역사 뒤에는 항상 성도들의 영적인 성장과 더불어 교회의 성장이 뒤따랐던 것을 쉽게 발견할 수 있다. 초기 일본 개신교 선교 역사에 나타난 영적 현상들도 타국에서 일어났던 것들과 크게 다르지 않다는 점을 발견할 수 있다.

2) "일본 그리스도 교회"의 탄생

1872년 요코하마에 세워진 일본 최초의 개신 교회는 두 명의 일본인 세례 교인과 9명의 학생들을 포함하고 이었다. 두 명의 일본인은 이미 세례를 받은 중년의 남성이었고, 9명의 학생들은 교회 설립 당일 세례를 받았다. 교회 설립 이전에 이미 세례를 받았던 두 중년 남성은 오가와 씨와 니무라 씨였다. 오가와 씨는 요코하마에서 "미국 장로교 선교회"(American Presbyterian Mission) 소속 선교사였던 톰슨(David Thomson) 목사로부터 세례를 받았고, 니무라 씨는 "교회 선교회"(Church Mission) 소속 선교사였던 엔소(George Ensor) 목사로부터 나가사키에서 세례를 받았다. 이미 앞에서 언급한 바와

---

317 Cary, *A History of Christianity in Japan: Protestant Mission*, 76.

같이 아홉 명의 학생들은 학교 교육을 통하여 발라 선교사로부터 기독교에 관한 다양한 내용들을 접할 수 있었다. 따라서 그들은 개신교 교회 창립 일에 맞춰 무리 없이 세례를 받을 수 있었다. 창립 당일 선교사들을 통한 기독교 교육의 열매가 가시적으로 드러난 것이다. 그 날 세례를 받은 학생들은 기쁨이 충만하여 집에 돌아온 후 무려 두 시간 동안이나 찬양을 불렀다고 한다.318

최초의 개신 교회 설립에 지대한 영향을 끼쳤던 발라와 브라운 선교사는 자신이 장로교 소속 선교사였음에도 불구하고 자기들이 세운 교회가 장로 교단에 속하는 것을 원치 않았고, 그 교회가 무소속 독립 교회로 남아 있기를 원했다. 발라 선교사의 지도하에 탄생한 "일본 그리스도 교회"(日本基督教会)는 현지인인 오가와를 장로로 세웠고, 니무라씨를 집사로 세워 가능하면 현지인들로 하여금 갓 태어난 어린 교회를 책임지도록 했다. 발라 선교사는 임시 목사로서 현지 목사가 세워질 때까지만 교회를 돌보는 것으로 했다. "일본 그리스도 교회"는 처음부터 교회의 지도력을 선교사가 아닌 현지인에게 넘겨줌으로써 현지인들로 하여금 스스로 자립과 자치의 정신을 터득하도록 도와주었다. 이러한 자립정신은 후 일 일본 교회가 서구 선교사들을 의지하지 않고 속히 자립할 수 있는 정신적인 밑거름이 되었다. "일본 그리스도 교회"는 이미 일본에 와서 선교 사역을 하던 어떤 교단과도 협의하지 않고 스스로 자기에게 걸맞는 교회 헌법을 만들었다. 그들이 만든 교회 헌법은 매우 간단하

---

318 Cary, *A History of Christianity in Japan: Protestant Mission*, 76-77.

여 단순한 교리와 교회 정치를 포함하고 있었을 뿐이다. 교회를 이끄는 사람들은 그 교회 소속 목사와 장로들이었지만, 그들이 마음대로 교회의 일들을 결정하고 이끄는 것이 아니라 성도들의 동의하에 모든 일들을 결정하고 처리하도록 했다.[319]

"일본 그리스도 교회"가 만든 최초 헌법의 일부를 들여다보면 그 교회가 추구하는 가치와 사상을 엿볼 수 있다. 그들은 다음과 같은 헌법을 만들었다.

> 우리 교회는 어느 교파에도 속하지 않는다. 우리는 오직 그리스도의 이름을 믿는다. 그 분 안에서 모두는 하나다. 성경을 자신의 유일한 인도자로 믿고 그것을 열심히 연구하는 모든 사람들은 그리스도의 종이요, 우리의 형제들이다. 이러한 이유로 이 땅에 사는 모든 신자들은 형제 사랑으로 가득 찬 그리스도의 가족에 속한 것이다.[320]

이 짧은 구절 속에 담긴 내용들을 살펴보면 그들이 만든 교회 헌법이 얼마나 간결하고 순박한 것이었는가를 쉽게 발견할 수 있다. 그들이 추구하는 교회의 이상과 철학이 이 짧은 구절 속에 비교적 잘 드러나 있다. 교회의 지도자들이 특별한 교리나 상세한 규칙들에 관심을 지니고 있었다고 하기보다는 교회의 본질과 이상에 더 큰

---

[319] Cary, *A History of Christianity in Japan: Protestant Mission*, 77.
[320] Cary, *A History of Christianity in Japan: Protestant Mission*, 77.

관심을 갖고 있었던 것처럼 보인다.321

성경 번역 사역

1872년 9월 일본에서 열심히 선교 활동을 펼치고 있던 서구 선교사들이 한 자리에 모여 일본 선교 역사상 매우 중요한 결정을 내리게 된다. 장로교회, 개혁파 교회, 회중 교회 등에서 파송된 선교사 대표들이 한 자리에 모여 신약 성경을 번역하기로 결정한 것이다.322 각 선교 단체에 속한 선교사들이 그때까지 번역한 모든 자료들을 공유해서 가능하면 빨리 표준 성경 번역본을 내놓기로 한 것이다. 당시 서구 선교사들이 서로 다른 다양한 신학적 배경을 지니고 있었음에도 불구하고 일본어 성경을 번역하고, 일본 교회를 하나로 만드는 일에는 한 마음이 되어있었다. 그들은 성경 번역 사역 뿐만 아니라 새로 탄생한 일본 교회들이 일치된 영적 기초를 갖기를 원했고, 일본 교회의 명칭이나 교회 정치가 통일되기를 원했다. 그들은 일본 교회가 하나의 성경만을 사용할 수 있기를 원했고, 하나의 교단으로 남아 있기를 원했다.

1872년 각 선교 단체 대표들이 모여 만들었던 '성경 번역 위원

---

321 향후 이 교회와 동일한 이상과 뜻을 품은 교회들이 일본 이곳 저 곳에서 설립되었다. 일본에 최초의 개신교 교회가 설립된 지 얼마 지나지 않아 동일한 이상과 철학을 지닌 교회들이 설립되었는데, 그 교회들 가운데서 대표적인 교회들이 도쿄, Ueda, 나가사키에 세워진 "일본 그리스도 교회"다.

322 Drummond, 161. cf. 이 회의에 참석한 유일한 일본인이 오가와 장로였다고 한다.

회'가 즉시 성경 번역 작업에 착수하지 못하였고, 1874년 6월에 이르러서야 실제적인 성경 번역 사역을 시작했다. 왜냐하면 1872년에 성경 번역 사역에 동참하기로 한 선교 단체가 세 개뿐이어서 타 선교 단체들의 참여를 기다리기 위함이었다. 1874년이 되어서야 비로소 일본에서 사역하던 대부분 선교 단체들이 성경번역 위원회에 대표들을 파송할 수 있었다. 1874년 성경 번역 위원회에 추가로 참여한 선교단체는 다음과 같다: "감리교 성공회 선교회"(Methodist Episcopal Mission), "미국 침례교 선교회"(American Baptist Mission), "교회 선교회"(Church Missionary Society), "복음 전파 위원회"(Society for the Propagation of the Gospel) 등. 1879년 11월, 마침내 일본어 신약 성경의 번역이 완성된다. 여러 선교 단체들의 헌신과 협력으로 인해 7년 만에 신약 성경 번역이 완성된 것이다. "영원한 번역 위원회"(Permanent Translation Committee)가 완성한 일본어 신약 성경이 실제로 시판되기 시작한 해는 다음해 1880년 4월이었다.[323]

일본어로 성경을 번역하고 출판하는 일에 수많은 선교사들이 동원된 것이 사실 이지만 일본어 신약 성경이 세상에 나오기까지는 그들 외에도 다양한 기관들의 공헌이 있었다. "미국 성서 공회"(American Bible Society)는 현지 번역 위원회를 독려하는 일에 앞장 섰고, "스코틀랜드 국가 성서 공회"(National Bible Society of Scotland)는 1875년부터 성경 번역 위원회에 대표를 파송하였다. "영국과 해외 성서 공회"(British and Foreign Bible society)는 1876년 1월부터 번역 위

---

[323] Drummond, 161; 183.

원회를 통하여 번역 사역에 동참하였고, 그 기관에서 파송한 대리인은 1881년 3월에야 일본에 도착하였다. 이와 같이 일본 성경 번역 사역은 어느 한 단체나 기관의 사역이 아니라 모든 단체와 기관들의 연합 사역이었다. 일본어 성경의 출판은 어느 한 기관이나 단체의 열매로서가 아니라 모든 선교 단체들의 연합과 헌신의 열매로 세상에 나온 것이다. 세계 복음화를 향한 선교 사역을 수행해 가는 과정에서 각 선교 단체들의 협력과 파트너십이 얼마나 중요하고 의미 있는가를 보여준 매우 귀중한 역사적 교훈이라고 할 수 있다.

주일학교의 탄생

그린(D. C. Greene) 선교사의 글에 의하면 1869년 요코하마의 헵번 선교사의 진료소에서 처음으로 예배를 드릴 당시 헵번 선교사의 아내가 예배 전에 일본 어린이들과 젊은이들을 위해 주일 학교를 열었다고 한다. 공식적인 주일 학교는 아니었을지라도 일본 아이들에게 영어 찬양을 가르치면서 영어로 찬양과 예배를 드린 것이다. 그때 일본 아이들에게 처음으로 가르쳐준 찬양은 당시 미국에서 널리 불리던 "예수 사랑하심은"(Jesus loves me)이었다고 한다. 1871년 일본에서 공식적으로 주일학교가 시작된 곳은 요코하마였다. 당시 요코하마에 주둔해 있던 영국 군인들의 자녀들을 위해 밀러(E. R. Miller) 부인이 주일 날 성경 공부를 시작하면서부터 일본 땅에서 처음으로 주일 학교가 탄생한 것이다. 이 주일 학교는 영국 군인들의 자녀들이 주류를 이루고 있었지만 소수의 일본인 자녀들도 함께 참여하였다. 주일 학교가 창설된 후 약 3년 동안은 영국 군인들의 자제들과 일본인 자제들이 함께 주일 학교에서 예배와 찬양을 드렸다. 그러나 여러 가지 이유로 인해 3년 뒤인 1874년 영국 주일 학교와 일본 주일 학교가 나뉘어졌다.324

 1873년에 이미 순수하게 일본어를 사용하는 일본 주일 학교를 시작한 선교사가 있었다. "미국 선교회"(American Board Mission) 소속으로 고베에서 의료사역을 하던 의사 선교사 존 베리(John C. Berry)가 처음으로 일본 아이들을 위한 일본어 주일 학교를 시작한 것이다. 그가 시작한 주일 학교는 오랫동안 의료사역을 통해 복음의 씨앗을 뿌린 결과물이었다. 그는 작은 진료소를 열어 의료 활동을 통해 수많은 사람들을 치료하고 복음을 나누었다. 진료소의 숫자는 점점 늘어 고베의 변경 지역까지 퍼져나갔다. 인근 각처에서 치료를 받은 어른들의 자녀들과 서구 문화에 관심을 갖고 있던 현지인들의 자녀들이 모여들면서 주일 학교를 시작하게 된 것이다.325 베리가 고베에서 주일 학교를 시작한 이후로 선교 사역과 교회 사역 모두에서 주일학교는 빼놓을 수 없는 교회의 필수 프로그램으로 정착하게 되었다.

---

324 Thomas, *Protestant Beginnings in Japan: The Fist Three Dacades*, 110.
325 Cary, *A History of Christianity in Japan: Protestant Mission*, 98.

연합과 삶의 모범

개신교 선교 초기에 처음으로 일본에 발을 디딘 서구 선교사들 대부분은 매우 건강한 신앙과 탁월한 인격을 갖춘 사람들이었다. 그들은 일본 교회가 신학과 교회 정치의 차이로 인해 여러 교파로 나누어지는 것을 경계하였다. 따라서 그들은 일본 교회의 연합과 일치를 위해 매우 진지한 고민을 했고, 마침내 일본 교회 안에 일치의 정신을 유산으로 남길 수 있었다.

1) 한 교파 설립 운동

초기 선교사들은 일본에 하나의 교파만 존재하도록 하기 위하여 다양한 노력을 기울였다. 모든 선교 단체들이 일본 교회의 일치를 위하여 헌신적인 노력을 하였을 뿐 아니라 그들의 이상과 소원대로 일본에 세워진 첫 교회는 어느 교파에도 속하지 않은 순수한 교회로 남아 있었다. 요고하마에 첫 번째 개신교를 설립할 당시 선교 단체들이 맺은 협약의 내용을 상세히 들여다보면 당시 그들이 교회의 일치와 연합에 얼마나 깊은 관심을 가지고 있었는지를 쉽게 발견할 수 있다. 각 선교 단체들이 함께 결정한 내용의 일부를 소개하면 다음과 같다.

"그리스도의 교회"(Church of Christ)가 주님 안에서 하나인 것에 반하여, 개신 교회 안에 다양한 교파가 존재한다는 것은 한낱 일종의 사고일 뿐입니다. 교파의 다양성이 성도들의 생명력 있는 일치를 반드시 방해하는 것은 아닐지라도 기독교 왕국(Christendom) 안에 존재하는 교회들의 연합을 방해하는 것임에는 틀림이 없습니다. 이방 나라들 안에서는 더욱 그러합니다. 이방 나라들은 (기독교 안에 있는) 분열의 역사를 이해하기 힘들 것입니다. 따라서 개신교 선교사들인 우리들은 (우리 안의) 분명한 차이로 인하여 발생하는 악을 피하기 위하여 전도의 방법이나 방식에 있어서 일치된 모습을 보여주기를 원합니다… 우리는 이 회의를 통하여 우리가 협력하게 될 현지 교회의 이름과 조직의 정체성을 분명히 확보하려고 합니다. 우리는 가능하면 현지 교회의 이름이 가장 보편적인 이름인 "그리스도의 교회"(Church of Christ)로 불리도록 할 것이고, 각 교회의 운영은 각 교회가 스스로 알아서 하고 장로들이 형제들의 승인을 받아 운영을 할 수 있도록 할 것입니다.[326]

이와 같이 초기 일본 선교사들은 일본 교회의 일치와 연합을 위하여 매우 중요한 결정을 내렸으며, 본인들도 현지인들에게 일치의 모범을 보여주기 위하여 전도의 방법이나 방식에서 일치된 모습을 보여주려고 노력하였다. 그들은 현존하는 교파의 다양성이 성도들의 일치와 연합을 방해한다고 보았고, 특별히 선교지에서의 분열과 갈등의 모습은 현지인들에게 더욱더 나쁜 영향을 끼친다는 사실을 잘 알고 있었다. 선교사들이 첫 번째 교회를 위하여 지은 이름인

---

326   Cary, *A History of Christianity in Japan: Protestant Mission*, 79.

"그리스도의 교회"라는 명칭 속에는 그들의 연합과 일치를 갈망하는 염원이 깊이 깃들어 있다. 교회의 운영 방식에 있어서도 그들이 성경적인 가르침과 기준을 적용하려고 애쓴 흔적이 드러난다. 각 교회가 선교사들의 간섭이나 지시를 받지 않고 스스로 다스리는 자치를 원칙으로 정했을 뿐 아니라 각 교회는 스스로 정한 장로들이 중심이 되어 교회의 일들을 이끌어 가도록 하였다.

2) 선교사들의 삶과 모범

초기 개신교 선교사들의 진실하고 헌신적인 삶의 모습은 현지인들에게 깊은 감동과 도전을 주기에 충분했다. 선교사들의 소박하고 절제된 삶의 모습은 전통 종교인 유교와 불교의 영향을 받으며 살아온 일본인들에게 깊은 감명을 주었을 뿐 아니라 기독교에 대한 관심을 유발하기에 부족함이 없었다. 초기 선교사들은 선교 사역을 가로막는 수많은 장애들 가운데서도 겸손과 인내로 자기에게 주어진 선교적 사명을 성실히 수행하였다. 그들 대부분은 매우 고매한 성품을 지니고 있었고, 육체적인 질병이나 어려운 환경 가운데서도 현지인들을 사랑하고 아끼는 마음을 늘 간직하며 살았다. 그들의 삶의 방식과 사역에 임하는 자세는 충분히 칭찬 받을 만했다.[327]

    헵번 선교사가 고국에 보낸 선교 편지를 보면 그가 얼마나 현지인들을 존경하고, 현지 문명을 사랑했는가를 상세히 엿볼 수 있다.

---

327   Drummond, 155.

그가 쓴 편지에는 다음과 같은 내용이 포함되어 있었다. "그들(일본인들) 가운데 타락한 인간의 모습들이 많이 드러나고 있는 것이 사실이지만… 그들은 현대 이교 국가들에서 흔히 발견할 수 있는 것들보다 훨씬 뛰어난 수준의 산업화를 이루었고, 훨씬 영특하며, 미적인 취향도 훨씬 탁월하다."[328] 헵번뿐만 아니라 일본에 발을 디딘 개신교 선교사들 대부분은 현지 문화와 사람들을 대하면서 그와 비슷한 입장을 지니고 있었다. 선교사들의 차분하고 안정된 성품과 사역들은 현지 일본인들의 마음을 열기에 충분하였다. 앞에서 이미 살펴보았듯이 미국의 초대 일본 총 영사로 부임했던 해리스의 영적인 확신과 단호함, 정직과 공의, 인내와 존경 등은 현지인들에게 기독교에 대한 깊은 인상을 남겼을 것이다. 종종 한 신실한 신자나 선교사의 삶과 태도가 현지인들의 마음을 열게 하는 매우 중요한 요소로 작용한다는 사실을 고려해 볼 때, 일본에 파송되었던 개신교 선교사들의 진실한 삶을 접해본 많은 일본인들은 분명히 기독교에 대한 호의적 감정을 가질 수 있었을 것이다. 선교사들의 신실한 삶과 탁월한 인격으로 인하여 도쿠가와 통치 시대 이후로 줄곧 반 기독교적 감성과 태도를 유지해 오던 일본인들의 마음에 조금씩 변화의 조짐이 나타나기 시작한 것이다.

---

[328] Drummond, 158. 재인용.

3. 개신교 선교의 진보적 발전(1873-1882)

새로운 선교사들의 입국

1873년 일곱 명의 침례교 출신 선교사들이 요코하마에 도착하면서부터 "미국 자유 침례교 선교회"라는 명칭이 사라지고, 이를 대신하여 "미국 침례교 선교 연합회"(American Baptist Missionary Union)가 탄생하였다. 같은 해 "미국 감리교 성공회 총회 선교 위원회"(General Missionary Committee of the Methodist Episcopal Church, U.S.A.)가 일본에서의 선교 사역을 결정하고 열 명의 선교사들을 하코다테, 요코하마, 나가사키 등으로 파송하였다. "캐나다 침례교"(Baptist Church of Canada)도 네 명의 선교사들을 파송하여 요코하마를 중심으로 사역의 발판을 마련하였다. "해외 복음 전파를 위한 선교회"(Society for the Propagation of the Gospel in Foreign Parts) 역시 같은 해에 두 명의 선교사들을 도쿄에 파송하였는데 그들은 외국인들이 모여 사는 지역에서 멀리 떨어진 미타 지역에 선교본부를 설립하였다.[329]

1874년에는 스코틀랜드 지역으로부터 두 단체가 선교사들을 파송하였는데 하나는 "에딘버러 의료선교회"(Edinburgh Medical Mission)였고, 다른 하나는 "스코틀랜드 연합 장로교회"(United Presbyterian Church of Scotland)였다. 그들은 각각 두 명과 다섯 명의 선교사

---

[329] Thomas, *Protestant Beginnings in Japan: The Fist Three Dacades*, 78.

들을 도쿄에 파송하여 선교 사역을 준비하였다. 1876년에는 "북아메리카 복음주의 협의회"(Evangelical Association of North America)에서 파송한 네 명의 선교사들이 요코하마에 도착하였고, 이듬해인 1877년에는 "동방 여성 교육 증진 선교회"(Society for Promoting Female Education in the East)가 두 명의 여성 선교사들을 파송하였다. 같은 해 "컴버랜드 장로교회"(Cumberland Presbyterian Church)는 두 명의 선교사들을 오사카로 파송했다. 그로부터 이 년 뒤인 1879년에는 "런던 침례교 선교회"(London Baptist Missionary Society)에서 교사직을 그만두고 선교사로 헌신한 한 명의 사역자를 파송하였고, "미국 독일 개혁교회 해외 선교 위원회"(Board of Commissioners for Foreign Missions of the German Reformed Church in the United States)가 두 명의 선교사들을 요코하마로 파송했다.330 1880년경까지 일본 열도에는 모두 18개의 서구 선교 단체들이 흩어져 선교 사역의 발판을 놓고 있었다. 18개의 선교 단체 중 정확히 반이 미국 선교 단체였고, 부인들을 포함하여 모두 226명의 선교사들이 일본에서 선교 사역을 펼쳐 나갔다. 226명의 선교사들 가운데서 영국, 스코틀랜드, 캐나다 출신 선교사들이 대략 1/4을 차지하고 있었다.

---

330 Thomas, *Protestant Beginnings in Japan: The Fist Three Dacades*, 78-79.

4. 급성장의 시대(1883-1889)

선교사들의 입국

1883년에는 "그리스도의 교회 선교회"(Church of Christ Mission)가 네 명의 안수 받은 선교사들을 아키타(秋田) 지역으로 파송하였고, 1885년에는 다양한 선교 단체들이 일본에 선교사들을 파송하였다. "필라델피아 여성 교우위원회"(Women's Committee of Friends in Philadelphia)는 코잰드(J. Cosand) 부부를 파송하여 "친우회"(Society of Friends)를 설립하였고, "미국 장로교 해외 선교회"(Presbyterian Board of Foreign Missions in the United States)도 두 명의 선교사들을 파송하였다. 그 해에는 특별히 독일과 스위스 선교단체에서 선교사들을 파송하였는데, 그들의 관심과 목적은 기독교를 전파하고 가르치는데 있었든 것이 아니라 소위 자유주의 신학을 전파하고 가르치는 데 있었다. 모두 그런 목적을 지니고 일본을 찾은 것은 아니었을지라도 독일과 스위스 선교사들의 입국으로 말미암아 일본교회는 차츰 자유주의 신학에 관심을 가지게 되었고, 마침내 적지 않은 일본교회가 좌경화되는 결과를 가져왔다. 1885년에 독일과 스위스에서 파송된 선교사들은 도쿄에 "복음주의 개신교 선교회 총회"(Allgemeine Evangeliche-protestantischer Missionsvrein)를 설립하였다. 1886년에는 "감리교 성공회"(Methodist Episcopal Church, South)가 히로시마와 고베 지역에 선교사를 파송했고, 1887년에는 존스(D. F. Jones) 선교사가 이시니마키(石卷)에 "아메리카 교단 선교회"(American Convention Mission)를 설립했다. 1888년 로빈슨(J. Cooper Robinson)과 윌러(J. G. Waller) 선교사가 "캐나다 성공회"(Episcopal of Canada)의 파송을 받고 나고야, 나가노, 마츠모토에 정착하였다. 1889년에는 "남 침례 교단"(Southern Baptist Convention) 파송 선교사인 맥컬름(J. W. Mc Collum)과 브른손(J. A. Brunson)이 요코하마에 도착하였다.[331]

1889년까지 일본에 선교사들을 파송한 단체는 모두 26개 정도가 되었고, 각 단체들은 제한된 인적, 물질적 한계로 말미암아 크고 의미 있는 사역들을 했다기보다는 선교회를 알리고 기초를 놓는 일들에 집중할 수밖에 없었다. 당시 일본에서 가장 큰 선교적 영향력을 끼친 나라는 역시 미국이었다. 잘 발달된 교단 선교부나 선교회들을 지니고 있던 미국의 선교적 영향력이 절대적이었던 반면, 영국과 독일을 제외한 그 외의 나라들에서 파송된 선교사들의 영향력은 상대적으로 적은 편이었다.

---

[331] Thomas, *Protestant Beginnings in Japan: The Fist Three Dacades*, 80-81.

III. 일본 개신교 형성에 끼친 "기독교 밴드들"의 영향

(A study on the influence of the "Christian Bands" on the Formation of Japanese Protestant Christianity)

서론

일본의 개신교 발전에 있어 "기독교 밴드들"(Christian Bands)의 역할은 상당히 중요한 의미를 지니고 있다. "기독교 밴드들"의 영향력을 언급하지 않고 일본 개신교회의 형성과정을 이해하는 것은 거의 불가능하기 때문이다. 일본교회 안에서 현존하는 다양한 교파들의 시작은 대개 서구 선교사들이나 기독 전문인들에게 영향을 받은 일본 학생들로 구성된 "기독교 밴드들"의 직간접적인 영향에서 비롯되었다는 사실은 누구도 부인할 수 없다. 일본에서 개신교의 성장과 발전을 이해하기 위해서는 몇몇 유명한 "기독교 밴드들"의 형성과정을 살펴보는 것이 필요하다.

1860년대까지 기독교 사역은 주로 외국인 선교사들이 이끌어

왔다. 그러니 1870년대 중반 이후로는 점차 일본 현지인 기독교인들이 기독교 운동을 이끌어 갔다. 이 과정에서 중심적인 역할을 한 것이 일본인들의 "기독교 밴드들"이고, 이 밴드들이 형성된 이후로는 선교와 교회사역들이 자연스럽게 현지 교회 지도자들에게 이양되기 시작했다. 외국 선교사들은 처음부터 현지인들이 주도하는 토착 교회들을 세우려는 의도를 가지고 있었기 때문에, 교회 설립 초기부터 현지 교회들이 외국 교회들로부터 재정적으로나 행정적으로 독립성을 갖출 수 있도록 유도했다. 초기 선교사들은 일본교회 지도자들과 일본교회들이 스스로 독립적으로 교회를 형성하고 이끌어 갈 수 있도록 알게 모르게 다양한 토착 선교 전략을 펼쳐 나갔다. 그들은 일본교회의 토착화와 자립을 돕기 위하여 초창기부터 "기독교 밴드들"을 가르치고 훈련 시켰다.

또한, 선교사들은 현지 교회들이 설립되자마자 "삼자 원리"(Three-self Principle)를 매우 적극적으로 적용하는 시도를 했다. 선교사들이 이러한 "삼자 원리"를 적극적이고 지혜롭게 도입하고 실천한 결과 일본 개신교회는 초창기부터 매우 독립적으로 발전하였다. 자립(self-supporting), 자치(self-governing), 자전(self-propagating)이 가능한 일본교회들을 세워 나가려는 선교사들의 목표가 완전하게 이루어졌다고는 할 수 없을 지라도 그들이 세운 선교 정책과 전략들은 후일 일본교회가 속히 자립하고, 외부 세력으로부터 독립할 수 있는 교회로 성장하는데 매우 큰 영향을 끼쳤다고 할 수 있다. 서구 선교사들은 이러한 정신을 자기들이 가르치고 지도했던 학생들에게 잘 전수해 주었고, 선교사들의 이러한 정신과 가르침을 받앉던 현지 학생들은 후일 일본 기독교가 매우 독립적이고 자립적인 교회로 발전해 가는 데 지대한 영향을 끼쳤다. 특별히 "기독교 밴드들"을 통해 준비되고 훈련된 일본교회 지도자들은 매우 열정적으로 삼자 원리를 따르려고 노력하였고, 마침내 선교사들이 꿈꾸던 삼자 원리의 이상을 일본교회 안에 성공적으로 정착시켰다.

개신교 선교 역사의 초기에는 삼자 원리의 이상이 일본교회 안에 잘 정착되고 뿌리 내렸음에도 불구하고, 후일 외국 선교사들이 들여온 분파주의는 일본교회를 분열시키고 나누는 역할을 하게 된다. 선교사들이 가져온 이러한 분파주의적 성향은 마침내 일본교회를 분열시켰고, 그들의 영향을 받은 일본교회의 지도자들 역시 분파주의적 성향에서 벗어날 수가 없었다. 초기 일본 개신 교회의 기초를 놓았던 서구 선교사들은 각각 서로 다른 교파적 배경을 갖고 있었음에도 불구하고 일본에는 오직 한 교파와 한 교단만 설립될 수 있기를 바라고 갈망했었던 것이 사실이다. 당시 대부분 외국 선교사들은 일본 안에 오직 하나의 교파만을 세우기를 희망하였고 초창기에는 매우 성공적인 것처럼 보였지만 그들이 지녔던 초교파적인 이상은 후일 다양한 교파에서 파송된 선교사들에 의해 차츰 무너지기 시작하였다.

"기독교 밴드들"에 속해 있었던 사람들은 이미 직간접적으로 외국 선교사들이 속해 있었던 교파들과 관련되어 있었다. 결과적으로 자기의 의도와 상관없이 그들은 알게 모르게 일본 안에 교파를 세우는데 선구자가 될 수밖에 없었다. 현존하는 대부분 일본의 교파들은 "기독교 밴드들"의 후예들에 의해서 주로 만들어졌다.

필자는 "기독교 밴드들"이 언제 어떻게 만들어지고 발전되었는가? 이 "기독교 밴드들"은 어떤 사람들로 구성되어 있었는가? "기독교 밴드들" 안에서 훈련받은 초기 일본 개신교 지도자들은 누구인가?, 일본의 초기 개신교 형성에 있어서 이 "기독교 밴드들"이 끼친 영향은 무엇인가? 등에 관해 중점적으로 연구하려고 노력하였다.

독자들이 일본 개신교 선교 역사 안에서 "기독교 밴드들"이 지닌 역사적 의미와 가치를 더 잘 이해할 수 있도록 돕기 위하여 위의 주제들 외에도 "기독교 밴드들"과 관련된 더 많고 다양한 역사적 사실들을 참조하였다.

1. 기독교 영향력의 확장

비우호적인 조건들

"기독교 밴드들"이 형성될 당시 기독교에 대한 사회적 상황은 결코 우호적이지는 않았다. 1614년 도쿠가와 이에야스(德川 家康)에 의해 반기독교 칙령이 공포된 이후에, 기독교인들은 당국에 의해 잔인하게 핍박받고, 심지어 처참한 사형에 처해졌다. 스패(Spae)는 1614년부터 1639년까지 3천 명이 넘는 기독교인들이 무자비한 고문에 의하여 순교하거나 결핍으로 인하여 죽었다고 기록하였다. 1638년에는 규슈(九州) 지역의 시마바라(島原)에서는 3만 7천여 명의 신자들이 대량으로 학살을 당했다.³³² 도쿠가와의 지속적이고 심각한 박해는 마침내 규슈에서 발생한 "시마바라 반란" 사건에서 절정에 이르렀고, 이 사건으로 수많은 신자들이 박해를 당했다.

이 비극적인 박해 사건 이후로 약 200년 동안 일본은 서구 국가들과 어떠한 교류와 교역도 허락하지 않았다. 당시 일본 정부는 철저한 쇄국 정책을 펼칠 때였다. 1853년 "우라가(浦賀)"만에 미국 대통령의 사절이었던 해군 준장 페리(Perry)가 지휘하는 함선이 도착한 이후로 도쿠가와 정권은 심각한 위협을 느끼기 시작했다. 그리고 마침내 1858년, 일본 당국에 의해 미국과의 친선과 상업조약이 서명되었다.³³³

1859년 이후로, 많은 서구 선교사들이 일본 항구에 도착하였지만, 그들의 사역의 열매는 거의 전무한 상태였다. 1859년에서 1872년까지 실제적인 교회 성장은 거의 없었다. 선교사들에게 부과된 다양한 종교적 제약들로 말미암아 선교사들이 전국으로 흩어져 선교 사역을 수행하는 것은 거의 불가능하였다. 선교사들이 현지 언어를 가르칠 수 있는 일본인들을 고용하는 것조차 거의 불가능한 상태였다. 일본인들의 마음속에 자리 잡고 있던 기독교와 선교사들에 대한 부정적인 선입관과 더불어 일본 정부에서 발표한 반기독교 칙령들은 일본에서의 선교 사역을 더욱 어렵게 만들었다.

---

332 Joseph J. Spae, *Catholicism in Japan: A Sociological Study* (도쿄: ISR press, 1964), 5-6.

333 Tetsunao Yamamori, *Church Growth in Japan: A Study in the Development of Eight Denominations 1859~1939* (Pasadena, Ca: William Carey Library,1974), 26-27.

당시 일본인들에게 기독교는 서구 국가들의 정치적 야망에 의해서 조종당하는 사악한 종교로 비쳐졌을 뿐 아니라 사악한 목적을 지닌 마법 또는 종교적인 이단으로 여겨졌다. 이러한 분위기로 말미암아 대부분 일본인들은 외국 선교사들과의 접촉을 매우 두려워하였다. 요코하마(橫浜)에 첫 개신교회가 세워졌던 1872년까지 일본 전체에서 기독교로 개종한 회심자의 수가 겨우 11명에 불과했던 이유가 바로 여기에 있었다.[334]

반기독교 칙령의 제거

1868년 "메이지 유신"(明治維新) 이후 새 정부는 서구의 과학과 문명을 받아들이기 위하여 국가의 문호를 적극적으로 개방하기 시작하였다. 제일 먼저 일본 정부는 1873년 1월 1일을 기해서 전통적으로 사용해 오던 음력을 대신하여 그레고리안 양력을 채택하기 시작했다. 양력의 선택은 일본 정부가 적극적으로 서구화 정책을 채택했다는 점을 상징적으로 보여준 사건이었다. 1871년 12월 23일 새로운 정부는 서구 여러 나라들과의 외교적 교섭과 각 나라들의 문화적 현상과 특징들을 조사할 목적으로 서구에 사절단을 파견하였는데, 이 사절단은 당시 국가정보를 담당하고 있던 이와쿠라 도모미(岩倉 具視)가 이끌고 있었다. 그는 미국, 유럽 국가들의 과학과

---

[334] Yamamori, 31.

발전을 조사하기 위해 당시 일본에서 뽑힌 매우 유능하고 분별력이 있는 네 명의 부 대사들을 동반하여 여행을 떠났다. "이와쿠라 위원회"라고 명명된 이 사절단은 마침내 발달된 과학과 문명을 가진 서구 국가들에 대한 다양한 정보와 경험을 가지고 1873년 9월 13일 귀국하게 된다.335 사절단이 가져온 서구의 발달된 문명과 과학에 관한 다양한 정보를 접한 이후로 일본 정부는 서구인들과 서구 선교사들을 좀 더 우호적으로 대하기 시작했다.

1860년대 말쯤에는 이미 일본 당국이 서구 선교사들에 대하여 어느 정도 우호적인 모습을 보였을 뿐 아니라 선교사들의 집으로 더 이상 조사관들을 보내지도 않았다. 1873년에는 마침내 일본 전역에서 반기독교 칙령을 모든 공공게시판에서 제거하도록 하는 명령을 선포하기에 이른다. 반기독교 칙령이 폐지된 이후로는 서구 선교사들과 기독교를 대하는 분위기가 완전히 바뀌었다. 기독교 금지령은 공식적으로 종료되었고, 일본인들에게 신앙의 자유가 허용된 것이다. 정부 관료들이나 영향력 있는 인사들조차 개인적으로 점점 더 기독교와 선교사들에게 우호적으로 변하기 시작했다. 이후로 기독교에 대한 적대감, 모욕, 의심들은 점차적으로 사라졌고, 오히려 선교사들에 대한 호감과 존경이 점차적으로 커져 갔다.

---

335 Richard H. Drummond, *A History of Christianity of Japan* (Grand Rapids, Mi : Eerdmans, 1971), 162-63.

사무라이의 자손들

1) "시조쿠(士族)": 귀족계층

당시 사무라이(侍)의 후손들은 서구 문명을 배우는 일에 매우 깊은 관심을 갖고 있었다. 그래서 그들은 서구 교육이 제공하는 다양한 유익을 얻기 위해 항구 도시들로 모여들기 시작했다. 당시에 일본인들은 요코하마, 도쿄(東京), 오사카(大阪), 나가사키(長崎), 니가타(新潟), 고베(神戸), 하코다테(函館) 등의 항구 도시들을 서구 문명의 중심지로 여겼다. 그들은 특별히 젊은이들을 위해 선교사들이 운영하는 '영어 학습반'(English Class)에 영어를 배우기 위해 적극적으로 모여들었다. 이러한 영어 학습반들은 후일 일본에서 기독교 학교가 태동하고 발전하는데 중요한 전초기지 역할을 감당하였다. 대부분 영어 학습반들은 공공장소가 아닌 선교사들의 집에서 시작되었는데, 흥미롭게도 일본의 첫 교회들은 선교사들이 학생들과 깊은 인격적 관계를 맺을 수 있었던 영어 학습반에서부터 시작되었던 경우가 많았다.[336]

항구 도시에 위치하고 있던 영어 학습반들은 대부분 이전 사무라이의 자녀들로 구성되어 있었다. 요코하마에 세워진 최초의 개신교회는 영어 학습반에 참석했던 학생들에 의해서 설립되었고, 다른 항구 도시에 위치한 개신 교회들 역시 서구교육을 갈망하여 모여든

---

[336] Yamamori, 33.

학생들에 의하여 설립되었다. 이와 같이 일본의 초기 개신 교회들은 선교사의 집이 위치한 항구에서 시작하여 내륙으로 확산되었고, 심지어 사무라이들이 오랜 동안 살아왔던 시골의 옛 성읍들에까지 확산되기 시작했다. 요코하마와 고베에 세워진 교회에서 처음으로 예수를 믿기 시작한 개종자들 가운데 몇몇은 자신들의 고향에까지 가서 복음을 전하기도 했다. 당시 선교사들은 오로지 과학을 가르치고, 서구 교육을 전파하는 목적으로만 내륙 깊은 곳까지 여행할 수 있었다. 하지만 그들은 이러한 다양한 기회들을 지혜롭게 활용하여 기독교 신앙을 전파하고 가르치는 일에 매진하였다.[337]

이러한 이유로 초기 개신교회의 성장은 주로 선교사들이 거주하며 영어 학습반을 운영했던 항구도시들에서 일어났고, 지역적으로 매우 한정되어 있었다. 또한 이카도가 언급한 것처럼 메이지 시대 초창기에는 교회 구성원의 대부분이 사무라이 출신이었다. 이러한 과정을 거쳐 일본 초기 개신교회의 활동적인 교회 구성원의 대부분은 미션스쿨에서 공부하는 학생들이었고, 일본 개신교 선교 역사의 초기 단계에서 미션스쿨의 학생이 된다는 것은 곧 개신교인이 된다는 것을 의미하는 것이었다. 당시 교회 구성원의 대다수는 젊은 학생들이었고, 그들의 적지 않은 친인척들이 교회 예배에 참여하기도 하였다.[338]

---

337 Yamamori, 33.
338 Yamamori, 33.

2) "시조쿠" 청년들의 회심 원인

(1) 공허감

시조쿠 젊은이들이 선교사들이 운영하던 미션스쿨에 모여든 이유, 즉 귀족 가문에서 자란 젊은이들이 선교사들이 운영하던 학교에 와서 공부하며, 복음을 받아들인 이유를 설명하기는 매우 어렵고 복잡하다. 인간적이고 정치적인 야망, 서구 문화에 대한 막연한 동경, 자기 발전의 기회, 순수한 종교적 관심 등 여러 가지로 그 원인을 분석할 수 있지만 그 어느 것으로도 그 이유를 설명하기에는 충분하지 않다. 하지만 야마모리(やまもり)는 그 이유들을 다음과 같이 진술하고 있다.

첫 번째 이유로 그는 사무라이 계급의 붕괴를 지적하고 있다. 메이지 시대 이후로 새로운 정부는 사회 질서와 제도들을 개혁하는데 많은 힘을 집중하였다. 근대화를 위해 새 정부는 나름대로 의미 있는 구호를 내세웠는데, 그것이 바로 나라의 안전을 이루기 위한 "후코구 교헤이(富國强兵)" - 부유한 나라, 강한 군대 - 였다. 이러한 목적을 성취하기 위해 새 정권은 1871년부터 오랜 전통인 가문 제도를 폐지하기 시작했고, 이 정책에 따라서 사무라이 제도는 사라지고 대신 징병제가 도입되었다. 이로 인해 사무라이들은 도쿠가와 정권 때부터 누려왔던 정치적, 경제적, 사회적 특권들을 빠르게 박탈당했다. 그들이 봉건제도 내에서 누릴 수 있었던 '주인과 종'의 관계조차 사라지게 되었고, 결과적으로 '공허감'을 경험하게 되었다.[339] 새 정부는 과거 사무라이 가문들이 영주들의 보호 하에서 누렸던 다양한 특권을 박탈하고, 소외되었던 가문으로 국가의 공적인 자리들을 채워 나갔다. 이러한 박탈감은 사무라이뿐만 아니라 그들의 자녀들에게까지 심각하게 퍼져있었다. 따라서 이러한 귀족 가문의 젊은이들은 자신들의 미래를 보장해주고 지켜줄 수 있는 무엇인가를 찾을 수밖에 없었을 것이다. 그들은 미래의 불안으로부터 자신을 보호해 줄 수 있는 선진 과학지식과 기술을 획득할 목적으로 서구 선교사들이 운영하던 학교와 교회로 모여들었다.

(2) 시조쿠 청년들의 지성

야마모리는 귀족 가문 출신의 청년들이 왜 복음을 쉽게 받아들일 수 있었는지에 대한 두 번째 요인으로 그들의 지적 능력을 꼽는다. 선교사들이 운영하는 미션스쿨로 모여들었던 대부분 청년들은 당대의 지식 계층에 속해 있었기 때문에 그들은 이미 가정에서 잘 양질의 교육을 받았고, 그로 말미암아 갖추어진 지성은 그들로 하여금 기독교 교리를 이해하는데 있어 큰 도움이 되었을 것이다. 특별히 그들은 다양한 중국 고전들과 유교를 깊이 이해할 수 있을 만큼 잘 훈련되어 있었기 때문에 그들은 쉽게 중국어 성경을 읽고 이해할 수 있었다. 그들 중 다수는 유학을 가르치던 유능한 선생들 밑에서 잘 훈련되었기 때문에 공자의 가르침을 폭넓게 이해하고 있었다. 그들이 지녔던 유교에 관한 폭넓은 지식은 그들로 하여금 상대적으로 좀 더 단순한 기독교의 종교적 교리를 이해하는 데 큰 도움

---

339   Yamamori, 34-35.

이 되었을 것이다.

그 당시 선교사들로부터 복음을 듣고 회심하였던 단조 에비나(海老名 弾正, 1856-1937)는 기독교의 가르침과 유교의 가르침 사이에 상당한 유사성이 존재했기 때문에 더 쉽게 복음을 받아들일 수 있었다고 고백하였다. 예를 들어, 단조는 자기 스승으로부터 유교에서 말하는 하늘은 인격적인 존재이기 때문에 "조테이"(女帝, 천상의 황제)라고 부를 수도 있다는 사실을 이미 배웠고, 이러한 지식은 기독교에서 말하는 하나님을 이해하는데 있어서 매우 중요한 징검다리 역할을 할 수 있었다는 것이다. 그가 지니고 있던 다양한 유교적 지식은 그로 하여금 많은 사고와 혼란 없이 하나님을 이해하고 받아들이는 데 의미 있는 기여했던 것이다.[340] 기독교의 가르침과 유교의 가르침 사이에는 서로 상당히 다른 내용들이 존재하지만, 때로 일반 은총의 산물이라고 할 수 있는 중국의 다양한 고전들과 더불어 일본 청년들의 사고와 가치에 큰 영향을 주었던 유교적 가르침이 기독교를 이해하고 받아들이는 데 있어서 매우 훌륭한 가교 역할을 할 수 있었을 것이다.

(3) 애국심

미션스쿨을 통해서 기독교로 개종한 학생들 대부분은 매우 깊은 애국심을 지니고 있었다고 한다. 서구 열강들에 비해 상대적으로 덜 발달된 조국의 모습을 보며, 그들은 자기 조국의 발전을 위해 자신

---

340 Yamamori, 35.

들이 감당해야 하는 부분이 분명히 존재한다고 굳게 믿었던 것이다. 이들 중 일부는 자신의 경력과 실력을 쌓기 위하여 스스로 서구의 다양한 기술들과 지식들을 습득하는 일에 깊은 관심을 갖고 있었다. 그들은 일본이 모든 영역에서 서구 열강들의 수준만큼 성장하고 발전하기를 간절히 바라고 있었다. 서구 선교사들로부터 전수받은 지식과 경험들을 바탕으로 조국을 속히 발전시키고자하는 강한 열망이 그들의 마음속에 깊이 자리 잡고 있었던 것이다. 그 과정에서 그들은 우수한 서구 문명의 핵심에 기독교 신앙이 자리 잡고 있음을 간파하고, 서구 문명의 핵심인 기독교를 배우고자 서구 선교사들이 운영하던 교육 기관들에 모여들었던 것이다.[341] 그들이 기독교를 적극적으로 배우고 수용했던 다양한 이유들 가운데 하나가 바로 조국의 변화와 발전의 동기였다는 사실을 고려해 볼 때 어쩌면 그들의 동기는 처음부터 영적인 것은 아닌, 다소 세속적인 것이었다고 할 수 있다. 그들은 기독교 사상이 자기들의 마음과 생각을 크게 변화시켜 줄 수 있다고 믿었을 뿐 아니라 미래에 자기가 참여하게 될 조국의 다양한 영역에서 자신들을 유능하게 만들어 줄 수 있을 것이라고 생각한 것이었다. 당시 선교사들로부터 기독교를 적극적으로 받아들였던 귀족 출신 청년들 대부분이 오직 기독교만이 조국을 효과적으로 개혁할 수 있다는 분명한 신념을 가지고 기독교를 매우 적극적으로 받아들였다는 점은 누구도 부인할 수 없는 사실이다.

---

[341] Yamamori, 35

(4) 선교사들의 삶의 방식이 끼친 영향력

귀족 출신 청년들이 기독교를 적극적으로 받아들인 또 다른 중요한 원인 중 하나는 바로 선교사들의 신실하고 헌신된 삶의 영향력이었다고 할 수 있다. 당시 일본에 복음을 전하러 왔던 대부분 개신교 선교사들은 지적으로나 영적으로 잘 훈련된 사역자들이었다. 훌륭한 신앙 교육과 세속 교육을 겸비한 균형 잡힌 사역자들의 선교지에서의 삶은 현지 청년들에게 큰 감동과 도전을 주었던 것이다. 선교 현장에서의 선교사들의 성실한 삶과 탁월한 인품은 일본 청년들에게 커다란 귀감이 되었다. 선교사들의 오랜 인내심, 진심이 담긴 긍휼, 깊은 애정, 흠 없는 성품 등은 일본의 젊은이들에게나 성인들에게 기독교를 전파하고 가르치는 과정에서 매우 중요한 역할을 하였다.342 당시 일본에 파송되었던 대부분 1세대 선교사들은 선교 사역을 위한 다양한 사역의 기술들뿐만 아니라 인격적으로도 잘 훈련되고 준비되어 있었다. 그들은 선교 현장의 다양하고 큰 장애물들 가운데서도 결코 포기하거나 굴하지 않고 끈기 있게 참으며 사역에 매진하였다. 때로 그들은 자기들이 섬기기 원하는 현지인들로부터 오는 다양한 육체적, 정신적 고난과 위험에 노출되기도 했지만, 그들은 결코 포기하지 않고 깊은 애정과 관심을 갖고 현지인들을 품었던 것이다. 서구 선교사들의 삶을 곁에서 지켜보던 일본 청년들은 그들의 탁월한 성품과 성결한 삶의 방식을 바라보면서, 그들의 가르침과 기독교의 우수함에 대하여 깊은 관심을 가졌을 것이다.

---

342 Drummond, 155.

잘 훈련된 선교사들의 삶의 방식은 일본의 많은 젊은이들로 하여금 기독교에 대해 깊은 관심을 갖게 했고, 그들의 마음을 열어 기독교를 받아들이도록 하는데, 매우 중요한 역할을 감당했을 것이다. 특별히 당시 개신교 선교사들이 몸으로 배우고 익힌 청교도적 가치와 삶의 방식이 현지 젊은이들에게 깊은 감명을 주었는데, 그들이 보여준 청교도적 삶의 방식은 그 당시 일본인들에게 동경의 대상이었던 사무라이들의 삶의 양식과 많은 공통점이 있었다고 한다. 청교도 정신이 지배하고 있던 나라들에서 자라며 보고 배운 다양한 가치와 삶의 양식들이 현지인들에게 커다란 도전이 되었을 뿐 아니라 기독교에 대해 호감을 갖게 하는 중요한 요인으로 작용했던 것이다. 야마모리가 언급한 것처럼 일본으로 파송된 초기 개신교 선교사들은 주로 청교도 전통이 지배하고 있던 나라들로부터 왔고, 그들과 개인적인 교류를 하였던 청년들은 그들의 삶의 양식과 성실함에 큰 영향을 받았던 것이 사실이다.[343]

---

[343] Yamamori, 35.

2. 주요 기독교 밴드들

1881년까지, 일본에서 알게 모르게 세 개의 주요 주류 교단들이 형성되고 발전되어 왔다. 야마모리는 당시 일본에 존재했던 교단들 가운데 장로교단이 가장 컸고, 다음으로 회중교회와 감리교단이 뒤를 이었다고 했다.[344] 이 세 개의 우세한 교단들의 성장 배경에는 현지 목회자들과 지도자들의 지대한 공헌이 존재한다. 이 세 교단이 선교사들의 헌신과 노력으로 출발은 하였지만, 이후의 성장과 발전은 주로 현지 교회 지도자들의 영향력과 헌신으로 말미암은 것이다. 현지인들의 지도력과 영향력으로 인해 일본의 주요 교단이 탄생되고 발전되었다는 사실은 선교 역사적으로 매우 특이하고 의미 있는 일이라고 할 수 있다. 위에 언급된 세 개 교단은 스스로 자국의 사역들을 잘 조직하였을 뿐 아니라 자국의 지도자들을 교육하고 양성하는데 있어서 매우 성공적인 모습을 보여주었다. 이 세 개 교단의 지도자들은 주로 '기독교 밴드'들(Chirstian Bands)로부터 배출되었고, 선교사들의 큰 도움 없이 스스로 교회의 지도력을 계발하였다.[345]

---

[344] Yamamori, 39.
[345] Yamamori, 39.

"요코하마 밴드"와 장로교회

1) 장로교 및 개혁주의 선교사들의 영향

일본 교단의 발전과 관련하여 "기독교 밴드"들의 형성 과정을 관찰하는 것은 매우 의미 있는 일이다. 일본에 기독교 교단을 세우고 발전시키는 과정에서 "기독교 밴드"들이 매우 중요한 역할을 했다는 사실은 일본에서 이미 일반적으로 잘 알려져 있다. 이 "기독교 밴드"들은 개신교 교회 성장에서 있어 매우 중요한 역할을 감당했고, 개신교 성장의 다양한 요인들 가운데서 가장 중요하고 의미 있는 요인이었다고 할 수 있다. 세 그룹 중 "요코하마 밴드"(Yokohama Band)의 중요한 영향 가운데 하나는 그들이 일본의 유수한 학교의 교육가들과 다수의 개신교 교회 지도자들을 양성했다는 점이다. 개혁 교단 선교사들의 지도력 하에서 기독교를 처음 접하고 회심한 학생들이 주로 모였던 교회가 바로 요코하마 교회였는데, 그들은 요코하마 교회를 이루는 핵심 구성원이었고, 후일 "요코하마 밴드"라고 불리는 구성원들이 되었다. 요코하마에 세워진 최초의 개신교 회에서 교육과 훈련을 받았던 청년들이 "요코하마 밴드"의 핵심이 되었다.

요코하마 밴드가 형성되는 과정에서 개혁 교단 선교사들의 영향력은 결코 무시될 수 없다. 그 중에서도 특별히 사무엘 브라운(Samuel R. Brown) 선교사의 역할은 결코 잊어서는 안 된다. 일본으로 건너오기 전까지 그는 코네티컷(Connecticut)에서 교회를 담임하던 목회자였으며, 동시에 한 학교의 교장 직분을 맡아 봉사하기도 했었다. 그는 일본으로 건너오기 전에는 이미 중국에서 선교 사역을 경험했다. 미국에 있을 때부터 그는 학교에서 매우 비범하고 유능한 선생으로 정평이 나 있었다. 그는 49세의 나이에 일본선교를 위해 자신을 하나님께 드렸다. 그가 지닌 독특한 능력은 매우 매력적이고 영감이 있어서 많은 일본 젊은이들이 차츰 그의 신실한 추종자로 바뀌어 갔다. 탁월한 인품과 성실로 인해 그의 명성은 일본 전역으로 퍼져나갔고, 그 밑에서 공부하고 훈련 받기를 원하는 젊은 청년들이 점점 늘어갔다. 당대는 물론 현재 까지도 그는 여전히 일본 기독교 선교 역사에 있어서 전설로 남아있고, 개신교 선교 초기의 가장 위대한 선교사요 교육가로 인정받고 있다.[346]

1872년 3월 10일, 요코하마에서 일본 개신교회가 처음으로 세워졌고, 그 날 그 곳에서 열렸던 기도밴드에 아홉 명의 학생들이 참석했다. 그들은 모두 당일 세례를 받았는데, 그 날 세례를 받기 전에 그들은 이미 개혁 교단 선교부에 소속되어 있었던 발라흐(J. H. Ballagh) 선교사가 이끌고 있었던 밴드에 참석하고 있었다. 빌라흐 선교사는 요코하마에 첫 번째 개신교회가 설립되고 성장해 나가는 과정에서 지대한 영향을 끼쳤다. 그는 그 교회의 장로였던 오가와(おがわ)와 집사였던 미무라(みむら) 두 사람의 도움으로 일본에 세워진 첫 번째 개신교회를 잘 이끌고 있었다. 그는 임시 목사의 신분으로

---

[346] Charles W. Iglehart. *A Century of Protestant christianity in Japan* (Tokyo: Charles E.Tuttle Co. 1965), 35.

두 분의 도움으로 요코하마 교회를 성공적으로 이끌어갔다.[347]

전직 중국 선교사였던 제임스 헵번(James C. Hepburn) 역시 브라운 박사와 마찬가지로 일본에 대한 선교적인 부담을 앉고 일본 땅을 밟았다. 일본으로 건너오기 전 그는 미국에서 성공한 의사로서 장래가 촉망되는 젊은이였다. 하지만 그는 의사로서의 안정된 직업을 포기하고 일본 선교를 위해 미국 장로교 선교에 동참하게 된다. 그가 비록 건강한 육체를 소유하지는 못했을지라도, 그는 연약한 몸을 이끌고 선교사로서 자신의 사역을 성공적으로 잘 수행하였다. 의사, 언어학자, 교육가, 교회 설립자로서 그는 일본 학생들 사이에서 가장 존경받는 선교사 가운데 한 사람이 되었다.[348] 그로부터 교육을 받았던 수많은 일본 청년들은 진실로 그를 사랑했고, 그의 가르침과 교훈을 신실하게 따라갔다. 그의 족적은 일본 기독교계뿐만 아니라 일반 교육계 속에 아직도 선명하게 남아있다.

2) 공식적인 첫 소년 학교

개신교 선교사들이 일본에 입국한 이후로 일본의 교육 제도에 커다란 변화가 찾아온다. 일본 최초의 남학교가 요코하마에서 시작된 것이다. 선교사들이 집중적으로 머물고 있던 요코하마에서 시작된 남학교는 선교사의 집에서 매우 조촐하게 시작되었다. 최초에는 소

---

347 Drummond, 160.
348 Iglehart, 32.

수의 학생들이 선교사들의 집에 모여 서구식 교육을 받는 것으로 시작되었다. 선교사들은 소년들에게 영어, 수학, 과학, 지리 등의 과목을 가르쳤다. 각 가정에서 조그맣게 시작된 학습반이 1865년 경에는 공식적인 남학교로 발전하게 되었다. 몇몇 선교사들이 힘을 합하여 요코하마 세관에서 첫 공식 남학교를 시작한 것이다. 장로교와 개혁교단 선교부에서 파송된 사무엘 브라운(Dr. Samuel R. Brown), 헵번(Dr. Hepburn), 발라흐(J. H. Ballagh), 톰슨(David Thomson) 등으로 구성된 교사진이 이 학교에서 남학생들을 가르치는 일에 동참하였다. 이들 중 일부는 일본 정부의 요청으로 일본의 공교육을 지도하는 교육 감독관으로 봉사하기도 했다. 브라운 박사(Dr. Brown)의 경우 그는 한 때 니가타와 요코하마의 공립학교에서 교수사역을 하기도 하였다.[349]

발라흐 선교사에게 배웠던 학생들은 후일 요코하마에 세워졌던 첫 개신교 교회의 중요한 구성원들이 되었다. 1872년 첫 교회가 조직된 이후로 이 학생들은 발라흐 선교사 집에 부속된 조그만 방에서 브라운 박사로부터 신학교육을 받기도 했다. 이것이 일본에서 시작된 최초의 개신교 신학교육이었다. 발라흐 선교사의 작은 방에서 시작된 이 작은 학교가 세월이 흐른 뒤 현재 도쿄에 위치한 '메이지 가쿠인 대학'(明治学院)으로 발전하게 된다.[350]

---

349 Drummond, 152.
350 Drummond, 152.

3) 장로교회의 설립

1876년 "미국 북 장로교회"(Presbyterian Church of United States, North), "스코틀랜드 연합장로교회"(United Presbyterian Church of Scotland), "아메리카 개혁교회"(Reformed Church in America)에서 파송 받은 선교사들이 하나의 연합체를 만들게 된다. 각 선교부에서 파송된 두 명씩의 대표자들로 구성된 '세 개 선교 협의회'(Council of the Three Missions)를 발족시킨 것이다.[351] 그 밴드의 주요 과제와 목적은 선교사들이 회심시키고, 양육하던 그리스도인들 간의 긴밀한 교제와 연합을 증진시키는 것이었다. 그들은 자기가 돌보는 학생과 신자들에게 '웨스트민스터 소요리 문답'(Westminster Shorter Catechism), '하이델베르크 교리문답'(Heidelberg Catechism), '웨스트민스터 신앙고백'과 '도르트 신경'(Westminster Confession of Faith and the Canons of the Synod of Dort) 등을 가르치고 실천케 하는 사역을 공동의 과제로 삼았다. 그들은 처음부터 매우 확고한 개혁주의적인 신학을 가르치는 사역을 통하여 일본에 바른 신학적 전통이 세워지기를 간절히 원했다. 그들이 견지하던 교리와 신조는 매우 분명했고, 그들의 가르침은 일본 각 지역에 흩어져 있던 여러 지역 교회들로 퍼져나갔다.

그 때 탄생된 신생 교단의 이은 "일본 그리스도 연합교회"(the United Church of Christ in Japan)였고, 몇 년 후에는 "일본 그리스도 교회"(The Church of Christ in Japan)"로 그 명칭이 바뀌었다. 새 교단의

---

[351] Otis Cary, *A history of Christianity in Japan: Protestant Missions* (New York: Fleming H. Revell, 1970), 129-30.

첫 밴드가 1877년 10월 3일 요코하마에서 개최되었는데, 그 첫 밴드에는 623명의 구성원을 가진 지역 교회들로부터 파송된 여덟 명의 일본인 장로들이 참석하였다.352

교단의 첫 밴드에서 현지 장로님들로부터 매우 뜻깊은 요청들이 있었는데, 그들의 요구는 교회 세 개를 새롭게 조직하고 각 교회에 한 명의 지도자를 임명해 달라는 것이었다. 그 날 임명된 지역 교회의 지도자들은 대부분 서구 선교사들 밑에서 개종과 성장을 경험한 자들 이었다. 그 중에 한 명은 당시 군인 계급에 속하였던 오쿠노 마사츠나(奧野 昌綱, 1823-1910)였다. 그는 군인으로서 실패를 경험한 후에 정치적 좌절감을 회복하기 위해 신토에 깊이 빠져있었다. 그는 때때로 7일간 금식하면서 아무것도 먹지 않았던 적도 있다. 그가 무려 500개가 넘는 사당들을 방문하였음에도 불구하고 결코 자신의 개인적인 고민과 문제들을 해결할 수 없었다. 그가 드렸던 수많은 애타는 기도와 간구도 그를 자신의 고민으로부터 해방시키지는 못했다. 자신의 정신적, 영적 돌파구를 찾기 위해 오랜 세월 동안 의지했던 신들로부터 그는 아무것도 얻을 수가 없었다. 그러나 그는 마침내 하나님의 신비한 섭리로 우연히 헵번 박사를 만나게 되었고, 헵번 박사가 일본어 사전을 만드는 과정에서 조력자로 섬기게 된 것이다. 일본어 사전을 만드는 과정에서 그는 점차 자연스럽게 기독교와 다양한 접촉을 갖게 되었고, 마침내 개종을 하게 되었다. 신자가 된 이후로 그의 신앙은 일취월장하여 마침내 목

---

352 Cary, *A history of Christianity in Japan: Protestant Missions*, 130.

사 안수를 받는 자리까지 나아가게 되었다.353 그는 후일 일본교회의 핵심적인 지도자가 되어서 일본교회를 세우고 이끄는데 매우 중요한 역할들을 감당하였다.

오가와역시 오쿠노처럼 군인계급에 속했던 사람이었다. 그 역시 기독교 진리에 의해 크게 감동을 받은 후 성경 번역사역에 참여하게 되는데, 그의 철저하고 신실한 성품은 마침내 그를 일본교회의 훌륭한 지도자로 세웠다. 처음에 그는 톰슨 선교사의 일본어 선생으로 시작하여 그에게 일본어를 가르치는 일을 했다. 후일 그는 톰슨 선교사가 일본어 성경을 번역하는 과정에 깊이 관여하면서 자신의 신앙을 키워나갔다. 일본어 성경 번역 사역에 동참하면서 그는 자연스럽게 기독교에 대해 관심을 갖게 되었고, 기독교 진리에 깊은 감동을 받게 된다. 마침내 그는 예수 그리스도를 자신의 구세주로 영접하였고, 기독교인이 된 후로 영적으로 꾸준히 성장해 갔다. 그 역시 오쿠노와 함께 같은 날 목사 안수를 받게 된다.354

4) 신학 교육

장로교 교회들과 관련하여 시작된 첫 신학 학습반은 1874년 미국 개혁교회 선교부의 주도하에 요코하마에서 시작되었다. 이 신학 학습반에서 일본 신학생들을 주로 지도하고 가르친 선교사는 브라운

---

353 Cary, *A history of Christianity in Japan : Protestant Missions*, 130-31.

354 Cary, *A history of Christianity in Japan : Protestant Missions*, 131.

이었다. 일본 청년들이 브라운 선교사의 지도를 받으며 신학 공부를 시작한 지 약 3년이 지난 후, 이 신학 학습반은 도쿄에 자리 잡고 있던 연합 신학교와 하나가 된다. 브라운 선교사의 지도 아래 요코하마에서 조그맣게 시작된 신학 학습반은 사라지고 1877년에 연합 신학교의 일부가 되어 도쿄로 옮겨졌다. 이 연합 신학교는 세 개의 장로교 계통 선교부 협의체가 만장일치로 자기 교단을 위한 신학교를 세우기로 결정한 뒤에 곧 바로 설립된 신학교이다. 앞에서 이미 살펴본 대로 "미국 북 장로교회", "스코틀랜드 연합장로교회", "아메리카 개혁교회" 등이 연합하여 만든 '일본 그리스도 연합교회'는 일본에 장로교 및 개혁교회를 대표하는 하나의 신학교만을 세우기로 동의하였다. 그 결과 장로교 개혁신학을 가르치고 전수하기 위한 신학교가 탄생되었는데, 그 신학교는 선교사 협의회와 장로교단의 감독 하에 1877년에 도쿄에 세워진다. 그들이 세운 신생 장로교 신학교의 이름은 '연합 신학교'(Union Theological Seminary)였다. 당시 그 신학교는 겨우 3명의 선교사 교사만으로 운영되었다. 하지만 5년 뒤인 1882년에는 일본인 현지 교사가 그들과 함께 동역을 시작하였다.[355] 후일 '연합 신학교'는 메이지 가쿠인 대학 소속 신학부로 다시 통합된다.[356]

당시 장로교 선교사들 밑에서 신학교육을 받으며 성장했던 학생들 중에는 일본에 널리 알려진 유명한 목회자들이 여러 명 있었

---

355 Winburn T. Thomas, *Protestant Beginnings in Japan: The First Three Decades 1859~1889* (Tokyo: Charles E. Tuttle Company, 1959), 105.

356 Thomas, 106.

다. 그들 가운데는 탁월한 목회자들 뿐 만 아니라 일본 교육계에서 커다란 영향을 끼쳤던 탁월한 교육가들도 다수 있었다. '연합 신학교' 출신 목회자들 가운데 적지 않은 목회자들이 일본교회 역사 가운데 의미 있는 족적을 남겼다. 예를 들어 이부카 카지노스케(井深梶之助, 1854-1940)는 헵번 박사의 가르침과 영향 하에서 성장하여, 후일 헵번 박사가 책임지고 있던 다양한 사역들을 직접 인계 받기도 했다. 한 예로 이부카는 헵번 박사의 교육 사업을 계승하였는데, 그는 헵번 박사가 총장으로 재직하던 메이지 가쿠인 대학의 총장 자리를 이어 받았다. 도쿄에 있는 '후지미초'(富士見町) 교회의 담임 목회자였던 우에무라 마사히사(植村 正久, 1858-1925)는 당대의 장로교 개혁전통을 가르치고 전파하던 많은 목사들 가운데 가장 영향력 있는 목회자로 활약하였다. '연합 신학교'에서 신학교육을 전수 받았던 혼다 요이치(本多 庸一, 1849-1912) 목사는 후일 일본 감리교의 첫 감독이 되었다.[357] 비록 규모는 작았지만, 영향력이 컸던 '연합 신학교'는 일본 기독교 역사상 가장 영향력 있는 교회와 교육 지도자들을 양육하고 훈련하는 사역을 성공적으로 잘 감당하였다.

---

[357] Drummond, 166.

"구마모토(熊本) 밴드"와 회중교회

1) 제인스(Captain L. L. Janes)

'구마모토 밴드'는 다년간 미군 장교로 복무하였던 제인스 대위에 의해 형성되었다. 그는 매우 견고하고 확실한 기독교 신앙을 소유했던 미국의 육군 사관학교(West Point) 출신이었다. 1871년 규슈의 히고(肥後) 지역을 다스리고 있던 다이묘(大名; 영주)가 일본의 전통적인 교육방식을 대체할 수 있는 새로운 교육제도를 찾아 고민하던 중 서구 선교사들에 관한 소식을 접하게 된다. 서구 선교사들의 발전된 교육내용과 방식에 관하여 깊은 관심을 가지고 있던 차에 당시 가장 영향력 있었던 교육가인 버벡(verbeck) 선교사를 만나게 된다. 개인적으로 버벡 선교사를 만난 뒤로 그의 결심은 더욱 확고해져서, 자신이 다스리던 영지 내에서 전개되던 모든 교육 제도를 서구 교육 시스템으로 바꾸기로 결심한다. 그 뒤로 히고의 영주는 자기 지역에 사는 백성들의 자녀들을 위해 서구식 교육을 제공할 수 있는 학교를 세우기로 결정하였다. 영주의 요청을 받아들인 버벡 선교사는 즉시 영주가 세우기를 원하는 학교의 교장 선생님으로 제인스를 추천하였다. 버벡 선교사로부터 교장 선생님 추천을 받은 영주는 지체하지 않고 제인스를 자기 영지로 초청하여 구마모토 지역에 서양식 학교를 열도록 하였다.

    구마모토에 새롭게 건립된 학교의 교장으로 부임한 제인스는 첫 삼년 동안 학생들에게 기독교를 강요하지 않았다. 비록 그가 학생들에게 그리스도인이 되라고 제안하지는 않았지만, 그는 늘 자신의 삶을 통하여 경건하고 강렬한 기독교 신앙의 진수를 보여주었다. 당시 그 지역 정부에 속한 관료들은 기독교 학교를 만들거나 용인하려는 의도를 조금도 지니고 있지 않았다. 왜냐하면 그 지역은 이미 오래 전부터 시행되어 오던 기독교 말살 정책의 영향으로 인해 매우 강한 반서구적, 반기독교적, 반외세적 감정이 팽배해 있었다. 이런 분위기를 잘 감지하고 있던 제인스는 정부 관리들이나 교육자들을 대할 때 마다 매우 신중하고 조심스럽게 행동하였다. 그래서 그는 처음에는 공식적으로 기독교를 가전파하거나 가르치지 않는 현명함을 발휘하였던 것이다.[358]

시간이 흐름에 따라 제인스는 점차적으로 그 학교를 "작은 웨스트포인트"(Little West Point)로 만들어 갔다. 그가 재직하던 학교의 규칙은 매우 엄격하여 학생들은 훈련, 절약, 도덕적 엄격함, 정해진 의무들, 장시간의 노동 등을 통하여 철저하게 통제되고 훈련되었다. 학생들은 장시간 이러한 환경에 노출됨으로서 알게 모르게 서서히 강력한 기독교 신앙에 의하여 영향을 받기 시작하였다. 그가 도착한 지 2년이 지나서, 그는 학교 당국에 학생들에게 신약 성경을 좀 더 체계적으로 교육할 수 있는 더 발전된 학급을 만들자고 제안하였다. 하나님의 은혜로, 학교 당국은 제인스의 계획을 승인하였는데, 그 이유는 학생들이 신약 성경을 통해 기독교를 접하게 되면 그들이 저절로 기독교를 거부할 수 있게 될 것이라는 믿음을 가

---

[358] Iglehart, 50.

졌기 때문이었다. 관리들은 학생들이 성경에 관한 지식을 습득하면 습득할수록 더욱 반기독교적으로 변해갈 것이라고 굳게 믿고 있었다. 그러나 제인스 선교사로부터 신약 성경을 배운 대다수의 학생들은 기독교를 거부하는 변절자가 되기는커녕 도리어 그들의 선생님들을 따르기로 결정하였고 마침내 1876년 1월 30일 새벽, 그들 중 35명이 하나오카 산 언덕으로 올라가 충성된 그리스도인이 되기로 서약하였다. 그들은 자기 조국의 자유와 해방을 위하여 예수 그리스도를 자신의 주인으로 모실 것을 엄숙하게 서약하였다.[359] 그들은 예수님을 철저히 따를 것과 설령 자신의 생명을 희생한다 할지라도 복음 전파를 통하여 제국의 어두움을 깨우치는 일에 헌신할 것을 서약하였다.[360]

2) 극심한 박해

하나님께 자신을 헌신한 학생들은 곧바로 그들의 가족들과 가문으로부터 오는 극심한 핍박에 직면하게 되었다. 35명의 학생들이 그리스도께 헌신했다는 소식이 학교에 알려지자마자, 학교는 그 학생들에게 무료로 배급하던 식량을 즉각 끊어버렸다. 식량 공급이 끊어지자마자 신앙고백을 했던 학생들 모두는 즉시 사조직을 결성하

---

359 Iglehart, 50.

360 Cary. *A History of Christianity in Japan: Protestant Mission*, 123. 이 학생들 중에는 Miyagawa Tsuneteru, Ebina Danjo, Yokci Tokio, Kanamori Tsurin, Shimomura Kataro, Morota Kumando 등이 속해 있었다. 후일 그들은 모두 일본의 탁월한 교회 지도자 내지는 학교와 정부의 고위 관료가 되었다.

고, 제임스 선교사로부터 개인적인 공급을 받기 시작했다. 이후로 신앙 고백을 했던 젊은이들은 학교 당국 뿐 만 아니라 주위의 동료 학생들로부터 심각한 핍박을 받아야만 했다. 그들 중 대부분은 부모들에 호출되어 자기 집으로 돌아갔다. 개종한 학생들이 지니고 있던 성경들은 자기 가족들에 의해 모두 불태워졌다. 한 학생의 홀어머니는 만약 자기 아들이 그 사악한 종교를 포기하지 않는다면 차라리 스스로 칼로 자결하라고까지 말하였다고 한다. 학생이 항복하지 않자, 그 어머니는 칼로 스스로 자결하려는 시도까지 하였다. 그러나 놀라운 하나님의 은혜로 세월이 흐르는 동안 그 어머니 역시 경건한 그리스도인으로 변해 있었다.361

그 때 개종했던 또 다른 학생은 거의 백 일 동안을 감옥에 갇힌 후에 자신의 집으로부터 추방을 당하기도 했다. 한 학생은 아버지가 자신을 칼로 죽이겠다는 위협을 받기까지 했다. 개종한 학생들 중 일부는 어쩔 수 없이 가정이나 집안 식구들의 반대를 극복하지 못하고 항복하기도 했으나 대부분 학생들은 집안 안팎에서 오는 다양한 위협과 박해들을 두려움 없이 잘 감당해냈다. 가족, 친구, 지역 당국으로부터 오는 극심한 박해들을 대면하고 극복할 수 있을 만큼 학생들의 신앙은 확고했다. 실제로, 35명 가운데 30명은 극심한 박해들을 이겨내고 끝까지 자기들의 신앙을 지켜내었다. 한 가지 안타까운 일은 제인스가 학교 당국과 맺은 계약 기간이 만료되고 난 후, 그의 계약은 다시 갱신되지 않았다는 점이다. 그가 학

361　Cary, *A History of Christianity in Japan: Protestant Mission*, 124.

교를 사임하자마자 정부는 그 학교를 즉시 폐쇄시켜 버렸다. 1876년 제인스는 정든 학교를 그만두면서 자기가 맡아 교육하던 학생들을 1874년 미국 유학을 마치고 돌아와 새로운 사역을 찾고 있던 니지마 조에게 부탁하고 떠났다. 제인스의 부탁을 받은 니지마 조는 기쁨으로 그들을 맡아 그들에게 지속적으로 기독교 교육을 제공하였다. 그 학생들 중 대부분은 기독교 사역을 준비하기 위해 교토에 있는 '도시샤(同志社) 스쿨'로 건너갔다.362 당시 제인스 선교사 밑에서 기독교 교육을 받고 성장한 이들을 가리켜 "구마모토 밴드"라고 부른다. 그들 중 일부는 일본에서 매우 저명한 교회 지도자들이 되었다.

3) "외국 선교를 위한 미국 이사회"와 회중주의자

1869년 미국으로부터 '아메리카 해외 선교회'를 대표하는 선교사들이 일본에 도착했다. 널리 알려진 바대로 '아메리카 해외 선교회'는 회중 교회를 중심으로 설립된 선교 단체였다. '아메리카 해외 선교회'에서 파송된 선교사들은 주로 고베와 오사카에서 사역했다. 그들 중 그린(D. C. Greene), 데이비스(Jerome. D. Davis), 베리(J. C.Berry) 등이 주로 고베 지역에서 사역했고, 선교기지에서는 주로 길릭(O. H. Guilik)과 고든(M. L .Gorden) 선교사가 사역하였다. 그들 중 그린 선교사의 역할이 가장 두드러지는데, 일본에 회중교회 교단이 설립

---

362 Drummond, 170.

되는 과정에서 그의 역할은 매우 중요하고 의미 있었다. 당시 그린은 영어를 가르치는 영어 선생님이었고, 영어를 가르치는 동안 그는 한 일본인을 만나게 된다. 그가 만난 일본인은 폴 사와야마(さわやま)(폴, Sawayama)인데, 그는 1851년 수우지역에서 태어난 현지인이다. 폴은 개혁기간 동안 '쇼군의 군대'를 대적하여 열심히 싸웠지만 조국의 변화와 개혁을 위해 자기가 선택할 수 있는 일이 매우 제한되어 있다는 점을 깊이 깨닫고 새로운 변화를 기대하고 있었다. 내전이 끝난 후 그는 더 나은 경력을 쌓기 위해 영어를 배우기로 결심하였고 마침내 그는 영어 교사였던 그린을 만나게 된다. 일본에서 그린과 깊은 교제를 나누었던 폴은 그린 선교사의 소개로 미국행을 택하게 된다. 그는 미국에 가서 그린의 형제들 가족이 있는 곳에 집을 정했다. 그린의 형제 집에 거하는 동안 그는 일리노이주 에반스톤(Evanston)에 있는 한 회중교회에 참석하였다. 회중교회에 적을 두고 신앙생활을 시작한 폴의 신앙은 점점 깊어져서, 마침내 그는 신학을 공부하고 난 후 고국에 돌아가서 교회를 세우고 가르치는 설교자가 되기로 작정하게 된다. 그의 말대로 자신을 하나님께 헌신한 후 그는 고국으로 돌아와 자기가 속한 교단에서 신실한 설교자로 봉사하게 되었다.

    1876년 그가 고국으로 돌아온 후, 일본 정부가 그에게 한 달에 150엔에 달하는 고액 봉급을 받을 수 있는 고위 관료직을 제안하였지만, 그는 유혹을 뿌리치고 오사카에 있는 작은 무리를 목회하는 목사가 되었다. 회중들은 그에게 겨우 7엔 정도의 사례비만 지급할 수 있었다.363 그는 하나님과의 약속을 저버리지 않았고, 자신이 약속하고 헌신한 대로 작은 교회의 설교자가 된 것을 감사하고 영광스럽게 생각하였다. 그는 정말로 깊은 신앙의 소유자였고, 타인들로부터 존경받는 훌륭한 목회자였다. 그를 만났던 사람들은 누구나 예외 없이 그의 정중함과 경건함으로 인해 크게 영향을 받았다고 한다. 그와 니시마의 헌신적인 노력으로 인해 일본에 회중 교회가 설립되고 성장한 것이다.

4) 니지마 조와 도시샤(同志社) 대학

서구에서 요셉 하디 니스마(Joseph Hardy Neesima)로 더 잘 알려진 니지마 조(新島 襄, 1843-1890)는 일본에서 회중교회를 설립하고 발전시키는 데 매우 중요한 역할을 감당하였다. 회중교회 선교 사역의 초기에 그는 회중교회에 속한 몇몇 선교사들이 구성한 일본 선교회에서 월급을 받는 유급 협력 멤버였다. 1890년 이전에는 미국 회중교회 선교사들인 그린, 고든, 데이비스와 같은 몇 선교사들이 선교 기지를 관리하고 감독하였다.[364] 그러나 1890년 이후로 몇 년이 지나지 않아 일본 회중교회의 지도력은 점차 변화하기 시작했고, 마침내 일본 목사들의 손에 넘어갔다. 여는 다른 교단들의 경우와 마찬가지로 일본 회중교회도 선교사들의 기대 이상으로 매우 빠르게 현지 지도자들에게 지도력이 이양되는 현상을 보였다.

---

363 Cary, *A History of Christianity in Japan: Protestant Mission*, 132.
364 Thomas, 101.

니지마 조는 처음 미국으로 건너가서 하디(Hardy)의 집에 머물렀다. 뉴잉글랜드의 하디의 집에 머무는 동안 그는 암허스트 대학(Amherst College)과 앤도버 신학교(Andover Seminary)에 다녔다. 그가 미국에서 학업을 하고 있는 동안 일본에서 파송된 '이와쿠라(岩倉) 사절단'이 미국을 방문하였는데 그는 그들을 도와 통역의 일을 잘 감당했다고 한다. 그가 이와쿠라 사절단의 통역관으로 일하면서 그의 명성이 자연스럽게 일본의 지도자들에게 알려졌고, 차츰 일본의 차세대 지도자들 중 한 사람으로 부상하기 시작했다. 이러한 인연으로 그가 일본으로 돌아갔을 때 정부는 그에게 정부에서 일하기를 요청하였지만, 그는 정중히 사양하였고, 하나님과의 약속대로 꿋꿋하게 주님의 신실한 종으로서의 길을 걸었다. 그가 안수 받은 후에는 하디가 의장으로 있었던 '미국 해외 선교이사회'(The American Board of Commissioners for Foreign Missions)에 의해 선교사로 받아들여졌다.

니지마 조는 자기가 태어나서 자란 고향인 일본을 품고 다시 돌아갔다. 그는 일본으로 돌아가기 전부터 일본에 기독 대학이 설립되어야 할 것을 강력하게 호소하였다. 그는 일본에 돌아와서도 기독교 대학 설립을 갈망하며 끊임없이 기독교 대학 설립의 필요성을 호소하고 다녔다. 이러한 간청의 과정 중에 제인스 선교사 밑에서 신앙 훈련을 받아왔던 '구마모토 밴드'에 속한 일단의 무리들이 그를 찾아오게 된다. 제인스 선교사가 구마모토에서의 사역을 정리하며 영적으로 가르치고 훈련시켰던 제자들을 니지마 조에게 보낸 것이다. 제인스 선교사의 추천으로 니지마 조에게 보내진 학생들은 그로부터 기독교에 대해 더 많은 것들을 습득할 수 있었다. 이 삼십여 명의 젊은이들이 교토에 온 것을 계기로 니지마가 꿈꾸던 기독교 대학 설립의 꿈이 탄력을 받게 된다. 도시샤에서 니지마와 협력하였던 데이비스는 다음과 같이 진술한다. "기독교 대학 설립 초창기에 경건한 기독교적 목적을 가진 이러한 젊은이들이 그를 찾아온 것은 학교 설립과정에 매우 좋은 영향을 끼쳤고, 그 학생들의 건강한 영향력은 도시샤를 세워나가는 과정에서 도덕적으로나 학문적으로 매우 중요한 역할을 감당하였다."365

엄밀하게 말하면 도시샤 대학은 서구 선교사가 세운 미션스쿨이라고 말할 수 없었다. 왜냐하면 이 대학은 니지마와 함께 신학교를 세우기 원했던 '아메리카 해외 선교회' 소속 선교사들이 세운 학교가 아니라 순수 일본인이었던 니지마가 주도가 되어 설립한 학교이기 때문이다. 물론 선교사들도 비슷한 비전을 가졌었지만, 다양한 호소를 통해 대학 설립 프로젝트를 위한 모금을 활동을 주도한 사람은 니지마였다. 다수의 서구 선교사들이 도시샤 대학 설립에 동참한 것은 사실이지만 이 대학은 시작부터 일본인이 만든 기관이었다. 비록 많은 외국 교수진들이 도시샤 대학에서 영어로 우수한 교육을 제공했던 것은 사실이지만 니지마의 직간접적인 도움과 열정이 없었다면 이 학교의 설립은 거의 불가능했을 것이다. 니지마

---

365 Drummond, 170. cf. Thomas stated that except for the founder, Nishima Jo, two more names must be remembered as cofounder. One of the cofounders was Yamamoto Kakuma who consistently supported Nishima with sympathy and donated land. The other one was J. D. Davis who brought students from Kobe to Tosisha. It is said that most of the students who joined first at Tosisha School were pupils of Davis.

의 사회적인 지위와 탁월한 외교적 역량으로 인해 설립과정에 있었던 다양한 난관들이 잘 극복될 수 있었다. 특별히 불교의 영향력이 강한 지역에서 기독교 대학 설립 인가를 얻었다는 사실 하나만으로도 그의 탁월한 외교적 역량과 사회적 영향력을 가늠할 수 있을 것이다. 토마스 선교사는 대학 설립 과정에 있었던 다양한 반대 세력과 행정적인 절차들을 극복하고 학교 설립이 가능하도록 한 중요한 요인은 바로 니지마가 지니고 있던 건강한 평판과 탁월한 능력이었다고 토로한다.366 도시샤 대학은 선교사들의 후원과 보조에 의하여 운영된 것이 아니라 주로 일본인들의 후원과 모금을 통해 운영되었다. 학생들의 수업료를 제외한 대부분 후원은 현지인들로부터 채워졌고, 그 대학의 이사회도 완전히 일본인으로만 구성되어 있었다.

5) 도시샤의 정신

기독교 대학으로서 도시샤 대학은 점차 일종의 '기독교 웨스트포인트(West Point; 미 육군사관학교)'로 변해 갔다. 학생들은 니지마가 진심으로 존경하고 따랐던 탁월한 영적 지도자인 제인스 선교사의 삶의 방식과 태도로부터 크게 영향을 받았기 때문에 그들의 삶은 매우 절도 있고 절제되어 있었다. 대부분 학생들은 스스로 훈련의 내용과 정도를 정해 놓았다. 학교 분위기는 일본 무사들의 자세와 삶의 특징을 고스란히 간직하고 있었다. 학생들 대부분은 제인스 선교사

---

366 Thomas, 101-102.

가 교장으로 있던 구마모토 학교 출신들로서, 그 학교에 입학하기 전부터 사무라이 가문에서 잘 훈련된 학생들이었다. 그 학생들은 그 학교 입학 과정에서 한 번 더 걸러진 매우 훌륭한 학생들이었다. 최초로 도시샤에 입학했던 학생들의 수준은 자신을 하나님과 그들의 조국을 위해 완전히 헌신했던 요코하마 밴드에 속했던 학생들과 비교해서 전혀 부족한 점이 없었다.[367]

도시샤 대학은 학생들에게 육 년 넘게 이어지는 서구식 교육을 제공했는데, 그들은 주로 영어와 과학 분야에 중점을 두고 교육 과정을 운영하였다. 입학 후 처음 이 년은 좀 더 깊은 공부를 하기 위한 준비 기간이었고, 이 기간에는 주로 영어를 집중적으로 공부하였다. 그들 중 일부는 고급 영어 과정이나 과학 과목에 더 많은 시간을 할애했다. 일반적으로 성경공부는 강압적으로 하기보다 지원자들의 자발적인 선택에 의하여 진행되었다. 신학 분야에서는 두 가지 과정이 개설되었는데, 하나는 영어 준비를 충분히 해서 영어로 신학을 공부하는 과정이었고, 또 다른 하나는 영어 실력이 부족하여 영어로 공부할 수 없는 이들을 위한 일본어 과정이었다.[368]

6) 일본 회중교회의 지도자들

니지마와 사와야마의 뛰어난 지도력 아래서 회중교회가 일본에 조

---

367 Iglehart, 52.
368 Thomas, 102.

금씩 형성되어 갔다. 쿠미아이 교카이(연합 교회)는 당대의 영향력 있는 다양한 자국 지도자들에 의해 인도되었다. 무엇보다도 앞서 언급했던 니지마 목사는 일본 기독교인들을 자신에게 이끄는 영적 매력을 가졌던 인물이었기 때문에 적지 않은 기독교 사역자들과 평신도들이 자주 그에게 와서 그의 지혜로운 충고와 도움을 구했다. 그는 '삼자원칙'(Three-self Principle)의 신실한 추종자로서 일본교회의 자립과 독립에 깊은 관심을 지니고 있었다. 처음부터 그는 일본교회가 반드시 자급(self-supported)하여야 한다고 믿고 있었다. 실제로 그의 교회는 스스로 준비한 재정과 자원으로 운영되었고, 심지어 다른 교회들을 재정적으로 도와줌으로서 일본의 비복음화 지역 선교를 신실하게 추진해 나갔다. 그가 사망한 후 나루세 진조(成瀬 仁蔵, 1858-1919)는 그를 "일본의 바울"이라고 불렀다.369 당시 일본의 많은 기독교 지도자들은 그를 "목사들의 목사"로 부르기도 했다.

니지마를 계승하여 도시샤 대학교의 교장으로 재직했던 코자키 히로미치(小崎 弘道, 1856-1938)는 과거 구마모토 밴드에 속한 학생들 중 한 명이었다. 코자키 목사는 후일 그의 사역을 도쿄로 옮겨서 당시에 매우 유명했던 레이난자카(霊南坂教会) 교회의 목사가 되었다. 도시샤 대학 출신 지도자들 중에는 일본교회를 이끄는 적지 않은 기독교 지도자들이 있었다. 일본에서 유명한 목사였던 요코이 토키오(横井 時雄, 1857-1927)는 오랫동안 저명한 기독교 저널리스트로서 일본의 기독교 신문계통에서 탁월한 사역을 감당하였고, 또 다른

---

369 Cary, *A History of Christianity in Japan: Protestant Mission*, 132.

목사였던 에비나 단조는 뛰어난 교육가요 신학자로서 일본교회와 국가에서 중요한 요직을 맡아 다양한 봉사를 하였다. 유명한 기독교 작가였던 쿠나모리 츠린 역시 매우 활동적이고 열정적인 전도자였는데, 사람들은 그가 당시에 가장 훌륭한 전도자였다고 말한다. 앞서 언급한 몇몇 사람들을 제외하고라도 이 그룹에 속했던 많은 기독교 지도자들이 일본 기독교 역사에서 매우 중요한 역할들을 성공적으로 잘 감당했다.

"삿포로(札幌) 밴드"와 독립교회

1) 윌리암 클라크와 그의 제자들

삿포로(札幌)는 일본 열도의 최북단에 위치한 홋카이도(北海道)의 주도로서 일본 기독교 역사상 세 번째로 유명한 기독교 밴드 '삿포로 밴드'가 형성된 곳이다. 1876년 일본 정부는 홋카이도에 과학적으로 농업을 가르칠 수 있는 농업 고등학교를 세우기로 작정했다. 논의 결과 일본 정부는 발달된 과학적 농업 기술을 전수해 줄 농업 학자를 미국으로부터 초청하기로 결정한다. 이 일로 일본 정부의 요청에 의하여 일본으로 초대된 과학 교사들 중에는 일본 기독교 역사에 길이 남아있는 클라크(Colonel W. S. Clark) 박사가 있었다. 그는 일본 정부가 삿포로 지역에 세우기를 원하는 농업학교의 교장으로 임용되었다. 그는 매우 강한 기독교적 신념을 가진 학자로서 일본으로 건너오기 전에 그는 이미 메사추세츠 농업 대학의 학장이었다. 그는 삿포로에 유사한 기관을 세워달라는 일본 정부의 요청을 받고 임시로 자신의 학교를 떠나 일본으로 건너 온 것이다. 그는 일 년을 헌신하기로 작정하고 고향을 떠났지만, 실제로는 팔 개월 정도만 삿포로에 머물러 있었다.[370] 짧은 방문 기간 동안 그가 남긴 일본 사회와 일본 기독교에 대한 영향력은 매우 커서 그 영향력은 영원히 남아있을 것이라고 믿는 사람들이 많이 있을 정도다.

클라크 박사는 미국 남북 전쟁 때 연합군에서 대령으로 복무하였던 군인이었다. 그의 개인적인 성품은 열정적인 기독교 신앙과 군대시절 다져진 군인정신으로 잘 균형 잡혀 있었다. 실제로 그가 지녔던 이러한 면들이 당시 일본의 젊은이들에게 매우 매력적으로 비쳐졌을 뿐 아니라 그를 따르게 만드는 요인이었다. 제인스 선교사가 구마모토에서 학생들을 선발할 때 매우 신중했던 것처럼 그도 학생들을 선발할 때 매우 신중하였다. 그에게 선발되었던 대부분 학생들은 높은 지적 능력과 사무라이 정신으로 무장된 매우 총명한 학생들이었다. 일본 정부는 그가 종교에 대해서 아무것도 가르치지 말고, 오로지 탁월한 윤리와 도덕을 가르치고 전수해 주기를 바라고 있었다. 그러나 일부 일본 관리들이 종교에 대해서 가르치는 것을 반대했을 때, 그는 성경을 손에 들고 그들에게 다음과 같이 말했다. "만약 내가 도덕을 가르친다면, 나는 성경을 교재로 사용해야만 한다는 점을 끝까지 주장하겠습니다."[371] 이 사건 이후로 당국자

---

370   Iglehart, 52.

들은 마지못해 그에게 기독교 윤리를 가르칠 수 있는 권리를 부여했다고 한다.

2) "예수를 믿는 자의 서약서"

클라크 박사는 정부 관리들의 반대를 극복한 후에, 성경을 교재로 사용하여 학생들에게 기독교 윤리를 가르쳤다. 수업시간마다 그의 가르침에는 기독교 사상이 깊이 스며들어 있었고, 일요일에는 자기 집으로 찾아오는 학생들에게 복음을 적극적으로 전파했다. 클라크 박사의 확신에 찬 주장과 가르침은 마침내 귀한 영적인 열매를 맺게 되었다. 첫 번째로 입학한 학생들 모두는 그의 영적인 가르침과 도전으로 인해 마침내 그리스도를 따르기로 작정하게 된다. 그의 수업을 통하여 도전을 받아 신자가 된 모든 학생들은 그가 작성한 "예수를 믿는 자의 서약서"에 모두 서명하였다. 일 년이 채 되지 않아서 그가 가르쳤던 모든 학생들은 예수님께 자신을 드리기로 작정하였다. 아래의 서약 내용은 그들의 예수님을 향한 헌신이 얼마나 깊었는가를 잘 보여주고 있다.

> 아래에 서명한 삿포로 농업 대학의 학생들은 그분의 명령에 따라 그리스도를 믿는다고 고백하기를 원합니다. 그리고 십자가에서 죽으심으로 우리의 죄를 대속하신 복된 구세주에 대한 우리의 사랑

---

371 Cary, *A History of Christianity in Japan: Protestant Mission*, 171.

과 감사를 보여주기 위해, 충성을 다 바쳐 그리스도인의 모든 의무를 이행할 것입니다. 그의 영광을 널리 선포하고, 그가 대속한 자들의 구원이 성취될 수 있도록 사람들 사이에 하나님 나라가 널리 확장되기를 간절히 소망합니다. 하나님과 서로 앞에서 지금부터 주님의 신실한 종이 되고, 그의 말씀과 가르침의 정신에 철저한 순종할 것을 서약합니다. 적합한 기회가 제공될 때마다 우리는 우리 자신을 점검하고, 세례를 받고, 복음적인 교회에 소속될 것을 약속합니다.372

이 서약서는 그들이 얼마나 철저하게 자신을 하나님과 그의 영광을 위해 헌신했는지를 잘 보여주고 있다. 이 서약서는 우선 첫째로, 은혜로 자기를 구원하시는 하나님께 대한 감사를 잘 표현하고 있다. 둘째로, 그들은 전도와 선교에 헌신할 것을 하나님 앞에서 다짐하였다. 하나님을 알지 못하는 사람들에게 나아가기를 원하는 전도에 대한 강한 열망을 잘 보여준다. 셋째로, 그들은 주님의 가르침과 명령에 따라 살아가는 하나님의 신실한 제자가 되기를 소망한다. 넷째로, 성경이 신자로서 자기들이 따라야 할 명확한 삶의 기준임을 분명히 인식하고 있다. 다섯째, 그들은 지역 교회 학생회 회원으로서 자기가 복음적인 교회에 소속되기를 원하였다. 이 서약서는 그들이 지니고 있던 기독교 신앙이 얼마나 복음적이고 건전한 것이었는가를 잘 드러내 주고 있다. 특별히, 지역 교회에 대한 그들의 신

---

372 Cary, *A History of Christianity in Japan: Protestant Mission*, 125.

앙적 자세가 매우 건전했다는 점은 매우 흥미롭다.

3) 삿포로 독립 교회

학생들이 이 서약서에 서명한 후에 그들은 곧바로 옆 반을 복음화하는데 온 힘을 기울였다. 특별한 열정을 가지고 그들은 마침내 옆 반 전체를 복음화하는데 성공한다. 옆 반 학우들 역시 모두 같은 서약서에 기꺼이, 혹자는 마지못해 서명하였다. 이 젊은 학생들은 또 다른 신입생들이 이 학교에 입학했을 때 "신입생들을 태풍으로 회심시키기"(to convert the Freshies by storm)" 위하여 다양한 노력들을 경주했다.373 신입생들 중 일부는 새로운 신앙을 받아들이는 것을 주저했지만, 시간이 흐르면서 그들은 모두 열정적 선배 신자들에 의하여 모두 설득되었다. 초기에 기독교를 강하게 거부했던 한 학생은 다음과 같이 고백하였다. "이 학교의 공식적인 요구사항은 나에게 너무 강하게 느껴졌다. 그들은 나에게 이 서약서에 서명하도록 강요하다시피 했다." 그의 언급은 이 학생들이 새로 들어온 신입생들을 설득하는 과정이 얼마나 공격적이었는지를 잘 보여주고 있다. 비록 신입생들을 설득하던 그들의 방식이 지나치게 강하고 공격적이기는 했지만, 복음을 전하려는 그들의 열정 만큼은 인정을 받을 만하다고 할 수 있다. 그들의 열정적인 설득의 결과로 모든 신입생들이 자신을 하나님께 헌신할 수 있었고 마침내 서약서에 서명을

---

373 Cary, *A History of Christianity in Japan: Protestant Mission*, 125.

할 수 있었던 것이다. 선배들의 헌신적인 설득과 노력으로 인해 서약자들의 수는 30명까지 늘어났다. 후일 그들의 오랜 헌신과 전도의 결과로 홋카이도에 '삿포로 독립교회'가 설립되었다. 작은 공동체로 출발했던 '삿포로 밴드"의 구성원들은 후일 일본에서 매우 영향력 있는 영적 지도자들을 많이 배출하였고, 그들의 영향력은 지금까지 살아남아 일본의 다양한 영역에서 깊은 정신적, 영적 영향력을 행사하고 있다.[374]

4) "삿포로 밴드"와 독립 교회들

삿포로 밴드는 구마모토 밴드에 비하여 덜 심각한 핍박을 경험하였다. 초기부터 심각한 박해를 받았던 구마모토 밴드에 비하면 그들의 신앙 입문 과정은 상대적으로 수월한 편이었다. 시내로부터 멀리 떨어져 있던 시골 마을들에서는 종종 기독교에 대한 핍박들이 있긴 했지만 그리 심각한 편은 아니었다. 따라서 클라크 박사가 미국으로 귀국한 뒤에도 그들은 외부의 특별한 도움이나 원조가 없이도 스스로 자신들을 밴드를 잘 이끌어 갔다. 첫 해에 입학했던 학생들과 두 번째 해에 입학했던 학생들은 모두 미국 감리교 선교사인 해리스(M. C.Harris)에게 세례를 받았다. 초창기에 그들은 감리교 교리를 가르치는 해리스 선교사의 가르침을 받고 그 밑에서 신앙 훈련을 받았다. 그러나 얼마 뒤에 해리스 선교사 밑에서 신앙 훈련을

---

[374] Cary, *A History of Christianity in Japan: Protestant Mission*, 125.

받던 학생들 가운데 일곱 명이 지역 교회의 제도와 감리교 목사의 목회 방식에 불만을 품기 시작하였다. 결국 그들은 해리스 선교사의 가르침과 지도를 외면하고, 신약 성경이 가르치고 명하는 대로 신앙생활을 하기로 결심하고 자기 나름대로 독립적인 공동체를 만들게 된다.375

이 학생들 중 한 명이 이 단체를 세우는 데 있어서 핵심적인 역할을 감당했는데, 이 청년이 바로 "무교회 운동"을 주창한 우치무라 간조(内村 鑑三, 1861-1930)였다. 그와 그의 친구들은 신약 성경에 기록된 초대교회의 모델을 자기들의 신앙 모델로 삼고, 이미 존재해 왔던 다양한 교파나 교단들부터 독립된 공동체를 만들어 갔다. 그들의 핵심 사상은 성도들의 평등한 권위와 평등한 책임감이었다. 따라서 자기들이 세운 이 공동체에 속한 일곱 명의 회원들은 공동체 안에서 모두 동등한 권위와 지도력을 가졌다. 설교를 포함하여 교회를 지도하고 이끄는 지도력의 발휘는 구성원 모두가 순서대로 돌아가며 감당하였다. 처음 단계에서 해리스 선교사는 지혜롭게 그들의 운동에 동참하여 이 운동을 주도하는 청년들과 지속적인 의견 교환을 하였다. 이 운동에 대한 해리스 선교사의 적극적인 참여는 그들에게 다양한 면에서 큰 도움이 되었다. 그러나 후일 서로 다른 교단에서 파송된 다양한 선교사들이 삿포로 지역에 들어오면서부터 그 청년들은 교파 간의 경쟁과 서로 다른 신학적 가르침을 접하게 되었고, 이들은 악하고 우매한 교단 간의 경쟁에 대해서 매우 격

---

375 Drummend, 171.

노하였다. 게다가 서구 교회로부터 온 선교 재정으로 인한 부정적인 현상들을 목격한 그들은 서구 선교사로부터의 재정적 독립의 중요성과 필요성을 통감하였다. 선교 현장에서 흔히 일어나는 이러한 여러 가지 부정적인 현상들은 그들로 하여금 더욱더 성경적이고 독립적인 신앙 공동체를 만들고 싶은 욕망을 불러 일으켰다. 마침내 이 작은 무리로부터 매우 독특하고 일본적인 신앙 공동체가 탄생하게 되는데, 이 운동이 바로 일본에서 시작된 "무쿄카이(無教会; 무교회) 운동"이다.376

우치무라 간조와 그의 추종자들은 교회의 조직 없이 그리고 서구 선교사들로부터의 재정적인 지원 없이 신앙생활을 하며 복음을 전하는 증인이 되고자 한 것이다. '무교회 운동'이 지닌 교회론이 많은 신학적 문제와 장애를 가지고 있는 것이 사실이지만, 그 운동의 파급효과는 매우 커서 많은 일본 지식인들에게 큰 영향을 끼쳤다. 유급 목사 없이, '무교회 운동'에 속한 평신도 성경교사들은 다양한 기독교 서적 출판과 성경 학습반을 통해 성경 주의를 끝까지 고수하며 지금까지 일본인들에게 커다란 영향을 끼치고 있다. 하지만 미켈슨(Michaelson)이 지적하듯이, "무교회 운동 안에서 드러난 기독교에 대한 이해는 상대적으로 미성숙한 이해였다."377

---

376 Drummend, 182.

377 Joseph M. Kitagawa, *Religion in Japanese History* (New York : Columbia University, 1966), 303.

결론

지금까지 살펴보고 연구한 바대로 일본 개신교회의 교단 형성과정에서 세 개의 대표적인 "기독교 밴드"들의 영향력은 결코 무시될 수 없는 중요한 요소였다. 교단 설립 초기부터 1881년까지 각 교단 사이에는 상당한 수적 성장의 차이가 있었다. 서로 다른 성장의 배경에는 여러 가지 원인들이 존재했을 것이다. 선교사들의 자질, 교회가 설립된 지역의 환경, 선교 전략, 지방 정부의 협력 등 다양한 요소들이 각 교단의 성장과 밀접한 연관을 가지고 있었을 것이다. 이러한 다양한 요인들 외에도 각 교단 성장에 끼친 매우 중요한 요인 중 하나가 바로 현지 목회자들의 탁월한 헌신과 능력이었다고 할 수 있다. 야마모리 역시 이러한 성장의 차이를 가져온 중요한 원인으로 자국 목회자들의 헌신의 깊이와 능력 차이를 꼽는다. 그는 교회 성장에 있어서 선교사들의 능력과 선교 전략도 중요했지만, 그보다 현지 지도자들의 역할과 자질이 훨씬 큰 영향을 끼쳤다고 믿는다.

앞서 조사한 대로 대부분 일본교회 지도자들은 '기독교 밴드'들 안에서 자라고 훈련되었다. 실제로, 일본 개신교 선교 초기의 영향력 있는 성직자들과 평신도들의 다수는 '기독교 밴드'에 속한 회원들이었다. 장로교회는 지도자들 대부분이 '요코하마 밴드'에서 나왔고, 회중교회 지도자들은 주로 '구마모토 밴드'에서 자라고 훈련되었다. 현재까지도 일본의 많은 지성인들에게 영적인 도전과 영향을 끼치고 있는 독립 교회 운동의 대표 격인 '무교회 운동'은 '삿포로 밴드'와 깊은 연관을 가지고 있다. 이와 같이 일본에서 개신교 교단이 설립되고 발전해 가는 과정에서 '기독교 밴드'들의 역할과 영향력은 결코 무시될 수 없는 매우 중요한 요소였다.

참고문헌

이만열. 『한국 기독교와 민족의식』. 서울: 지식 산업사, 1992.

Anderson, Gerald H., Coote, Robert T., Hormer, Norman A., Philips, James M.. eds. *Mission Legacies*. Maryknoll. New York: Orbis, 1996.

Agency for Cultural Affairs(Government of Japan). 『宗教年鑑 令和元年版(Religious Yearbook) 2019』. Tokyo: Agency for Cultural Affairs, 2019.

Anesaki, Masaharu. *Nichiren: The Buddhist Prophet*. Gloucester, Mass.: Peter Smith, 1966.

_____ , *History of Japanese religion*. Tokyo: Chrales E. Tuttle, 1969.

Arimichi, Ebisawa. *Kindai Nihon,Bunka no Tanjo*. Tokyo: YMCA Domei, 1956.

Armstrong, Robert Cornell. *Buddhism and Buddhists in Japan*. New York: Macmillan, 1927.

Basabe, Fernando M. *Religious attitude of the Japanese men: A sociological survey*. Tokyo: Sophia University, 1968.

Bauman, Gary. *Worship in the growing church*. Japan Harvest, 1995.

Brannen, Noah S. *Soka Gakkai: Japan's Militant Buddhists*. Richmond, Virginia: John Knox Press, 1968.

Bunce, William. *Religion in Japan: Buddhism, Shinto, Christianity*. Tokyo: Charles e. Tuttle, 1967.

Callaway, Tucker N. *Japanese Buddhism and Christianity*. Tokyo: Protestant Publishing, 1957.

Cary, Otis. *A History of Christianity in Japan: Roman Catholic and Greek Orthodox Missions*. Michigan: Fleming H, Revell, 1970.

_____, *A History of Christianity in Japan: Protestant Mission*. London: Fleming H. Revell Company, 1970.

Crim, Keith. (ed.) *The Perennial Dictionary of World Religion*. San Francisco: Haper & Row, 1989.

Dale, Kenneth J. *Circle of Harmony: A Case Study in Popular Japanese Buddhism*. South Pasadena: William Carey Library, 1975.

Dator, James Allen. *Soka Gakkai: Builders of the Third Civilization*. Seattle and London: University of Washington Press, 1969.

Davis, Winston. *Japanese religion and society: Paradigms of structure and change*. New York: State University of New York Press, 1992.

Drummond, Richard H.. *A History of Christianity in Japan*. Grand Rapids: Eerdmans, 1971.

Earhart, Byron H. *Japanes religion: Unity and diversity*. 3rd Ed. Belmont California: Wadsworth Publishing, 1982.

Endo, Toshimitsu. "Soka Gakkai, The Study of a Scciety for the Geation of Value," In *Anglican Theological Review*. 44(2) (1964): 131-42

Fujiwara, Hirotatsu. *I Denounce Soka Gakkai*. Tokyo: Nisshin Hodo Co., 1970.

Hardacre, Helen. *Lay Buddhism in Contemporary Japan*. Reiyikai Kyodan, New Jersey: Prinston University Press, 1984.

Hesselgrave, David J. *A Propagalion Prafitle ef the Soka Gakkai*. Ph.D. Dissertation, Univ. of Minnesota, 1965.

_____, (ed.) "Nichiren Shishu Saka Gakkai-The Lotus Blossoms in Modern Japan." *Dynamic Religious Movements: Case Studies of*

Rapidly Growing Religious Movements Around the World. Grand Rapids: Baker Book House, 1978.

Hiebert, Paul G. *The Power of God: A Biblical Response to Folk Religions* unpublished, 1988.

Hiyane, Antei. *Nihon Kirisuto Kyoshi*. Tokyo: Kyobunkan, 1949.

Ichiro, Hori. ed. *Japanese Religion: A survey by the agency for cultural affairs*. Tokyo: Kodansha, 1972.

Jennes, Joseph. *A Story of the Catholic Church in Japan*. Tokyo: The Committee of the Apostolate, 1959.

Iglehart, Charles W.. *A Century of Protestant Christianity in Japan*. Rutland, Vermont: Charles E. Tuttle Company, 1965.

Kane, J. Herbert. *A Concise History of the Christian World Mission: A Panoramic view of Missions from Petecost to the Present*. Grand Rapids, Michigan: Baker Book House, 1982.

Kitagawa, Joseph M. Religion in Japanese history. New York and London: Columbia University Press, 1966.

_____ , *On understanding Japanese Religion*. Princeton, New Jersey: Princeton University Press, 1987.

Matsumura, Akiko. "Psychological Approaches of the New Religions." *The Japanese Christian Quarterly*. 41(2), 1975: 111-13.

Mcfarland, H. Neill. *The Rush Hour of the Gods*. New York and London: The Macmillan Company and Collier-Macmillan Ltd., 1967.

McGavran, Donald A.. *Understanding Church Growth*. Grand Rapids, Michigan: Eerdmans, 1994.

McQuilkin, J. Robertson. "Japanese values and Christian mission" *The Japan Christian quarterly* Vol. 33, No. 4. 253-265, 1967.

Metraux, Daniel A. "The Soka Gakkai's Search for the Realization of the world of Rissho Ankokuron." *Japanese Journal f Religious Studies*. 13(1), 1986: 31-63.

Mullins, Mark R. *Religion and society in modern Japan*. Berkely, California: Asian Humanities Press, 1993.

_____ , *Christianity Made in Japan: A study of Indigenous Movements*, Honolulu: University of Hawaii, 1998.

Murata, Kiyoaki. *Japan's New Buddhism*. New York and Tokyo: Walker/Weatherhill, 1969.

Neil, Stephen. *A History of Christian Missions*. London: Penguin Books, 1986.

Ono, Sokyo. *Shinto: The kami way*. Tokyo: Charles E. Tuttle, 1995.

Offner, Clark B. "Consider the New Religion" *The Japan Christian Quarterly*. 29(4) (1963): 234-37.

_____ , and Straelen, Henry. Van. *Modern Japanese Religions*. Tokyo: Salesian Technical School, 1963.

_____ , "Healing in the New Religion" *The Japan Christian Quarterly*. 48(1), 1982: 27~32.

Okada, Akio. *Krishitan Bateren*. Tokyo: Shibundo, 1955.

Readers, Ian. *Religion in contemporary Japan*. Westport, Connecticut: Greenwood Press, 1991.

Richardson, Don. *Peace Child*. Ventura, CA: Regal Books, 1974.

_____ , *Eternity in Their Hearts*. Ventura, California: Regal Books, 1984.

Ross, Floyd H. *Shinto: The way of Japan*. Westport, Connecticut: Greenwood Press, 1983.

Skelton, T. Lane. *Social Movements and Social Change: The Soka Gakkai of Japan*. Ph.D. Dissertation, Univ. of California, 1968.

Spae, Joseph J. *Catholicism in Japan: A Sociological Study*. Tokyo: ISR press, 1964.

_____, *Christian corridors to Japan*. Tokyo: Orien Institute for Religious Research, 1967.

Steyne, Philip M. *Gods of Power: A Study df the Beliefs and Practices of Animists*, 4th ed. Columbia, South Carolina: Impact International Foundation, 1996.

Thomas, Winburn T.. *Protestant Beginnings in Japan: The Fist Three Dacades*. Rutland, Vermont: Charles E. Tuttle, 1959.

Thomsen, Harry. *The New Religions of Japan*. Rurland, Vermont and Tokyo: Charles E. Tuttle Co., 1963.

Yamamori, Tetsunao. *Church Growth in Japan: A Study in the Development of Eight Denominations 1859~1939*. Pasadena, Ca: William Carey Library, 1974.

Yanagita, Tomonobu. *A Short History of Christianity in Japan*. Sendai, Japan: Seisho Tosho Kankokai, 1957.

부록 1

일본 기독교 통계

출처: 도쿄기독교대학 국제선교센터 일본선교리서치, 「하나님 나라의 확장과 심화를 위해」, 일본복음선교회 옮김 (서울: 일본복음선교회, 2023), 발췌 편집

1. 현재 믿고 있는 종교

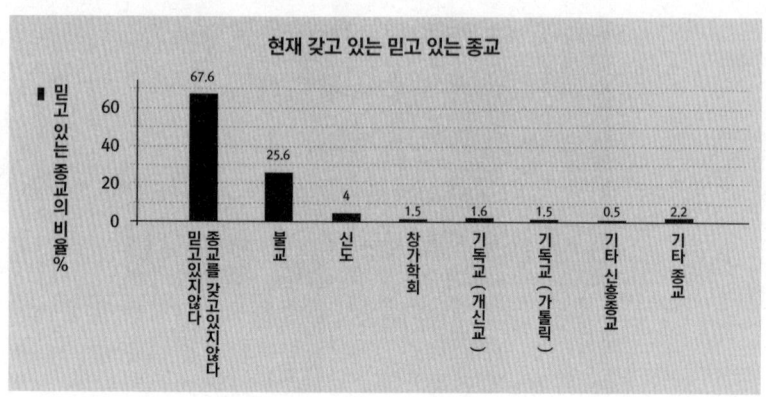

위 도표는 "당신은 현재 어떤 종교를 가지고 있습니까?"라는 설문에 대한 답변이다. 설문에 응답한 일본인들 중 가장 많은 수가 선택한 것은 '종교를 가지고 있지 않다.'로 67.6%였고, 그 다음이 25.6%의 불교, 4%의 신도 순이었다. 기독교(개신교)를 믿고 있다고 답한 수는 1.6%였다.

2. 희망하는 장례 형식

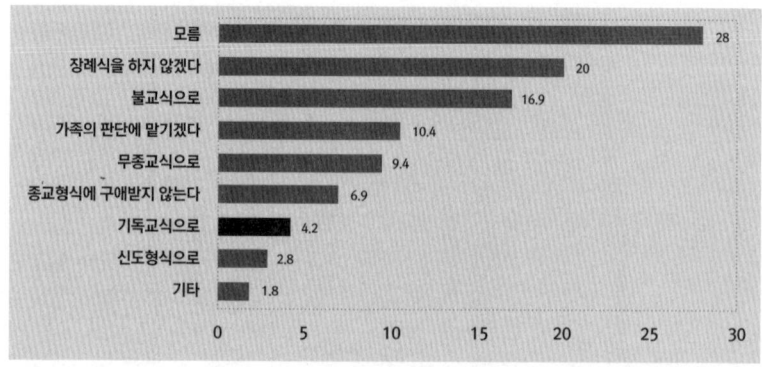

희망하는 장례 형식은 현재 믿고 있는 종교와는 다른 차원에서, 자신의 사후 시간을 맡길 수 있는 일종의 신뢰하는 종교에 대한 선호도를 유추할 수 있는 요소가 있다. 그러나 응답자의 2/3 가량이 '모름'(28%), '장례식을 하지 않겠다'(20%), '무종교식으로'(9.4%), '종교 형식에 구애 받지 않는다'(6.9%) 등 종교 선호와 거리가 먼 응답을 하였다. '기독교식'을 선택한 수는 4.2%였다.

3. 일본 기독교 교세 현황

	교회 수 (명)	목회자 수(외국인) (명)	신자 수 (명)	인구대비비율 (%)
가톨릭	960	1,278 (490)	428,582	0.35
정교회	68	40	11,260	0.01
개신교	7,468	9,603 (403)	536,857	0.46
총 수	8,496	10,921 (893)	976,699	0.85

기독교 교세 (『기독교 연감 2021-2022』 크리스천 신문사, 2021년 12월)

2021년 기준 일본의 기독교 교회 수는 8,496개소이며, 그 중 개신교 교회 수는 7,468개소로 약 88%에 달한다. 목회자 수 역시 전체 10,921명 중 개신교 목회자 수가 9,603명으로 약 88%였다. 그에 비해 신자 수 비율은 전체 976,699명 중 개신교가 536,857명으로 약 55%, 가톨릭이 428,582명으로 약 44% 비율로 나타났다. 기독교 일본 전체 인구 대비, 기독교 신자 수 비율은 0.85%, 개신교 신자 수 비율은 0.46%이다.(cf. 미전도종족 기준 2%)

4. 일본 개신교 교회 교세 추이

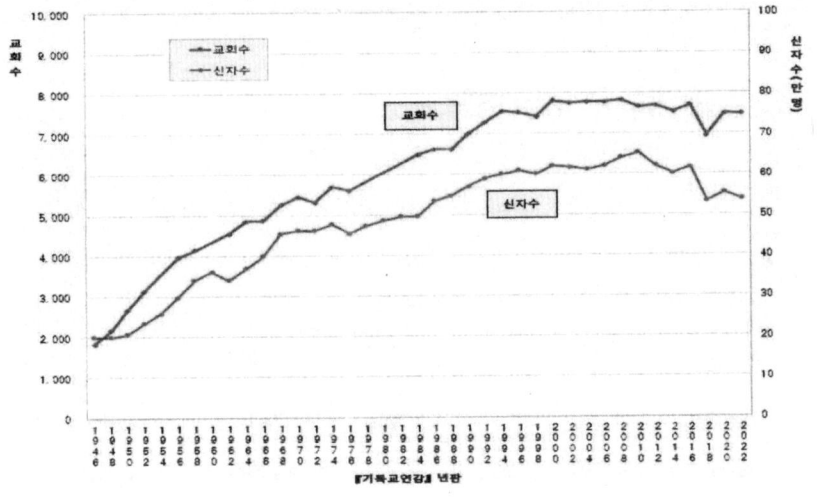

개신교 교회 교세 추이(일본 기독교 연감 자료)

1946년부터 2022년까지 2년 주기 개신교 교회 교세 추이는 1994년까지는 지속적인 우상향 증가하였으나, 이후 횡보 또는 미세하게 감소하는 추세로 나타났다. 또한 교회 수와 신자 수가 거의 유사한 추세선을 보이고 있는데, 이는 교회 수가 신자 수 증감세를 추종하는 것으로 보인다.

5. 일본 개신교 교파별 교세 현황

1) 교회 수 비율

개신교 교파별 교회 수 비율 (2020년)

- 에큐메니컬 그룹 25%
- 루터계 그룹 3%
- 개혁, 장로계 그룹 7%
- 침례, 메노나이트계 그룹 11%
- 초교파선교단체 그룹 11%
- 웨슬리안, 홀리네스계 그룹 11%
- 오순절, 은사주의계 그룹 11%
- 기타 여러 교파 그룹 7%
- 독립교회, 무교파, 무교회 그룹 14%

일본 개신교 교파별 교회 수는 '에큐메니컬 그룹'이 25%로 가장 많은 비율을 차지하였고, 그 외 여러 교단들이 대체로 10% 내외 규모로 분포되어 있다. '개혁, 장로계 그룹'은 7%로 비교적 적은 규모로 나타났다.

2) 교인 수 비율

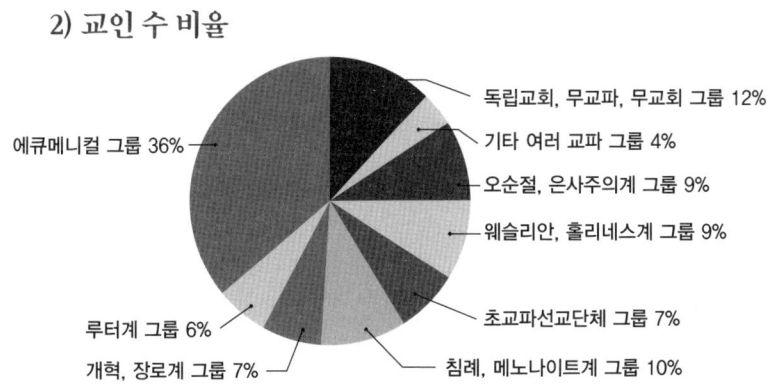

개신교 교파별 교인 수 비율 (2020년)

- 에큐메니컬 그룹 36%
- 루터계 그룹 6%
- 개혁, 장로계 그룹 7%
- 침례, 메노나이트계 그룹 10%
- 초교파선교단체 그룹 7%
- 웨슬리안, 홀리네스계 그룹 9%
- 오순절, 은사주의계 그룹 9%
- 기타 여러 교파 그룹 4%
- 독립교회, 무교파, 무교회 그룹 12%

일본 개신교 각 교파별 교인 수 현황은 위 교회 수 현황과 유사한 분포로 나타났는데, '에큐메니컬 그룹'이 교회 수 비율(25%)에 비해 상당히 높은 교인 수 비율(36%)을 차지하고 있는 것이 눈에 띄는 점이다. 그 외 교파들의 비중은 대동소이하며, '개혁, 장로계 그룹'은 여기서도 7% 비중을 차지하고 있었다.

3) 예배자 수 비율

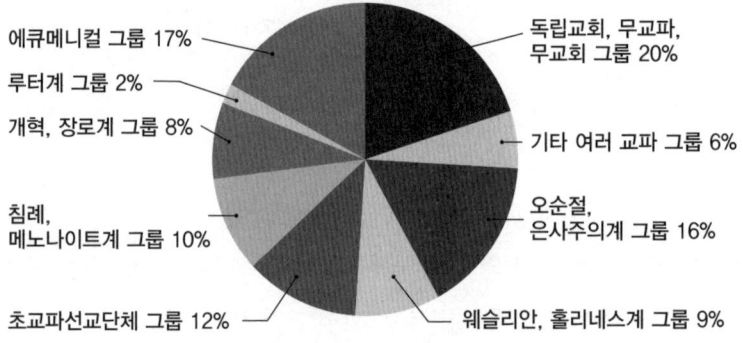

개신교 교파별 예배자 수 비율 (2020년)

일본 개신교 교파별 예배자 수 현황은 교인 수 현황보다 실제적인 현황을 파악한 것인데, 그 결과는 서로 다른 수치를 보여준다. 특히 교회 수(25%)와 교인 수(36%)에서 부동의 1위를 차지하던 '에큐메니컬 그룹'이 실제 예배자 수에서는 17%로 현저히 낮아졌다. 그에 반해 '독립교회, 무교파, 무교회 그룹'이 20%로 가장 많은 비중을 차지하는 것으로 나타났고, '오순절, 은사주의계 그룹'이 16%로 약진을 보였다. '개혁, 장로계 그룹'도 소폭 상승한 8% 비중으로 나타났다.

6. 일본 전국 교회 미설치 도시 비교 (2010년 vs 2016년)

◎ 교회 미설립 시(市) (2010년)

	현	시·구	인(명)
1	사이타마현	사이타마시 사쿠라	96,913
2	홋카이도	호쿠토시	47,996
3	나가사키현	운젠시	47,245
4	미에현	이나베시	45,684
5	니가타현	아가노시	45,569
6	이바라키현	가스미가우라시	43,541
7	아이치현	야토미시	43,280
8	시가현	마이바라시	40,060
9	도쿠시마현	아와시	39,247
10	가고시마현	미나미큐슈시	39,065
11	가고시마현	미나미사쓰마시	38,704
12	기후현	모토스시	35,055
13	아키타현	가타가미시	34,684
14	아오모리현	히라카와시	33,779
15	사가현	간자키시	32,899
16	후쿠오카현	우키하시	31,640
17	히로시마현	아키타카타시	31,487
18	구마모토현	가미아마쿠사시	29,902
19	아키타현	센보쿠시	29,657

◎ 교회 미설립 시(市) (2016년)

	현	시·구	인(명)
1	미에현	이나베시	45,965
2	나가사키현	운젠시	45,686
3	아이치현	야토미시	44,399
4	니가타현	아가노시	44,251
5	후쿠오카현	타카마시	43,282
6	이바라키현	가스미가우라시	43,111
7	후쿠오카현	가마시	40,555
8	시가현	마이바라시	39,883
9	도쿠시마현	아와시	39,223
10	가고시마현	소오시	38,418
11	가고시마현	미나미큐슈시	37,294
12	아키타현	가타가미시	33,761
13	아키타현	가즈노시	32,744
14	사가현	간자키시	32,253
15	후쿠오카현	우키하시	30,941
16	구마모토현	가미아마쿠사시	29,108
17	이와테현	하치만타이시	27,180
18	기후현	미노시	21,653
19	야마가타현	오바나자와시	17,432

20	고치현	가미시	28,766
21	이와테현	하치만타이시	28,680
22	나가사키현	마쓰우라시	25,145
23	기후현	미노시	22,628
24	야마가타현	오바나자와시	18,961
25	홋카이도	아카비라시	12,637
26	홋카이도	우타시나이시	4,390

20	홋카이도	아카비라시	11,029
21	홋카이도	우타시나이시	3,664

* 인구는 2016년 1월 1일 주민등록표

■ 2010년 교회(×), 2016년 교회(○)

■ 2010년 교회(○), 2016년 교회(×)

일본 내 교회가 미설치(없는) 시 현황을 비교(2010년 vs 2016년)한 도표이다. 여기서 2010년 도표에 회색 음영된 시들은 2010년 조사 당시에는 교회가 없었다가, 2016년 조사에서는 교회가 설립되어 있어서 교회 미설립 현황 목록에서 빠진 경우이고, 2016년 도표에 회색 음영된 시들은 2010년 당시에는 교회가 있어서 목록에 없었다가, 2016년 조사 시에는 교회 미설립 상태가 되어 목록에 포함된 경우이다. 본 통계는 일본에서 교회 미설립 지역을 목표로 사역을 준비하는 경우 현황 이해에 도움이 될 수 있는 자료로서 제시하였다.

7. 일본 전국 교회 미설치 도시(市) (2021년)

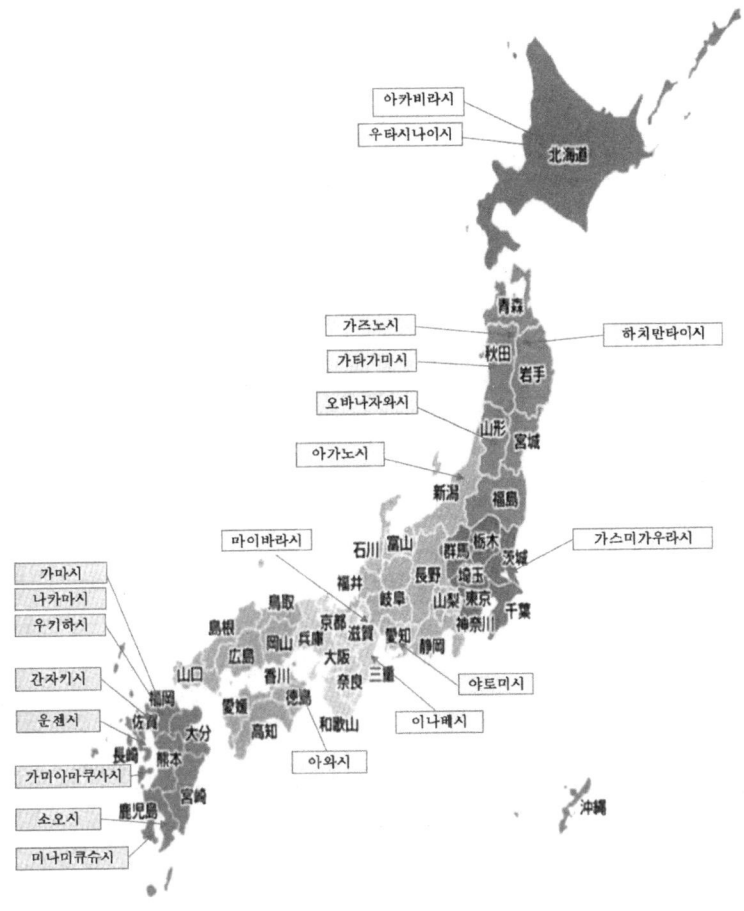

교회 미설치 시(2021년)

본 자료는 2021년 기준 일본의 교회 미설립 시(市)를 지역 위치와 함께 파악할 수 있도록 제시되었다. 타 지역에 비해 일본 남단 규수 지역(적색 표시)에 교회 미설립 시(8개 시)가 상대적으로 많은 것으로 나타났다.

8. 일본 개신교 교회 목회 현황

1) 교회 대표자 직분

	목사	선교사	겸임	대리	무목	계
교회수(개)	6,514	81	471	197	456	7,719
백분율(%)	84.4	1.0	6.1	2.6	5.9	100.0

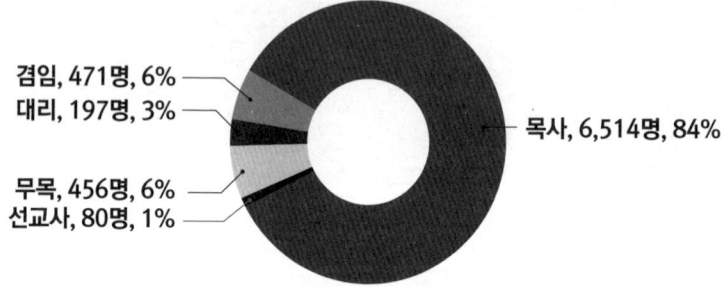

개신교 교회의 목회 상황 (2016년)

본 통계는 일본 내 등록된 교회의 대표자 직책란에 기재된 직분을 기준으로 파악한 현황 목회자 현황이다. 84% 교회가 목사에 의한 목회가 이루어지고 있었고, 목사가 없이 평신도 사역자가 교회 대표자로 기재된 '무목' 교회도 6%나 되었다. '대리', '겸임'은 직책란에 그와 같이 기재된 경우인데, 현재 교회 목회를 맡고 있는 사역자가 임시로 대리 목회를 하고 있거나 다른 교회나 기관과 겸해서 사역하고 있는 경우들이다. 선교사에 의해 목회되고 있는 교회는 1%(81명)로 확인되었다.

2) 교직자 연령 분포

연령(세)	20	25	30	53	40	45	50	55	60	65	70	75	80	85	90	95	100
교직자수(명)	0	3	11	20	46	70	96	106	122	138	93	109	94	42	8	1	0
백분율(%)	0.0	0.3	1.1	2.1	4.8	7.3	10.0	11.1	12.7	14.4	9.7	11.1	9.8	4.4	0.8	0.1	0

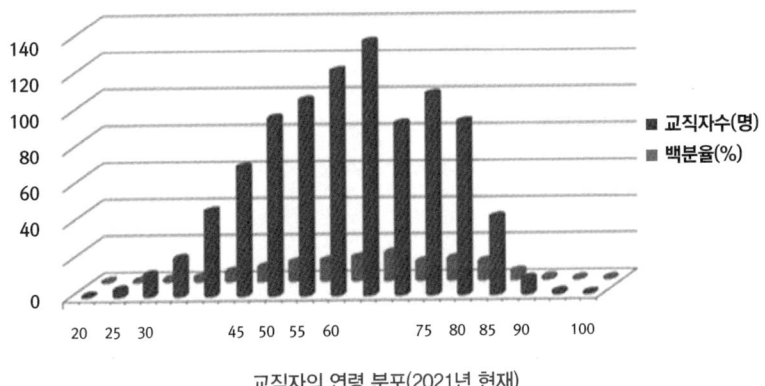

교직자의 연령 분포(2021년 현재)

일본 개신교 교회 교직자들의 연령 분포를 파악한 자료인데, 가장 특기할 만한 것은 60세 이상 비교적 고령 교직자들의 수가 전체의 63%를 차지하고 있다는 것이며, 그중에 80세 이상 비중이 15.1%

나 되었고, 90세 이상이 9명으로 약 1% 정도 되었다. 가장 많은 연령대는 65세 전후로 14.4%였고, 교직자의 평균 연령도 약 63세로 나타나 일본 개신교 교회 교직자들이 상당히 고령화되어 있는 것으로 파악되었다.

3) 교인 연령 구성

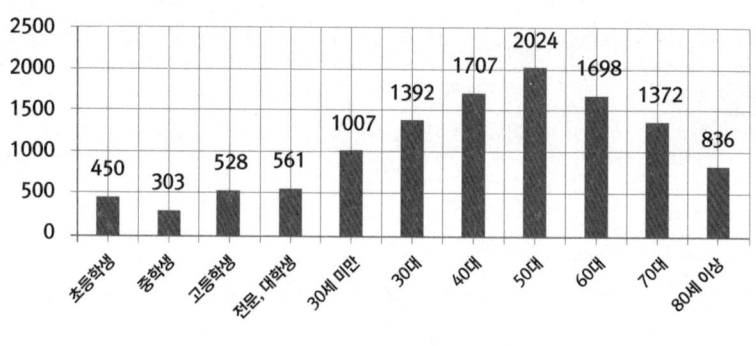

신자의 연령 구성(일본어셈블리즈 오브 갓교단, 2020년)

일본 전체 개신교 교회의 표본집단으로 순복음 계열 교단인 '일본 어셈블리즈 오브 갓 교단'을 선정하여 파악한 신자 연령 구성 현황 자료이다. 표본조사 성격의 자료이기 때문에 구체적인 숫자보다는 비율을 중심으로 이해하면 전체 분포 중 가장 많은 연령대는 50대로 전체의 약 17%, 그 다음으로 40대가 약 14.4%, 60대가 약 14.3%로 이 구간 연령대가 전체의 절반 가까운 45.7%를 차지했다. 40대 이상의 장년 비율이 64.3%로 위 통계의 교직자 뿐만 아니라 교인 연령대 역시 상당히 고령화되어 있음을 일 수 있다. 또한 다음 세대라 불리는 초중고, 주일학교 세대 비율은 10.8%에 불과하여 장년층의 1/6 정도밖에 되지 않았다.

9. 일본 신학교 현황

1) 전국 신학교 목록

일본복음주의신학교협의회 소속 신학교

신학교	관련 교파	소재지	창립(년)
일본얼라이언스신학교	일본얼라이언스교단	히로시마현 히로시마시	1922
센다이침례신학교	보수침례동맹・초교파	미야기현 센다이시	1963
홋카이도성서학원	초교파	홋카이도 삿포로시	1964
성서선교회・성서신학사	초교파	도쿄도 하무라시	1958
도쿄신학대학・신학부	초교파	지바현 인자이시	1990
도쿄신학대학대학원 신학연구과	초교파	지바현 인자이시	2012
니가타성서학원	초교파	나가타현 카시와자키시	1952
도쿄성서학원	일본호리네스교단	도쿄도 히가시무라야마시	1901
복음성서신학교	일본메노나이트브레자렌교단	오사카부 이케다시	1977
루터동포성서신학교	일본루터동포교단	미야기현 센다이시	1952

성계신학교	일본성계기독교단·초교파	도쿄도 메구로구	1952
도카이성서신학숙	초교파	아이치현 나고야시	1985
임마누엘 성선신학원	임마누엘종합전도단	가나가와현 요코하마시	1949
중앙일본성서학원	일본복음전도교단	사이타마현 하뉴시	1927
중앙성서신학교	일본 어셈블리즈 오브 갓 교단	도쿄도 도시마구	1949
간사이성서신학교	전도대, 예수 그리스도, 세계 복음, 복음 교회 연합	효고현 고베시	1924
오키나와 성서 신학교	초교파	오키나와현 나카가미군	1978
고베루터신학교	서일본복음루터교회, 긴키루터교회, 노르웨이 루터전도회	효고현 고베시	1957
고베신학관	일본그리스도 개혁장로교회	효고현 고베시	1996
고베개혁파신학교	일본그리스도개혁파교회	효고현 고베시	1947
간사이성서학원	일본복음선교회, 재팬 베사니, 단립 팬타코스 교회 펠로십, 베다니 크리스천 어셈블리즈,	라현 이코마시	1961
오차노미즈 성서학원 (OBI)	초교파	도쿄도 지요다구	1991
오사카성서학원	그리스도의교회	오사카시 아사히구	1937
〈옵저버 학교〉			
기독교형제단성서학원	그리스도형제단, 호리네스 제차	이바라카현 고미타마시	1947
캇스이성서학원	그리스도 전도대·활수의 무리	가나가와현 히라츠키시	1982

그리스도성서신학교	초교파	아이치현 나고야시	2005
리바이벌성서신학교	전일본리바이벌미션	아이치현 신조시	1996
일본선교신학원	요한교회연합	도쿄도 신주쿠구	1996

일본신학교육연합회 소속 신학교

신학교	관련 교파	소재지	창립(년)
조치대학 신학부	가톨릭	도쿄도 지요다구	1958
조치대학대학원 신학연구과	가톨릭	도쿄도 지요다구	1951
일본가톨릭신학원 (도쿄,후쿠오카)	가톨릭중앙협의회	도쿄도 네리마구	1929
성안토니오신학원	가톨릭	도쿄도 세타가야구	1954
도호쿠학원대학 문학부 종합인문학과	일본기독교단	미야기현 센다이시	2011
릿쿄대학 문학부 기독교학과	일본성공회	도쿄도 도시마구	1949
릿쿄대학대학원 기독교연구과	일본성공회	도쿄도 도시마구	-
도쿄신학대학 신학부	일본기독교단	도쿄도 미타카시	1943
도쿄신학대학대학원 신학연구과	일본기독교단	도쿄도 미타카시	-
루터학원 대학, 일본루터신학교	일본복음루터교회, 일본루터교단	도쿄도 미타카시	1964
도쿄기독교대학 신학부	초교파	지바현 인자이시	1990
도쿄기독교대학대학원 신학 연구과	초교파	지바현 인자이시	2012
도시샤대학 신학부	일본기독교단	교토부 교토시	1875

간사이학원대학 신학부	일본기독교단	효고현 니시노미야시	1889
세이난학원대학 신학부	일본침례연맹	후쿠오카현 후쿠오카시	1923
일본그리스도교회신학교	일본그리스도교회	사이타마현 가와고에시	1955
도쿄성서학교	일본기독교단, 홀리네스의 무리	사이타마현 요시카와시	1950
삼육학원대학 신학과	세븐스데이 어드벤티스트 교단	지바현 이즈미군	1898
일본성서신학교	일본기독교단	도쿄도 스기나미구	1946
일본나자헨신학교	일본나자렌교단, 초교파	도쿄도 메구로구	1915
농촌전도신학교	일본기독교단	도쿄도 마치다시	1948
일본침례신학교	일본침례동맹	가나가와현 요코하마시	1884
성공회신학원	성공회	도쿄도 세타가야구	1911

2) 일본 신학교 재학생 수 추이

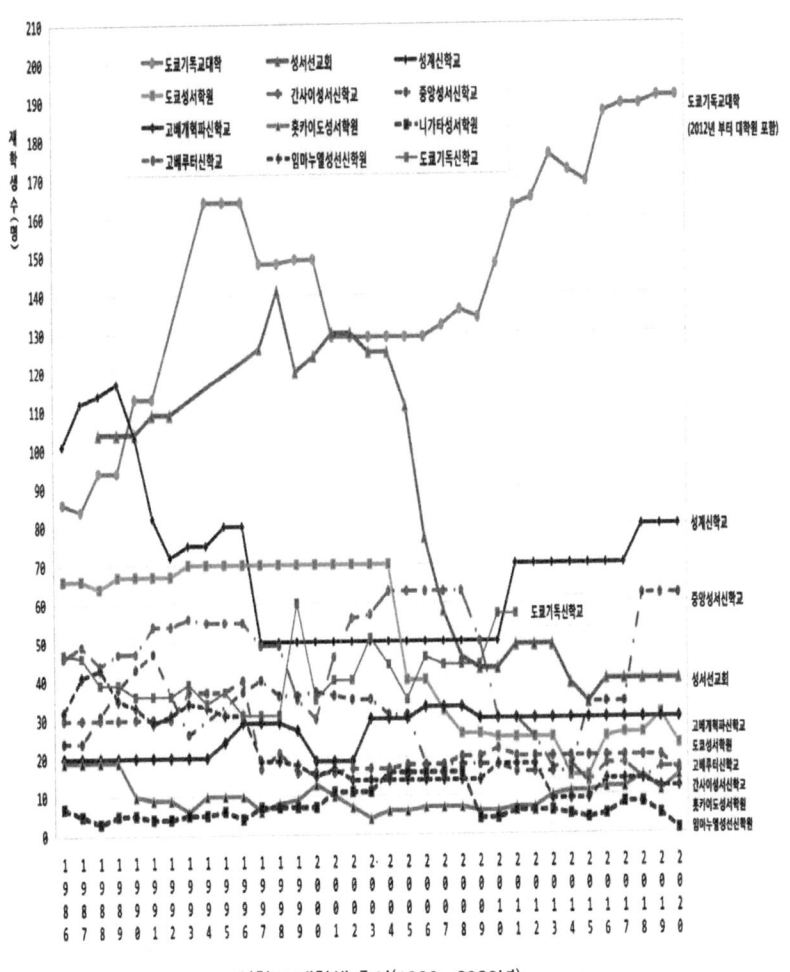

신학교 재학생 추이(1986~2020년)

부록 1 : 일본 기독교 통계

10. 한국 선교단체별 일본 선교사 수

한국 선교단체별 일본 선교사 수

No.	교단·교파	선교 단체명	약어	2021년	2022년			비고 (단체의 특징)
					남	여	계	
1	예수교 장로회	대한예수교장로회 (보수개혁)		2				보수·개혁
2		대신세계선교회	DMS	24				보수
3		대한예수교장로회 (합동)총회 세계선교회	GMS	142				보수
4		대한예수교장로회 총회(합동해외)	HDOVER	5				보수
5		HAPSHIN INTERNATIONAL SERVICES (예장 합동)	HIS	11	11	11	22	보수
6		대한예수복음교회 총회	ICFG	2				보수·개혁
7		형제선교회	KBM	4	6	6	12	신학교육
8		고신총회세계선교회	KPM	41				보수
9		사단법인 대한예수교장로회	KYESIN	12	5	5	10	보수
10		대한예수교장로회 (통합)	PCKWM	54	25	29	54	진보·보수
11		STUDENT FOR CHRIST	SFC	1	1	0	1	대학청년 (보수)
12		대한예수교장로회 (백석)총회 세계선교위원회	WMC	59				보수

13	예수교 장로회 개혁	대한예수교장로회 총회(신영)	HYPCK	8				개혁
14		대한예수교장로회 총회(개혁·개신)	RPCK	4				개혁
15	그리스도 장로회	한국기독교장로회 총회	PROK	10				진보
16	침례	기독교한국침례 해외선교회	FMB	32				보수
17	성결교	예수교대한성결교회	JKSC	24				급진
18		기독교대한성결교회 해외선교위원회	OMC	17				보수
19	감리교	기독교대한감리교 본부선교국	KMC	91				보수
20	오순절	기독교대한오순절 총회 선교국	AG	10				보수
21		(재)순복음선교회 선교국	WORLD MISSION DEPARTMENT	121				보수
22	초교파	GLOBAL PARTNERS 선교회	GP	22	11	11	22	동원·훈련
23		알타이선교회	ACC	32	0	0	0	알타이 지역
24		AGAPE MISSION FOR JAPAN	AMJ	47	16	18	34	선교사 교육·훈련
25		한국대학생선교회	CCC	26	12	12	24	대학청년
26		(사)한국어린이 전도협회	CEF KOREA	1	0	1	1	어린이
27		사단법인국제대학선 교협의회	CMI	26				청년
28		Disciples For Christ 선교회	DFC	10				대학청년
29		Every Nation Mission	ENM	17				제자훈련
30		한국기독대학인회	ESF(CM)	2				대학청년

31		Global Missions Pioneers	GMP	5				프론티어 미션
32		Hodos Theological Institute	HTI	0				일본 무목 교회에 신학생 훈련파송
33		HEAR THE WORD	HTW	2				문자 없는 민족 성경 번역
34		일본복음선교회	JEM	123	35	43	78	일본 선교 전문
35		일본선교회	JMF	17				일본 선교 전문
36		Japan United Mission (광주)	JUM	0				광주 지역에서 일본 선교 담당
37		(사)한국국제기아대책기구	KFHI	1	0	0	0	빈곤
38	초교파	중동선교회	MIDDE EAST TEAM MET	2				이슬람권
39		(사)한국네이게이트 선교회	NAVIGATORS	6				성경 교육
40		한국국제복음선교회	OMF	9	2	5	7	교회 개척
41		(사)시드 인터내셔널	SEED KOREA	4				교회 개척
42		시니어선교한국	SENIOR MISSION KOREA	1	1	0	1	시니어 선교사 훈련・파송
43		사단법인 바울선교회	THE PAUL MISSION INTERNATIONAL	24				미전도 지역 선교
44		두란노해외선교회	TIM	23	11	13	24	프론티어 미션
45		(사)TWO WING 선교회	TWO	2				제자훈련
46		Urgent Aid for Mission	UAM	3				긴급구호 지원

47	초교파	University Bible Fellowship	UBF	51				대학청년
48		한국WEC국제선교회	WEC	14	5	7	12	미전도 지역 선교
49		WITHEE국제선교회	WITHEE	2	6	10	16	이주민 전도
50		(사)요한선교회	YHM	97				유학생훈련·파송
51		YOUTYOUTH WITH A MISSION	YWAM	11				제자훈련·파송
52		Operation MobiliZation	한국OM	6	2	4	6	제자훈련·파송
		계		1,260	149	175	324	

부록 2

무궁화와 사쿠라

최근 한일 양국 정부와 민간 차원의 꾸순한 교류와 협력을 통하여 양국의 정치적, 문화적 차이점들이 많이 극복되어 가고 있는 것이 사실이지만 아직도 두 나라 사이에는 넘을 수 없는 산이 존재하고 있음을 부인할 수 없다. 왜 그토록 힘들고 껄끄러운 관계가 해결되지 않고 지금까지 지속되어야만 하는가? 왜 일본인들은 한국인들이 납득할 만한 사과의 모습을 보여줄 수 없었던 것인가? 일본이 천황과 총리의 입을 빌어 과거사에 대한 사과를 했음에도 불구하고 왜 한국인들은 일본의 용서를 받아들이지 못하는 것일까? 사과의 내용과 폭이 충분치 못했고, 사과의 진실성에 대한 회의가 한국인들의 마음속에 자리 잡고 있기 때문이라고 설명할 수도 있지만 이것만으로 반일혐한(反日嫌韓)의 관계를 설명하기에는 뭔가 부족한 느낌이 드는 것이 사실이다.

이 글을 통하여 필자는 한일 양국이 지금까지 해결하지 못한 반일혐한의 감정적 관계를 문화적인 접근을 통하여 설명해 보려고 한다. 피상적 갈등 이면에 숨어 있는 문화적 차이점들의 실체를 살펴봄으로써 한일 갈등의 근본적인 이유와 원인들을 살펴볼 것이다. 많은 문화적 전통들을 공유했음에도 불구하고 전혀 다른 가치와 규율들 속에 살아가는 두 나라의 문화를 비교함으로써 좀 더 근본적인 갈등의 뿌리를 문화인류학적 관점에서 들여다볼 것이다.

1. 무궁화와 벚꽃(사쿠라)

대한민국의 국화(國花)인 무궁화와 일본의 국화(國花)인 벚꽃에 담겨 있는 양 국민의 정신세계를 분석해 봄으로써 한국인들과 일본인들이 가지고 있는 서로 다른 역사의식의 단면을 찾아볼 수 있다. 무궁화와 벚꽃의 생태적인 모습은 한일 양 국민들의 기질만큼이나 다르다. 한국인들의 기질 가운데 하나인 은근과 끈기를 상징적으로 담고 있는 무궁화와는 대조적으로 맺고 끊는 것이 분명한 일본인들의 기질을 상징적으로 담고 있는 벚꽃의 생태를 비교해 보면 극명하고 분명한 대조가 존재함을 쉽게 발견할 수 있다. 초여름에 꽃이 피기 시작하면 수개월 동안 연속적으로 피고 지는 것을 거듭하는 무궁화 - 진드기, 진딧물 등 온갖 곤충들과 뿌연 흙먼지를 뒤집어쓰면서도 끈질기게 생명을 이어가는 꽃, 이 꽃 속에서 한국인들의 기질과 역사의식의 단면을 볼 수 있다. 무궁화꽃을 보면 끈질기게 견디고 언젠가는 끝을 보아야 하는 우리 민족을 보는 것 같다. 정리되고 이해될 때까지 분을 삭이지 못하고 한을 품고 살아가는 우리의 기질이 이 꽃 속에 담겨 있다.

반면, 만개했는가 하면 어느새 땅에 떨어져 죽어 버리는 꽃잎을 가진 벚꽃, 가장 화려할 때, 가장 싱싱하고 아름다울 때 깨끗하고 분명하게 자신의 생을 마감하는 꽃, 시들지도 않은 채, 아니 시들기 전에, 추한 모습으로 변하기 전에 죽어 버리는 꽃, 이 꽃 속에서 일본의 정신을 본다. 막부시대에 무사들(사무라이)이 가장 좋아하던 꽃이 바로 벚꽃이다. 벚꽃이 지니고 있는 다양한 모습 가운데서 사무라이들이 가장 본받고 싶어 했던 점이 어쩌면 깨끗하고 분명한 끝맺음일 것이다. 구차하게 연명하는 것보다 싱싱하고 탄력 있게 살다 깨끗하고 분명하게 죽는 것이다. 자기의 배를 가를지언정 자신의 실수나 전쟁에서의 패배를 구질구질하게 변명하거나, 연명하려고 핑계를 대지 않는 사무라이 정신, 이것이 일본의 정신이다. 더욱이 사무라이 세계에서 패자는 승자에게 깨끗하고 분명하게 승복하는 법이다. 더 이상의 변명이나 구실은 유지하고 치시한 것이다. 변명과 구실을 들어 과거의 실수나 실패를 다시 끄집어내는 것은 패자로서 수치스럽고 창피한 일이다. 사무라이는 맺고 끊는 것이 분명하다.

　오늘도 우리는 과거청산을 요구하지만 사무라이들은 패자들의 음성에 귀 기울이려 하지 않는다. 과거의 전쟁은 이미 끝난 것이고, 패배한 전쟁 이야기를 다시 끄집어내는 것은 유치하고 수치스러운 것이라고 믿고 있기 때문일 것이다. 일본인들의 마음속에 깊이 뿌리내리고 있는 사무라이 정신이 사라지지 않는 한 일본으로부터 진정한 사과를 얻어낸다는 것은 어쩌면 불가능한 일인지도 모른다. 우리는 우리의 아픔과 상처에 대한 보상을 요구하지만 이러한 외침들이 일본인들에게는 유치하고 치사한 패자의 변으로 들릴지도 모른다.

2. 개와 고양이

대부분의 한국인들은 고양이보다 개를 더 좋아한다. 반면 일본인들은 보편적으로 고양이를 좋아한다. 이러한 사실은 양 국민의 성품과 기질을 간접적으로 나타내 주고 있는 듯하다. 개는 정이 많고 감정적이며 자신의 속에 있는 감정을 쉽게 표출하는 동물이다. 기쁘고 즐거울 땐 꼬리를 치켜들고 흔들어대지만, 긴장하거나 예민해지면 꼬리를 숨긴다. 그래서 꼬리만 보아도 개의 감정 상태를 쉽게 알 수 있다. 한편 개는 감정의 기복이 심한 동물이다. 즐겁게 뛰놀다가도 금방 허연 이빨을 드러내는 변화무쌍한 감정을 지닌 동물이 바로 개다. 왜 한국 사람들은 개를 좋아할까? 어쩌면 자기를 닮아서일지도 모른다. 어쩌면 개가 가지고 있는 성품을 좋아하고 있는지도 모른다. 속에 있는 감정을 감추지 못하고 감정적이고 정이 많은 한국인들이 개를 좋아하는 것은 당연한 현상일 것이다.

반면 일본인들은 개보다는 고양이를 좋아한다. 그들은 냉정하고 정 없어 보이는 고양이를 왜 좋아할까? 겉모습을 아무리 살펴도 속마음을 읽을 수 없는 고양이를 왜 그들은 좋아할까? 이성적이고 냉정하며 속마음을 드러내기를 원치 않는 일본인들의 성품이 고양이를 좋아하게 만든 것이라는 생각이 든다. 늘 조용하고 단정하며 남에게 피해를 주지 않으면서 자신의 삶을 살아가는 고양이, 주인과 너무 가까이도 멀리도 하지 않고 늘 적당한 간격을 두고 살아가는 동물, 눈을 아무리 들여다보아도 속마음을 읽을 수 없는 고양이를 일본인들은 좋아한다. 필자의 짧은 경험에 비추어 보아도 일본인은 분명히 고양이다. 고양이의 모습을 보고 있노라면 꼭 일본인들을 대하고 있다는 느낌이 든다. 평생을 함께 살아온 부부가 서로의 속마음을 알 수 없다는 일본인, 한국인들의 정을 가장 부러워한다는 일본인, 상대방의 속마음을 눈치로 알아채려고 애를 쓰는 일본인들의 모습은 분명 한국인들의 문화나 기질과 극명한 대조를 이룬다. 낯선 사람과 술 한잔하면서 자신을, 과거의 삶을, 희로애락을 다 털어놓는 한국인, 평생을 부부로 살고 친구로 살아도 끝내 속마음을 모른 채 헤어져야 하는 일본인, 이 두 민족이 어떻게 어울릴 수 있는지는 아무도 헤아리기 힘들다.

일본어에 "혼네"(本音)와 "다테마에"(建前)라는 말이 있다. "혼네"라는 말은 본심, 즉 속에 있는 생각이나 감정을 의미하는 말이다. 반면 "다테마에"라는 말은 본심과 달리 겉으로 드러난, 눈에 보이는 표정이나 제스처를 의미한다. 한국인들을 비롯한 외국인들이 일본인들과의 교제나 상담에 있어서 가장 힘들어하는 부분 중의 하나가 바로 일본인들의 속마음을 읽는 것이다. 대부분의 일본인들은 오랜 교제를 통해 쌓인 철저한 신뢰와 아주 친밀한 관계를 형성한 극소수의 사람들에게만 자신들의 속마음을 나타내 보인다고 한다. 그 속마음도 어쩌면 진짜 속마음이 아닐 수도 있다. 대부분의 학자들은 이백여 년에 걸친 막부시대의 정치적, 사회적 상황이 일본인들의 이러한 성격 형성에 절대적인 영향을 미쳤다고 보고 있다. 변화무쌍한 정치적 변화 속에서 살아남기 위한 생존 전략 중의 하나가 속마음을 남에게 내보이지 않고 철저하게 감추는 것뿐이었다는 것이다. 오늘의 친구가 내일의 적이 되고, 오늘의 적이 내일의 친구가 되는 정치적 소용돌이 속에서 유일한 생존 전략은 늘 모두에게 우호적으로 보이는 것뿐이었다는 것이다. 그래서 속마음이야 어떻든 모든 사람들을 대할 때 얼굴에 미소를 띠고 호의적으로 대할 수밖에 없었던 것이다. 이러한 역사적인 환경은 일본인들로 하여금 속마음과 겉모습의 불일치를 자연스러운 삶의 방식으로 받아들이게 했고 긴 세월 속에서 일본인들의 자연스러운 성품과 기질이 된 것이다.

"혼네"와 "다테마에"라는 주제는 일본인들의 "예의문화"속에서도 나타난다. 속마음이야 어떻든 주위 사람들에게 철저하게 예의를 지켜야 한다는 강박관념이 일본인들의 삶 속에 깊이 자리잡고 있다. 그들은 어려서부터 남에게 피해를 주는 행동이나 언어를 사용하지 말도록 교육을 받고 자란다. "남이 너에게 하지 않기를 바라는 행동을 너도 남에게 절대로 해서는 안 된다" 이것이 일본의 자녀교육, 나아가 일본 성인 사회에서의 인간관계에 있어서 가장 중요한 가르침 중의 하나이다. 아무리 작은 실수라도 철저하게 사과하고 용서를 구해야 한다. 일본인들의 천편일률적인 예의 바름이 바로 이러한 정신에 기인한 것이다. 감정이 상했어도, 심한 모욕을 당했어도, 불이익을 당했어도 속마음이야 어떻든 일단 겉으로는 철저하게 예의를 지키고 친절해야 한다는 강박관념이 일본인들의 행동양식을 지배해 온 것이 사실이다. 이것이 바로 전 세계 어디를 가도 무례한 일본인을 찾아볼 수 없는 이유의 근거가 된다.

일본인들은 속에 있는 감정을 드러내는 것을 아주 유치하고 저급한 것으로 여긴다고 한다. 기쁨이나 슬픔, 그 외의 어떠한 감정도 밖으로 표출되어서는 안 된다. 심지어 부모님이나 친지의 장례식에서조차 눈물을 보이거나 소리를 내어 울어서도 안 된다. 철저하게 자신의 감정을 드러내지 않도록 교육받고 자란 일본인들이 자신의 감정을 숨김없이 표현하는 한국인을 보며 무슨 생각을 할까? 특히 한국의 장례식장에서 보이는 광경이 일본인들의 눈에 어떻게 보일지 가히 짐작이 간다. 또 길에서 다투는 우리의 모습이 저들에게 어떻게 이해될지도 가히 짐작할 수 있다. 솔직한 감정 표현을 좋아하는 한국인, 자신의 감정을 드러내지 않고 감추는 행동을 가리켜 비겁하고 남을 속이는 행동이라고까지 여기는 한국인, 반면 자신의 감정을 솔직히 드러내는 것을 저급하고 유치한 행동이라고 생각하는 일본인, 이 두 민족을 보면 꼭 개와 고양이를 보는 것 같다. 우리는 왜 개와 고양이가 평생 원수로 살아가는지 조금은 알 수 있을 것 같다.

3. 말과 눈치

해외여행을 하다 보면 외모는 비슷한데 전혀 다른 두 그룹의 관광객들을 만날 때가 종종 있다. 필자가 선교활동을 했던 동남아, 태평양 지역에서나 유학 시절을 보냈던 유럽과 북미 대륙에서 흔히 경험할 수 있는 일들이었다. 필자는 멀리서도 두 그룹을 구별할 수 있었는데 그 비밀은 다름 아닌 "소리"였다. 왁자지껄 떠들며 흩어져 몰려다니는 한국인 관광객 그룹과 조용히 쥐 죽은 듯 깃발 아래 몰려다니는 일본인 그룹의 식별은 그리 어려운 일이 아니었다. 외모는 비슷한데 어쩌면 저렇게 다를 수가 있을까 하는 생각을 자주 해 보았다.

한국인들은 사람들끼리 의사소통(Communication)을 하는 방법으로 언어를 사용한 의사소통(verbal communication)에 주로 의존한다. 음성의 높낮이나 색깔로 자신의 감정을 표현하기도 하고 상대방의 의중을 알아채기도 한다. 즐거우면 시끄럽고, 슬플 땐 조용하고, 흥분하면 커지고, 이성적이 되면 작아진다. 한국 사회에서는 음성만으로도 상대방의 감정 상태를 쉽게 또 편리하게 간파할 수 있다. 반면 일본인들은 의사소통의 주된 방법으로 언어 대신 직관(Intuition)을 사용한다. 그들은 언어를 통한 의사소통보다 직관을 통한 의사소통(intuitive communication)을 좋아한다. 일본인들은 말이나 행동으로 자신의 의사를 표현하는 것을 유치하고 저급한 방법이라고 생각한다. 따라서 고상한 일본인이 되려면 눈빛이나 얼굴 표정, 몸짓 등으로 상대방의 속마음을 읽을 수 있어야 한다. 일본인들이 눈치의 대가가 된 것은 바로 이런 연유에서라고 보아도 무방하다. 일본인들과 의사소통을 할 때는 말을 최대한 줄이고 직관을 최대한 동원하여 본인의 의사를 표현하기도 하고, 상대방의 의사를 읽을 수 있어야 한다. 언어로 표현을 하더라도 직접적인 표현(direct expressions)을 자제해야 하고 가능하면 간접적인(indirect) 표현 또는 은유적인 표현(euphemisms)을 사용해야 한다.

이러한 한일 간의 의사소통 방법의 차이점들은 한국인들과 일본인들 사이에 적지 않은 갈등과 오해의 원인이 되는 것이 사실이다. 한국인들의 눈에 일본인들은 솔직하지 못하고 엉큼한 민족처럼 보일 수 있다. 한국인들은 직접적인 표현을 좋아하고 그렇게 하는 것을 솔직하다고 여긴다. 반면 우리의 이러한 의사소통 방법은 일본인들로 하여금 한국인들이 대화나 상담을 할 때 저급하고 유치한 방법을 사용하고 있다고 느끼게 할 수 있을 것이다. 이처럼 의사소통 방법의 차이가 한일 양 국민들 간의 의사소통 과정에 있어서 갈등과 오해의 소지를 만들 수 있는 충분한 근거가 된다는 사실을 염두에 두고, 대화나 상담 또는 회의를 할 때 상대방의 의사소통 방법을 충분히 이해함으로써 오해와 갈등의 소지를 줄여나갈 수 있을 것이다.

4. 위기중심(Crisis-oriented) Vs 비위기 중심(Noncrisis-oriented)

해마다 여름이면 어김없이 찾아오는 태풍이 우리나라와 일본을 동시에 지나간다. 한반도의 경우 태풍의 피해가 없이 지나간 해가 기상대가 관측을 시작한 이후로 단 두 번뿐이라고 한다. 이러한 통계는 매해 여름이면 한반도에 태풍이 당연히 찾아온다는 사실을 증명해 주고 있다. 이러한 태풍에 대비하는 한국인들의 자세는 일본인들의 자세와 극명한 대조를 이룬다.

우리는 늘 물난리를 겪고 나서야 수방 대책을 세우느라 법석을 떤다. 태풍을 대비하는데 투자하기보다 태풍 피해를 보상하고 보수하는데 더 많은 시간과 재정을 투자한다. 강둑이 무너지고 농수로가 유실된 뒤에야 둑을 고치고 튼튼하게 만드느라 더 많은 투자를 하는 것이다. 반면 일본은 해마다 찾아오는 태풍을 대비하여 그들이 할 수 있는 모든 기술과 지혜를 동원하는 미리 철저한 준비를 한다. 태풍의 피해를 막기 위하여 애쓰는 모습을 바라보고 있노라면 일본인들은 인간이 동원할 수 있는 모든 지식을 동원하며 철저하게 대비하는 느낌을 갖게 된다. 하나님께서 인간들 속에 두신 잠재능력을 최대한 발휘하는 모습을 그들 속에서 발견하게 되는 것이다.

메이어스(Meyers)와 링엔펠터(Lingenfelter)는 세계의 여러 문화 유형들을 분류하면서 위기중심(crisis-oriented) 문화와 비위기 중심(non-crisis-oriented) 문화에 대하여 언급하고 있는 것을 볼 수 있다. 위기 중심 문화는 미래에 다가올 수 있는 다양한 변화나 재난, 위험, 공격 등을 고려하여 미리 준비하고 대비하는 특징을 가지고 있다. 반면 비 위기 중심 문화는 다양한 변화나 재난 등이 다가온 뒤에 그 일에 대처하거나 사후 처리를 하는 특징을 가지고 있다. 메이어스와 링엔펠터의 문화 유형 분석 방법을 참고해볼 때 한국은 극단적인(extreme) 비 위기 중심 문화 유형에 속하고, 일본은 극단적인(extreme) 위기 중심 문화 유형에 속한다고 볼 수 있을 것이다. 세계에서 가장 정확하고(precise) 가장 철저하게 미래를 대비하는 일본인들의 눈으로 바라볼 때 한국인들의 준비성 없는 모습이 어떻게 느껴질 것인지가 가히 짐작이 간다. 그저 어떤 어려움이나 재난이 닥치면 그때 가서 처리하려고 하는 준비 없는 우리들의 모습이 일본인들의 눈에 너무 무모하고 나태해 보일 수도 있을 것이다. 반면 미래에 일어나지 않을지도 모르는 일들 때문에 너무 조심스럽고, 세심한 준비를 하는 일본인들의 모습이 한국인들의 눈에는 쩨쩨하고 소심하게 보일 수도 있을 것이다. 미래를 철저하게 준비하고 대비하는 일본인들과 미래보다는 현재를 중시하고, 미래의 일들로 현재를 소비하고 싶지 않은 한국인들 사이에 분명한 문화적 불일치(cultural discrepancy)이 존재하는 것이 사실이다.

일본을 포함한 대부분의 서구 문화가 위기 중심 문화에 속하고 그 외의 아시아, 아프리카, 남미 등의 문화는 비위기 중심 문화에 속한다고 볼 수 있다. 위기 중심 문화와 비위기 중심 문화 가운데 어느 문화가 더 가치가 있는 것이라고 쉽게 평가할 수 없을 뿐 아니라, 더욱이 옳고 그른 것의 기준이 될 수는 없다. 위기 중심 문화 속에 사는 사람은 정해진 규범과 틀에 따라 위기를 극복하지만, 비위기 중심 문화 속에 살아가는 사람은 정해진 규범과 틀에 따라 위기 상황에 대처하는 것이 아니라 늘 다양한 상황에 따른 임기응변을 통해 상황을 극복하는 지혜가 있는 것이다. 메이어스는 위기 중심의 삶을 살아가는 삶의 형태를 선언적 삶의 형태(declarative lifestyle)라 부르고, 비위기 중심적 삶의 형태를 질의적 삶의 형태(interrogative lifestyle)라고 부른다. 선언적 삶을 살아가는 사람은 전문적 지식과 단편적 적용에 익숙해 있지만, 질의적 삶을 살아가는 사람들은 자신의 경험을 토대로 경험 중심적(experience-oriented)이며, 다양한 대안들(alternatives)을 통한 선택적인 삶을 살아간다.

필자는 둘 중의 어느 문화 유형이 더 우월하고 저급한가를 따지려고 이러한 대비를 언급한 것이 아니다. 두 문화 중 어느 것도 옳고 그른 것과 우월하고 저급한 것의 기준이 될 수 없고 또 되어서도 안 된다. 우리의 과제는 두 나라의 문화적 실체를 바로 이해하고, 어떻게 두 문화 사이에 존재하는 가치의 차이점들을 이해하고 극복할 것인가를 찾아내는 데 있다. 대다수의 한국인들 눈에는 일본인들이 지나치게 세심하고, 조심스럽고, 몸을 사리는 것같이 비칠 수 있고, 반면 일본인들의 눈에 한국인들은 무모하고, 무계획적이고, 덤벙대는 것처럼 보일 수도 있기 때문이다.

5. 극단적 자민족(문화)우월주의(Ultra-Ethnocentrism)

어느 민족이나 자기들이 지니고 살아온 문화에 대한 어느 정도의 자부심을 지니고 살아가는 것은 자연스러운 것이고 또 당연한 현상이라 할 수 있다. 필자가 유럽의 몇 나라에서 공부하던 당시 그곳에서 살며, 여행하며 많은 것들을 배우고 도전받았던 기억이 난다. 한 가지 흥미로운 일은 유럽의 모든 나라들이 자기 나라와 민족에 대한 긍지와 자부심이 특별했었다는 점이다. 필자가 공부했었던 영국과 네덜란드 만해도 과거의 화려했던 시절 전 세계의 해상을 지배하며 수많은 식민지를 거느렸던 역사에 대한 자부심이 대단했다. 다른 설명을 하지 않더라도 프랑스, 독일, 이태리, 스페인 사람들의 긍지와 자부심은 타의 추종을 불허했다.

하나님께서 필자에게 유럽과 동양의 많은 나라들에서의 선교활동과 공부를 통하여 다양한 경험을 할 수 있는 기회를 허락하셨다. 다양한 문화적 체험 가운데서 매우 인상적으로 남아있는 문화적 특성 가운데 하나가 다름 아닌 일본인들의 극단적인 자문화 우월의식(extreme ethnocentrism)이었다. 일본의 왕은 신(god)이고, 일본인들은 신(god)의 자손이라고 믿고 있는 일본인들의 우월의식은 이 세상 어느 나라에서도 찾아보기 힘든 독특한 것이었다. 일본인들이 가지고 있는 독특한 콤플렉스가 있는데 그것이 바로 "외국인 콤플렉스"(Gaijin Complex)라는 것이다. 가이진(外人)이라는 말은 본래 서양인들을 지칭하는 말이었는데 지금은 모든 이방인들을 지칭하는 말로 통용되고 있다. 극단적 집단주의(extreme collectivism)속에 수많은 세월 동안 갇혀 살아온 일본인들에게 자기들의 **전통과 다른** 것, 이질적인 것, 이방인의 것은 지독한 따돌림과 혐오의 대상이 되는 것이다. 이러한 연유로 일본에서 이지메(극단적 따돌림)의 대상은 늘 외국에서 살다 일본 본토로 돌아온 아이들과 외국인들이 포함된다. 오랫동안 "외국인 콤플렉스"에 길들여진 일본인들은 모든 이방적인 것들과 이방인들에게 좀처럼 마음을 열지 않는다. 전 세계에서 통용되고 사용되는 상식이 일본에서는 그렇지 않은 이유가 바로 여기에 있는 것이다. 일본을 방문하게 되면 "우리 일본은 다릅니다.", "일본에서는 다른 방법을 사용해야 합니다.", "일본식은 이렇습니다." 등과 같은 표현을 자주 접하게 되는 이유가 바로 여기에 있는 것이다.

한국인들의 자민족우월주의 역시 일본에 뒤지지 않는 극단적인 유형에 속한다고 볼 수 있다. 수천 년 동안 단일 민족으로 살아온 역사와 순수한 혈통을 자랑스럽게 여겨온 우리 민족 또한 극도의 문화적 폐쇄성을 지닌 민족임에는 틀림이 없다. 모든 외국인들은 "놈"이다. 양놈, 중국 놈, 일본 놈 등 모든 타국인들은 모두 "놈"이다. "흰둥이", "검둥이" 등의 표현 속에 담긴 외국인을 향한 경멸과 배타적인 감정을 볼 때 우리 민족 역시 지독한 "외국인 콤플렉스"를 지니고 살아온 것이 사실이다. 오랜 침략과 약탈에 시달려 왔던 우리의 눈에 모든 타국인들은 약탈자 아니면 침략자로 보였을 것이다. 따라서 모든 타국의 문화를 부정적으로 대하거나 냉소적으로 대할 수밖에 없었을 것이다. 작금의 외국인 노동자들을 대하는 우리의 모습 속에서 우리가 얼마나 폐쇄적이고 닫힌 사고의(closedmind) 틀 속에서 살아왔는가를 발견하면서 우리 스스로 놀라움을 금치 못한다.

아시아 어느 나라를 가도 차이나타운(China town)이 있고, 화교들의 자금이 상권을 지배하는 것을 쉽게 볼 수 있지만 유독 한국과 일본에는 그럴듯한 차이나타운이 존재하지 않을 뿐 아니라, 화교들의 자본이 경제에 크게 영향을 끼치지 못하고 있는 형편이다. 이러한 한 가지 현실만 감안해 보더라도 한일 양국이 가지고 있는 타국인들과 그들 문화에 대한 배타성이 얼마나 지독한 것인가를 쉽게 발견할 수 있다. 한국과 일본의 자문화우월주의는 역사상 그 유례를 찾아볼 수 없을 정도로 극단적인 것임을 간접적으로 보여주는 사례라고 볼 수 있다. 일본의 배타주의도 심각한 수준이거니와 한국의 배타주의도 그에 못지않은 것이라고 말할 수 있다.

세계에서 가장 극단적인 자민족중심주의에 갇혀 살아 온 두 민족이 협력적 관계로 발전하기 위해서는 많은 노력과 시간이 필요할 것이다. 너무 오랜 시간 동안 단일문화 사회(mono-cultural society) 속에 갇혀 지낸 양국의 역사가 양 국민들의 마음속에 극단적인 문화우월주의와 배타주의를 만들어 내는 요인으로 작용했을 것이다. 양국 모두 타문화와의 꾸준한 접촉과 교류를 통해 다문화 사회(multi-cultural society)로 바뀌지 않는다면 양국 모두 자신이 지니고 있는 문화적 폐쇄성으로 인해 다른 나라와의 갈등과 대결의 구도에서 쉽게 벗어나지 못할 것이다. 한일 양국은 속히 문화적 상대주의(cultural relativism)의 의미를 배워서 자신의 문화만이 아니라 타국의 문화도 가치가 있고 고귀한 것임을 깨달아야 할 필요가 있다. 모든 문화가 나름대로 전통과 가치를 지니고 있음을 인식하고, 상대 문화에 대한 깊은 이해와 존경을 가질 때만 양국의 문화적, 국가적 갈등이 극복될 것이다.

6. 극단적 집단주의(Ultra Collectivism)

앞의 주제와 연관된 또 다른 독특한 문화적 특징이 두 나라 모두에게서 발견되는데 그것이 바로 극단적 집단주의(ultra collectivism)이다. 두 민족 모두 타문화에서 발견하기 어려운 극도의 집단의식 속에서 살아왔고 또 살아가고 있다는 점에서 공통적인 부분이 있다. 한일 모두 고도로 발달한 기술문화 속에 살아가고 있지만 그들의 사회 구조를 자세히 들여다보면 두 민족 모두 원시 씨족사회 아니면 부족사회에서나 발견할 수 있었던 강력한 집단의식을 지니고 살아가고 있는 모습을 쉽게 발견할 수 있다. 양국의 이러한 집단의식은 주로 혈연이나 지역으로부터 강하게 나타난다.

두 나라의 집단의식 사이에 차이점이 있다면, 한국의 경우 집단(group)이나 공동체(community)의 중심에 자아가 존재하지만, 일본의 경우는 집단의 중심에 내가 아닌 공동체가 자리 잡고 있다는 점이다. 한국의 경우 개인이 공동체보다 우선이지만, 일본의 경우 공동체가 개인보다 우선이다. 한국의 경우 공동체는 사라져도 개인의 존재는 사라지지 않는다. 반면 일본의 경우 공동체가 사라지면 개인의 존재도 사라지는 것이다. 일본의 경우 공동체를 벗어난 개인의 존재는 의미가 없을 뿐 아니라 존재 자체를 상실한 것과 마찬가지이다. 일본인들이 "이지메"를 가장 두려워하는 이유가 바로 여기에 있는 것이다. 공동체로부터의 추방은 곧 존재의 상실이요, 의미의 상실이요, 심지어 개인적 차원에서의 죽음을 의미하는 것이기 때문이다.

일본인들이 지니고 있는 이러한 극단적 집단의식의 뿌리를 일본의 전통 종교인 신토(神道, Shintoism)에서 찾아볼 수 있다. 신토가 가지고 있는 우주관 또는 세계관의 특징 가운데 하나가 바로 단일론(monism)인데 신토는 모든 우주와 인간이 하나이며 동일한 기원을 가지고 있다고 가르친다. 신토는 다양한 신들과 인간, 만물들이 모두 한 신으로부터 유출되어 창조되었다(procreate)고 믿고 있다. 기독교에서 말하고 있는 창조주와 피조물의 구별이 존재하지 않는 것이다. 기독교는 창조주(creator)가 피조물(creatures)을 창조(creation)하지만, 신토는 창조신이 자신의 일부를 떼어내어 다른 신들(Kami)과 인간과 만물들을 만든다(procreate). 이러한 신도의 인간관을 자세히 들여다보면 왜 일본인들이 그토록 강한 집단의식을 갖고 살아왔는가를 쉽게 이해할 수 있게 된다. 일본인들은 한 신의 자손이기 때문에 모두 한 가족인 셈이다. 모든 일본인들이 한 신의 자손이라고 가르치는 신토의 가르침을 현대 일본인들은 의심 없이 받아들이며, 그들의 무의식 속에 담고 살아가는 것이다. 이러한 강력한 집단의식이 그들이 속한 공동체, 예를 들자면 어린이와 학생들의 경우는 학교, 성인들의 경우는 그들이 속한 직장을 통하여 드러나는 것이다. 원시 시대로부터 내려온 전통적인 신토의 집단의식이 현대 일본 사회의 모든 단체, 공동체, 집단, 회사들 속에 깊이 자리 잡고 있다.

한일 양국의 극단적인 집단주의에서 공통적으로 발견되는 특징이 있는데 그것이 바로 헌신과 사랑, 무자비와 냉소의 극단적인 표현일 것이다. 자신이 속한 공동체에 속한 사람들에 대해서는 철저한 헌신과 희생이 발휘되는 반면 타 공동체에 속한 사람들에 대해서는 철저하게 냉정하거나 무례하고, 심지어 무자비한 모습을 나타낸다. 내부(inner circle)에 속한 사람들을 대하는 모습과 외부(outer circle)에 속한 사람들을 대하는 모습 속에서 극명한 차이점들을 발견할 수 있다. 내부인들에게 희생과 헌신과 사랑의 모습을 보이던 사람이 외부인들에게는 철저하게 계산적이고, 이기적이고, 무자비한 모습으로 돌변할 수 있는 극단적 집단주의, 이것이 바로 한일 양국이 지니고 있는 극단적인 집단주의의 진면목이다.

집단주의 또는 집단의식 자체가 반드시 나쁘거나 부정적인 요소만을 가진 것은 아니다. 건강한 공동체 안에서 발견되는 타인을 향한 헌신과 사랑과 배려 등과 같은 덕목들은 추천할만한 윤리적 덕목들이다. 문제는 폐쇄적인 집단의식에 있는 것이다. 집단주의 사회가 건강함을 유지하기 위해서는 타 집단이나 공동체에 대한 편견과 부정적인 선입관 등을 버리고 열린 마음을 갖고 타 집단을 이해하려는 노력과 더불어 타인들을 따뜻한 사랑으로 품을 수 있어야 한다.

한일 양국은 지금까지 닫힌 집단주의 속에 갇혀 살아온 것이 사실이다. 이제부터라도 양국은 함께 열린 집단주의를 지향하며, 열린 공동체를 만들기 위하여 노력해야 할 것이다. 극단적인 닫힌 집단주의는 분쟁과 갈등과 반목의 원인이 되지만 열린 집단주의는 협력과 희생과 봉사의 기회들을 제공할 것이다. 양국은 모두 열린 집단주의, 열린 공동체를 만드는 데 관심을 가져야 할 것이다.